비고츠키 선집 11

비고츠키 청소년 아동학 Ⅲ

흥미와 개념

• 표지 그림

어떤 어린이들은 글을 읽는 것에 흥미가 있고 어떤 어린이들은 교사에 관심을 보이고 있다. 또 남학생들은 교사 주변에 모여 있는 반면 여학생들은 교사 뒤에 서 있다. 이 그림에서 보그다노프-벨스키는 대인 간 흥미로부터 텍스트로 매개된 개념으로의 이행은 부드럽고 점진적이지 않다는 것을 보여 준다. 이 책에서 비고츠키는 그 이유를 설명한다.

비고츠키 선집 11

비고츠키 청소년 아동학 Ⅲ
흥미와 개념

초판 1쇄 인쇄 2020년 8월 18일
초판 1쇄 발행 2020년 8월 31일

지은이 L. S. 비고츠키
옮긴이 비고츠키 연구회
펴낸이 김승희
펴낸곳 도서출판 살림터

기획 정광일
편집 조현주
북디자인 꼬리별

인쇄·제본 (주)신화프린팅
종이 월드페이퍼(주)

주소 서울시 양천구 목동동로 293, 22층 2215-1호
전화 02-3141-6553
팩스 02-3141-6555
출판등록 2008년 3월 18일 제313-1990-12호
이메일 gwang80@hanmail.net
블로그 http://blog.naver.com/dkffk1020

ISBN 979-11-5930-155-1 93370

이 도서의 국립중앙도서관 출판예정도서목록(CIP)은
서지정보유통지원시스템 홈페이지(http://seoji.nl.go.kr)와
국가자료공동목록시스템(http://www.nl.go.kr/kolisnet)에서 이용하실 수 있습니다.
(CIP제어번호: CIP2020033934)

비고츠키 선집 11

비고츠키 청소년 아동학 Ⅲ

흥미와 개념

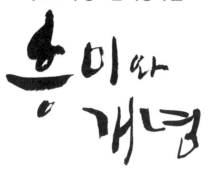

살림터

흥미로 재구조화된 감정, 개념으로 재해석된 심상 오랫동안 잊혔던 통신강좌로부터 발견된 새로운 청소년 발달 경로

청소년 아동학 1권(『분열과 사랑』)에서 비고츠키는 청소년기가 일반 해부학적 성숙, 성적 성숙, 사회-문화적 성숙의 불일치로 인해 인간에 의해 만들어졌음을 제시했다. 청소년 아동학 2권(『성애와 갈등』)에서 비고츠키는 이 불일치 또한 인간에 의해 만들어졌다고 설명했다. 우리 인간이 환경을 숙달하고 식생활을 규칙화했기 때문에, 성인으로 향하는 신체적 성장은 더 일찍 시작하여 더 오래 지속될 수 있었다. 우리가 스스로의 생리와 행동을 숙달했기 때문에, 성性은 더 일찍 시작하지만 결혼은 더 늦게 할 수 있었다. 그러나 이 모든 것을 위해 우리는 도구와 기호를 사용하고, 이 때문에 사회-문화적 성숙(청년이 실제로 생계를 책임지고 가족을 꾸릴 수 있는 계기)은 점점 더 늦어지는 것으로 보인다.

이러한 불일치의 문제는 인간에 의해 만들어졌으므로 또한 인간에 의해서 해결될 수 있다. 청소년 아동학 2권 『성애와 갈등』의 옮긴이 서문에서 논의된 것과 같이, 가능한 해결책 중 하나는 성교육을 모든 학교 교육의 일부로 포함시키는 것이다. 비고츠키는 성교육이 모든 학교 교과목에, 모든 연령의 어린이의 흥미에 부합하는 방식으로 포함될 수 있으며 또한 그래야 한다고 주장한다. 그렇게 한다면 우리는 1년에 17시간 이상, 또 성폭력 예방 교육은 3시간 이상해야 하는 당혹스럽고 명목적인 성교육을 피할 수 있을 것이다. 그러나 이러한 해결책에는 중요한 문제가 있다. 일반 해부학적, 성적 성숙에 따른 흥미는 매우 일찍 나타나는 반면, 사회-문화적 성숙에 따른 개념 형성은 훨씬 늦게 나타나는 경향이 있다는 것이다. 성적 성숙은 매우 일찍 일어나지만 자유의지나 동의와 같은 개념은 매우 늦게 발달한다. 사실 성인조차 이러한 개념을 제대로 발달시키는 이들이 흔치 않다. 왜 이런 일이 일어나는 것일까? 이는 어떻게 해결될 수 있을까?

이 책은 이 질문에 대한 비고츠키의 답이다. 하지만 그 답은 구체적이거나 짧지 않으며, 균형이 잘 잡혀 있지도 않다. 두 장의 길이가 굉장히 다른 것이다. 이 책의 첫 문단에서 비고츠키는 흥미체계의 변화가 어린이로부터 성인으로의 이행기에 나타나는 심리적 발달의 모든 문제에 대한 열쇠라고 말한다. 다시 말해, 청소년의 흥미는 예컨대 동물을 그리는 것에서 사람을 그리는 것으로, 상상의 인물에서 실제 사람으로, 만화에서 글로, 형제자매에서 학교 친구들로, 학교 친구들에서 유명 스타로 변해 가는데, 이 흥미의 변화가 어떻게 생물적 성숙, 성적 성숙, 사회-문화적 성숙의 불일치를 해결할 수 있는가 하는 질문에 대한 중심 답변이라는 것이다. 그러나 만약 그렇다면, 독자는 흥미에 대한 장이 개념 발달에 대한 장보다 왜 그렇게 짧은지 궁금할 것이다.

그 짧은 대답은 이 책의 맨 앞에 쓰인 비고츠키의 헌사에 있다.

"이 책의 기본 주제, 즉 개념 형성의 문제에 대해 우리와 함께 작업했던, 빛나면서도 여전히 생생한 L. S. 사하로프의 기억을 위해"(1931: 176).

레오니드 솔로모비치 사하로프는 이 원고가 쓰이기 2년 전에 사망했다. 그의 죽음 5주 후에 비고츠키는 젊은 미망인에게 다음과 같은 편지를 보내 슬픔을 위로하면서 머물 곳이 마땅치 않았던 사하로프의 가족을 초청했다.

"나는 여전히 레오니드 솔로모노비치와 함께했던 연구를 다시 시작할 수 없습니다. 슬픔이 나를 괴롭히고 연구를 방해합니다. 슬픔은 나를 당신에게 이끌고, 당신에 대해 생각하게 하고 당신과 함께, 당신 곁에 있게 합니다"(2007: 20).

그러나 비고츠키는 슬픔이 오랫동안 그를 괴롭게 둘 수 없었다. 여름이 끝나고 얼마지 않아 비고츠키는 어쩌면 영감을 받아서, 아니면 멀리 떨어진 통신강좌의 학생들로부터의 압력으로, 제자이자 동료였던 레오니드 솔로모노비치의 연구를 계속할 수 있었다. 비고츠키가 끝까지 쓴 단일 논문으로서는 가장 긴 이 책의 10장은 그 결과물이다.

비고츠키는 짧은 대답을 좋아하지 않았고 우리 또한 그렇다. 이 서문에서 우리는 이 책의 불균형에 대해 더 긴 변명을 할 것이다. 비록 더 짧은 대답의 슬픔과 비애는 없지만, 이렇게 더 긴 대답이 청소년기에만 정서가 흥미로 재구조화되고 심상이 개념으로 재구조화된다는 비고츠키의 신념과 일치하는 것이며, 개념 발달에 대한 지성주의적이며 기계론적인 설명을 모두 완강히 반대한 비고츠키의 입장과 일치하는 것이며, 발달을 분화로 설명하려고 했던 그의 명료한 의지에도 일치하는 것이다. 이 세 주장들을 하나하나 살펴보자.

흥미로 재구조화된 정서

이 책이 흥미를 주제로 시작하면서도, 흥미라는 주제가 전체에서 차지하는 비중이 적은 이유 중 하나는 청소년 발달에서도 흥미의 비중이 점차 줄어들기 때문일 것이다. 『연령과 위기』에서 비고츠키는 흥미를 "최저에서 최고까지의 어린이 발달의 새로운 각 단계들에 없어서는 안 될 동반자인 감정적 충동의 존재"(2016: 4-2-54)에 비유한다. 동반자를 뜻하는 러시아어 '스푸트니크'는 소련 최초의 인공위성의 이름이다. 인공위성의 그리스 어원은 인간의 진보를 함께하는 일종의 수호신을 뜻한다. 호머의 오디세이아에서 오디세우스의 모험을 함께하는 아테나 여신은 그의 수호신이었다. 따라서 정서는 발달에서 새로운 기능이 아니다. 정서는 유아기부터 모종의 형태로 발달에 동반해 왔으며 청소년기에도 흥미의 형태로 계속 함께 나아간다. 따라서 정서는 홀로 중심적 발달 노선이 될 수 없다.

이 책의 9장과 10장에서 비고츠키는 청소년 심리학에서 중심적이던 정서에 관한 세 가지 이론을 비판한다. 첫째는 뷜러 부부에 의해 강화된 신조로서, 청소년의 흥미와 청소년의 개념 발달을 제시하고 설명하기 위해 필요충분한 것들은 모두 초기 연령기로부터 나온다는 것이다. 지각, 주의, 기억뿐 아니라 정서와 같은 기본 심리 기능은 청소년기에 새롭게 나타난 것이 아니므로, 청소년의 흥미와 개념적 발달은 이 기능들이 단순히 더 커져서, 말을 통해 더 확장된 행위 영역에 적용된 것이라고 뷜러 부부는 추론한다. 뷜러 부부가 보기에 13세의 위기는 단지 3세 위기의 메아리에 불과하며(비고츠키, 2017: 3장), 13세 위기의 외적 징후인 청소년의 정서는 초기 유년기의 정서, 즉 유아기의 분노 폭발이 증폭된 것일 뿐이다.

이는 13세의 위기의 주요 징후가 환경의 압력에 대한 거부, 부정적 정서라는 둘째 이론으로 이어졌다. 이 압박과 정서적 반항은 우리나라의 많은 부모와 아이들이 겪는 다음과 같은 기이한 역설을 설명하기에 충분하다. 우리나라는 일정한 정도의 신체 건강, 교육, 복지를 누리는 세계 여러 나라의 어린이들을 대상으로 한 란셋 연구(Clark et al, 2020: 640)에서 두 번째로 높은 점수(인구가 훨씬 적고 천연자원이 풍부한 노르웨이 다음으로)를 받는다. 반면 한국의 청소년들은 지속적으로 아동 만족도 지표상 지구상에서 가장 불행한 사람들이다(e.g. Schleicher, 2018: 51). 둘째 이론에 따르면, 중학교의 불만과 고등학교의 실망은, 3세 어린이가 부정적 정서를 지나 행복한 학령기에 이르듯, 청소년이 더욱 성공한 전도유망한 어른이 되기 위해서 지불해야 할 대가이다.

하지만 행복하지 않은 어린이가 과연 잘 자라고 있다고 말할 수 있을까? 본질적으로 경험적 상황에 대한 징후적 관찰에 불과한 이 두 이론은 위기의 부정적인 측면만을 강조하며, 따라서 교사들이 훨씬 받아들이기 힘든 교육학적 결론인 셋째 이론으로 이어진다. 즉 흥미는 환경에 기원을 두거나 어린이에게 기원을 둔다는 것이다. 전자의 경우라면 흥미는 습관일 뿐이며, 후자의 경우에 흥미는 해를 일으키지 않는 방식으로 개인적 동기를 발산하는 문제이기 때문에 어떤 의미에서도 환경을 변화시킬 수 없다. 어느 쪽이든, 어린이의 저항은 결국 환경의 지속에 의해 정복된다. 비록 어린이의 재미에 지나친 방점을 두거나 반대로 학업을 폭압적으로 강요하는 것이 모두 경험적 사실이지만, 그 결과 교육은 어린이의 반학습과 한학문성이라는 값비싼 대가를 지불하고 있으며, 사회는 정체된 평범한 구성원들을 위해 훨씬 더 높은 기회비용을 지불하고 있다. 어린이들은 세대가 지날수록 학습을 혐오하는 것을 배워 졸업 직후 개념 발달로부터 도피한다. 청소년은 흥미가 아닌 지루함으로 가득한 성인이 되는 것을 피하기 어렵다.

비고츠키는 이 이론들이 지속되지 못할 것이라 지적한다. 이 이론들의 '설명'은 아무것도 설명하지 못한다. 전학령기 이전에도 어린이에게 진정한 개념을 발생시키는 수단이 있다면, 어째서 어린이들은 그 수단을 사용하여 학교가 주는 수년간의 고통에서 벗어나지 않았을까? 청소년의 위기가 본질적으로 반항의 연장이라면, 전학령기와 그 이전의 어린이들이 그렇게 풍부한 감정적 생활과 생생한 정서를 가지고 있고 사회적 환경에 대해 청소년보다 훨씬 더 즉각적이고 대인관계적임에도 불구하고, 어째서 위기는 더 일찍 시작되지 않을까? 마지막으로 개념이 어린이에 대한 환경적 압력이나 어린이 개인의 자연적 산물의 필연적 결과라면, 이 둘의 혼합물, 예컨대 한편으로 청소년의 사랑 시와 다른 한편으로 삶의 의미와 죽음의 음울함에 대한 청소년의 생각에 나타나는 추상적 생각과 구체적 생각의 완전히 새로운 혼합물을 어떻게 설명할 수 있을까?

비고츠키의 정서학설의 주요한 원천인 스피노자의 에티카의 구절은 다음과 같다.

"감정이란 신체의 활동 능력을 증대시키거나 감소시키며, 촉진하거나 억제하는 신체의 변용인 동시에 그러한 변용의 관념이라고 나는 이해한다."(II/140/D3, 1677/2015: 158)

처음에는 이 책의 집필을 저해하였고 마침내 이 책을 쓰도록 했던 비고츠키 자신의 비애는 정서가 인간의 행동 능력을 증대시키고 감소시키는 것을 보여 주는 사례이다. 슬픔 자체는 활동을 억제하며 심지어 마비시킨다. 슬픔 자체는 능동적 흥미가 될 수 없으며 이는 공포나 분노 등 단순한 심리적 기능은 모두 마찬가지다. 새로운 내용은 이러한 기초적인 기능들을 새로운 목표와 목적을 중심으로 즉, 새로운 흥미를 중심으로 재구조화함으로써 생겨난다.

학령기 어린이에게 논리적 생각은 종종 외부 환경에 작용하는 신체 활동 능력을 통해 일어난다. 하지만 청소년에게 신체의 활동 능력은 커다란 결과를 수반하는 현실적 선택(직업, 대학, 성적 정체성, 인생의 동반자)을 포함한다. 논리적으로 생각하기 위해서, 즉 우선순위를 매기거나 역할을 뒤집거나, 흥미, 학과, 궁극적으로는 반려자를 선택하는 데에서 단순히 중요한 요인과 핵심적인 자질을 구분하기 위해서, 청소년은 외부 환경에 작용하는 단순한 신체의 힘이나 심지어 신체에 작용하는 정서 이상의 것을 필요로 한다. 바로 이 때문에 스피노자는 자신의 정의에 신체의 행동 능력을 향상시키는 정서뿐 아니라 이에 대한 관념도 포함시킨 것이다. 사춘기 청소년이 필요로 하는 것은 직접적 느낌이 아니라, 느낌의 의미, 혹은 느낌의 관념이다. 개인적 흥미가 아니라 개인 간의 흥미, 심지어 사회적 흥미인 것이다. 개념에 대한 장 없이는 흥미에 대한 장은 청소년의 정서를 제대로 설명할 수 없다.

관념으로 재구조화된 심상

이러한 정서 자체가 아닌 '정서의 관념'에 대한 강조를 지성주의적인 것으로 여기기 쉽다. 교육과정을 개념의 목록으로 간주하거나 지도안을 PPT에 제시된 목차의 개념으로 생각할 때 우리는 개념을 지성화하게 된다. 그러나 비고츠키의 10장의 수업 계획을 보면, 이 책에서 흥미가 개념에 비해 훨씬 더 적은 부분을 차지하는 또 다른 이유가 바로 개념 발달의 직접적인 지성주의적 경로에 대한 비고츠키의 길고 때로는 완곡한 비평 때문이라는 것이 분명해진다. 마음속에 선험적으로 주어진 판단으로부터 개념이 추동된다는 지성주의적 관점은 칸트에 그 뿌리를 두고 있지만 이런 관점은 스턴, 뷜러, 심지어 피아제의 연구에서도 쉽게 찾을 수 있다. 이 연구자들에게 개념은 본질적으로 생각의 한 형식이다. 형식은 수, 시간 순서, 공간 거리, 인과성과 같은 구조로서, 청소년이 실제로 직업을 계획하고, 반려자를 찾고, 인격을 형성하는 데 실제로 사용하는 고등정신기능인 실제 내용과 무관하다.

비고츠키는 동료들의 연구를 저버리지 않는다. 그럼에도 개념에 대한 장이 긴 것은 비고츠키가 개념을 탐구하기 위해 사용한 칸트의 내재적 비판법 때문이다. 칸트 자신은 순수이성이나 실천이성을 현대적 의미에서 비판하고 있지 않다. 칸트는 그 논리적 일관성이 허용되는 한계를 나름의 용어로 탐구한다. 이 방법을 이용해 비고츠키는 개념 발달에 대한 지성주의적 경로의 주요 한계가 기계론적 경로, 즉 이미지를 중첩시켜 유사점이 차이점을 상쇄하는 갈톤 사진법의 주요 한계와 매우 닮아 있음을 발견한다. 지성주의적 접근과 기계론적 접근 모두 개념을 단순히 새로운 부대에 담긴 옛 술이나 옛 부대에 담긴 새 술로 간주한다. 즉, 새로운 형이상학적 구조가 기존의 물리적 기능을 수행하거나 기존의 물리적 구조가 어떤 식으로든 새로운 형이상학적 구조로 쌓아 올려지는 것이다. 이 둘 모두 형식과 내용의 완전히 분리를 가정한다.

비고츠키는 칸트로부터 헤겔로 넘어간다. 헤겔의 논리학(1830/1973)을 읽어 본 독자라면 누구나 비고츠키와 사하로프의 독창적인 실험에서 발견된 개념 형성의 3단계가 헤겔의 개념 형성 구조의 3단계와 어느 정도 일치한다는 것을 느낄 것이다. 비고츠키는 보다 기본적인 두 유형의 생각이 통합되어 진정한 개념이 형성된다는 것을 발견한다. 정서의 관념이 비매개적인 감정으로 환원될 수 없는 것처럼, 더욱 기본적인 이 두 유형의 생각은 결정적으로 말에 의존하고 있으면서도 또한 모두 말의 형태만으로 환원될 수는 없다. 첫째 유형의 생각에서 청소년은 미분화된 혼합적 경험을 반복되는 유형으로 분석하고, 반복 유형들에서 유사점 및 차이점을 추상화하며, 잠재적 개념으로 통합되는 개념적 특성을 비교와 대조를 통해 발달시킨다. 둘째 유형의 생각에서, 전혀 분화되지 않은 체험된 경험의 더미는 반드시 비고츠키가 '복합체'라 칭한 일반화된 경험의 표상으로 대체되어야 한다. 복합체는 일반화를 통해 다섯 단계를 거쳐 의사개념이라는 정상에 도달한다.

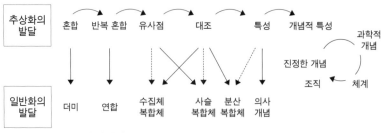

개념 발달의 두 뿌리인 추상화와 일반화(Tuomi, I: 1998)

비고츠키는 두 개의 뿌리, 즉 잠재적 개념이라는 정점에 도달하는 추상화의 작동과 의사개념이라는 정점에 도달하는 복합체적 심상을 묘사하고 설명하는 데 긴 시간을 할애한다. 이는 이 책의 10장이 9장보다 훨씬 길어진 한 가지 이유이기도 하다.

그러나 또 다른, 좀 더 방법론적인 이유가 있다.

분화와 재종합으로 재구성된 발달

이 책에서, 비고츠키는 형식과 내용 즉 구조와 기능은 두 가지 분리된 현상이 아니라 하나의 과정의 두 측면이라고 주장한다. 모든 과정은 작동 구조와 유기체, 혹은 작동되고 있는 유기체의 체계와 기능의 관점에서 볼 수 있다. 예를 들어 인간의 다리는 육지를 걷는 기능을 위해 수백만 년에 걸쳐 진화해 온 구조다. 육지를 걷는 수백만 년의 시간이 결국 인간의 다리를 만들어 냈다. 기능은 구조를 설명하며, 구조는 그 기능의 전체 역사를 구체화한다. 우리는 흔히 긴 시간적 역사로 인해 구조와 기능의 본질적인 통합성을 잊어버리지만, 생각과 말의 경우 시간적 역사는 그리 길지 않으며 통합성은 더욱 뚜렷하다. 그러나 이 생각과 말의 연구에서도, 신경학에서 생각의 구조를 연구하는 방법과 교육학에서 생각의 기능을 연구하는 방법이 전혀 다르고, 음성학에서 말의 구조를 연구하는 방법과 음운론에서 말 기능을 연구하는 방법이 전혀 다르다는 것을 알게 된다. 9장의 흥미를 연구하는 방법이 비고츠키가 10장에서 도입한 개념을 연구하는 방법과 매우 다른 것은 당연하다.

실제로 비고츠키는 10장에서 매우 다른 두 가지 개념 연구 방법을 소개한다. 5절부터 25절에 걸쳐 사하로프와 비고츠키는 '기능적 이중 자극법'의 한 형태를 사용한다. 이중 자극법은 비고츠키가 근접발달영역을 진단하는 데 사용한 잘 알려진 기법과 본질적으로 같은 방법이다. 어린이는 특정 발달 단계에서 혼자 해결할 수 없는 과제를 부여받고, 문제를 해결하는 데 도움이 되는 수단들(도구 또는 기호)도 받는다. 이는 비고츠키가 말했듯 뛰어난 실험이며, 어린이가 어떻게 아무 도움 없이 구체적인 대상으로부터 단순한 성질을 구별하고 그것들을 추상적인 개념으로 재종합하는지를 실험실에서 볼 수 있게 해 준다. 또한 비고츠키는 이 실험이 일종의 추상화가 작동하는 과정임을 지적한다. 실험에서 인공적 개념이 사용되었고, 무엇보다 어린이를 개념 발달을 가능하게 하는 실제 상황인 집, 학교, 특히 다른 사람과의 대화로부터 떼어 냈기 때문이다. 따라서 26절에서 40절에 걸쳐 비고츠키는 "발생적 절단법"으로 이것을 보완한다. 비고츠키가 발생적 절단법으로 의미하는 것은 무엇이며, 이 발생적 절단법은 과연 기능적 이중 자극법을 보완하는가?

단순한 발달의 예로 성장 또는 그냥 동작을 생각해 보자. 우리는 일련의 발생적 단면들이나 순간을 포착한 정지 사진들로 움직임을 만들어 낼 수 있으며, 사실 영화가 바로 그런 것이다. 그러나 실제로 우리는 (제논, 아킬레스 그리고 거북이가 증명했듯이) 운동을 그런 방식으로 개념화할 수 없다. 왜냐하면 운동은 사실 정지 사진들 사이에서 일어나기 때문이다. 물론 그것이 바로 첫 번째 방법, 즉 우리가 사하로프-비고츠키 블록 검사에서 볼 수 있는 기능적 이중 자극법이 의도한 것이다. 신경학과 심리학의 상이한 방법들이나 음성학과 음운론의 상이한 방법들처럼, 한 방법은 기능적 성장과 발달에 주의를 빼앗기지 않고 구조의 변화를 연구할 수 있게 해 주고, 다른 방법은 구조 분석에 구애받지 않고 기능적 성장과 발달의 변화를 연구하게 해 준다. 이 두 방법을 모두 사용하여 개념 분화 과정을 분석하는 과정이 청소년의 흥미에 관한 동시대 연구에 대한 분석보다 좀 더 긴 것은 어쩌면 당연하다.

이 책의 구조 또한 이 책의 기본적 기능, 즉 단순한 흥미 관념의 분석이 아니라 개념 형성 과정 자체의 분석을 반영한다. 비고츠키에게 개념 형성 과정은 누적적인 것이 아니라 분화적인 것, 상호 결합적인 것이다. 이러한 사실은 단순히 한 장에 또 한 장을 더하듯이, 흥미에 관한 장에 개념 발달의 내용을 채워 넣는 식으로 반영되지 않는다. 심지어 흥미와 개념의 주제조차도 분화되고 상호 결합되어야 한다. 개념 발달은 순전히 혼합적이고 미분화된 감정이 어떻게 고등한 구조로 분화되고 재종합되는지를 보여 주는 일종의 사례 연구로 제시된다. 개념은 개개인의 흥미가 아니라 계급적 흥미에 가깝다. 개념은 블론스키가 말한 '계급 심리'에 들어 있는 '공유된 과업'인 것이다.

계급 심리학이라는 개념은 이곳 대한민국과 거리가 먼 것으로 보일 수 있다. 그런데 이것은 비고츠키 그 자신의 희망과 소망에 가까운 것이었다. 물론, 번슈타인이 교실 언어가 종종 노동자 계층의 어린이가 집에서 듣는 언어와 근본적으로 다르다는 것을 발견한 것처럼(1973; 1987; 1990) 계급 심리학을 부정적인 방식으로 해석할 수도 있다. 하지만 계급 심리학은 굉장히 긍정적인 방향으로도 해석될 수 있다. 한 사람의 인생 과업이 나중에 그가 속한 사회 집단의 비슷한 많은 사람들을 위한 공유 과업이 될 수 있는 것이다. 이러한 긍정적인 해석은 청소년 아동학의 다음 권에서 찾아볼 수 있지만, 불행히도 지금 이 책에서보다 훨씬 짧을 것이다. 블론스키가 말했듯, 소비에트의 노동자 청소년들은 미처 청소년기라는 특권을 누리지 못했다(2019: **5-1-17**). 하지만 우리 대한민국의 상황은 비고츠키가 말하고자 한 긍정적 해석을 확장할 수 있는 커다란 가능성이 있다.

현실적으로 재구조화된 희망

비고츠키는 끊임없이 연구하는 교수였다. 반 데 비어와 발시너 (Vygotsky 1991: 262f)는 비고츠키가 제2 모스크바 주립대학의 통신강좌 교재 집필을 최신 연구 결과를 배포하기 위한 기회로 삼았다고 주장한다. 그는 동료들과 연구 결과를 소통하기 어려웠고, 이는 아마도 사하로프의 경력에 마침표를 찍게 했던 것과 동일한 정치적인 이유에서였을 것이다. 교사들은 쉽지 않은 이 연수 과정 교재 값으로 300루블의 월급에서 1루블을 지불해야만 했고, 우편으로 숙제를 제출해야만 했다. 숙제를 보내고 비고츠키의 평가를 받는 데 몇 주나 걸렸을 것이다.

당시 소비에트의 교사들뿐 아니라 우리에게도 이 강좌는 시공간적으로 멀리 떨어져 있다. 이 때문에 역자들은 본문에 설명을 첨부하기도 하고(비고츠키 선집의 선례에 따라 한국어 번역자의 첨가는 '-K'로 표시되어 있다), 배경지식을 설명하거나 비고츠키와 사하로프 당대에는 중요했지만 점차 잊힌 학자들을 설명하기 위해 글상자를 해당 문단 아래에 추가하기도 했다. 그러나 이러한 시공간상의 차이는 어떤 면에서 비고츠키와 사하로프의 진정한 중요성을 파악하는 것을 더욱 쉽게 해 줄 수도 있다.

오늘날 비고츠키와 사하로프의 연구가 중요하게 생각되는 데 비해, 비고츠키가 인용한 도이힐러, 크로, 크레치머와 같은 나치 심리학자들은 상대적으로 잘 알려지지 않았다. 이것은 단순히 유행이 변했음을 의미하는 것도 아니고, 비고츠키의 연구가 좀 더 사실에 기반을 두고 있음을 의미하는 것도 아니다. 2차 세계대전 후 나치 과학이 관심 밖으로 밀려난 것처럼 냉전 후 소비에트 심리학은 인기가 없었다. 비고츠키의 연구는 대부분 그의 경쟁자들과 완전히 동일한 사실에 기반을 두었으며, 그는 대개 경쟁자의 연구로부터 자신의 결론을 이끌어 냈다. 더 나아가, 오늘날에도 그 명성이 줄지 않는 피아제나 프로이트와 같은 학자들에 대한 비고츠키의 비판적 관계를 생각해 보면, 우리는 비고츠키가 얼마나 그들의 연구를 보완하고 있는지 알 수 있다.

예를 들어, 비고츠키는 피아제가 지나가듯이 말한 짧은 구절을 언급한다. 피아제는 어린이가 일을 하지 않기 때문에 마법적 생각 형태를 믿는다고 말한다. 피아제는 호수와 산은 인간이 만든 것이라는 인공주의를 염두에 두고 있다. 소비에트 편집자(e.g. 1984: 409)는 이에 반대하며, 어린이들이 놀이를 통해 물체의 속성을 완벽하게 배운다고 지적한다. 하지만 비고츠키는 이 지나가는 말을 매우 진지하게 생각한다. 그는 숫자, 질량, 공간, 시간과 같은 피아제의 개념들은 실제로 어린아이들에게서 기능적 등가물을 발전시키고, 이러한 '일상적 개념'은 실제적인 목적을 위해 수년간 진정한 개념과 사실상 동일시될 수 있다고 믿었다. 그러나 교사로서 우리가 가장 관심을 갖는 개념은 어떠한가? 청소년이 직업, 파트너, 인격을 선택하기 위해 필요한 개념들은 현실적인 직업 전망, 실현 가능한 인생 계획, 잠재적인 경제적 정체성 없이 형성될 수 있다고 상상하기 어렵다. 비고츠키는 이러한 진정한 개념들이 단순히 교사나 어린이에 의해 생각되고 언급됨으로써 존재하는 것이 아니라고 말한다. 진정한 개념들은 개념 체계의 일부이고, 참된 교육 체계의 필수적인 부분이다.

그렇기 때문에 사회적 기회의 빈곤은 그에 상응하는 개념적 잠재력의 결핍을 의미할 수밖에 없다. 즉 청소년의 희망이 현실적인 관심사가 되기 위해서는 실현 가능해야 하며, 청소년의 상상이 실제 개념이 되기 위해서는 현실적인 자료로 채워져야 한다. 이것은 사회 전체의 발달의 사회적 상황을 고려하지 않고 교수와 학습을 노력과 시도의 단순 합으로 환원하려는 모든 시도들이 실패할 수밖에 없는 이유이다. 이는 또한 소비에트 전 지역에 흩어져 있는 교사들을 위한 비고츠키의 통신강좌를 훨씬 더 먼 미래인 오늘날의 교사들을 위한 실현 가능한 프로그램으로 바꾸기 위해서 정말로 필요한 것이 무엇인지 알 수 있게 해 준다.

비고츠키에게는 소비에트의 낡은 공교육 체계나 최고의 학자들을 때이른 죽음으로 내모는 정부 이상의 것이 필요했다. 비고츠키에게는 사람들이 교사를 존중하고 공적으로 지지해야 한다고 여전히 믿는 나라, 교사들은 어린이들에게 현실적 희망과 그것을 실현할 수 있는 개념들을 반드시 가르쳐야 한다고 여전히 믿는 머나먼 어떤 나라가 필요했다. 불과 28세의 나이에 자살한 사하로프에게는 전체 계획이 때로 희망적 개념에 불과한 것으로 보였을 것이다. 그러나 오늘날 우리에게는 희망으로 가득 찬 생생하게 빛나는 흥미이다.

|참고 문헌|

Bernstein, B.(1973). Class, codes, and control. Vol. 1: Theoretical studies towards a sociology of language. St. Albans, Herts: Paladin.

Bernstein, B.(1987). Class, codes, and communication. Sociolinguistics: an international handbook of the science of language and society, Volume 1. Berlin: Walter de Gruyter.

Bernstein, B.(1990). Class, codes and control: The structuring of pedagogic discourse. Vol. 4 London: Routledge.

Clark, H., et al.(2020). A future for the world's children? A WHO-UNICEF-Lancet Commission. Lancet Commissions, 395 (10224) pp. 605-658, DOI:https://doi.org/10.1016/S0140-6736(19)32540-1

Hegel, G. W. F.(1830/1975). Hegel's logic. William Wallace (Trans.) Oxford: Clarendon.

Schleicher, A.(2019). PISA 2018: Insights and interpretations. OECD.

Spinoza, Benedictus de(1677/1994). A Spinoza reader: The Ethics and Other Works. Trans. by Edwin M. Curley. Princeton and Chichester: Princeton.

Tuomi, I.(1998). Vygotsky in a TeamRoom: an exploratory study on collective concept formation in electronic environments. Proceedings of the Thirty-First Hawaii International Conference on System Sciences, pp. 68-75 vol.1.DOI:10.1109/HICSS.1998.653085

Vygotsky, L. S.(1994). The Vygotsky reader. R. van der Veer and J. Valsiner (eds.) Oxford and Cambridge: Blackwell.

Vygotsky, L. S.(2007). Letters to Students and Colleagues. Journal of Russian and East European Psychology, 45(2), 11-60.

Vygotsky, L. S.(2018). Vygotsky's notebooks: A selection. E. Zavershneva and R. van der Veer (eds). Singapore: Springer.

Выготский, Л. С.(1931). Педология подростка. Задание 9-16. Москва и Ленинград:Государственное учебно-педагогическое издательство.

Выготский, Л. С.(1984). Собрание сочинений Т.4. Москва:Педагогика.

비고츠키, 레프 세묘노비치(2016). 『연령과 위기』. 서울: 살림터.

비고츠키, 레프 세묘노비치(2017). 『의식과 숙달』. 서울: 살림터.

비고츠키, 레프 세묘노비치(2019). 『성애와 갈등』. 서울: 살림터.

차례

제9장
이행적 연령기의 흥미 발달

아르테미시아 젠틸레스키(1593~1653), 「우울의 천사 같은 마리아 막달레나」(1622~1625). 16세기에 유행한 '우울증' 그림 중 하나이다. 그 당시 우울은 신체적 증상(흑담즙 과잉)과 정신적 증상(천사나 악마)으로 이루어진 '증상복합체'로 간주되었다. 그러나 이 그림에서, 아르테미시아 젠틸레스키는 우울증을 한 명의 온전한 사람, "너무도 많이 사랑했던" 참회하는 여인, 마리아 막달레나로 보여 주고 있다(우리는 그리스도의 발을 씻는 데 사용했던 항유 항아리와 긴 머리를 통해 그녀가 마리아임을 알 수 있다). 동시에 '천사'는 아르테미시아 자신이다(우리는 아르테미시아 자신의 얼굴 옆에 있는 커다란 화가의 손을 통해 이를 알 수 있다). 우리는 이 장章에서와 같이 청소년의 우울증을 흥미의 위기(예컨대 자신에 대한 후회나 타인에 대한 애도로서)로 간주할 수 있다. 그러나 우리는 또한 청소년의 우울증을 다음 장에서처럼 현실적 개념의 창조(예컨대 직업, 배우자, 인격을 위한 장래 계획의 현실적 개념으로서)를 위한 필수 조건으로 간주할 수 있다.

9

수업 내용

습관과 기능의 발달에서 욕구와 흥미의 발달―새로운 흥미 습득의 문제―구조적 흥미 이론: 욕구와 유사욕구―구조적 흥미 이론 비판―흥미 발달의 두 노선―이행적 연령기의 흥미의 진화―이행적 연령기의 국면에 대한 이론―흥미 발달의 측면에서 본 이행적 연령기의 부정적 국면의 특징―부정적 국면의 기본적 변화―흥미의 교육학적 의미―이행적 연령기에서 문화적 흥미의 국면들(툼리르즈)―이행적 연령기 흥미의 토대에 놓인 주요 지배성―'진지한 놀이' 이론(스턴)과 그 비판

학습 계획

1. 9장을 읽고 수업 내용을 개관, 요약한다.

2. 여러분 학교의 청소년에게 나타나는 이행적 연령기의 세 가지 기본 국면을 추적하고 매 국면마다 흥미들의 주요 특징을 기록한다.

3. 설문지를 통해 여러분 학교의 청소년들의 (독서 등에 대한) 흥미를 조사하고, 그 결과를 이 장과 참고 문헌에서 제시된 자료와 비교한다.

4. 이행적 연령기의 세 국면에 따른 청소년의 흥미의 특성에 대한 자료가 교육학적 실천 및 이 장에 제시된 모든 측면(손다이크의 학설)

에 어떻게 활용될 수 있을지 생각해 본다.

1

9-1-1] 청소년 심리 발달의 전체 문제의 열쇠는 이행적 연령기의 흥미에 관한 문제에 있다. 각 발달 단계에서 개인의 그 어떤 심리 기능도 체계 없이 자동적으로 우연히 작동하지 않으며 인격 내에 놓인 특정한 욕구, 욕망, 흥미에 의해 방향 지어지는 규정된 지향적 체계 내에서 작동한다.

> 이 책의 원본인 통신강좌 원고는 러시아어 비고츠키 선집으로 출판된 원고와 많은 부분에서 차이를 보인다. 통신강좌 원고는 비고츠키 생전에 쓰인 것이며, 러시아어 비고츠키 선집에서는 많은 부분이 수정되었기 때문이다. 이 책은 통신강좌 원고를 기준으로 번역하되, 러시아어판 선집과 비교하여 중요한 차이를 보일 때는 글상자에서 설명하였다. 이 문단의 '흥미에 관한 문제'는 러시아어 선집에서는 이탤릭으로 표기되었으나 통신강좌 원고에서는 그렇지 않다.

9-1-2] 우리 행동의 추동력은 매 연령기 단계에 따라 변화하고, 행동 자체의 변화의 토대에는 추동력의 진화가 있다. 그러므로 흔히 하듯이 각 정신 기능과 과정의 발달을, 그 지향성과는 무관하게, 그 정신생리학적 기제를 작동시킨 추동력을 고려하지 않고, 오로지 형식적 측면에서 따로 떼어 고찰하는 것은 잘못일 것이다. 특히, 심리 발달에 대한 순전히 형식적인 고찰은 본질적으로 반反발생적이다. 왜냐하면 이는 새로운 연령기 단계에 오르면서 행동 기제 자체뿐 아니라 그 기제의 추동력도 변하고 발달한다는 사실을 무시하기 때문이다.

9-1-3] 여러 심리학 연구, 특히 이행적 연령기와 관련된 연구들의 불모성은 이 상황을 간과한 것에서 비롯된다. 이 연구들은 종종 예컨대 주의와 기억 같은 개별 행동 기제의 작동에서 초기나 후기 학령기 어린이에 비해 청소년이 갖는 어떤 본질적 차이를 찾고자 헛되이 노력한다. 이러한 특성이 확립되더라도 그것은 보통 순전히 양적 특성에 제한되었다. 이는 기능 성장의 수치적 잣대의 증가만을 드러낼 뿐 내적 구조의 변화는 드러내지 못했다.

> 러시아어 선집에서는 **9-1-2**와 **9-1-3**이 한 문단이며, '반발생적'의 의미에 대한 설명, 이행적 연령이 13세의 위기와 사춘기를 포함한다는 설명, 그리고 비고츠키가 언급하는 초기나 후기 학령기가 영유아가 아닌 초등학교 저학년과 고학년을 의미한다는 설명들이 각주로 달려 있다.

9-1-4] 게다가 우리가 다음에서 살펴볼 것처럼 몇몇 연구자들은 심리 발달의 순전히 형식적인 이해에 의존하면서, 청소년 생각의 기본 요소들이 이미 만들어진 형태로 3세 어린이에게 존재하고 있으며, 이행적 연령기의 지적 과정은 초기 유년기에 관찰된 것과 비교하여 실제로 새로운 것은 전혀 없는 동일한 지향성이 단지 더 발달하고, 더 성장한 것일 뿐이라는 논리적으로 필연적인 결론에 도달한다. 이런 결론에 도달한 샬롯 뷜러는 형식적 측면에서 성적 성숙기의 청소년과 3세 어린이의 일련의 전체 심리적 유사성을 발견하면서 이 둘 간 더욱 광범위한 포괄적 평행선을 긋는다. 우리는 이러한 현상에서 아동학의 순전히 형식적 방법이 지닌 내적 파산, 이 방법이 발달 과정의 진정한 복잡성을 파악하거나 어린이가 한 연령기에서 다른 연령기로 이행함에 따라 나타나는 모든 진정한 신형성을 설명하는 데 무력하다는 것을 살펴보려 한다.

9-1-5] 이미 언급했듯이 연령에 따른 심리를 이해하는 핵심 열쇠는 지향성의 문제, 추동력의 문제, 어린이의 욕망과 욕구의 구조에 있다. 흔히 형식적 측면에서는 본질적 차이를 보이지 않는 다양한 연령기 단계의, 다양한 유년기의 동일한 기술과 동일한 정신생리학적 행동 기제가 완전히 다른 욕망과 욕구의 체계, 완전히 다른 지향성의 역장力場에 포함되어 있다는 것이 드러난다. 그리고 이로부터 특정한 주어진 유년기 국면에서 그(기술과 정신생리학적 행동 기제의-K) 구조, 활동, 변화의 심오한 독특함이 생겨난다.

9-1-6] 바로 이 상황을 간과했기 때문에 아동심리학은 이 영역에서 어린이의 지각과 어른의 지각을 구분하고 발달 과정의 내용을 알려 주는 본질적 특성을 수십 년간 단 하나도 찾을 수 없었다. 따라서 어린이 행동 연구의 역사에서 중요한 도약은 형식적 연구로 충분치 않고 기본적 지향성의 계기에 대한 연구가 필요하다는 깨달음이다. 이 지향성의 고유한 구성은 각각의 주어진 단계에서 구조를 규정하며 그 구조 속에서 모든 행동의 기제는 자신의 자리와 의미를 발견한다.

9-1-7] 이런 이유로 이 영역의 과학적 연구의 출발점은 주의, 기억, 생각 등과 같이 어린이의 기술이나 정신 기능이 발달한다는 사실뿐 아니라 무엇보다도 정신 발달의 토대에는 어린이 행동과 흥미의 진화, 즉 그 행동의 지향성의 구조의 변화가 놓여 있다는 사실을 인식하는 것이다.

2

9-2-1] 심리학은 최근에서야 비로소 이 생각을 의식적으로 파악하게 되었다. 우리는 흥미를 정신적 능동성과 동일시하여 순수한 지적 현

상으로 간주하거나(헤르바르트), 정서적 체험 영역에 놓여 우리 힘이 방해받지 않고 작용하는 기쁨으로 규정하거나(예루살렘, 립스), 흥미가 인간 의지의 본성으로부터 유래되어 행위로 수렴하며 욕망을 토대로 구축된다고 말하는 낡은 주관적 심리학에 대해 이야기하고 있는 것은 아니다. 그러나 생물학적 토대 위에 흥미에 관한 학설을 세우고자 했던 객관적 심리학에서조차, 흥미의 문제는 흥미와 우리의 행동 기제들 간에 존재하는 관계를 올바르게 밝혀내려 했던 다수의 그러나 대부분은 전혀 잘못된 시도들에 의해 오랫동안 완전한 어둠에 싸여 있었다.

*W. 예루살렘(Wilhelm Jerusalem, 1854~1923)은 시각 장애인과 청각 장애인 그리고 여성의 교육에 많은 흥미를 가졌던 오스트리아의 철학자이자 교육자였다. 그는 헬렌 켈러 연구의 지지자였다.

*T. 립스(Theodor Lipps, 1851~1914)는 독일 철학자로 주로 예술 작품의 철학에 흥미가 많았다. 융과 프로이트는 잠재의식 개념의 공식화에서 그의 생각을 차용한다. 비고츠키가 말하듯 그는 이해를 주로 감정 이입Einfühlung, empathy의 문제로 여겼던 주관적 관념론자였다.

9-2-2] 손다이크는 흥미가 가지는 추동적, 추진적 힘, 흥미의 역동적 본성과 지향적 계기의 포함에 주의를 기울이며, 흥미를 욕구로 규정한다.

9-2-3] 이 저자는 말한다. "어떤 현상에 생각과 행위를 헌신하려는 욕구를 그 현상에 대한 흥미라 부른다. 이 고양된 느낌, 정신적 흥분, 대상에 대한 끌림을 흥미라 부른다."

9-2-4] 이러한 공식화에서는 이미, 흥미에 대한 새로운 관점의 어느

정도 차별적 공식과 함께, 고양된 느낌, 정신적 흥분, 대상에 대한 끌림과 같은 규정하기 어려운 일련의 계기들이 발견된다. 이러한 계기의 집합에서 저자는 합산적 방식으로 흥미의 정의를 얻으려 한다.

9-2-5] 손다이크는 이런 생각을 더 진전시켜 다음과 같이 말한다. "흥미는 선천적인 것이거나 습득된 것일 수 있다. 이런 점에서 흥미는 우리의 행동이 타고난 반응과 그것을 토대로 구축되는 습득된 반응으로 구성된다는 일반적 법칙에서 벗어나지 않는다." 흥미를 타고난 것과 습득된 것으로 구분하려는 시도에서 객관주의 심리학은 다시 한 번 흥미와 행동 기제, 혹은 심리학적 기능 간의 모든 구분을 지운다. 이 지점에서 흥미에 대한 의견과 입장이 여러 갈래로 나뉘기 시작한다는 것은 그리 놀라운 일이 아니다.

9-2-6] 이 모든 학설의 중심적 질문은 다음과 같다. 새로운 흥미는 인간의 발달 과정에서 얻어지는가 아니면 생물학적 요인에 기인한 타고난 흥미로 환원되는가? 동일한 문제가 다른 방식으로 표현될 수도 있다. 심리학에서 흥미와 욕구는 구분될 수 있는가? 이들은 서로 어떤 관계를 맺고 있는가? 손다이크는 타고난 흥미와 획득된 흥미를 구분함으로써 이 문제에 긍정적으로 답한다. 그러나 그는 욕구와 흥미의 관계를 선천적 반응과 획득된 반응의 관계와 동일시하는 경향이 있다.

9-2-7] 이 관점을 논리적으로 전개하면 흥미와 반응의 동일시에 이른다는 사실은 미국의 새로운 동적 심리학의 대표자들이 이 입장으로부터 도출한 결론에서 쉽게 관찰된다. 예컨대 우드워스는 다음과 같이 말한다. "새로운 기제를 획득하는 인간 정신 능력은 동시에 새로운 갈망을 획득하는 능력이다. 발달 중인 어떤 기제가 모종의 효용성을 획득했으나 아직 자동화되지 않은 상황에서 그 기제 자체는 갈망이자 그 기제의 직접적 기능을 넘어서는 행동의 동기가 될 수 있기 때문이다."

9-2-8] 이 저자들에게 이런 갈망은 단순히 다른 기제들과의 역동적 연결 속에서 작동하는 기제를 드러낼 뿐이며 따라서, 같은 저자(손다이크-K)가 말하듯이, 이런 이차적 동기 즉 습득된 동기의 발달 과정은 기술을 형성하는 일반적 과정의 일부이다. 다시 말해 이 저자들은 스스로의 연구를 토대로 기술, 새로운 조건반사, 새로운 행동 기제의 형성과 함께 새로운 흥미, 새로운 추동적 동기가 창조되며, 이 새로운 욕구와 동기들은 기본적으로 조건반사형성 법칙에 동일하게 종속된다고 결론짓는 경향이 있다. 이러한 관점에서 보면 각각의 활동 자체는 새로운 흥미를 창조한다. 이를 토대로 특정 대상에 대한 욕망이 일어나며 본질적으로 이것이 흥미이다.

9-2-9] 이 저자들은 말한다. "만약 대상이 그 자체로 우리를 매혹시키지 않는다면, 만약 매번 배고픔이나 공포와 같은 타고난 본능적 반응이 대상과의 관계를 전적으로 결정한다면, 삶은 지루해져 버릴 것이다."

9-2-10] 겉보기에는 행동의 추동력의 관성과 타성을 부정하고, 선천적인 것들과 나란히 반응의 후천적 성향도 고려하는 것처럼 보이는 이 흥미에 관한 학설의 토대에는, 흥미란 그림자처럼 기술 발달에 수반

하며, 단순 습관으로 나타나, 본질적으로 완성된 행위를 지속적으로 반복하려는 성향, 즉 행동 관성에 불과하다는 흥미 발달에 대한 기계론적 관점이 엿보인다.

9-2-11] 이 학설의 전체 문제는 그것이 흥미 습득 기제를 단순한 관성력, 습관적 반복의 기계적 행위에 토대한 조련과 훈련의 단순 기제로 환원한다는 데에 있다. 이와 같이 이 이론은 한편으로 발달 과정에서 새로운 욕망의 출현을 이해하려 하고, 다른 한편으로는 이 새로운 욕망들을 반복이라는 일반적 경향 속으로 용해시켜 이들을 새로운 기술 형성의 공통분모로 환원하려 하면서 일련의 내적 모순에 당도한다.

9-2-12] 이로부터 새롭게 획득된 흥미가 선천적, 본능적 욕구와 다르지 않다는 기계적인 생각이 나타난다. 예컨대 잉글리시는 다음과 같이 주장한다. "만들어진 습관적 성향은 본능적인 것과 동일하게 진정한 욕망을 우리에게 부여한다." 이 주장을 통해 논의 중인 이론은 본능적인 욕망과 만들어진 성향의 차이를 확립하기를 거부하며 본질적으로 자기 입장의 토대를 부정한다.

> *잉글리시(G. English)는 미국의 연합심리학자이다. 그는 영국 소설가 C. 디킨스가 자신의 소설 등장인물의 이름을 성격과 연관시켜 작명한 기법에 특히 관심이 있었다. 영문판 비고츠키 선집에는 H. English로 잘못 기록되어 있다.
>
> English, G.(1916). On the psychological response to proper names. American Journal of Psychology, XXVII, p. 417.

9-2-13] 흥미나 갈망을 행동 기제와 동일시할 수 있다고 간주하지 않는 심리학자들은 반대의 관점을 옹호한다. 맥두걸은 자신의 연구를 토대로 모든 갈망, 모든 흥미의 기초에는 본질적으로 선천적인 본능적

욕망이 놓여 있다는 결론을 이끌어 낸다. 이(본능적 욕망-K)는 기술을 통해서만 드러나며 이런저런 행동 기제에 의해 유지된다.

*W. 맥두걸(William McDougall, 1871~1938)은 찰스 셰링턴과 G. E. 뮐러에게 배운 학생이었고 C. 버트의 스승이었다. C. G. 융의 환자이기도 했던 그는 '집단 정신'과 '민족기억'에 대한 관점을 공유했다. 맥두걸은 생득론자였고, 반反행동주의자였다. 비고츠키가 언급한 것처럼 그는 욕구는 거의 대부분 타고나는 것이며, 학습된 욕망은 유전된다고 믿었다. 그는 반反다윈주의자이자 라마르크주의자였고, 인종차별주의자였다. 그는 흑인의 '집단정신'은 중요한 지도자를 배출할 수도, 국가를 일으켜 세울 수도 없다고 주장했다.

9-2-14] 이 저자는 말한다. "기술은 본질적으로 그것에만 고유한 갈망을 가지고 있지 않으며 우리가 과업을 어떻게 수행해야 하는지를 규정한다. 하지만 기술은 과정을 추동하는 힘이 아니며, 과정을 지속시키지도 않는다."

9-2-15] 두걸이 단순한 실험 사례를 통해 보여 주듯이, 기술 자체는 흥미를 포함하지 않는다. 심리적 과정의 전개에서 기술은 항상 추동력, 즉 주어진 작용의 전 과정을 작동시키고 지속시키는 유발 동기와 엄격히 구분되어야 하는 종속적 계기이다.

위의 문단에서는 통신강좌 원고에 따라 '두걸'로 표기했지만 이는 맥두걸을 가리키는 것으로 보인다.

9-2-16] 첫 번째 글자로 시작하여 마지막 글자로 끝나도록 알파벳을 읊도록 하고 활동 중간에 갑자기 끼어들어 방해하는 경우를 상상해

보자. 당연히 이 미완성되고 방해받은 행위를 지속하려는 갈망이 발생한다. 우리는 기술 자체가 이 갈망을 일으킨다고, 즉 일련의 글자들을 끝까지 말하는 것 속에 이미 흥미가 들어 있다고 생각하기 쉽다. 사실은 그렇지 않으며 이를 증명하는 것은 어렵지 않다. 우리가 활동 중에 방해를 받으면 갈망의 형태로 느끼는 흥미는 사실, 보통 그 일에 착수하기 위해 설정한 기본적 목적에 뿌리를 두고 있다.

맥두걸이 이 실험을 좋은 실험이라고 생각한 이유는 이해하기 쉽다. 맥두걸은 흥미가 행동 기제와 완전히 독립적이라는 것을 보여 줌으로써, 흥미는 타고난 것이지만 행동 기제는 그렇지 않다고 주장한다. 그러나 비고츠키가 이 실험을 좋은 실험이라고 생각한 이유는 무엇일까? 이 실험은 자유의지나 창의성과 전혀 관계가 없다. 피실험자는 실험자가 지시하는 행위를 할 뿐이다. 이는 청소년이 장차 직업이나 배우자를 선택하는 데 기여하는 창조적이고 자유로운 흥미와 전혀 다르다. 여기에는 합당한 세 가지 이유가 있는데, 이는 부정적 이유, 방법론적 이유, 이론적 이유이다. 부정적으로, 비고츠키는 맥두걸이 옳다는 것을 증명하려는 것이 아니라, 손다이크가 틀렸음을 보여 주려는 것뿐이다. 흥미는 기술에 내재해 있는 것이 아니다. 맥두걸의 실험은 이를 충분히 보여 준다. 방법론적으로, 비고츠키는 과학적 개념의 강점이 구체적 조건을 초월하는 능력에 있는 것처럼, 실험의 강점은 바로 특정 조건을 추상화하는 능력에 있다고 주장한다(『역사와 발달』 2-124). 물론 이는 과학적 개념이 풍부한 맥락과 구체적 상황을 결여하고 있는 것처럼, 실험의 약점이 되기도 한다. 그러나 '선택 실험'(『역사와 발달』 3-35~3-59, 티치너의 피아노 실험)에서와 마찬가지로, 우리는 실험 결과를 병원과 교실 자료를 통해 풍부하게 할 수 있다. 마지막으로, 비고츠키는 분명 자신의 이론에서 행동 동기와 행동 기제를 분리할 수 있다고 믿는다. 그렇지 않다면 학생들에게 어떤 실천적 적용도 없이 몇 년 동안 교실에서 추상적 지식만 공부하라고 요구하기는 매우 어려울 것이며, 매개된 행동은 일반적으로 불가능할 것이다. 맥두걸의 실험은 이를 뒷받침하는 증거를 제공한다.

9-2-17] 이는 처음 과업에서 멈추었던 그 알파벳까지 하나씩 발음하되 다만 이번에는 완전히 다른 목적을 갖는 상황, 즉 끝까지 모든 소리를 내는 것이 아니라 어떤 소리가 몇 번째에 오는지 세는 상황을 생각해 보면 쉽게 납득할 수 있다.

9-2-18] 여기에는 완전히 다른 결과를 가져오는 다른 목적과 목표가 존재한다. 즉 우리는 동일한 글자에 다시 도달하게 되고, 결과적으로 하나의 동일한 지점에서 활동을 멈추게 되지만, 그 활동을 지속하려는 아주 미세한 경향도 감지할 수 없다. 왜냐하면 동기였던 갈망 자체가 그 지점에서 소진되어 버렸기 때문이다.

9-2-19] 저자는 다음과 같이 결론을 내린다. "따라서 그런 예들을 분석하면 필연적으로 기술 자체는 그 어떤 갈망을 포함하지 않는다는 결론에 도달할 수밖에 없다."

9-2-20] 맥두걸은 경쟁을 부추기고 자존심을 건드림으로써 나무 그루터기를 뿌리째 뽑는 재미없고 힘든 일을 하게 된 두 소년의 사례를 살펴본다. 이를 통해, 언뜻 보기에 이 일에서 독립적으로 새롭게 획득된 흥미로 보였던 대상에 대한 완전한 몰두, 활동에 대한 깊은 흥미가 사실은 자존심과 경쟁 등과 같은 기초적인 본능적 흥미에 깊이 의존하며, 자존심이 채워지고 경쟁이 지겨워지자마자 흥미가 사라진다는 것을 보여 주었다.

9-2-21] 이와 같이 저자는 기술과 동일한 방식으로 흥미가 습득되고 발생한다는 명제에 대한 결정적 반증에 도달한다.

9-2-22] 이 두 번째 흥미 이론은 행동의 복잡한 구조에 침투하고, 흥미와 기술 사이에 존재하는 복잡하고 다양한 층위의 관계를 이해할 수 있다는 점에서 첫 번째 이론보다 유리한 입장에 서지만, 또 다른 측면에서 이 이론은 모든 흥미와 우리 활동의 추동력이 선천적인 것이며 결국 본능의 생물적 본성에 의해 조성된다고 생각함으로써 손다이크와

우드워스의 이론에 비해 심각하게 후퇴한다.

9-2-23] 과학 논쟁의 경우에서 흔히 보듯이, 새로운 갈망이 습득된 것인지, 그렇지 않은지에 대한 이 논쟁은 문제 자체를 정교하게 만들고 새로운 공식화를 이끌었다. 결과적으로 이는 두 이론 속에 포함된 상대적인 진리를 명료화하고, 각각의 이론에 들어 있는 부분적 진리를 희석시킨 심각한 오개념을 극복하도록 했다. 이 두 이론은 반대편 이론의 오류를 드러내고자 했던 비판적 부분은 탄탄하지만, 긍정적 부분에서는 똑같이 부실한 것으로, 즉 행동과 흥미의 발달에 대한 기계론적 관점을 극복하는 데서는 똑같이 무력한 것으로 밝혀졌다.

9-2-24] 첫 번째 이론의 지지자들은 맥두걸을 언급하며 다음과 같이 말한다. "우리의 모든 행동이 배고픔이나 공포 등과 같은 본능에 의해 직접 결정된다면 삶은 지루할 것이다." 이 말은 완전히 옳다. 세상에 대한 관심의 진정한 모습은 맥두걸의 이론을 토대로 그려진 것과 조금도 일치하지 않는다. 그러나 맥두걸은 자신을 비판하는 그들의 말로 그들을 반박할 수 있다. 그는 다음과 같이 말할 것이다. 만약 여러 대상과 맺는 관계가 오직 습관의 힘이나 관성에 의해 결정된다면 삶은 똑같이 지루할 것이다.

9-2-25] 문제에 대한 새로운 공식화에 따르면 한편으로는 새로운 갈망과 흥미를 획득하거나 승화하는 것이 가능하다고 주장하는 저자들은 옳다. 그러나 다른 한편으로는 모든 기술이 그 자체로 갈망이나 흥미가 되는 것은 아니며, 더 넓은 인격의 영역, 더 깊고 안정된 기반, 일관된 성향, 말하자면 기본적인 행동 노선이 존재하는데 이는 본질적으로 흥미라고 타당하게 칭할 수 있고 따라서 이러저러한 기술의 작용을 규정한다는 관점의 지지자들에게도 진실의 낟알이 존재한다.

문제에 대한 새로운 공식화는 다음과 같다. a) 기존의 이론들이 서로 부정하는 바는 대칭적이다. 우드워스는 맥두걸이 틀렸다고 옳게 말하며 맥두걸은 우드워스가 틀렸다고 옳게 말한다. b) 이들이 주장하는 긍정적 내용들은 별로 대칭적이지 않으며 오히려 보완적이다. 맥두걸은 우드워스가 해결하지 못한 문제를 해결하고, 우드워스는 맥두걸이 해결하지 못한 문제를 해결한다. 우드워스의 역동적 심리학에 의하면 새로운 흥미가 가능한 것은 흥미가 단지 기술에 의해 만들어지기 때문이다. 연습이 완벽을 만들어 내며 완벽성은 연습을 계속하도록 자극한다. 비고츠키가 언급한 것처럼, 이 관점은 새로운 흥미를 만들어 내거나 기존 흥미의 승화를 가능하게 한다. 예를 들어 성은 사랑이나 시, 회화, 또는 잘킨트가 말한 사회주의 건설로 승화될 수 있다. 배고픔도 수집, 사냥, 농경 또는 공장 노동이나 사업 경영에 대한 흥미로 승화될 수 있다. 이런 식으로 역동 이론은 새로운 흥미를 설명한다. 그러나 동적 심리학은 여러 흥미들의 일관성과 조합을 설명할 수 없다. 만일 흥미가 성공 뒤에 오는 여운이라면 어째서 청소년의 짝사랑과 시는 성인의 성공적인 생식에 앞서 오는가? 인간은 숨구멍과 목구멍이 따로 있는 고래와 다르다. 두 기관이 각각의 기술만을 고집했다면 어떻게 우리에게 말이 발생할 수 있었을까? 맥두걸의 목적 심리학에 따르면 승화가 가능한 것은 모든 기술에 앞서 안정적, 선천적, 유전적인 토대가 존재하기 때문이다. 배고픔은 선천적이기 때문에 일보다 우위에 있으며, 성은 유전적이기 때문에 사랑에 선행한다. 흥미의 토대가 되는 이 안정적 기초들은 성과 사랑, 말에서 볼 수 있는 흥미의 일관된 체계를 설명한다. 또한 맥두걸은 어떤 사람들에게는 일에 대한 자부심과 경쟁심을 지향하는 일반적 경향이 있고 다른 사람들에게는 고된 일과 반복적 행위를 지향하는 경향이 있다고 믿는다. 그러므로 맥두걸은 어떤 이는 지식을 위해서, 다른 이들은 단순한 기술을 위해서 태어난다고 믿었다. 비고츠키는 매우 적절하게 다음과 같이 묻는다. 그렇다면 어떻게 문해와 수리와 같은 전적으로 새로운 흥미가 생겨날 수 있는가? 더 나아가 어떻게 지적 노동과 육체적 노동이 모두 한 사람의 일생에서 역할을 할 수 있는가? 어떻게 생각 없는 운동성에 흥미를 보이던 영아가 사색적 비운동성에 흥미를 갖는 청소년이 될 수 있는가?

9-2-26] 만약 모든 기술이 그 자체의 발생으로 인해 각자의 추동력을 얻는다고 주장하는 이들의 관점을 취한다면, 우리는 필연적으로 기계론적이고 원자론적이며, 낱낱이 분리되고 무작위적인 괴물 같은 행동 모습에 도달하게 된다. 이것은 유기체적으로 형성된 전체가 아닌, 각각의 톱니바퀴들이 각자의 힘으로 각각의 법칙에 따라 움직이는 '미친 기계'이다.

9-2-27] 그러한 개념으로는 각 행동들 사이의 연결성, 조직성, 일관성, 서로 다른 행동 과정 간의 상호 조화의 기원, 전체 행동 체계의 발생과 같은 기본 문제를 과학적으로 설명하는 것이 절대 불가능하게 된다. 또한 새로운 기술을 습득하게 해 주는 단순 조련 과정과 정신 발달 과정이 어떻게 구분되는지도 알 수 없다.

9-2-28] 그러나 만약 우리가 반대되는 관점을 취하여 흥미를 본능적인 경향과 동일시한다면, 우리 앞에는 모든 새로운 세대가 선천적인 본능적 성향이라는 원 주위를 끝없이 맴도는 끔찍하게 절망적인 그림이 드러나게 될 것이며, 또다시 인간 발달에서 인간이 어떻게 동물적 본성의 한계를 초월했는지, 인간이 어떻게 사회적 삶의 경로 속에서 문화화된 노동하는 존재로 발달해 왔는지 설명할 수 없고 이해할 수도 없게 될 것이다.

9-2-29] 또한 두 관점으로부터 행동 발달의 문제와 그 핵심적 질문, 즉 정신 발달 과정에서 신형성이 어떻게 등장하는가에 대한 해답을 찾아낼 가망은 없다. 두 이론 모두 발달 과정에서 새로운 것의 등장에 관한 문제를 해결할 수 없다. 두 이론의 기본적인 실수를 극복할 가능성과 흥미 문제에 대한 새롭고 통합적인 접근 가능성은 우리 눈앞에 등장할 흥미에 대한 새로운 구조주의 이론에 의해 주어진다.

3

9-3-1] 이미 언급했듯이 구조적 흥미 이론은 두 편향된 관점의 극단을 극복하고자 한다. 새로운 심리학은 흥미와 기술 간에 존재하는 관계의 문제를 해결하기 위해 고안된 정교하고 심오한 실험적 연구를 통해, 심리적 과정을 작동시키는 추동력을 두 요소 간의 연합적 연결 속에서 찾는 낡은 관점이 새로운 사실 앞에서 더 이상 지속될 수 없다는 결론을 내린다.

9-3-2] K. 레빈은 다음과 같이 말한다. "기술에 대한 실험적 연구는 습관적 연결의 창조 자체가 심리적 과정의 동력이 될 수 없음을 보여 주었다."

> *K. 레빈(Kurt Lewin, 1890~1947)은 스텀프와 베르트하이머의 제자였으며, 비고츠키의 동료였던 B. 자이가르닉과 20세기의 선도적 예술 이론가인 R. 아른하임의 스승이었다. 오늘날 그는 교육학에서 실행연구action research를 창조한 것으로 유명하며, 경영학에서는 조직 변화 모델을 고안한 것으로 잘 알려져 있다. 그는 W. 쾰러와 K. 코프카를 잇는 2세대 게슈탈트 학자였다. 비고츠키는 그의 연구에 대해 상당히 비판적이었으나 실제로는 레빈이 모스크바를 방문했을 때 함께 지낼 정도로 친한 친구였던 것 같다.

9-3-3] 하나의 연합을 형성하는 것만으로는 어떤 신경 기제의 경로를 시작하기에 부족하다는 것이 드러난다. 형성된 기능, 습관, 연합적 연결과 결합 자체는 잠재적으로 완성된 일련의 기제로서 존재할 수 있을지 모르지만 그 자체가 존재한다는 사실 하나만으로는 시작하는 원동력을 갖지 못하며, 따라서 그(원동력-K)에 근본적이고 본질적인 것,

즉 갈망을 포함하지 않는다.

9-3-4] 레빈의 연구는 사실들이 우리가 앞서 언급했던 맥두걸의 결론과 완전히 일치한다는 것을 입증했다. 기술은 그 자체로는 활동을 지속시키려는 어떤 경향도 불러일으키지 않는다. 오히려 활동을 지속하려는 경향은 활동을 실현하는 일련의 기술과 상대적으로 독립적이다.

9-3-5] 따라서 우리가 실험적으로 어떤 활동의 흐름을 방해하면, 그것을 완수하려는 경향은 이전 활동과 연합적 기제상의 공통점이 전혀 없는 다른 대체 활동에서 그 해결점과 위치를 찾는다. 어떤 행동이 그것을 일으킨 흥미를 다하여 그 활동에 싫증 난 주체가 계속하기를 거부할 때, 주어진 기술을 새로운 초점을 제공하는 조금 다른 구조에 포함시켜 새로운 경향과 새로운 흥미를 만들어 낼 수만 있다면 그 활동을 방해 없이 다시 지속하게 하는 것은 매우 쉽다.

9-3-6] 따라서 기술과 연합적 기제는 각각에 내재된 갈망, 행위를 향한 고유한 갈망으로 인해 체계 없이 자동으로 뒤죽박죽 작용하는 것이 아니라, 어떤 일반 구조, 어떤 종합적 전체, 어떤 일반적인 역동적 경향의 종속적 계기로만 실제로 활동에 호출되며, 오직 그 속에서만 자신의 기능적 가치와 온전한 의미를 획득한다는 것은 실험적으로 확립된 사실로 볼 수 있다.

9-3-7] 기술의 조합, 활성화의 순서, 기술이 작용하는 구조와 수단—이 모두는 무엇보다 주어진 역동적 경향성 내에 존재하는 조직성, 복잡한 관계에 의해 규정된다. 이와 같이 반응의 지향적 구조를 규정하는 전체적인 역동적 경향성을 마땅히 흥미라고 불러야 한다. 여러 활동들이 그것을 포함하는 전체적인 역동적 경향성 내에서 맺는 관계는 레빈이 제시한 사례로 잘 설명될 수 있다.

9-3-8] 그는 다음과 같이 말한다. "어린이는 여러 가지 물건들을 던지면서 즐거움을 느낀다. 후에 그는 물건들을 옷장 속이나 카펫 밑

에 밀어 넣기 시작한다. 더 나이가 들면서는 일부러 몸을 숨기며 숨바꼭질을 한다. 이 숨기는 그가 거짓말을 할 때에도 종종 중요한 역할을 한다."

9-3-9] 또 다른 예를 들자면, 어린아이는 처음에는 열정적으로 상자 뚜껑을 열고 닫으려고 한다. 그런 다음 여전히 어머니의 품에 안긴 채 문을 열고 닫는 데 큰 즐거움을 얻을 것이다. 나중에 걷기 시작하면 이런 이 문놀이를 지치지 않고 계속하며, 나아가 모든 문들을 열고 닫는다. 이러한 경우에서 특정 행동 능력의 발달뿐 아니라 경향, 욕구, 흥미의 발달을 어렵지 않게 확인할 수 있다.

9-3-10] 이와 같이 욕구, 경향, 흥미는 특정한 반응이라기보다는 좀더 포괄적이고 전체적인 과정임을 알 수 있다. 서로 다른 반응들이 동일한 욕구에 의해 생겨날 수 있으며, 반대로, 완전히 다른 흥미들이 겉으로 보기에는 똑같은 하나의 반응으로 나타나거나 충족될 수 있다.

9-3-11] 레빈은 말한다. 두 살과 네 살 어린이의 "인형 놀이(또는 공구 놀이, 전차 놀이)와 같이 겉보기에 서로 매우 가까운 행위들이 완전히 다른 토대를 가질 수 있다."

9-3-12] 인간 활동은 순서 없이 작동하는 기술들을 단순히 기계적으로 소환하는 식으로 이루어진 것이 아니라, 전체적 역동적 경향성 즉 갈망과 흥미에 의해 구조적으로 질서 있게 포함된다. 새로운 이론은 흥미와 기술 사이의 구조적 관계와 더불어, 논리적으로 일관되게 선천적 흥미와 습득된 흥미라는 오래된 문제에 대해 완전히 새로운 진술을 이끌어 낸다. 흥미가 전적으로 선천적이며 인간의 기본적인 본능의 지향성과 더불어 주어지는가 혹은 단순히 연습 과정에서 형성된 새로운 습관과 나란히 습득되는가 하는 이전의 질문은 반복되지 않는다.

9-3-13] 흥미는 획득되는 것이 아니라 발달하는 것이다. 흥미 이론에 이 발달 개념을 도입한 것은 새로운 이론이 모든 흥미 이론에 대해

언급한 것 중 가장 중요한 말이다. 새 이론은 흥미에 대한 기계적 관점을 극복할 진정한 가능성을 최초로 발견하였다. 이 기계적 관점은 위에서 지적했다시피 기존 심리학이 이 문제에 대해 갈라졌던 두 가지 모순적인 경향에 똑같이 내재하고 있었다.

9-3-14] 전체적, 구조적, 역동적 경향으로 이해된 흥미는 이제 이러한 이해에 비추어 새로운 심리학에서 인격의 유기체적, 생물학적 토대에 깊이 뿌리내린 살아 있는 유기체적 과정일 뿐 아니라 전체로서의 인격 발달과 더불어 발달을 겪어 나가는 과정으로 간주된다. 모든 생명 과정이 그렇듯, 이 과정은 매우 분명한 발달, 성장, 성숙을 보여 준다. 레빈에 따르면, 이 명확히 표현된 욕구, 충동, 흥미의 개체발생은 예컨대 수정란의 생물학적 발달과 동일한 리듬을 보여 준다.

9-3-15] "이것은 여러 역동적인 국면들로 이루어져 있고, 그 각각의 국면은 상대적으로 자율적이다. 여기서 가장 중요한 것은 성숙과 위기의 개념이다."

9-3-16] 흥미의 운명을 일반적인 개체발생의 맥락 속에 집어넣는 새로운 이론에 비추어 보면, 흥미 발달에서 생물적인 것과 사회적인 것 간의 관계 문제가 다른 형태로 눈앞에 나타난다. 인간 활동의 동력인 갈망도 개별적 흥분이나 본능적 충동의 단순한 기계적 합이 아니다. 이러한 갈망은 욕구라 부를 수 있는 특수한 둥지와 같은 것에 뿌리를 두고 있다. 이는 우리가 한편으로 욕구에 행위의 동력을 부여하고, 욕구를 성향과 흥미가 비롯되는 원천으로 간주하기 때문이며, 다른 한편으로는 우리가 이를 통해서 욕구가 유기체와 관련하여 특정한 객관적 의미를 지닌다는 사실을 나타내기 때문이다.

9-3-17] 이처럼 우리는 욕구가 인간 행동을 추동한다는 일반적인 결론에 이르지만 구조적 이론은 맥두걸의 이론과 달리 결코 모든 욕구를 단순히 선천적이거나 본능적인 것으로 환원하지 않는다. 이 욕구는

명확한 개체발생적 발현을 보여 준다. 이 이론은 선천적 경향성에 뿌리를 둔 욕구와 어린이 인격 발달 과정에서 나타나는 욕구를 구분한다. 어린이 인격 발달 과정에서 나타나는 욕구는 어린이가 주변 환경, 무엇보다도 사회적 환경에 적응하고자 하는 필요에 의해 창조된다.

9-3-18] 이처럼 기본적 욕구의 반경은 무한히 확장되지만 사태는 이것으로 끝나지 않고 이 이론은 긴 발달 과정에서 나타나는 실제 욕구와, 진정한 인간 흥미의 영역을 구성하는 소위 비실제적 욕구 혹은 유사욕구를 구분한다. 이 유사욕구는 무엇보다 실제 욕구와 깊은 유사성을 가지며 실제 욕구에 의존함을 보인다.

9-3-19] 이 근접성의 토대에는 실제 욕구와의 순수한 외적 유사성뿐 아니라 발생적 연결이 놓여 있다. 즉, 새로운 욕구는 실제 욕구를 토대로 나타나며 우리의 반응을 유도하는 것과 유사한 기제를 가진다는 것이다. 다시 말해, 일시적 욕구와 흥미는 실제 흥미와 똑같이 특정한 경계 내에서 작동한다. 그러나 이러한 유사욕구는 단순히 기본적인 실제 욕구를 새로운 형태로 반복하는 것이 아니라 진정한 의미에서의 신형성이다.

9-3-20] 이 신형성들은 실제 욕구와의 진정한 상호작용을 드러낸다. 신형성과 실제 욕구 사이의 관계는 가깝거나 멀 수 있으며, 때로는 모순될 수 있고 반대로 신형성이 실제 욕구에 봉사할 수도 있다. 일시적 욕구가 생길 때 그 욕구의 충족을 가져올 기술 체계나 정신 작용은 결코 사전에 주어지지 않으며, 미리 형성되는 일도 없다. 단지 주어진 문제를 해결하기 위한 일반적인 입장, 경향, 행동 방향만이 나타날 뿐이다. 레빈의 말처럼 오직 일시적 욕구와 구체적 상황의 결합과 일치만이 어떤 구체적 행동이 뒤따를지 결정할 수 있다.

9-3-21] 이렇게 우리는 새로운 흥미 이론을 특징짓는 마지막 계기, 즉 객관적이면서도 주관적인 흥미의 이중적 본성을 확립하게 된다. 흥

미가 창조되는 것인지 아닌지에 대한 논쟁은 대체로, 우리 행동의 원동력이 본능과 연관된 주관적 만족 즉 내적 기질인지, 아니면 대상과 활동 자체의 객관적 매력인지에 대한 논쟁이었음을 상기하자.

9-3-22] 이처럼 흥미 이론의 전체 발달 과정에서 사실상 제거되지 않았던 심각한 문제, 즉 흥미가 객관적 특성을 지니는가 주관적 특성을 지니는가 하는 문제가 나타났다.

9-3-23] 이 문제의 변증법적 해결을 위한 지침은 이미 헤겔에게서 찾을 수 있다. 그는 이 문제의 해결을 위한 진정한 길은 주관적 혹은 객관적 흥미 중 어느 한 측면을 인정하는 것이 아니라 이 두 측면의 복잡하고도 불가분한 통합체를 명시하는 데 있다고 지적했다. 이 문제 해결에서 헤겔이 낸 이 길을 따라 구조적 이론이 나아간다. 어떤 대상과 관련된 활동을 하는 이는 그 대상에 흥미를 가질 뿐 아니라 그것에 의해 추동된다고 헤겔은 말한다. 흥미는 갈망, 욕구와 더불어 활동을 추동하는 경향성이다.

9-3-24] 달리 말해 흥미의 기저에서는 인간과 객관적 실제 사이에 매우 특수한 관계가 창조된다. 레빈은 인간을 둘러싼 환경 구조, 혹은 그의 표현에 따르면 장場 구조가 일시적 욕구와 흥미를 토대로 근본적으로 변화한다는 사실에서 이 특수한 관계를 본다. 심지어 실제 욕구라고 해도 그 욕구가 특정 행동으로 직접 이끌지 않는다는 것을 우리는 알고 있다. 실제 욕구의 직접적 영향은 무엇보다 실제 욕구가 우리를 둘러싼 대상들의 특성을 변화시킨다는 데서 드러난다.

9-3-25] 욕구의 존재와 더불어 우리 외부에는 추동적 특성을 지닌 특정한 대상이나 과정이 존재한다. 굶주린 동물에게서 먹이와 관련된 것은 추동적 특성을 가진다. 우리를 둘러싼 대상들은 우리에게 중립적이지 않다. 레빈이 말하듯, 단지 이 대상들이 우리에게 크고 작은 어려움을 주거나 반대로 그 고유한 특성에 따라 유익함을 줄 뿐 아니

라, 우리가 만나는 여러 사물과 사건들은 어느 정도 규정된 의지를 나타내며 우리의 특정 행동을 유발한다. 좋은 날씨나 아름다운 풍경은 산책을 부르고, 계단은 오르락내리락하게 하며 문은 열었다 닫았다 하도록 두 살배기를 자극하며, 개를 보면 장난쳐야 되고, 공구 세트는 가지고 놀아야 되고, 초콜릿이나 케이크는 먹고 싶은 마음에 불을 지르는 것이다.

9-3-26] 이러한 사물의 추동성은 긍정적이거나 부정적일 수 있고, 직간접적으로 우리를 자극하며, 강하거나 약할 수도 있다. 하지만 근본 법칙의 의의는 언제나 같다. 즉 욕구 출현의 토대 위에서 대상은 중립적이거나 추동적인 것으로 나뉘며, 후자는 그 존재만으로 우리 행동에 영향을 미치는 능동적 효과가 있다. 이는 일시적 욕구에 대해서도 사실로 판명되었으며, 후자(일시적 욕구-K)도 마찬가지로 우리를 둘러싼 환경의 구조에 변화를 일으킨다.

9-3-27] 일시적 욕구 또한 우리 주변의 대상들이 우리에게 추동적 영향을 미치기 시작하도록 한다. 일시적 욕구는 우리에게 특정한 행위를 요구하는 것처럼 보이며, 우리를 끌어들이거나 거부하고, 우리에게 명령하거나, 우리를 받아들이고 거부하기도 하는 등, 욕구 자체와 관련하여 수동적이 아닌 적극적인 역할을 한다. 화약이 불꽃에 접촉되어야 폭발하는 것과 같이 욕구 역시 그것을 추동하고 만족시킬 수 있는 외적 대상과의 조우를 통해 작용한다.

9-3-28] 이처럼 추동적 특성을 가진 대상의 반경은 실제 욕구와 관련해서는 생물적으로 어느 정도 밀접하게 규정되지만, 일시적 욕구와 관련해서는 고도로 유연하고 비규정적이며 가소성이 크다. 이 때문에 레빈은 이 일반적 명제를 다음과 같이 공식화한다. "이러저러한 욕구가 나타났다는 표현과, 어떤 대상의 영역이 이러저러한 활동을 추동하는 특성을 획득한다는 표현은 어느 정도 같은 것이다." 이처럼 구조적 이

론에서는 사물이 우리에게 미치는 추동적 영향에 대한 설명이 중심에 놓인다. 개별 욕구의 발달과 운명은 그것이 어떤 추동력의 영향하에 있는가 하는 문제와 결코 무관하지 않다. 기존 이론은 이 과정의 객관적 측면과 주관적 측면을 분리했다는 점에서 무용성을 드러낸다. 그러나 이 과정의 진정한 토대는 주관적 흥미와 객관적 흥미의 계기들이 복잡하게 합쳐지는 이중적 속성에 있다.

4

9-4-1] 구조적 흥미 이론의 가장 크고 본질적인 단점은 본능적 욕구와 흥미를 구별하는 심오한 차이를 전혀 포착하지 못했다는 데 있다. 구조적 흥미 이론은 일시적 욕구와 실제 욕구 간의 온갖 기능적 차이와 구조적 차이를 확립했지만, 두 현상의 본질과 본성에 따른 원칙적 차이를 고려하지 않는다. 요컨대 이 이론은 인간 흥미의 사회역사적 본질을 고려하지 않는다. 본질적으로 인간만이 자신의 역사적 발달 과정 속에서 스스로의 행동에 대한 새로운 원동력을 창조하였고, 새로운 욕구는 인간의 역사적, 사회적 삶의 과정을 통해서만 출현하고, 형성되고, 발달하였다. 가장 자연적인 인간 욕구는 그 역사적 발달 과정 속에서 심오한 변화를 겪었다.

9-4-2] 구조적 이론은 바로 이 역사적 발달 과정 속에서의 인간 본성의 변화, 그리고 흥미라 부를 수 있는 신형성의 역사적 성격을 고려하지 않는다. 구조적 이론은 역사적 범주가 아니라 자연적 범주에서 흥미에 접근하며, 흥미 발달을 생물적이고 유기체적인 성숙이나 성장 과정과 유사한 것으로 간주한다. 즉 그 이론에서 흥미 발달은 수정란의 발달과 유사하다. 따라서 구조적 이론은 욕구와 일시적 욕구를 무엇보다

도 유기체적 에너지의 원천으로 간주하여 살아 있는 유기체의 물리에서 유사점을 찾고자 하며, 인간의 욕구가 복잡한 사회적 관계의 프리즘을 통해 반복적으로 굴절된다는 것을 잊어버린다.

수정란은 살아 있는 생명체이지만 프리즘은 단지 생명 없는 유리 조각일 뿐인데 왜 프리즘이 수정란보다 더 나은 비유인가? 첫째 프리즘은 인간의 손으로 만들어진 고안물이다. 둘째 프리즘은 다중 굴절을 허용한다. 음식에 대한 욕구가 사회적 관계에 의해 다양한 흥미(쇼핑, 요리, 노동)로 나뉘는 것처럼, 프리즘을 통과한 백색광은 여러 색으로 나뉜다. 그러나 셋째로 수정란은 한 번 부화하지만, 빛은 한 번 굴절되고 또다시 굴절될 수 있다. 심지어 하나의 프리즘조차 한 번 이상의 굴절을 포함한다. 왜냐하면 빛은 프리즘에 들어갈 때뿐 아니라 나올 때도 굴절되기 때문이다.

9-4-3] 구조적 이론은 욕구와 흥미의 개체발생을 대체로 유기체적 생명 과정으로 여기는 경향이 있다. 이는 진정한 의미의 흥미 발달은 어린이의 생물적 형성 내용보다 사회문화적 발달 내용으로 훨씬 더 크게 구성되어 있다는 것을 깜빡한 것이다. 따라서 이는 흥미의 생물적 유기체적 토대와, 어린이 자신이 속한 사회적 통합체의 삶으로 들어가는 일반적 성장의 일부인 고등한 흥미 형태 발생의 복잡한 과정 사이에 존재하는 복잡한 관계를 단순화시켜 버린다.

9-4-4] 구조적 이론은, 마르크스의 말을 빌리자면, 인간의 욕구가 인류의 욕구가 된다는 것을 망각한다. 그리하여 그것은 생물적 토대의 발달로부터 가장 가까운 흥미 발달에서 가장 견고함이 드러난다. 그러나 실제로 개체발생의 토대에 놓여 있는 생물적 발달과 사회문화적 발

달의 두 노선의 복잡한 짜임은 이 이론의 관점으로는 풀 수 없으며, 이 복잡한 짜임을 형성하는 노선들을 정확하게 풀어내지 못한다.

> 비고츠키는 『1844년 경제학-철학 수고』를 언급하고 있는 것으로 보인다. 마르크스는 성性을 예로 들어, 생물적 욕구가 어떻게 인간을 개인 간의 사회적 욕구로 이끄는지 보여 준다. 마르크스는 인류에게서 사회성은 (습관적이고 지적이고 최소한 그 안에 잠재적으로 자유를 포함하고 있지만) 본능적이라는 점을 지적한다. 인간의 모든 고등행동형태는 저차적 형태를 기반으로 해서만 나타나며, 그 승화 속에 여전히 저차적 형태를 포함한다.
>
> "여성에 대한 남성의 관계는 인간에 대한 인간의 가장 자연적인 관계이다. 그러므로 인간의 자연적 태도가 어느 [정도로] 인간적으로 되어 있는지 또는 인간에게 인간적 본질이 어느 정도로 자연적 본질로 되어 있는지, 인간의 인간적 본성이 인간에게 어느 정도로 자연으로 되어 있는지는 이러한 관계 속에서 드러난다. 또한 이러한 관계 속에서, 인간의 욕구가 어느 [정도로] 인간적 욕구로 되어 있는지 따라서 인간에게 다른 인간이 어느 정도로 인간으로서 욕구가 되어 있는지 인간이 어느 정도로 그의 가장 개별적인 현존 속에서 동시에 공동체적 존재인지가 드러난다"(『경제학-철학 수고』, 강유원 옮김, 이론과실천, 2006, 126~127쪽).

9-4-5] 특히 이행적 연령기 흥미 발달의 기원이 되는 주요한 생물적 욕구의 둥지를 올바르게 이해하기 위해서는 인간 욕망의 역사적 본성, 인간의 성적 사랑의 역사적 형태를 반드시 고려해야 한다고 이미 앞 장에서 지적한 바 있다. 이에 대하여 계통발생적 측면에서 최초로 주의를 기울인 사람은 엥겔스인 것으로 보인다.

9-4-6] 그는 말한다. "우리의 성적 사랑은 고대의 단순한 성적 욕망인 에로스와 본질적으로 다르다. 첫째, 그것은 사랑하는 사람 상호 간

의 사랑을 전제한다. 이 관점에서 여성은 남성과 동등하다. 반면 고대의 에로스에서 여성은 상의의 대상이 아니었다. 둘째, 성적 사랑은 연인 사이의 비소유 혹은 분리를 가장 크지는 않더라도 매우 큰 불행으로 여기는 강도와 지속성을 의미한다. 이들은 상대를 소유하기 위해 생명을 무릅쓰는 큰 위험을 기꺼이 감수한다. (…) 마지막으로 성 관계를 판단하는 새로운 도덕적 기준이 생긴다. 성 관계가 합법적인지 불법적인지 뿐 아니라 사랑, 상호 간의 사랑에서 비롯되었는지 여부에 대한 질문이 제기된다."

9-4-7] 엥겔스는 서로 다른 성을 가진 두 사람 사이의 근대적 사랑 즉 이 고등한 윤리적 과정에 대해 다음과 같이 말한다. 이 개인 간 성애의 최초의 역사적 형태는 중세 시대에 이르러서야 나타난다. 이러한 고등한 인간 욕구 형태는 역사적 형태인 것이다.

9-4-8] 이제 우리의 흥미를 끄는 개체발생적 측면에서도, 우리는 어린이와 청소년의 욕구 발달과 형성에서 이러한 사회문화적 노선을 유기체적 욕구 발달의 생물학적 노선과 구분해야 하며, 이 구분은 특히 이행적 연령기에서 중요하다. 생물학적이고 문화적인 발달의 파도가 지극히 가파르게 상승하는 시기, 생물학적이고 문화적인 욕구가 성숙하는 이 시기에, 인간적인 사고 내용과 인간 행동의 고등 형태와 기제뿐 아니라 행동의 추동력, 즉 이 기제의 작동을 강제하는 원동력, 인간 행동의 지향성 자체도 복잡한 사회문화적 발달을 겪는다는 것을 고려하지 않는다면, 진행 중인 변화에 대한 올바른 이해의 열쇠를 찾을 수 없을 것이다.

9-4-9] 이런 점에서 흥미는 인간을 동물과 구분 짓는 특별히 인간적인 상태를 나타낸다. 이러한 의미에서 흥미의 발달은 청소년의 모든 문화적 발달과 심리적 발달의 토대가 된다. 흥미는 고등 형태에서 의식적이 되고 자유로워지면서 즉자적 욕망인 본능적 충동과 달리 의식적

갈망, 대자적 욕망으로 우리 앞에 나타난다.

9-4-10] 인간의 흥미와 흥미 발달의 본성을 사실적으로 가장 잘 나타내는 것, 구조적 이론의 모든 강력한 측면을 가장 잘 입증하며 그 오류를 더 선명히 논박하는 것, 진정한 과학적 흥미 이론을 가장 두드러지고 사실적으로 설명하는 것은 이행적 연령기의 흥미 발달의 역사이다.

> 러시아어 선집에는 이 문단이 비고츠키가 전체 청소년기를 '이행적' 시기, 즉 아동기로부터 성인기로 넘어가는 시기로 간주했다는 증거라는 요지의 각주가 달려 있다. 여기서 이행적 연령기는 아동기에서 성인기로 이행하는 13세에서 17세 사이의 전체 시기를 가리킨다. 후에 비고츠키는 이 시기를 13세의 위기와 청소년기로 구분한다. 혹자는 이를 이행적 연령기의 부정적 국면이라고 칭하지만, 비고츠키는 사실 이 위기를 부정적이라고 생각하지 않았으며, 국면이라고도 생각하지 않았다. 심지어 이 위기를 이행적 연령기의 일부로 간주하지도 않았다.

5

9-5-1] 이행적 연령기의 흥미 이론은 앞서 말한 레빈의 명제를 가장 잘 설명해 준다. 즉 흥미는 발달 과정 밖에서는 이해될 수 없으며, 성장, 위기, 성숙은 이 문제에 접근하기 위한 기본 개념이라는 것이다. 흥미를 기술로, 추동력을 행동 기제로 규정하는 것이 얼마나 잘못되었는지를 확인하는 것은 이 연령기의 흥미 발달의 역사를 생각해 보는 것만으로도 충분하다.

9-5-2] 여기서, 5년이라는 상대적으로 짧은 시기에 강력하고 심오한 변화가 우리 행동의 추동력에서 일어나며, 그 변화는 분명 행동 기

제의 발달 노선과는 일치하지 않는 고유한 발달 노선을 형성한다. 청소년의 심리 발달에서 기술 형성 과정과 흥미 전개 과정을 구분하지 않는다면, 기술은 1~2년 동안 본질적으로 변하지 않는다는 이 연령기 전체에서 중심적인 사실을 설명할 길이 없을 것이다.

9-5-3] 이전에 형성된 행동 기제는 계속해서 존재하며 새로운 것은 그것을 토대로 생겨나지만, 흥미 즉 행동 기제를 움직이는 욕구는 근본적인 방식으로 바뀐다. 이 기본적인 사실을 염두에 두지 않는다면 우리는 이 연령기의 심리적 발달에 대해 아무것도 이해할 수 없을 것이다. 위에서 이미 지적했듯이 심리학자들은 청소년의 생각 과정에서 본질적인 변화를 찾지 못하고 3세 어린이도 이미 가지고 있는 동일한 기제를 확인하는 것에 머무는 어려움을 겪고 있다. 그러한 심리학의 커다란 어려움은 무엇보다 심리학이 생각의 지향 및 추동력의 노선의 발달을 지적 과정의 기제 자체와 충분히 구분하지 못했다는 사실로 설명된다.

9-5-4] 이 사실을 고려하지 않으면 우리는 앞으로 논의하게 될 다음의 일반적으로 알려진 사실을 이해할 수 없다. 청소년 발달 과정의 가장 위기적인 단계에서, 일반적으로 학업 성취 저하와 이전에 확립된 기술 작용의 쇠퇴가 나타난다. 이는 청소년이 창조적 특성을 가진 생산적 활동에 맞부딪혔을 때 특히 그러하다.

9-5-5] 이처럼 행동 기제가 낮은 단계로 내려가고 지적 발달 과정 곡선이 하강하는 것은 어느 정도 기계적 특성을 지닌 기술의 적용을 필요로 하는 과업이 청소년에게 주어졌을 때에는 나타나지 않는다. 기술 자체는 상대적으로 변화하지 않으나 새로운 흥미 구조 내에서 그의 행동 방식은 본질적인 변화를 거친다는 사실을 청소년의 기계적 노동보다 더 명확히 보여 주는 사례는 찾기 어렵다.

9-5-6] 이 연령기에서 흥미 발달 노선과 행동 기제 발달 노선은 매

우 뚜렷하게 분리되어 있고, 각각의 복잡한 운동을 따로따로 수행하므로, 두 발달 노선의 상호관계를 통해서만 이 발달의 주요 특성을 올바르게 파악할 수 있다는 것을 과장 없이 말할 수 있다.

9-5-7] 게다가 유기체의 진정한 생물적 욕구와 우리가 흥미라 부르는 고등한 문화적 욕구 간의 관계가 우리 눈앞에 매우 뚜렷하게 드러나는 것도 바로 이 연령기이다. 특정한 삶의 욕망의 성숙과 형성이 청소년의 흥미 영역 변화의 필수 전제 조건이라는 사실은, 어린이 발달 어디에서도 이처럼 명백히 나타나지 않는다.

9-5-8] 이어서 우리는 상호 연결된 두 과정—새로운 욕망의 성숙과 그것을 토대로 한 전체 흥미 체계의 재구조화—이 본질적으로 단일한 발달 과정의 처음 계기와 마지막 계기를 제때에 형성하면서 명확히 분리되는 것을 살펴볼 것이다.

9-5-9] 마지막으로, 욕망과 흥미의 구조 자체 속에 객관적 계기와 주관적 계기의 관계, 즉 욕구의 내적 체계 변화와 주변 대상의 자극력의 변화는 이행적 연령기의 흥미의 역사에서 두드러지게 나타난다. 여기서 우리는 새로운 내적 욕망과 욕구의 숙성과 발현이 청소년에게 추동력을 가지는 대상의 범위를 얼마나 무한히 확장시키는지, 어린이에게 중립적이었던 이전의 전체 활동 영역이 어떻게 이제는 그의 행동 영역을 규정하는 주요 계기가 되었는지, 새로운 내적 세계와 함께 본질적으로 완전히 새로운 외적 세계가 청소년에게 어떻게 나타나는지를 다시한 번 실험적으로 명확하게 추적할 수 있다.

9-5-10] 이 시기 청소년의 전체 행동 기제가 전혀 다른 내적, 외적 세계 속에서, 즉 근본적으로 변한 내적 흥미 체계와 외부의 추동적인 영향 체계 내에서 작동하기 시작한다는 것을 유념하지 않으면 우리는 이 시기 청소년에게 일어나는 진정한 심오한 변화를 이해할 수 없을 것이다. 그러나 이행적 연령기의 흥미 체계의 재구조화가 이 강좌의 앞

장들 중 하나에서 언급한 바 있는 모든 복잡한 발달 과정의 내적으로 밀접한 구조를 구분하게 해 주는 이런 상황만큼 흥미와 기술의 차이가 명확하게 나타나는 때는 아마 없을 것이다.

9-5-11] 거기서 우리는 어린이의 발달 과정과 이행적 연령기의 발달 과정이 애벌레가 번데기로, 번데기가 나비로 변태하는 것과 닮았다는 은유적 비유를 종종 사용하여 설명했다. 여기서 형태의 질적 변화와 함께, 발달 과정에서의 신형성의 출현과 함께, 이 과정 자체가 그 복잡한 구조를 드러낸다.

9-5-12] 그것은 낡은 형태의 소멸, 역발달 또는 붕괴 과정과 새로운 형태의 탄생 및 건설 과정으로 이루어져 있다. 번데기에서 나비로의 변태는 나비의 탄생과 똑같이 번데기의 소멸을 전제한다. 모든 진화는 동시에 퇴화이기도 하다. 이처럼 볼드윈은 이 기본적인 발달 법칙을 공식화했다. 우리는 서로 뒤섞인 소멸과 탄생 과정의 복잡한 얽힘을 흥미 발달 영역에서 특히 명백하게 더듬어 볼 수 있다.

*J. 볼드윈(James Mark Baldwin, 1861~1934)은 W. 분트의 제자이자 리보와 그로스의 번역가였다. 그는 철학과 문화적 역사는 물론 비고츠키가 여기서 지적하듯 진화론에도 상당히 기여했다. 피아제와 비고츠키 모두에게 큰 영향을 미친 볼드윈의 가장 중요한 업적은 처음에는 진화된 행동(예컨대 근친상간의 회피)이 나중에는 문화적으로 전승될 수 있다는 주장이었다. 이는 라마르크와 다윈 사이의 모순을 극복했고, 저차적 기능과 문화적으로 발달된 기능이라는 비고츠키 구분의 토대가 된다.

비고츠키는 볼드윈의 『Mental Development in the Child and the Race(어린이와 인종에서의 정신적 발달)』(1906)을 언급하는데, 이 책에서 볼드윈은 훗날 비고츠키가 '단위로의 분석'을 발전시키는 데 영감을 준 개념을 논한다.

"고정된 물질 대신에 우리는 성장하고 발달하는 활동의 개념을 갖고 있다. 기능 심리학은 능력 심리학을 계승한다. 이 성장과 발달의 가장 정교한 진열로 시작하는 대신에, 우리는 동시에 같은 활동에서의 가장 단순한 형태에서 최대의 가르침을 발견할 것이다. 발달은 진화뿐만 아니라 퇴화의 과정이며, 요소들은 자신들로 구성된 복합체 형태 이면으로 숨겨지게 된다."

9-5-13] 첫눈에 얼핏 보더라도 청소년에게 새로운 흥미가 나타날 뿐 아니라 기존의 흥미가 소멸된다는 것을 쉽게 알 수 있다. 그는 완전히 새로운 일련의 것들에 흥미를 가지기 시작할 뿐 아니라 이전에 그를 점령했던 다양한 것들에 대한 흥미를 잃는 것이다. 새로운 단계로 올라서면서 오래된 것은 소멸한다. 앞으로 보게 되겠지만, 이행적 연령기에 어린이의 흥미가 사라지는, 특히 눈에 띄고, 길고, 종종 고통스러운 이 과정이 청소년기 흥미 발달 역사의 전체 장을 차지한다. 그러나 앞 시대를 통치했던 기존 흥미의 축소는 결코 초등학령기나 그 이전에 획득된 기존 기술, 유년기에 발달되고 형성된 기존 행동 기제의 소멸을 동반하지 않는다.

9-5-14] 당연히 이 기제들은 본질적 변화를 겪지만, 이 변화의 운명, 그 확장과 쇠퇴 노선은 어린이 흥미의 확장과 쇠퇴 노선과 일치하지 않는다. 우리는 청소년기 흥미 분석의 서두를 전체로서의 흥미의 문제의 일반적 분석으로 시작할 필요가 있다고 간주하였다. 왜냐하면 이행적 연령기 흥미의 문제는 첫째, 일반적으로 어떠한 이론적 토대가 결여된 순전히 경험적 문제로 상정되어 왔으며, 둘째, 청소년 전체 심리의 열쇠가 되는 문제이고, 끝으로 일반적인 흥미 발달의 모든 기본 법칙을 뚜렷하게 드러내는데 이 법칙을 모르고서는 이행적 연령기의 흥미의 운명은 완전히 모호하고 불명료해지기 때문이다.

9-5-15]   흥미 이론의 일반적 토대를 설명하는 것은 이행적 연령기 흥미 분석의 절반일 뿐이다. 우리는 심리학이 흥미 영역의 변화와 이동을 고려하지 않고 청소년의 심리 발달에는 세 살짜리 어린이와 비교해서 본질적으로 다른 것이 전혀 없다는 환각에 꼼짝없이 사로잡혀 있음을 거듭해서 말한 바 있다. 그들의 의견에 따르면 단지 완성도가 높아질 뿐 동일한 장치이며, 좀 더 나아갈 뿐 동일한 노선이다.

9-5-16]   이행적 연령기의 생각에 관한 문제에 대한 다음 장에서 우리는 이러한 견해를 어느 정도 상세하게 검토할 것이다. 이제 흥미의 문제와 관련하여 이행적 연령기 심리학에 뿌리내리고 있는 유사한 편견이 있는데 이는 우리에게 중심적 의미를 갖는다. 이는 흥미의 영역에서 이행적 연령기는 별도의 국면과 단계로 분리되지 않는 통합적 전체라는 편견, 즉 흥미와 관련해 그것은 마치 단일한 정적 실체로 특징지어질 수 있다는 편견이다.

9-5-17]   청소년의 흥미 영역에서의 가장 심오한 이동을 부정하는 이러한 생각은 이행적 연령기에 대한 고전적 연구의 유산이다. 예를 들어 지헨과 같은 저자는 이행적 연령기에 별도의 국면을 설정하는 것을 일반적으로 거부하고, 이 시기 발달이 균등하게 일어난다고 생각하는 경향이 있다. 본질적으로 이 관점은 청소년의 흥미가 겪기 마련인 발달에 대한 이해를 거부하는 것에 불과하다.

*G. T. 지헨(Georg Theodor Ziehen, 1862~1950)은 19세기 독일 철학자였으나, 갑작스러운 부모의 죽음으로 정신과 의사가 되었다. 그는 20세기 비교생물학자, 신경학자, 정신과 의사, 심리학자이다. 그러나 지헨은 이론 철학을 결코 포기하지 않았으며, 흥미의 변화가 내분비 변화와 관련이 있다는 것을 받아들이지 않았던 철저한 이원론자였다. 지헨은 많은 관념론적 철학자들처럼 나치를 지지했으며, 니체

9-5-18] 이 연령기 분야에서 현대 심리학의 모든 성공은 바로 이 편견의 극복과 연결되어 있다. 이는 모두 성적 성숙 과정 전체를 구성하는 개별 국면과 단계를 확인하고 가능한 한 더 정확히 분석하고 기술하기 위한 것이다. 잘 알려진 비유를 사용한다면, 우리는 현대 청소년 심리학의 가장 핵심적인 특징이, 청소년 인격을 사물이 아닌 과정으로 이해하려는, 즉 정적으로가 아니라 역동적으로 접근하려는 시도에 있다고 말할 수 있을 것이며, 이것은 청소년 흥미 발달에서 개별 국면과 시기의 구분과 불가피하게 연결되어 있다.

6

9-6-1] 흥미 영역의 새로운 청소년기 심리학의 기본 명제는 흥미 발달의 기본 국면들이 청소년기 생물적 성숙의 기본 국면들과 일치한다는 확립된 사실로 이루어진다. 이 사실만으로도 흥미 발달이 생물적 성숙 과정에 밀접하고 직접적으로 의존하며, 유기체적 성숙의 리듬이 흥미 발달의 리듬을 규정한다는 것이 드러난다.

9-6-2] 이와 관련해서 지헨과 근본적으로 다른 새로운 견해가 크로의 청소년 발달의 국면에 대한 연구에 의해 올바르게 제시되었다. 이 연구의 기본 생각은 다음과 같다. 발달은 균등하고 일정하게 일어나지 않는다. 흥미 발달을 포함한 청소년의 발달은 불규칙한 움직임으로 발생하고, 그 불규칙한 움직임 속에서 서로 다른 국면들이 명확히 구분된다.

*O. 크로(Oswald Kroh, 1887~1955)는 E. R. 옌쉬의 학생이자 직관 기억을 기반으로 반지성적 개념 형성 이론을 개발한 유명한 나치 심리학자였다. 그는 특히 청소년 발달 국면에 관한 이론을 연구하였으며, 크레치머와 함께 심리학적 유형에 관한 인종차별적 연구를 진행하였고, 군사심리학자가 되었다. 전쟁 후 크로는, 사회주의자이자 비고츠키주의자이며 오늘날에도 영향력 있는 심리학자인 클라우스 홀츠캄프의 스승이 되었다.

러시아어 선집의 본문에는 O. 크로라고 이름의 첫 글자가 명시되어 있다. 본문에서 '불규칙한'이라고 번역된 낱말은 'аритмическое (arrhythmic)'인데, 이 낱말은 영문 비고츠키 선집에서 'arithmetical(산술적인)'로 오역되어 영문판 여기저기서 지속적으로 사용된다.

9-6-3] 이 국면들은 두 측면, 즉 내적 성장 리듬과 내분비계가 변화한다는 측면과 청소년이 생물적으로 성장하면서 환경과의 연결을 잃는다는 측면에 의해 규정된다. 이 때문에 한 발달 국면이 다른 발달 국면으로 이행된다.

청소년이 성장하면서 환경과의 연결을 잃는다는 것은 생물적으로 성숙하면서 환경으로부터 독립적이 되어 간다는 뜻이다. 주변 환경에 대한 어린아이의 의존성은 생물적이다. 어린이는 음식, 옷, 체온 유지, 이동을 위해서 반드시 사회적 환경이 필요하다. 나이가 들어 감에 따라 어린이는 스스로 먹고, 입고, 걷고, 말할 수 있게 되며, 실제로 청소년은 스스로 살아갈 수 있다. 이는 사회적 환경에 대한 비자발적 연결은 점점 적어지고, 자발적 연결은 점점 많아짐을 의미한다. 욕구가 흥미로 대체된다고 말할 수 있겠지만, 비고츠키의 말대로 욕구를 토대로 흥미가 발생한다고 말할 수도 있을 것이다.

9-6-4] 흥미란 욕망의 발달을 기반으로 출현하며 흥미의 출현과 함께 환경과의 관계의 전체 성격이 변한다는 사태가 분명해졌기 때문에, 성적 성숙 시기의 불규칙적인 운동을 구성하는 국면들이 일련의 내적인 유기체적 변화뿐 아니라 바로 전체 환경과의 관계 체계의 재구조화에 의해서도 특징지어진다는 사실은 조금도 놀랍지 않다.

9-6-5] 흥미 발달은 그 속에 이전 흥미의 퇴화를 포함한다는 사실이 밝혀졌기 때문에, 한 국면에서 또 다른 국면으로의 이행은 무엇보다 환경과의 기존 연결의 소멸로 바로 나타나며, 어린이 발달에서 환경으로부터 소외되는 한 시기가 나타난다는 것은 조금도 놀랍지 않다.

9-6-6] 크로는 두 소외의 시기, 즉 첫째로 약 3세 무렵, 둘째로 성적 성숙 시기가 시작되는 약 13세 무렵을 특히 뚜렷하게 구분한다. 이에 따라 C. 뷜러를 포함한 많은 저자들에게서 청소년의 발달 과정을 3세 어린이의 발달 과정에 비유하는 대담한 생각들이 발견된다. 이 후자의 생각들은 지금은 미뤄 두고 다음에 논의할 것이다.

9-6-7] 지금 우리의 관심은 성적 성숙의 국면들에 관한 최근 연구 자료를 모으면서 모든 저자들이 복잡하고 불규칙적인 움직임과 일련의 국면들이 이 연령기에 존재함을 확립했다는 사실에 있다. 이에 따라, 이 시기가 하나의 통일된 규칙적인 발달이라는 지헨의 생각과, 퇴보적인 위기적 과정을 온전한 전체 발달기의 절대적 내용으로 삼아 위기 현상 너머의 성장과 성숙 현상을 보지 못한 청소년 심리학에 뿌리내린 전통적 견해, 이 둘은 모두 소멸한다.

9-6-8] 게다가 성장, 위기, 성숙이라는 세 계기는 기본적으로 성적 성숙의 세 단계를 규정하는데, 오직 이들을 한데 모음으로써만 전체 발달 과정의 진정한 모습이 파악될 수 있다. 따라서 Ⅱ. Ⅱ. 자고로프스키는 성적 성숙기를 개별 국면으로 나누는 현대 이론을 요약하면서 다음과 같이 전적으로 옳게 말한다.

*П. Л. 자고로프스키(Павел Леонидович Загоровский, 1892
~1952)는 모스크바 대학에서 철학을 전공했으며 혁명 당원으로 군에
입대했다. 혁명 후에는 보로네즈
주립대 아동학과장을 역임했다. 그
는 비고츠키와 시인 만젤쉬탐과 가
까운 관계였다. 청소년의 시기 구
분에 대한 그의 관점은 비고츠키
와 유사했으나 비고츠키는 그보다
생물적 측면을 벗어나 사회적 측면
을 지향하는 경향이 있다.

보로네즈 교육학 연구소, 우측에서 두 번째
가 자고로프스키.

9-6-9] "이와 같이, 최근 몇 년간 수행된 일련의 청소년기에 대한
연구는 성적 성숙 시기에 대한 관점을 변덕스러운 기분의 연령, 발달상
양극단 시기(스탠리 홀)에 대한 관점 등으로 상당히 제한한다. 부정적 국
면은 일정하게 제한된 시기를 거치며, 그것이 사라지면 청소년은 다음
발달 국면에 진입한다."

*G. S. 홀(Granville Stanley Hall, 1845~1924)은 클
라크 대학 총장으로 청소년기가 비이성적인 '질풍노
도'(갈등, 변덕스러운 기분, 위험 행동)의 시기라고 주장
하는 두 권의 책을 저술했다. 홀은 과학, 의사 과학,
종교에 이르기까지 자신의 머릿속을 지나간 모든 것

을 적었다. 예를 들어 그는 자위행위를 멈추면 이는 몽정으로 '전환'되
어 청소년을 원죄로부터 해방시킨다고 믿었다. 그는 청소년을 비롯한
인간 일반이 강한 지도자를 필요로 하는 비합리적인 짐승과 같다고
생각했기 때문에, 체벌과 권위주의적 교육을 강하게 옹호했다. 그는 생
물학적 심리학자였고, 스펜서와 헤켈의 연구는 물론 프로이트와 융의
연구에 흥미가 있었다.

9-6-10] 오늘날 문헌에서 계속되는 논쟁에 주목해 보자. 최종 분석에 따르면 이행적 연령기는 무엇인가? 이행적 연령기는 비극적으로 전개되는 위기인가 아니면 그 토대에 성숙이 놓여 있는 긍정적이고 다양한 종합인가? 이러한 논쟁은 문제에 대한 그릇된 정적인 태도로 이행적 연령기를 견고하게 확립되고 규정된 특성을 지닌 기성의, 완료된 대상과 같이 하나의 공식으로 간주하고자 하는 이들에 의해 제기된 논쟁이다. 두 극단적 지점의 진정한 살아 있는 결합이 이행적 연령기의 운동, 역동, 발달에서 발견된다.

9-6-11] 성숙 과정은 위기와 종합 모두로 만들어지며, 하나의 동일한 발달 파동의 서로 다른 계기들을 드러낸다. 이제 이행적 연령기의 흥미 발달을 이루는 이 기본적 국면들의 내용 자체로 돌아간다면, 우리는 이 발달의 모든 토대에는 성적 성숙 과정과 연결된 유기체적 변화가 놓인다는 것을 지적해야만 한다.

9-6-12] 성적 성숙은 유기체의 욕망 체계 속에 새로운 욕구와 동기가 출현함을 의미한다. 이것이 청소년 흥미 체계 전체의 변화의 토대에 놓여 있다 이 사실을 가장 잘 보여 주는 것은 다음이다. 흥미의 변화 과정은 대체로 유기체 변화의 시작점과 시간적으로 완전히 일치함을 보여 준다. 성적 성숙이 지연되면 흥미의 위기도 동시에 지연되고 성적 성숙이 빠르면 흥미의 위기는 전체 기간의 시작 단계와 가까워진다.

9-6-13] 따라서 우리는 이행적 연령기 흥미 발달에서, 말하자면 두 개의 기본적인 파동을 분명히 추적할 수 있다. 새로운 흥미 체계의 유기체적 토대를 제공하는 새로운 욕망의 파동과, 그 후 새로운 욕망 위에 세워진 이 새로운 체계의 성숙의 파동이 그것이다. 이와 관련하여 피터스가 이행적 연령기에 두 개의 기본적 국면을 구분하자고 제안한 것은 완전히 옳다. 그는 첫 번째 국면을 욕망의 국면으로, 두 번째를 흥미의 국면으로 부른다.

러시아어 선집의 본문에는 W. 피터스(1927)로 이름의 첫 글자가 명시되어 있다. 피터스에 관한 내용은 아마도 다음에서 인용된 것으로 보인다.

Peters, W.(1927). Die entwicklung von wahnemungsleistungen beim kinde. Zeitschrift Psychologie, 103.

러시아어 선집의 편집자들은 비고츠키가 1920년대 중반의 독일 청소년들에 대해서만 말하고 있다는 각주를 첨부한다. 경험적 연구의 범위를 밝히는 다음 문단과 이 절의 결론에 비추어 볼 때 이 각주는 사실이 아니다. 레온티예프와 오늘날의 칼코프와 같은 수정 비고츠키론자들은 사회주의 아래에서 위기가 더 이상 필요하지 않다는 것을 보여 주기 위해 온갖 노력을 다했다.

9-6-14] 물론 이러한 구분과 지칭은 잠정적인 것이지만, 그럼에도 이행적 연령기에 대한 일련의 연구 전체가 우리에게 제공한 기본 결과 중 하나를 본질적으로 완전히 바르게 전달한다. 첫 번째 국면, 즉 욕망의 국면은 대개 약 2년간 지속된다. 피터스에게 이 국면은 흥미가 부정적으로 발현되고 권위가 붕괴되는 국면으로 특징지어지며, 감수성, 흥분성, 피로도의 상승과 빠르고 갑작스러운 기분 변화, 뚜렷한 태도의 변덕으로 특징지어진다.

9-6-15] 우리에게 이 국면의 내용은 주로 두 개의 기본적 계기로 구성된다. 첫째, 이전에 형성된 흥미 체계(이로부터 부정적이고 저항적이며 소외된 특성이 나타난다)의 붕괴와 소멸이다. 둘째, 성적 성숙의 첫 시작을 의미하는 최초의 유기체적 욕망의 성숙과 발현 과정이다.

9-6-16] 바로 이 두 계기를 함께 취함으로써, 청소년기에 흥미가 일반적으로 감소하거나 때로는 완전히 상실된 것으로 나타나는 것처럼 보이는, 얼핏 보기에는 이상한 사실을 특징지을 수 있다. 이것이 바로

붕괴와 황폐의 국면이며, 이 시기에 청소년은 마침내 자신의 유년기를 마무리한다. 이것이 바로 톨스토이가 이 시기를 "청춘의 황무지"라고 부른 이유이다.

9-6-17] 따라서 이 시기는 전체적으로 두 개의 기본적인 면모로 특징지어진다. 첫째, 기존 흥미의 붕괴와 소멸의 시기이며, 둘째, 앞으로 새로운 흥미가 발전하는 기반이 될 새로운 생물적 성숙의 시기이다.

7

9-7-1] 이러한 기존 흥미의 소멸과 욕망의 성숙은 은둔적인 인상을 불러일으킨다. 이러한 정황은 피터스가 전체 단계를 온전히 욕망의 국면으로 칭하고 이를 이어지는 성숙 국면인 흥미의 국면과 대비하는 이유가 되었다. 우리는 모든 흥미가 특정한 본능적 토대 위에 세워지며 그 위에서만 이후의 발달이 가능하다는 것을 알고 있다. 그러나 다른 연령기에는 어느 정도 안정적인 흥미의 생물적 토대 혹은 하층 자체가 이행적 연령기에는 이전에 확립된 욕망의 조화를 무너뜨리고 처음 새롭게 성숙하는 본능적 충동을 드러내면서 반드시 옮겨지고 본질적인 변화를 겪는다는 것이 이 발달의 본질적 면모이다.

9-7-2] 이러한 토양 위에 있는 모든 상부구조는 지진을 겪은 건축물처럼, 그 기초까지 붕괴된다는 것은 놀랍지 않다. 이러한 상부구조의 파괴와 새로운 욕망 층의 표출 시기는 피터(피터스-K)가 욕망의 국면이라 일컫는 것이다. 그는 이 국면을 무엇보다 규정된 흥미의 부재, 일반적으로 모호하게 분산된 성마름, 민감성 증가, 빠른 피로와 탈진, 급격하고 격렬한 기분 변화, 반항, 권위의 붕괴로 특징짓는다.

9-7-3] 이처럼, 그에게도 역시 새로운 욕구의 등장과 더불어 그것

과 맞아떨어지는 또 다른 과정, 즉 과거의 흥미가 붕괴되고 폐허가 되는 과정이 존재한다. 이 저자에 따르면 이를 대체하는 새로운 국면은 무엇보다 반대되는 면모, 바로 완전히 새로운 토대 위에 세워지는 새로운 흥미의 성숙과 확립으로 특징지어진다.

9-7-4] 이 과정의 시작은 이 두 번째 국면에 접어든 청소년에게 나타나는 다양한 형태의 흥미로 특징지어진다. 이 다양성으로부터 점진적으로 분화의 경로를 통해 흥미의 기본 핵심이 선택되고 강화된다. 이 기본 핵심은 두 번째 발달 국면 동안 성장하고, 이 국면은 그 시작점과 끝점의 상반된 관계에 의해 특징지어진다.

9-7-5] 흥미 발달 국면의 처음이 낭만적 갈망이라는 특징이 있다면, 마지막 국면은 가장 안정적인 흥미 중 하나인 현실적이고 실용적인 선택으로 특징지어질 수 있을 것이고, 그 선택은 주로 청소년이 선택한 삶의 기본 경로와 직접적으로 연결되어 있다. 청소년 노동자의 흥미의 두 국면의 흐름에 대한 피터스의 후속 관찰을 살펴보는 것은 흥미로울 것이다.

9-7-6] 다른 여러 저자들과 마찬가지로 피터스는 프롤레타리아 청소년에게 청년기는 늦게 시작하여 일찍 끝나며, 이 발달 시기 전체는 불리한 경제적 조건과 사회문화적 조건에 따라 압축되거나 지연되어 진행된다고 말한다. 다른 외국 저자들과 마찬가지로 피터스의 관찰은 자본주의 국가의 청소년 노동자들과 관련이 있다.

9-7-7] 피터스는 "14세의 노동 계급 청소년은 아직 어린이지만, 18세의 노동 계급 청소년은 이미 어른이다"라고 말한다.

9-7-8] 그의 관찰에 따르면, 노동자 청소년의 경우 첫 국면은 부르주아 청소년과 마찬가지 기간 동안 진행되며, 다만 삶의 조건에 따라 더 격렬한 흐름을 보인다는 점에서 다를 뿐이다. 이와 반대로 둘째 국면 즉 흥미의 국면은 시간적으로 요약되고 압축되고, 자연적 발달이 제

한되며, 이른 직업 노동과 어려운 삶의 조건에 의해 방해를 받는 것으로 나타난다.

9-7-9] 이 동일한 국면의 또 다른 특징, 바로 이전 흥미의 쇠퇴는 청소년의 이 발달 국면 전체를 부정적 국면 또는 거부의 국면으로 규정할 바탕을 제공한다. C. 뷜러는 이 명칭을 통해 이 국면이 무엇보다 거부의 경향성에 의해 특징지어진다는 사실과, 온갖 순수한 부정적 징후와 더불어 학업 흥미의 상실이 이 국면의 시작을 특징짓는다는 사실을 나타내고자 한다. 그 어떤 규정적·안정적 흥미가 없다는 것, 이것이 바로 이 전체 국면의 주요한 특징이다. 본질적으로 뷜러는 부정적 국면이라는 명칭 아래 피터스와 동일한 청소년기 발달 단계를 기술하되 다만, 동일한 국면의 다른 면모를 전면에 내세울 뿐이다.

9-7-10] 피터스에게 이 시기 전체의 증상복합체에서 최우선은 유치한 흥미의 소멸을 배경으로 하는 새로운 욕구의 출현이지만, 뷜러는 새로운 욕구의 탄생을 배경으로 하고 이전 흥미의 거부를 최우선으로 한다. 사실 이 국면의 시작을 특징짓는 증상들 중에서 뷜러는 이 시기 청소년에게 가장 흔히 나타나는 것으로 첨예한 성적 호기심을 든다. 그녀가 보기에 소녀들의 성적 비행이 이 국면에 가장 자주 나타난다는 베를린 통계 자료는 우연이 아니다.

9-7-11] 성 성숙의 시작, 부정적 국면 동안 성적 욕망이 가장 숨김없이 노골적인 형태로 나타나며, 이 증상의 특정한 형태들은 성적 성숙이 진행되는 만큼 늘어나는 것이 아니라 줄어든다는 정황은 대단히 우리의 이목을 끈다. 거부의 국면을 특징짓는 것이 그러한 노골적이고 가공되지 않은 노출적인 현상인 것이다. 뷜러는 주어진 국면 전체 모습을 구성하는 기본적인 면모로 부정적 징후와 함께 욕망의 출현을 지적했을 뿐 아니라 나아가 이 국면의 모든 부정적 계기들, 즉 이 국면을 부정적으로 만드는 모든 것과 성적 성숙, 성적 욕망의 증가 사이에 직접적인

생물적 연결을 구축하고자 했다.

9-7-12] 이와 관련해서 그녀는 생물학적 유추에 의존한다. 도플라인과 다른 몇몇 연구자들은 성적 성숙이 도래하기 전에 동물들은 불안감과 예민함이 증가하고, 고립에 대한 갈망을 드러낸다고 지적한다. 더 나아가 소녀의 부정성의 시기는 대개 첫 월경 전에 일어나 그 시작과 동시에 끝난다는 것을 지적하면서, 뷜러는 이 부정적 징후들의 복합체 전체를 성적 성숙의 직접적 시작으로 보려는 경향이 있다.

*F. T. 도플라인(Franz Theodor Doflein, 1873~1924)은 동물 생태학 개념을 개발한 독일 동물학자이다. 그는 원생생물에서 펭귄에 이르기까지 넓은 범위의 동물들을 연구했다. 그의 이름을 딴 도롱뇽, 바다 말미잘, 문어가 있다. 비고츠키는 『연령과 위기』에서 도플라인을 인용한다. 거기서 그는 출생 시 어린이가 자궁 밖 생활에 얼마나 준비되어 있는가라는 관점에서, 인간이 캥거루와 얼룩말 사이 어디쯤 위치하는지 논의한다. 그러나 도플라인은 여기처럼 인간과 다른 동물 사이에 상당히 의인화된 유추를 많이 사용한다. 동물은 당연히 청소년기를 거치지 않으며, 13세의 위기에 분열이라는 신형성을 낳지도 않는다. 핵심 문제는 동물 생태와 인간의 생태에서 개체와 환경 간의 힘의 균형이 똑같이 반영되지 않는다는 것이다. 소가 대기로 방출하는 메탄의 효과조차 실제로 인간에 의해 관리된다. 이는 어린이와 성인의 사회적 발달 상황 간의 핵심 차이이기도 하다.

동물 생태에 관한 도플라인의 책에 나오는 남극 대륙의 황제 펭귄의 생태에 대한 삽화

9-7-13] 뷜러는 이 국면의 시작을 이렇게 특징짓는다. 즉, 이 국면

의 시작은 특별한 재능이나 흥미의 영역에서조차 활동의 생산성과 역량이 현저하게 감소하는 것으로 나타난다는 것이다. (이 괄호에서 우리는 행동 기제 발달에 관한 한 기술과 능력이 흥미 발달과 나란히 진행되지 않으며, 부정적 국면에서 두 과정 사이의 괴리가 매우 크다는 입장을 이 사례가 가장 잘 보여 준다는 것을 지적하고자 한다.) 게다가 이 감소와 더불어 내적 불만, 불안, 고독과 자기-고립에 대한 갈망이 존재하며, 때로 이는 주변 환경에 대한 적대적인 태도를 수반하기도 한다. 이 같은 생산성의 하락, 흥미의 시듦, 일반적인 불안은 이 국면 전체를 구별하는 가장 중요한 특징이다.

9-7-14] 청소년은 환경으로부터 소외되는 것처럼 보인다. 최근까지만 해도 특별한 흥미의 대상이었던 환경에 대해 부정적 태도가 출현하고, 부정성은 때로 부드럽게 나타나기도 하지만, 때로는 능동적 파괴의 형태를 취하기도 한다. 적의, 언쟁, 규칙 위반은 청소년의 내적인 은밀한 생활을 보여 주는 문서나, 기록, 일기에 드러난 주관적인 체험 즉 우울, 낙담, 고뇌와 더불어 이 국면을 특징짓는다.

9-7-15] 부정적 태도의 최초의 발현은 대개 초기 유년기 3세 무렵 나타나기에, 이 국면 전체를 두 번째 부정성의 국면이라 부를 수 있을 것이다. 이는 멀찍이 떨어진 첫 번째 거부와 두 번째 거부를 이어 주는 뷜러의 비유의 근거가 된다. 그러나 이 유사성은 물론 두 시기의 순전한 형식적 유사성을 넘어서지 않는다. 부정적 태도는 분명 어린이의 파탄성, 파열성, 한 단계에서 다른 단계로의 이행을 특징지으며, 어린이가 새로운 발달 단계로 전환하는 데 꼭 필요한 다리가 되어 준다. 뷜러에 따르면 이 시기는 소녀의 경우 평균 13세 2개월에 시작되어 여러 달 지속된다.

8

9-8-1] 다른 연구자들도 비슷한 유추를 하였다. 예컨대 슈테르징어는 오랫동안 교사들이 한탄해 왔던, 보통 14~15세의 중등학교 5학년 학생들에게서 나타나는 학업 성취도와 결실의 저하, 학업 곤란도에 주의를 기울였다. 크로도 같은 상황에 주목한다. 그는 성 성숙 첫 국면에 나타나는 명백한 학업 역량과 능률 저하에 주의를 기울인다.

> *O. H. 슈테르징어(Othmar Hugo Sterzinger, 1879~1944)는 심리학, 화학, 수학, 물리학을 연구했으며 대상론의 창시자인 알렉시우스 마이농과 철학을 연구하였다. 1925년에 그라츠 심리학 연구소의 조교로 채용되어 후에 부교수가 되었다. 그는 말라리아 약인 키니네가 인간의 시간측정능력에 미치는 영향 등 약품의 영향에 대해 연구하였으며, 예술 심리학에 대한 책도 저술하였다.
>
> *O. 크로에 대해서는 **9-6-2** 참조.

9-8-2] 이 저자는 말한다. "중등학교 5학년 때 우수한 학생들에게서조차 흔히 관찰되는 놀랄 만큼 빈약한 학교 성적의 원인은, 시각화된 지식에서 이해와 추론으로 태도가 변한다는 사실에 있다. 이런 새로운 고등 지적 활동 형태로의 이행은 효율성의 일시적 하락을 수반한다."

9-8-3] 타당한 근거 위에, 크로는 내적, 외적 관계에서의 방향 상실 단계로 이 단계 전체를 특징짓는다. 소멸되는 과거와 시작되는 미래의 면모가 청소년의 인격에 뒤섞여 있는 이행의 순간에는 기본 노선이 바뀌고, 일시적 방향 상실 상태가 일어날 수 있다. 바로 이 시기에 어린이와 그를 둘러싼 환경 간의 모종의 불일치가 관찰된다.

러시아어 선집에서 이 문단은 다음 문단과 이어지며 다음 문단은
간접인용으로 제시된다.

9-8-4] "전체 발달 과정 중 이 시기보다 더 인간 존재로서의 '나'와
세계 사이의 거대한 간극이 있기는 어렵다"라고 크로는 말한다.

9-8-5] 이와 유사하게 이 흥미 발달 국면의 특징을 규정한 사람은
툼리르즈이다. 그에게서도 성적 성숙은 역시 한 국면과 더불어 시작되
는데, 그 국면의 핵심은 이전에 확립된 흥미가 깨지는 것이다. 이 시기
는 서로 다른 심리적 태도가 충돌하는 불편한 시기이며, 내적·외적 거
부와 반항의 시기이다. 이 반항적이고 부정적인 태도는 긍정적이고 안
정적인 흥미의 부재와 더불어 이 시기를 특징짓는다. 초기 거부의 국면
은 또 다른 긍정적 국면, 툼리르즈가 문화적 흥미라고 말한 국면으로
길을 내어 준다.

*O. 툼리르즈(Otto Tumlirz, 1890~1957)는 그라츠 대학에서 교편을
잡았으며, 청소년기, 인격, 교육심리학에 관한 다수의 저작을 출판했
다. 사춘기에 관심이 있었던 슈프랑거, 옌쉬, 아흐, 크루거, 폴켈트, 크
로를 비롯한 여타 독일 심리학자들과 마찬가지로, 툼리르즈 역시 열렬
한 나치가 되었다. K. 뷜러가 비엔나 대학에서 쫓겨났을 때, 그 자리에
툼리르즈가 초청되었지만, 그는 반나치와 관련되는 것이 싫어 거절했
으며, 후에 군사심리학을 연구하였다. 전후 7년간 가르치는 것을 금지
당했으나, 그의 가장 인종차별주의적인 저술은 참고 문헌을 히틀러에
서 케사르로 바꾸는 조건으로 재출판하는 것이 허락되었다. 다음 구
절은 그의 저서(1939)에서 인용한 것으로, 전형적인 인종차별적 생각이
나타나 있다.

"북유럽으로부터 유래한 관념을 기반으로, 인종적 순수성이라는 새
로운 정신적 세계관은 그러나 북유럽 혈통의 집단에 속하는 인종이나,

본성상 그와 긴밀한 친족관계인 인종에게만 적용된다. 유태인이나 다른 외국인들이 국가 사회주의적 인격, 즉 독일적 정신을 경험하는 것은 불가능하다. 그들의 인종 체계는 이 정신과 모순되기 때문이다."

Tumlirz, O.(1939). Anthropologische Psychologie. Berlin: Junker und Dünnhaupt.

9-8-6] 우리는 매우 다양한 연구자들이, 그들이 정의한 내용이 차이가 있음에도 불구하고 이행적 연령기의 시작에 부정적 국면이 있다는 기본적 사실에 동의하는 것을 알고 있다. 우리는 사실적 측면에서 이 입장에 대한 귀중한 보완을 여러 저자들에게서 발견한다. 청소년의 고유한 판단에 반영된 청소년의 기본적 면모를 탐구하는 문제에 몰두하였던 부제만은 주관적 측면에서, 특히 13세 무렵 소녀와 16세 무렵 소년에게서 나타나는 불만과 같은 징후의 시작을 언급한다.

*A. H. H. 부제만(Adolf Hermann Heinrich Busemann, 1887~1967)은 종교 교사였으며 후에 N. 아흐에게서 사사하였다. 그는 위기, 연령기 시기 구분, 청소년의 사회적 관점 등 중요한 심리학적 주제에 대해 많은 저술을 남겼다. 그는 어린이들이 글쓰기에서 사용하는 형용사와 명사를 분석하여 어린이들의 정신 발달에 대한 일반적 평가를 하고자 하였다. 부제만은 나치가 주장했던 '건강한 이들을 위한 심리학'을 지지하는 논문을 썼으나, 반나치 무장단체의 일원이었던 그의 딸은 나치에 검거되었고 그의 아들은 2차 대전 동부 전선에서 실종되었다.

9-8-7] 무엇보다 우리의 주의를 끄는 노동자 청소년에 대한 연구에 전념한 라우는, 15~16세 무렵에 나타나는 노동에 대한 청소년 흥미의

감소, 흔히 갑작스럽게 닥쳐오는 직업에 관한 부정적 태도에 관해 언급한다. 이러한 태도는 대개 빠르게 지나가고 긍정적 태도에 곧 자리를 내어 준다.

> *E. 라우(Ernst Lau, 1893~?)는 칼 스텀프의 제자였다. 한 신교도 목사의 도움으로 라우는 노동 계급 청년에 대한 연구를 수행했다. 라우는 노동 계급 청년들에게 '노동-기쁨-분노' 또는 '노동-기쁨-실직'에 관한 수필을 쓰도록 하고 그것을 분석했다. 그의 결론은 모든 청년이 돈을 위해 일하지만, 직업에 따라 노동의 기쁨에 대한 정의가 매우 다양하다는 것이었다. 그가 사용한 방법은 분명 이 문단에서 언급된 결과를 의도한 방법이었다.

9-8-8] 다른 저자들의 연구는 연령기에 관한 문제, 소년과 소녀의 국면 전개의 차이에 관한 문제를 명료하게 하고 이 국면의 여러 징후들을 밝히는 데 도움을 주었다. 따라서 라이닝거의 연구는 부정적 국면이 보통 11.8세와 13세 시기의 소녀에게 관찰된다는 것을 입증하였다. 이 국면(의 기간-K)은 2개월에서 9개월까지 다양하다. 라이닝거는 부정적 국면은 청소년이라면 발달 과정에서 반드시 거쳐야 할 정상적이며 필수적인 시기라는 결론을 도출한다. 그의 의견에 따르면 이 국면의 부재는 청소년 발달 자체가 이러저러한 측면에서 기준을 벗어났거나 또는 성숙이 조숙하게 시작되었을 때에만 관찰된다.

> *K. 라이닝거(Karl Reininger)는 뷜러 부부와 함께 비엔나에서 연구했다. 그의 주요 관심사 중 하나는 십 대 청소년의 거짓말 발달이었다. 그는 C. 뷜러의 구분(사회적 거짓말, 비사회적 거짓말, 반사회적 거짓말)을 활용하여 연구를 했다. 그는 전학생의 사회적 행동에 관한 논문(1929)을 출판했다.

9-8-9] 이 국면의 종점은 정신 활동의 성취와 능률 향상이라는 기본 징후로 특징지어진다. 이 연구자는 이 단계를 특징짓는 징후의 양상으로 불균형, 불안, 우울, 부정적으로 그늘진 기분, 수동성과 흥미의 감소를 지적한다. 빈곤 계층의 소녀들에게서도 이 국면은 기본적으로 동일하게, 다만 약간 늦은 약 13세나 14세 무렵에 시작되는 것으로 보인다.

9-8-10] 베체르카는 이 국면의 전개 양상에 대한 비슷한 연구를 소녀들을 대상으로 수행하였다. 그녀는 청소년의 사회적 관계의 발달을 연구 대상으로 삼아 청소년 상호 간 관계, 청소년과 성인 간의 관계, 그리고 이 시기 어린이의 사회적 삶의 형태 차이를 연구하였다. 그녀의 자료에 의하면, 청소년의 사회적 관계와 흥미의 진화는 극단적인 두 국면을 명백히 보여 주었다. 그 첫 번째는 집단적 연결의 붕괴, 어린이들 사이의 기존 관계의 파괴, 다른 사람들과의 관계에서의 급격한 변화로 특징지어진다. 그러나 연구자가 '연대의 국면'이라고 부른 두 번째는 무엇보다 먼저 완전히 상반된 특성인 사회적 연결의 확장과 강화로 특징지어진다.

*L. 베체르카 수녀(Sister Lucia Večerka, 1892~1971)는 성 우르슬라 가톨릭 교단의 수녀였으며, 비엔나 대학에서 C. 뷜러 학파와 함께 연구하였다(앞서 언급된 K. 라이닝거와 다음에 언급될 H. 헤처도 여기에 속했다). 나치의 지배 기간에 그녀는 비엔나에서 김나지움을 운영했는데, 그녀의 학교는 유태인을 비롯한 순수 독일 혈통이 아닌 이들도 비밀리에 받아 주었다(그녀의 학교는 게슈타포와 같은 건물에 있었고 소녀들은 비밀 출구로 드나들었다). 베체르카는 소녀의 사회적 관계에 관한 논문을 출판했으며, 비고츠키가 여기서 인용하는 연구가 이것일 것이다.

9-8-11] 헤처는 동일한 국면이 소년들에게서도 전개되는 것을 관찰하였다. 이는 보통 소녀들보다 좀 더 늦게, 14~16세 사이에 시작되었다. 징후적인 측면에서 소년들에게서 소녀들과 동일한 현상, 즉 능률의 하락과 부정적 태도가 더 두드러진다. 전체 부정적 국면이 좀 더 격렬하고 오래 전개되는 것과 부정성이 더욱 능동적으로 드러나는 특성, 그리고 소녀들에 비해 이 국면에서 냉담함과 수동성이 줄어든 반면 파괴적 활동이 매우 다양한 형태로 더욱 자주 나타나는 것은 본질적으로 다른 면모이다.

　*H. 헤처(Hildegard Hetzer, 1899~1991)는 C. 뷜러의 조교였으며 L. 베체르카와 공동연구에 참여하였다. 베체르카와는 달리 그는 검사에 관심이 있었으며 1935년에 '공동의 기금이 쓸데없는 노력에 낭비되지 않도록' 하기 위한 검사를 개발하여 나치의 우생학 정책의 효율성을 제고하였다. 전쟁 동안 폴란드의 포즈나인에서 '독일화'할 만한 가치가 있는 폴란드 어린이를 가려내는 일을 하던 나치 친위부대에서 근무하였다. 비고츠키는 『생각과 말』을 비롯한 여러 곳에서 헤처의 연구를 인용한다.

9

9-9-1] 이 국면의 발생적 성질과 특성을 소비에트 청소년에게 적용한 매우 흥미로운 자료를 우리는 П. П. 자고로프스키의 연구에서 찾아볼 수 있다. 이 연구자는 우리의 관심을 끄는 두 가지 훌륭한 연구에 매진했다. 그가 획득한 자료와 이 자료에 근거하여 도출한 결론은 매우 흥미롭다. 첫 번째 연구는 일곱 집단의 4, 5, 6, 7학년생에 대한 체계적

연구이다. 관찰은 전체 재학 기간 동안 지속되었다. 11세 반에서 16세에 이르는 전체 274명의 학생 중에 52명의 청소년에게서 부정성이 분명하고 두드러진 형태로 부각되었다.

*자고로프스키에 대해서는 **9-6-8** 참조.

9-9-2] 전체 어린이 수 대비 발달상 부정적 국면에 위치한 청소년은 19%에 달한다. 관찰 그룹에는 대략 같은 수의 남녀 어린이가 있었지만, 부정적 발달 국면에 속한 52명의 청소년 중 소녀는 34명, 소년은 18명이었다. 이 그룹 전체의 82%(43명)는 고용되어 일하는 지식인 가족에 속했으며, 18%(9명)만이 노동자 자녀였다. 부정적 국면을 겪고 있는 소녀의 평균 연령은 14세 2개월(13세 2개월에서 14세 9개월까지 다양함)이고, 소년의 평균 연령은 14세 6개월이었다.

9-9-3] 부정적 국면의 경로를 특징짓는 징후와 관련하여 이 연구는 이전에 언급되었던 것을 일반적으로 확정 짓는다.

9-9-4] "부정적 국면에 속한 청소년의 주목할 만한 첫 번째 특징은 작업 능력과 학업 성취도의 저하이다. 종종 정상적 작업 능력과 성취 시기 이후 갑작스러운 과제 불이행과 결석이 두드러진다. 흥미를 가지고 특정 과제를 수행해 오던 학생이 갑자기 흥미를 잃고, 왜 이런저런 과제가 준비되지 않았는지 묻는 교사의 질문에 흔히 하기 싫어서라고 대답한다. 학업 성취가 저하되며, 이것이 매우 두드러진 경우도 있다. 해당 청소년들, 주로 남자 청소년들에게서 우리는 규칙 위반, 즉 동무들에 대한 적대시, '언어적 부정성'과 행동적 부정성, 교우 관계 붕괴, 집단적으로 확립된 규칙의 무시, 고독을 향한 갈망을 발견한다. 이는 이 국면의 청소년 행동에 가장 빈번하게 나타나는 특징들이다"라고 자고로프스키는 말한다.

9-9-5] 소녀의 경우에는 수동적이고, 무관심하거나, 나른한 상태가 더 일반적이다.

9-9-6] "다른 경우(8명의 청소년)는 또 다른 내용, 바로 성애적 계기가 포함된 책을 읽는 것에 높은 관심을 갖는 것이 두드러진다. 일련의 사례들에서 강한 성적 관심이 존재함을 가정할 수 있지만, 우리의 관찰에서는 청소년 삶의 이 부분이 생생하게 드러나지 않는다."

9-9-7] 작업 능력과 학업 성취도의 저하는 부정적 국면의 소년과 소녀의 동일한 특징이다.

9-9-8] 이 저자는 말한다. "특히 창조적 과업(에세이나 문제 해결)에 대한 작업 능력이 감소한다. 반면, 기계적 과업에서는 이런 저하가 거의 나타나지 않는다."

9-9-9] 이 연구에서 근본적으로 새로운 것은 부정적 발달 국면 청소년의 가정 내 행동을 특징짓는 자료이다. 이 자료로부터 도출할 수 있는 일반적 결론은 다음과 같다. 청소년의 부정성을 특징짓는 현상의 대부분이 가정에서는 학교에서만큼 두드러지지 않는다. 하지만 일부 청소년의 경우 "가정에서 부정적 현상이 극적으로 두드러지지만 학교에서는 거의 그렇지 않다".

9-9-10] 이처럼 이 연구에서 두 가지 계기가 우리의 주의를 끈다. 첫째, 주로 창조적 특성을 지닌 과업에서의 작업 능력 저하이다. 이는 청소년이 새로운, 그러나 아직은 견고하지 않은 지적 활동으로 이행 중이라는 사실과 관련하여 명백해진다. 이와 관련하여 청소년의 창조적 흥미에 의존해야 하는, 기계적 작업 이상을 요구하는 작업은 흥미의 붕괴 시기에 크게 손상된다는 것 또한 명백해진다. 둘째, 부정성 현상이 환경 조건과 밀접하게 의존하여 나타난다는 것이다. 부정성의 정도는 어린이마다 다르고, 부정성 발현의 흐름은 가정과 학교에서 그 형태가 다르다.

9-9-11] 성 성숙이 막 시작된 104명의 청소년을 대상으로 한 이 저자의 두 번째 연구는 저자로 하여금 이 문제와 연결되어 있는 전체 일련의 질문을 밝힐 수 있게 해 주며, 해당 현상에 대한 매우 가치 있고 중요한 분석을 제공한다. 이 연구에 포함된 소녀들의 평균 연령은 13세 3개월이며(12세~13세 9개월), 소년들의 평균 연령은 14세 4개월(13세 6개월~15세 8개월)이다.

9-9-12] 이번에 얻은 자료를 질적으로 분석한 결과 우리는 각 발달의 부정적 국면에 대한 체험과 관련된 학생 유형을 구분할 수 있게 되었는데, 그에 대해 저자는 다음과 같이 말한다. "유형 대신 소비에트 학생들의 행동 형태라 말하는 것이 더 좋다. 왜냐하면 '유형'이라는 개념은 무언가 안정적이고 변하지 않는 것을 전제하는데, 이는 최신 자료에 기반을 둔 어린이에 대해서는 말할 수 없는 것이기 때문이다." 청소년의 부정적 국면의 진행 형태는 세 가지 기본 변이로 환원된다. 첫 번째 경우, "어린이 삶의 전 영역에서 명백히 뚜렷한 부정성이 나타나고, 학생들의 기존 흥미는 급격히 떨어지며, 이를테면 성생활 같은 문제에 대한 새로운 지향을 받아들이게 되어, 청소년의 행동은 어떤 경우 대략 몇 주 만에 변화한다."

9-9-13] "일련의 사례에서 부정성은 매우 확고하다. 학생은 가족을 완전히 떠났고, 어른의 설득이 닿지 않으며, 학교에서는 고도로 흥분되어 있거나 반대로 둔감하다. 즉, 분열적 성격의 특성을 쉽게 발견할 수 있다." 그러한 16명(소년 9명, 소녀 7명)의 어린이들 중 4명은 노동자 가정 출신이다. 심한 부정적 특징은 소년보다 소녀에게서 훨씬 더 일찍 발생했다.

9-9-14] 종합적으로 저자는 이 어린이들에 관하여, 성 성숙 시작 시기가 어렵고 격심하게 진행된다고 말한다. 부정적 국면 진행의 두 번째 변이는 소외가 좀 더 약하게 나타나는 특징을 보인다. 이 저자에 따

르면, 청소년은 잠재적 부정주의자로 남으며, 특정한 삶의 상황 속에서만 부정적 태도가 발현된다고 말할 수 있다. 특정한 환경 조건하에서 청소년의 부정성은 부정적 환경의 영향(학교에서의 가혹한 행위, 가정불화)에 대한 반응으로 주로 나타나지만, 이 반응은 안정적이지도, 오래 지속되지도 않는다. 바로 이 어린이들의 특징은 서로 다른 사회적 상황, 예컨대 학교와 가정에서 다르게 행동한다는 것이다. 연구된 학생들의 대다수가 이 유형에 포함된다(104명 중 68명).

9-9-15] 끝으로, 성 성숙의 첫 국면이 진행되는 세 번째 변이의 경우 청소년에게서 부정성이 전혀 나타나지 않는다. 이 경우에는 학업 성적의 하락, 교우 관계의 파괴, 집단으로부터 벗어남, 교사와 가족과의 관계 변화가 전혀 보이지 않는다.

9-9-16] "동시에, 흥미의 변화가 시선을 사로잡는다. 이성에 대한 관심이 관찰되고 이전과 다른 독서 흥미가 나타나며 학교 공동체에 대한 흥미는 약해지지 않는다."이 집단은 관찰된 어린이의 약 20%를 차지한다. 이 집단의 어린이들은 명백히 부정적인 어린이들과 똑같은 생물적 발달 국면을 거치는 동안에도 삶의 상황에 대한 분명한 긍정적 태도를 보여 준다. 저자에 따르면 이 어린이들은 부정적 국면이 전혀 없는 듯이 보이며 오랜 기간 동안 긍정적 정서가 약해지지 않는다. 부정적 국면을 나타내지 않는 어린이 중 가장 큰 비중을 차지하는 것은 노동자 가정 출신(20명 중 11명)이다.

9-9-17] 자신의 조사에 의거하여 자고로프스키는, 부정적 국면을 묘사하는 저자들의 입장에 본질적 수정이 이루어져야 한다는 결론을 내린다. 그의 의견으로는 환경으로부터 청소년의 소외로 특징지어지는, 청소년 흥미 발달의 특정 국면으로서의 부정적 현상이 인간 발달에 존재한다는 것은 의심의 여지가 없다. 그러나 그가 보기에 뷜러가 제시한 순수한 생물학적 공식은 거부되어야 한다.

9-9-18] 이 저자가 보기에 이 공식의 부적절함은 이것이다. 환경과의 관계에서 고등 포유동물에서 관찰되는 부정적 반사는 인간의 사회적 환경에서 억제되고, 수정되며, 독특한 표현 형식을 취할 수 있는 것이다. 게다가 이런 현상은 모든 삶의 상황에서 나타나는 것이 아닐 수도 있다. 이런 징후가 강렬하게 나타나는 것은 상당히 잘못된 교육적 접근에서 기인하는 것일 수 있다.

9-9-19] "우리는 청소년 교육학에 대해 잘 모르며, 부정적 청소년에게 접근하는 법을 아직 개발하지 못했지만, 모든 연구자들이 말하는 사실, 즉 정상 청소년의 부정적 국면은 오래 지속되지 않으며 다양한 행동 형태를 띤다는 사실, 즉 영향에 민감하다는 사실은 결론적으로 교육적 낙관주의를 지지한다"라고 저자는 말한다.

9-9-20] 우리는 대다수 저자들이 성 성숙의 첫 시작을 특징짓는 발생적 징후들에 대한 올바른 관찰과 더불어 부정적 국면을 기술하면서 문제를 지극히 단순화했다고 생각한다. 그리고 그 때문에 사회적 환경과 문화화의 다양한 조건 속에서 부정적 단계가 발현되는 여러 형태들이 서로 모순되는 현상이 나타난다.

10

9-10-1] 이 국면의 분석이 생물적 형태 하나로만 국한될 수 없음을 자고로프스키는 올바르게 지적했다. 그러나 우리가 볼 때 그의 반론은 모든 문제를 다 포괄하지 않는다. 그는 청소년 흥미 발달에서 환경은 여러 가지 외적 표현을 억제, 지체, 제공하는 요인의 역할을 할 뿐, 청소년의 흥미를 새롭게 창조하고 형성할 수는 없다고 간주한다. 한편, 이 시기의 가장 본질적인 면모는 성 성숙 시기가 곧 인격의 사회적 성

숙 시기라는 것이다. 흥미 체계를 재구조화하는 생물적 발판을 창조하는 새로운 갈망의 눈뜸과 나란히, 이 시기에 성숙하는 청소년의 인격과 세계관의 측면에서 흥미의 재구조화와 형성이 위로부터 일어난다.

9-10-2] 이 저자들은 대체로 인간 청소년이 생물적이고 자연적인 존재일 뿐 아니라, 역사적, 사회적 존재라는 것을 간과한다. 마찬가지로 청소년이 자신을 둘러싼 공적 삶 속으로 사회적으로 성숙하고 정착하게 되면서, 그의 흥미를 둘러싼 환경은 빈 그릇에 흘러드는 액체처럼 생물학적 충동 형태로 기계적으로 흘러 들어가는 것이 아니라, 내적 발달과 인격의 재구조화 과정에서 이 충동 형태 자체를 재조직한 후, 그것을 더 높은 수준으로 끌어 올려 인간적 흥미로 전환시키고, 환경 자체가 인격의 내적 구성의 계기가 된다는 사실도 간과한다.

9-10-3] 성숙 초기 청소년의 외부에 존재하는, 그를 둘러싼 관념은 인격의 통합적 부분인 내적 자산이 된다.

9-10-4] 부정적 국면 이론에 도입되어야 하는 두 번째 수정은 다음과 같다. 생물적 측면과 사회심리적 측면 모두에서, 이 시기를 동질적 단계로 그려 내는 것은 마치 이 위기적 단계라는 전체 가락을 하나의 음으로 작곡하는 것과 같이 옳지 않다. 사실 일반적인 발달 단계도 그렇지만 특히 이 과정은 헤아릴 수 없이 복잡한 구성과 더욱 섬세한 구조로 특징지어진다.

9-10-5] A. B. 잘킨트는 말한다. "위기적 시기에 대한 여러 잘못된 교육적 접근 방법의 근원인 커다란 교육적 오류가 있다." 이 오류는 주로 위기적 시기가 동질적이라 생각하는 데 있다. 위기적 시기에는 오직 흥분, 들뜸, 폭발밖에 없으며, 한마디로 이 현상들을 다루기가 너무나 힘들다고 생각하는 것이다. 그러나 그 복잡함과 곤란함에도 불구하고 위기적 시기는 낡은 교육학이 그것에 부여한 그러한 비극으로 온전히 특징지어지지 않는, 완전히 이질적인 것이다. 위기적 시기에는 세 가

지 과정이 동시에 일어나며, 교육 방법 개발에서는 이 세 가지 측면을 제때에 모두 다 고려할 필요가 있다."

9-10-6] 청소년 발달의 위기적 시기를 이루는 이 세 가지 유형의 과정은 다음과 같다.

1) 기존에 유기체가 획득한 모든 것을 공고히 하여 이를 더욱 근원적이고 더욱 안정적으로 만드는 안정적 과정의 성장.

2) 실제로 위기적이고 완전히 새로운, 게다가 매우 빠르고 격렬한 변화의 증가.

3) 성장하는 인간의 모든 진전된 창조적 활동의 토대인 성인적 요인의 싹의 형성을 이끄는 과정. 다음의 공식화는 위기적 단계의 이러한 내적 이질성과 통일성을 포괄한다. "이 단계는 아동기를 종결한다. 이는 완전히 새로운, 이전에는 없었던 것을 창조하며, 또한 진정한 의미에서 성숙의 요소를 가지고 있다."

9-10-7] 우리가 보기에, 충동의 흥미로의 전환 즉 충동의 문화적 형성의 고려와 더불어, 위기적 국면의 이러한 이질성을 고려할 때 부정적 국면의 문제를 진정으로 바르게 조명할 수 있다.

9-10-8] 각 국면의 구조와 역동성을 규정하는 중심 계기는 청소년의 흥미이다.

9-10-9] A. 잘킨트는 다음과 같이 말한다. "흥미의 문제는 이행적 연령기에 매우 복잡해진다. 만일 우리가 청소년의 흥미를 끄는 인상들을 대하는 모종의 계몽된 태도를 만들어 내지 못한다면, 이행적 연령기에 포함된 생물학적 가치의 가장 중요한 부분을 교육적 영향하에 둘 수 없게 될 것이다. 우리는 이행적 연령기 문화화의 문제와 교수-학습의 문제가 이 연령기를 지배하는 흥미를 옳게 구조화하는 문제라고 확실히 말할 수 있다."

11

9-11-1] 이런 점에서 흥미의 교육학적 중요성에 관한 손다이크의 이론은 아주 특별한 이론적, 실천적 주목을 받는다. 이 이론은 기본적으로 세 가지 생각으로 이루어져 있으며, 이행적 연령기 흥미의 문제에 대하여 그 하나하나가 전부 아주 예외적인 중요성을 지닌다.

9-11-2] 첫 번째 생각은 문화화가 두 가지 점에서 흥미와 연결되어 있다는 것이다. 문화화의 목적은 특정한 흥미를 만들어 내는 것뿐 아니라 바람직하지 않은 흥미를 제거하는 것이다. 활동의 본질상 문화화는 인간의 이후 삶을 추동하고 방향 짓는 기본적인 흥미만을 형성하고 창조한다. 문화화가 인간 행동의 모든 미래 형태를 형성하고 창조할 수 없기 때문이다. 이처럼 행동의 추동력의 발달과 문화화를 잊은 채, 문화화의 과정을 단순히 새로운 조건반사의 형성으로 환원하고자 시도하면 심리적 측면에서 얼마나 문화화의 과정을 잘못 규정하는 것인지 우리는 보게 된다. 흥미의 문화화 없이 어떤 기술이나 행동 기제만을 형성하는 것은 언제나 순전한 형식적 문화화로 남을 것이며 이는 문화적 행동에서 올바른 지향이라는 문제를 결코 해결하지 못할 것이다.

9-11-3] 미래의 삶 전체의 기본 태도가 최종적 기술 발달보다 기본적 흥미의 형성에 의해 훨씬 크게 규정되는 성숙 시기인 이행적 연령기에, 흥미의 문화화는 기술의 문화화보다 우선적 가치를 갖는다. 다른 측면으로 보면 문화화에서 흥미는 수단의 역할을 하는데, 이는 모든 기술과 지식 습득 활동에 대한 충동이 흥미에 기반을 두기 때문이다. 흥미와 관련된 학교 교육의 대부분의 오류가 수단과 목적을 혼동하는 데 있기 때문에, 손다이크는 이러한 구별에 커다란 의의를 부여한다.

9-11-4] 손다이크의 두 번째 생각은 다음과 같다. 우리 행동을 움직이게 하는 동력으로서 흥미는 우리가 원하든 원하지 않든 필연적으

로 존재하며, 모든 심리적 과정의 전개를 규명한다.

9-11-5] 손다이크는 다음과 같이 말한다. "모든 과제는 흥미를 전제한다. 흥미 없는 어떠한 신체적, 정신적 과제도 가능하지 않으며, 가장 재미없는 노동도 흥미로부터 수행된다. 처벌을 피하거나 계급적 지위를 유지하거나, 자존심을 유지하는 것도 일종의 흥미일 것이다. 교육에서 흥미의 문제는 어린이가 흥미를 가지고 배우느냐 아니냐의 문제가 아니다. 흥미 없이는 어린이들은 결코 배울 수 없다. 문제는 이것이 어떤 종류의 흥미이며, 그 원천이 무엇이냐는 것이다."

9-11-6] 끝으로, 이행적 시기의 흥미를 바르게 이해할 수 있도록 해 주는 손다이크의 세 번째 생각은 다음과 같다. 모든 본능과 습관, 흥미를 "이상적으로 문화화하는 믿을 만한 안내자로 자연을 상정하는 것은 불가능하다." 우리는 흥미를 누그러뜨리고, 그 근원을 제거하거나 방향을 바꾸고, 흥미의 영역을 이동시키고, 새로운 흥미를 만들고 기른다. 우리는 이것을 할 수 있고 해야만 한다.

12

9-12-1] 이 입장에 비추어 볼 때 이행적 연령기 흥미 발달상 두 번째 국면의 역사적, 실제적 측면이 분명해진다. 피터스는 이 국면을 확립의 국면, 긍정적 국면, 흥미의 국면이라고 부르며, 툼리르즈는 문화적 흥미의 국면이라고 부른다.

9-12-2] 그러나 이 국면을 자세히 살펴보기 전에, 우리는 이행적 연령기 흥미 발달의 전 과정을 전체적으로 매우 간단하고 도식적으로 제시해야 한다. 이를 위해서는 본질적으로 말해, 거의 모든 저자들이 지적하는 두 국면인 소외와 확립의 국면 외에도, 세 번째 국면이자 본

질적으로는 첫 번째 국면인 준비 국면을 구분해야 함을 언급할 필요가 있다. 앞에서 우리는 성적 성숙의 시기를 생물학적으로 셋으로 나누는 비들의 의견을 인용하였는데, 흥미 발달에서 우리가 또 다른 준비 국면을 명백히 식별해 낸 이상, 심리학적으로 이 삼중 분할을 폐기할 근거는 전혀 없다.

9-12-3〕 이 준비 국면은 뇌하수체와 갑상샘의 활동 증가에 따른 영향으로 성샘이 성장하고 성 성숙을 준비하는 생물학적 측면으로 특징지을 수 있다. 이와 같이 우리는 이른바 성 성숙의 잠복기를 가지게 되는데, 이는 성 성숙이 유기체 체계의 가장 깊은 내부에서는 준비되었지만 유기체 체계의 나머지 부분은 아직 포함하지 못하는 시기이다. 이 성 성숙의 잠복기를 A. 잘킨트는 강화-준비기라고 부른다. 왜냐하면 한편으로 앞으로 닥칠 위기 요소가 준비되고, 다른 한편으로는 어린이 발달 과정이 형성되고 완성되기 때문이다.

9-12-4〕 이 상대적으로 안정적이며 매우 심오한 흐름인 성 성숙의 잠복기에서 흥미의 측면은 "특히 뚜렷하게 확립된 지배성과 특히 뚜렷한 흥미"의 결여로 특징지어진다. "이 지배성, 이를테면 이 첫 번째 단계의 창백함을 설명하는 것은 무엇인가? 그것은 주로 어떤 자극에 대한 일반적 결핍이 반영된 것이다."

9-12-5〕 이 잠복기에는 전체 후속 발달의 서막이 들어 있다. 이 서막에서 배아적이고 발달되지 않은 미분화된 형태는 주어진 시기(이행적 연령기-K)를 구성하는 세 개의 주요 시기들—유년기의 소멸, 위기, 성숙—을 모두 포함하고 있다. 이행적 연령기의 두 번째 단계에 이르면 가장 독특한 형태와 가장 풍부한 발달이 흥미에 의해 달성된다. 여기서 매우 중요한 것은 흥미 변환 법칙인데, 이 법칙의 작용을 통해 부정적 국면에 있는 청소년의 질풍노도 현상이 우호적으로 조직된 사회적 환경 속에서 긍정 경향으로 바뀌는 이유를 설명할 수 있다.

9-12-6] 잘킨트는 이 두 번째 단계의 흥미의 핵심을 이루는 몇몇 기본적 둥지 혹은 지배성의 모음이나 연령기의 흥미들을 열거한다. 이 지배성들은 모두 불안, 주의산만, 피로, 부정성의 여타 현상을 일으키는 심각한 발병 요인이 되기 매우 쉽다. 그러나 자극을 지배적 경로, 명확한 흥미의 경로로 전환시키면 이 지배성들은 청소년의 긍정적 경향의 자양분이 되어 부정적 국면을 창조적으로 풍부하고 가치로운 발달 국면으로 바꾸는 소중한 원천이 되기도 한다.

9-12-7] 청소년의 흥미나 지배성의 첫 번째 집합을 자기지배적 태도 또는 자기중심적 태도라 부를 수 있다. 이러한 청소년의 인격 지배성 (자기중심성-K)은 목하 형성 중인 청소년의 인격이 흥미의 주요 집합 중 하나라는 사실에 있다. 그리고 그것은 전체적으로 두 번째 단계 전체에 접근하기 위한 출발 계기이다. 잘킨트는 말한다. "이에 이어서, 우리는 먼 미래의 광범위하고 큰 규모의 대상에 대한 청소년의 독특한 태도에 관심을 가져야 한다. 이러한 대상은 근접한 현재의 오늘보다 그에게 주관적으로 훨씬 쉽게 받아들여진다."

> 비고츠키는 13세와 같은 위기적인 발달의 사회적 상황뿐 아니라 모든 발달의 사회적 상황이 두 극단 간의 관계라고 말한 바 있다(『연령과 위기』 2-2-11~12). 한쪽 극단은 발달하는 의식(자아)이며, 다른 쪽 극단은 환경(삶, 우주, 그 밖의 모든 것)이다. 청소년의 흥미의 전형적인 두 '집합'을 생각해 보자. 13세는 한편으로 옷, 음식, 음악에 흥미를 갖는다. 다른 한편으로는 낭만적인 사랑, 성, 죽음에 흥미를 갖는다. 전자는 '나는 누구인가?', '나는 어떤 종류의 사람인가?', '나는 어떤 사람인가?'와 같은 질문에 초점을 둔 것일 수 있고, 후자는 '삶이란 무엇인가?', '내 삶의 본질은 무엇인가?', '삶의 의미는 무엇인가?'와 같은 질문에 초점을 둔 것일 수 있다. 물론 이 질문들은 동일한 하나의 질문이다. "나는 누구인가?"에 대한 대답은 일종의 "삶"이며, "삶이란 무엇인가?"에 대한 대답은 일종의 "나"가 된다. 그러나 이 위기기의 13세는 이 두 극단을 연결하지는 못한다.

9-12-8] 저자가 칭한 주어진 지배성은 이행적 연령기 두 번째 단계의 구체적인 연령기적 특성이다. 따라서 저자는 이 시기의 청소년이 주변 환경과의 관계에서, 그 환경으로부터 탈출하고, 환경 밖의 누군가를 찾으며, 환경에 불만족하고, 거대한 규모의 어떤 것을 찾으면서 지금 여기를 거부하는 것과 같은 갈등을 겪고 있다는 것을 부인하지 않는다.

9-12-9] 그러나 모든 흥미의 집합이 이 단계의 초기에 뚜렷이 형성된다고 이해하는 것은 옳지 않을 것이다. "개인과 관련되어 있으며 개인으로 충만한 개인적인 것으로부터 출발하여 사회라는 선로로 향하도록 변환시켜야 하며, 이와 관련하여 청소년의 노동과정, 그의 흥미를 점진적으로 재구조화하도록 격려하여 이들(작업과정, 흥미-K)이 지금, 오늘의 노동에 더욱 확고히 포함되도록 해야 한다. 만약 이 두 기본적 지배성을 고려하지 않는다면 우리의 일상적 흥미와 공동의 흥미는 모두 청소년의 흥미를 끌지 못할 것이며, 청소년의 일반적 발달에 아무 소용이 없을 것이다.

> 잘킨트는 당원이었고 비고츠키의 실질적 상관이었다. 그렇다고 비고츠키가 잘킨트를 비판하지 않는 것은 아니다(『의식과 숙달』 2-2-25 참조). 오히려 비고츠키는 잘킨트를 많이 인용한다. 이 문단에서 잘킨트는 다소 거창한 표현을 사용하고 있다. 예컨대 '감싸고(자트로기바야, затрогивая)'는 톨스토이나 도스토옙스키가 작품에 사용한 상당히 희귀한 낱말이다. 잘킨트는 선로에 비유하기 위해 이 낱말을 쓰고 있다. 그 당시 철도는 광대한 소비에트를 군사적, 경제적으로 촘촘히 연결하여 현대적인 사회주의 국가로 나아가는 데 이용되고 있었기 때문이다. 잘킨트에 의하면, 어린이가 개인적 발달이라는 낙후된 마을에 고립되어 있다면, 교사는 개인적 흥미로 감싼 인격의 기차를 출발시켜 사회주의 건설이라는 광대한 선로로 전환하도록 노력해야 한다. 반면 어린이가 '삶이란 가치가 있는가'라는 형이상학적 사변에 휩쓸린다면, 교사는 삶의 의미에서 시작해야 하지만 어린이를 다시 한 번 실제

적이고 일상적인 노동의 선로로 데려오려고 노력해야 한다(예컨대 어린이에게 자기 방을 치우라고 말한다). 비고츠키가 이 모든 것에 동의하는지는 상당히 의심스럽다. 알다시피 잘킨트는 풋사랑을 매우 못마땅해하지만 비고츠키는 중심 발달 노선으로 간주한다. 그러나 러시아어판 선집은 인용 부호를 사용하지 않아 잘킨트의 청교도적 관점과 관료주의적 언어가 마치 비고츠키의 것인 것처럼 보이게 만들었다.

9-12-10] 나아가 저자는 이 기본 흥미 속에 대항과 정복에의 열망, 자율적 경향성에의 열망을 포함시킨다. 이것들은 때때로 완고함과 난폭함, 교육적 권위에 대한 반항과 반발, 또는 부정성의 또 다른 발현으로 해소된다. 이 노력의 지배성은 미지의 것, 위험한 것, 사회적 영웅주의에 강하게 매료되는 어린이들에게서 특히 나타나는 '낭만의 지배성'에 매우 가까워진다.

9-12-11] 이 모든 지배성들이 이중성을 가지고 있으며 본질적으로 말해 부정적, 긍정적인 국면에서 모두 발현된다는 것을 우리는 쉽게 볼 수 있다. 그 자체의 심리적 구조에 따라 이 지배성들은 발달 과정에서 내적으로 필수적인, 이전의 태도에 대한 소외의 계기와 그것(이전의 태도-K)을 대신하는 확립의 계기를 모두 포함한다. 이렇게 이해된 소외와 확립은 이행적 연령기 흥미 발달의 통합적 과정에서 내적으로 필수 불가결한 두 계기임이 드러난다.

13

9-13-1] 현대 아동학 문헌에 매우 널리 퍼진 청소년 흥미 발달의 긍정적 국면에 관한 한 이론에 대해 몇 가지 언급함으로써 마무리하

는 것만 남았는데, 이에 대한 비판적 해명이 없다면 우리의 모든 진술이 불완전할 것이다. 우리는 청소년 흥미 발달의 이러한 긍정적 국면에 관련하여 윌리엄 스턴이 개발한 진지한 놀이 이론을 염두에 두고 있다. 이 이론에 따르면, 이행적 연령기의 모든 중요한 발현은 칼 그로스가 그의 시대에 개발한 생물학적 놀이 이론에 비추어 고찰할 때 올바로 이해될 수 있다.

비고츠키는 스턴의 'Ernstpiel(진지한 놀이)' 개념을 언급하고 있다. 그 개념은 성적 환상을 포함한 모든 놀이가 그 종의 생존에 유리한 어떤 진화적 행동의 예행연습이라는 그로스의 생각을 발전시킨 것이다. 호이징가나 카알루아와 같은 인류학자들은 후에 이 생각을 거부했다. 그들은 청소년의 놀이가 종종, 특히 제도화되었을 때, 어떻게 진화에 불리하게 작용하는지 보여 준다(예컨대 군복무와 같은 통과의례로 인해 어린이들은 장애를 얻거나 죽을 수 있다). 그러나 스턴의 주장을 최초로 비판한 것은 아마도 비고츠키였을 것이다. 그 비판을 최초로 언급한 것 중 하나가 바로 이 문단이다.

*스턴에 대해서는 『분열과 사랑』 1-29, 그로스에 대해서는 『분열과 사랑』 2-95 참조

9-13-2] 이 이론에 따르면, 알려져 있듯이 어린이 놀이는 미래와의 관계로 설명된다. 놀이의 생물학적 목적은 어린이의 자연적 소질을 연습하는, 자기-교육과 자기-발달의, 자연의 학교로 봉사하는 것이다. 놀이는 미래 삶을 위한 최고의 준비가 된다. 즉, 놀이를 하면서 어린이는 이후에 요구되는 능력을 연습하고 발달시킨다. 말하자면 놀이는 어린이의 가소적인 성향과 역량을 위한 생물학적 보충물이다. 이른바 자궁 외 기능적 발달의 과정을 지속하고 기초적인 성향과 능력을 완성하기 위해 특별히 조직된 것이다.

9-13-3] 전학령기에는 놀이가 어린이 행동의 거의 전부를 담당하고, 학령기에는 학령기 어린이 활동의 흐름에 따라 놀이와 일, 놀이와 학업이 분리되어 두 개의 기본 과정을 형성하고, 끝으로 이행적 연령기에는, 크로와 다른 연구자들이 옳게 지적한 바와 같이, 일이 최우선의 위치로 이동하며 놀이는 종속적이고 부차적인 위치로 이동한다. 그러나 스턴의 관점에서는 전혀 그렇지 않다.

9-13-4] 전체 이행적 연령기가 유년기로부터 성숙 상태로 이행하는 시기이듯이, 그리고 많은 특징들이 청소년의 인격과 그 기능이 지닌 이행적이고 혼합된 중간 상태를 입증하듯이, 마찬가지로 청소년의 흥미와 그 행동 형태는 스턴에 따르면, 진지한 놀이로 가장 잘 설명할 수 있다. 스턴은 이 모순되어 보이는 단어 조합을 통해 청소년의 행동이 어린이의 놀이와 어른의 진지한 활동 사이의 중간에 위치하고 있다는 것을 보여 주려 한다. 이 동요하는, 중간의 뒤섞인 상태가 청소년의 흥미가 발현되는 고유한 연령기 형태이다.

9-13-5] 그로스의 이론에 따르면, 어린이의 놀이가 미래 삶의 활동 형태를 예견, 예비하듯이 청소년은 진지한 놀이를 통해 이 시기에 성숙하는 기능을 훈련하고 발달시킨다. 스턴의 의견에 따르면 청소년의 이 진지한 놀이는 두 영역, 즉 청소년의 성애의 영역과 사회적 관계의 영역에서 나타난다. 주관적으로, 청소년은 이 놀이를 완전히 진지하게 받아들인다. 성적 백일몽, 성애적 환상, 서로 희롱하기, 야한 소설 읽기, 사랑 놀이 등의 모든 계기에서 실제와 그럴 법한 것 사이의 차이가 사라진다. 만족은 활동의 결과가 아니라 기능하는 과정 자체에 포함된다.

9-13-6] 스턴에 관점에서 청소년의 이러한 성애는 무의식적인 사랑의 학교를 보여 준다. '영원한 사랑'의 계기는 단기간 내 사라지고, 청소년은 새로운 사랑의 대상으로 나아간다. 이것은 미래의 성인의 사랑을 향한 전조이자 예비일 뿐이다. 그러나 이것은 더 이상 어린이의 놀이가

아니며 갑자기 파국적 계기가 나타날 수도 있는 진지한 놀이인 것이다.

9-13-7] 스턴에 따르면, 또 다른 형태의 진지한 놀이는 사회적 관계에 대한 진지한 놀이이다. 스턴이 보기에 청소년은 실제 관계에 대한 진지한 놀이를 진행하고 있다. 이런 관점에서 볼 때, 스턴에게 전체 이행적 연령기는 대인 관계의 문제에 진입하는 시기로 보인다. 어린이 놀이의 특징인, 정서성으로 물든 우정과 적의나, 종종 실제적이지 못한 규칙을 지닌, 순전히 외적으로만 공동체의 형태를 지닌 다양한 모임, 동아리, 집단 만들기―이 모두는 진지한 놀이 이론의 관점으로는, 성인의 활동을 모방한 순전히 어린이다운 놀이와 성인의 실제적이고 진지한 관계 사이에 있는 중간적인 이행적 형태로서만 이해될 수 있다.

9-13-8] 진지한 놀이 이론은 근본적으로 본질적인 반론을 불러일으킨다. 이는 청소년에게서 관찰되는 어린이 놀이와 성인의 진지한 활동 사이에 발생적으로 나타나는 알려진, 의심의 여지 없는 중간적 활동 형태를 부정하려는 것은 아니다. 이 중간 활동 형태는 의심의 여지 없이 이행적 연령기를 가득 채운다. 더 나아가 청소년 간의 예비적 형태의 사랑의 관계는 실제로 틀림없이 사랑놀이와 닮아 있다.

9-13-9] 스턴의 이론에 대한 많은 반론이 이루어졌다. 자고로프스키는 이 이론을 전체적으로 받아들이면서 다음과 같이 말한다. "스턴의 이론과 관련해서 언급되어야 할 유일하게 중요한 반론은 특정한 사회적 행동 단계를 특정 연령에 갖다 붙이는 것에 대한 반론이다. 스턴에 따르면 청소년기인 14세 또는 14.5세에 거치게 되는 사회적 발달 국면을, 소비에트 연방 도시 학교의 고학년들은 이미 초등학교 저학년 때 통과한다. 집단적 반응, 집단적 태도는 청소년기보다 상당히 앞서 문화화될 수 있다."

9-13-10] 스턴의 이론에 대한 이 반론은 완전히 맞지만, 그럼에도 전혀 유일한 것이 아니고 더욱이 가장 본질적인 것도 아닌 것으로 보

인다. 이 이론에 대한 가장 중요한 반론은 이행적 연령기를 모종의 산술적 평균으로, 아동의 특성과 성숙 상태의 단순 혼합으로 이해하려는 순전히 기계적인 시도라는 것이다.

9-13-11] 모든 이행적 형태에는 선행 시기의 특징이 여전히 남아 있고 후속 시기의 특징들이 익어 가는 것은 사실이다. 그러나 동시에 발달 과정은 결코 그 둘의 산술 평균으로 나타나는 연결 단계를 통해 한 단계가 다른 단계로 단순히 이행하는 것으로 환원되지 않는다. 더구나 스턴의 이론은 본질적으로 이행적 연령기에 관한 순수한 생물학적 이론이자 순수한 자연주의적 놀이 이론이며, 초기 유년기의 놀이에 관한 그로스의 학설조차 동물의 놀이와 인간 어린이의 놀이 사이의 본질적 차이를 확립하지 못하는 순수한 자연주의적 학설이라는 결함을 지닌다.

9-13-12] 실제 과정을 구성하는 복합적인 통합으로부터 어린이 발달 과정의 두 노선, 즉 자연적, 생물학적, 유기체적 진화 노선과 사회 문화적 형성 노선을 구별하지 못한 결과, 성 발달 전체 기간의 핵심 문제인 욕망과 흥미의 문제가 두 항의 산술적 평균을 진지한 놀이의 형태로 도출하는 방식으로 극도로 단순하게 해결된다. 놀이는 자기문화화이다. 청소년기에 이에 상응하는 것은 욕망을 인간의 욕구와 흥미로 바꾸는 복잡하고 긴 과정이다. 욕망과 흥미의 산술적 평균이 아니라 이들 간의 복잡하고 실제적인 통합, 욕망의 흥미로의 전환이 이행적 연령기 문제의 실제 열쇠이다.

• 참고 문헌

1. Л. С. Выготский. Структура интересов в переходном возрасте и интересы рабочего подростка(이행적 연령기의 흥미 구조와 일하는 청소년의 흥미).

2. А. Б. Залкинд. Педологические основы воспитательной работы с подростковым возрастом(청소년기 교육 작업의 아동학적 토대).
   (То и другое в сборнике 《Вопросы педологии рабочего подростка(일하는 청소년의 아동학적 문제)》. Изд. Института повыш. квалифик. педаг. М. 1929. Ц. 55 к)

3. А. И. Колодная. Интересы рабочего подростка(일하는 청소년의 흥미). Изд. 《Молодая гвардия》. М. 1929. Ц. 90 к .

4. С. А. Ананьин. Интерес по учению современной психологии и педагогики (현대 심리학과 교육학의 학설에 따른 흥미). 1915.

5. П. Л. Загоровский. О так называемой негативной фазе в подростничестве (청소년기의 이른바 부정적 국면에 관하여). Журнал 《Педология》, т. I, вып. 1.

● 이행적 연령기의 일반 개요

비고츠키 청소년 아동학 1권(『분열과 사랑』)에서 비고츠키는 청소년기 아동학 연구를 초기 유년기 연구와 비교하였다. 그는 초기 유년기는 자료가 풍부하지만 이론이 빈약한 반면, 청소년기 연구는 모두 이론일 뿐 자료가 빈약하다고 지적한 바 있다. 그러나 비고츠키 역시 이번 장에서 자신의 이론을 제시하며 시작한다. 그는 자료 없이는 가설을 세울 수 있을 뿐이지만, 가설 없이는 모든 자료가 한 줌의 모래처럼 흩어져 일관성 있는 이론 속에 편입될 수 없다고 말한다. 따라서 수업 내용을 기술하고 있는 도입 문단의 첫 번째 항목만을 다루는 **5-1**은 일종의 뼈대이며, **5-2**는 여기에 실제 자료를 다룸으로써 살을 붙인다.

I. 비고츠키는 다른 이들의 관점에 대한 비판적 개요와 함께 시작한다(1). 모든 현존하는 흥미 이론은 역설적으로 지루하다. 흥미를 충동의 결과로 보는 것은 사춘기 청소년을 굶주림, 두려움, 본능 속에 맴도는 지루한 세계 속에 자리하게 하는 것이다. 흥미를 습득된 습관의 결과로 보는 것은 본능의 지루함을 타성의 지루함으로 단순히 대체할 뿐이다. 둘 중 그 어느 설명도 우리가 청소년에게서 찾을 수 있는, 열풍, 짝사랑, 유행, 환상 등과 같은 완전히 새로운 흥미와 새로운 태도의 전체성, 일관성, 지속성을 반영하지 않는다(2). 게슈탈트 이론 즉 형태주의 이론은 청소년이 자신의 유사 욕구를 만들어 낼 수 있다고 상정함으로써 청소년의 새로운 흥미와 태도를 설명한다(3). 비고츠키가 볼 때 형태주의 이론의 문제는 발달에서 진실로 궁극적인 요소인 문화-역사적 환경에 청소년을 위치시킬 수 없다는 점이다(4). 청소년은 느닷없이 직업을 시작할 수 없다. 이는 청소년이 인형을 만들듯 자신의 동반자를 만들어 낼 수 없는 것과 마찬가지다.

II. 비고츠키는 이제 우리가 청소년 흥미의 외적 구조라고 부르는 것, 즉 어떻게 새로운 흥미가 학령기로부터 발달하고, 이것이 어떻게 성인기로 발달하는지에 대해 논한다. 5절은 비고츠키가 1절과 그다음 여러 장에서도 반복적으로 언급한 고찰로 시작한다. 즉 청소년 발달의 주요 이론은 대부분 발달에 대한 부정이다. 왜냐하면 그 이론들이 3세의 위기와 13세의 위기의 유사성만을 보기 때문이며, 십 년 동안 뚜렷하게 변화하지 않는 지각이나 말하기와 같은 기능들만 보기 때문이고, 일반적으로 그 이론들이 발달을 거치면서 새로운 형태를 추동하는 새로운 내용보다는 그저 형식적 변화에만 초점을 두기 때문이다. 이 문제를 해결하기 위해 비고츠키는 한편으로 행동 기제(지각과 말하기)의 발달 노선, 다른 한편으로 흥미 자체(잠재적 혹은 이상적인 반려자를 알아보고 수다 떨기)의 발달 노선을 구분한다. 그는 학령기에 이미 있었던 경향성이 성숙하는 파동과, 이런 경향성 위에서 새로운 흥미 자체가 구성하는, 청년기까지 이어지는 파동을 구분한다(6).

III. 각각의 파동에는 내적 구조라 부를 수 있는 것이 있다. 성적 성숙을 포함한 성숙 경향성의 생물적 파동은 비고츠키의 묘사에 따르면 지진처럼 시작된다. 이 지진은 낡은 상부구조를 흔들고, 낡은 흥미와 새로운 흥미 사이의 모순, 현재의 낭만과 미래의 직업 전망 사이의 모순의 시기를 수반하는 새로운 상부구조의 토대를 드러낸다. 몇몇 저자는 이 모순의 국면을 매우 긍정적으로 기술하고, 또 다른 저자들은 훨씬 더 부정적으로 기술한다(7). 비고츠키가 제시한 많은 양의 광범위한 조사 자료에 따르면 다양한 계층의 청소년들이 위기를 겪는 양상은 매우 다르다. 심지어 한 개인에게서도 위기의 부정적 영향은 활동에 따라 다르다. 예를 들어 전형적으로 신체적 활동은 영향을 받지 않지만, 창조적 작업이나 상상력이 요구되는 작업은 종종 약화된다(8). 그러나 위기를 벗어날 방도를 제공하는 것은 후자이며, 특히 청소년으로 하여금 성애적 사랑에 대한 공상과 지적 활동을 조화시킬 수 있도록 해 주는 소설 읽기가 그러하다(9). 여기서 비고츠키는 청소년의 두 가지 국면을 생각하지만, 수업 계획에서 그는 명확히 '이행적 연령기의 세 국면'이라고 말했다(또한 『연령과 위기』 2-1-67에서 비고츠키는 위기 시기가 세 부분의 구조를 가진다고 말한다).

IV. 비고츠키는 10절에서 그의 동료 잘킨트의 연구를 요약하면서 교육에 관한 일반적인 결론을 다룬다. 잘킨트의 견해는 청교도적이고 이원론적이다. 즉 저속한 생물학적 경향성이 고귀한 사회적 경향성과 싸운다는 것이다. 비고츠키는 이 경향성들이 흥미로 통합된다고 주장한다. 결국 청소년은 홀로 생물학과 싸우거나 사회를 들어 올리는 것이 아니기 때문이다. 비고츠키는 11절에서 흥미 분화 이론에 관한 손다이크의 세 가지 견해를 제시한다. 첫째, 교육은 흥미의 문화화 없는, 단순한 새로운 습관의 형성이 아니다. 둘째, 모든 흥미는 어떤 행동 형태를 함의하고, 모든 행동 형태는 어떤 흥미를 함의하므로, 교사에게 중요한 문제는 어떻게 어린이들이 흥미를 가지고 배우게 할 것인가가 아니라, 어린이들의 흥미가 무엇이 되고 어디로 갈지 결정을 돕는 것이다. 그러나 셋째로, 손다이크는 흥미가 청소년에게 긍정적이고 도움이 된다는 점에 대해 생물학이 결코 믿을 만한 안내자가 아니므로, 교사의 임무는 청소년이 본성을 따르지 않고 극복하도록 돕는 것이라고 말한다. 손다이크 역시 다소 청교도적이고 이원론적인 것이다.

V. 만약 청소년기가 고전극이라면, 비극은 아닐 것이다. 비고츠키는 학령기 어린이가 청소년으로 변하는 과정을 숭고하지만 결점이 있는 왕의 몰락처럼 이야기하지 않는다. 청소년기는 고전 희극이나 단테의 신곡에 더 가깝다. 비고츠키는 생물학적, 성적, 사회문화적 성숙이라는 세 봉우리에 오르는 평범한 사람을 이야기한다. 12절에서 비고츠키는 새로운 생물학적 기능이 성숙하고 있는 초기, 잠재된 단계를 생각한다면 청소년기는 3단계의 구조를 가지고 있다고 주장한다. 비고츠키가 13절에서 이 장의 마지막까지 갑

자기 그로스와 스턴의 이론을 소개한 것은 놀라운 일이다. 그러나 비고츠키는 이러한 이론들이 첫째, 잘킨트와 손다이크가 반자연주의적이었던 것과 동일한 이원론적 방식으로 자연주의적이라고 지적하며, 둘째, 이 이론들이 3세의 위기와 13세의 위기를 모두 형식적으로 같은 것, 즉 '심각한 놀이'로 보도록 하며 따라서 그 내용도 같은 것으로 생각하도록 만든다고 지적한다. 다음 장에서 비고츠키는 전학령기 놀이가 이행적 연령기의 개념적인 내용과 어떻게, 얼마나 다른지 보여 줄 것이다.

제10장
청소년기의 생각 발달과 개념 형성

알브레히트 뒤러(1471~1528), 「멜랑콜리아」(1514).
아르테미시아 젠틸레스키와 마찬가지로 뒤러는 그 자신을 우울의 천사로 묘사했다. 벽에 걸린 마방진(사칙연산), 하늘의 혜성(천문학), 내외경을 재는 캘리퍼(기하학), 작은 하프를 들고 있는 천사(음악)로 미루어 볼 때 그는 산술, 천문, 기하, 음악 이 네 가지 개념 형성에 실패하여 실망하고 있는 것으로 보인다. 물론 오늘날 우리는 그의 창조적인 무능을 표현하는 이 판화에서 뒤러의 역설적인 창조 능력에 감탄하게 된다. 그러나 르네상스 시대에 창조성은 가장 낮은 형태의 천재성을 의미했다. 더 가치 있는 것은 이성이었으며 가장 우월하고 가장 고차원적인 천재성은 영적인 것이었다. 이 장에서 비고츠키는 모든 개념은 하나 이상의 뿌리를 가지며, 청소년기의 과업은 일반화 또는 추상화에 만족하는 것을 넘어 이를 하나의 개념으로 종합하는 것이라고 주장한다. 뒤러가 보여 주듯이 과업은 좌절을 불러일으킬 수 있다.

수업 내용

이행적 연령기에 생각이 순수하게 양적으로 진화한다는 이론과 그 비판 – 이행적 연령기에 생각의 내용과 형태의 진화 – 고등정신기능 발달 이론과 청소년기 지적 발달의 문제 – 청소년 심리 전체의 주요 현상으로서 개념 형성 – 개념 연구 방법 – 아흐와 리마트의 연구 – 기능적 이중 자극법과 개념 형성에 대한 탐구 – 개념 형성 과정에 관한 연구 – 개념 형성 기능 발달의 3단계: 혼합체 단계, 구체적 복합체 단계, 잠재적 개념 단계 – 진개념의 형성 구조와 방법 – 개념 형성과 관련한 생각 내용의 변화 – 어린이와 청소년의 생각 형태에 대한 비교 연구

학습 계획

1. 10장을 읽고 계획을 세우고 요약한다.

2. 개념 규정 방법의 도움을 받아 전학령기, 학령기, 청소년기에서의 동일한 질문들(여러 가지 추상적 개념과 구체적 개념과 관련된)에 대한 답을 비교하고, 이번 장에서 기술된 것에 비추어 그 답변들을 분석한다.

3. 초기 유년기, 전학령기, 학령기, 청소년기의 생각에서 교재에서 기술된 개념 형성의 세 단계의 윤곽을 그린다.

4. 전학령기 어린이의 설명에 존재하는 혼합성, 학령기 어린이에게 존재하는 구어적 혼합성, 청소년기 이 현상의 소실을 살펴본다.

5. 생각의 내용과 형태의 측면에서 청소년기 지적 발달의 특성에 관한 자료에 근거하여 교수-학습 방법에 대해 도출될 수 있는 결론이 무엇인지 숙고한다.

6. '왜냐하면', '비록' 등의 종속절이 있는 문장을 완성하는 방법을 사용하여 논리적 생각 형태의 완전한 숙달이 언제 확립되는지 살펴본다.

러시아어 선집에서는 이 장이 청소년 아동학의 중심 장이지만, 비고츠키가 학습과 발달의 차이를 탐구하기 시작했던 1931년 이전에 쓰였음을 독자에게 알리는 긴 비판적 각주가 달려 있다. 편집자는 1931년 이후에 교육 체계가 '복합체(예컨대 자연적 온전체로서의 과학)'에서 '교과(수학, 과학, 사회 등)'로 변화되었다고 말한다. 편집자는 비고츠키가 복합체에 대한 논의로부터 '전개념'에 대한 논의로 전환한 것이 비고츠키의 생각의 근본적인 변화라기보다는 교육 체계의 변화와 관련이 있다고 인정한다. 그러나 편집자는 이러한 이유로 비고츠키에 대해서 비판적일 필요가 있다고 믿는다. 그들은 비고츠키 이론에서 중요한 것은 어린이 생각의 측면에 대한 내용이 아니라 청소년 발달 과정에 대한 접근법일 뿐이라고 말한다. 물론 편집자는 스스로의 의견을 피력할 권리가 있다. 그러나 반대로, 비고츠키가 생각은 그대로 두고 복합체에서 전개념으로 용어만 바꾸었으며, 이 용어의 변화가 학습과 발달의 구분을 만들어 냈을 뿐 아니라 아동학적 시기와 이 시기들 사이의 거리, 즉 근접발달영역을 만들어 냈다는 주장도 가능하다.

이러한 접근에 대한 상세한 설명은 다음 논문 참조.
Kellogg, D.(2019). The Storyteller's Tale: Vygotsky's 'vrashchivaniya', the zone of proximal development, and 'ingrowing' in the weekend stories of Korean children. British Journal of Educational Studies, DOI:10.1080/00071005.2019.15692001.

1

10-1-1] 이행적 시기 생각 발달의 역사 자체도 지적 성숙에 대한 낡은 체계로부터 새로운 이해로의 일종의 이행적 단계를 거치고 있다. 이 새로운 이해는 말과 생각의 심리적 본성에 관한, 그리고 이 과정들의 기능적 구조적 상호관계의 발달에 관한 새로운 이론적 토대 위에서 일어난다.

10-1-2] 오늘날 이행적 연령기 아동학은 청소년 생각의 연구에 대한 장에서, 청소년 생각 발달의 내용을 이루는 지적 위기와 성장에 대한 올바른 관념을 발달시키는 데 방해가 되는 하나의 기본적이고 근본적 편견, 하나의 운명적 오류를 극복한다. 이 오류는 청소년의 생각에는 더 이른 연령기의 어린이와 비교하여 본질적으로 새로운 것이 전혀 없다는 주장으로 일반적으로 공식화된다. 몇몇 저자들은 성적 성숙기의 생각의 영역에서 3세 어린이가 이미 숙달하지 못한 어떤 새로운 지적 조작이 두드러지지 않는다는 생각을 옹호하면서 이러한 주장의 극단에 이른다.

> 러시아어 선집에는 '성숙'이 생물적 성숙이 아닌 새로운 구조의 출현을 지칭한다는 각주가 붙어 있다.

10-1-3] 이러한 관점에서 생각 발달은 전혀 성숙 과정의 중심에 있지 않다. 이 결정적 시기에 청소년의 유기체와 인격의 모든 영역에서 결정적으로 일어나는 본질적이고 파멸적인 변화, 인격의 새로운 심층의 노출, 유기체적-문화적 삶의 고등 형태의 성숙—이 모든 것은 이 관점에서 볼 때 청소년의 생각에 영향을 미치지 않는다. 이 모든 변화는 인격의 다른 영역과 범위에서 일어난다. 이처럼 청소년의 일반적인

위기와 성숙 과정에서 지적 변화의 역할은 감소하여 거의 증발해 버린다.

10-1-4] 이 관점을 지속적으로 채택한다면, 한편으로 이 연령 자체에서 일어나는 지적 변화의 과정은 3세 어린이의 생각에서 이미 나타난 바로 그 특징의 단순한 양적 합산으로, 계속되는 순수한 양적 성장으로 환원될 것이다. 엄격히 말해 '발달'이라는 말은 더 이상 이에 적용되지 않게 된다.

10-1-5] 최근에 이 관점을 가장 확고하게 표현해 온 뷜러는 이행적 연령기에 관한 자신의 이론에서 성적 성숙기에서 특히 지적 발달이 이전과 연속적이고 동질적으로 일어난다고 주장한다. 이 이론은 성숙을 구성하는 변화의 일반적 체계, 일반적 과정의 구조에서 지성에 극도로 하찮은 역할을 부여할 뿐이며, 청소년 인격의 전체 체계의 근본적이고 심오한 재구조화에 대해 지적 발달이 가지는 크나큰 긍정적 가치는 인정하지 않는다.

> 뷜러에 대한 인용의 출처는 다음과 같다.
>
> Bühler, Ch.(1929). Das Seelenleben des Jugendlichen. Jena: Fischer, pp. 126-127.
>
> *Ch. 뷜러에 대한 설명은 『분열과 사랑』 **3-72** 참조.

10-1-6] 이 저자는 다음과 같이 말한다. "일반적으로, 성 성숙기에는 변증법적, 추상적 생각이 시각-도식적 생각과 더 뚜렷이 구분된다고 가정할 수 있다. 오직 사춘기에만 지적 작용이 전혀 새롭게 나타난다는 주장은 아동심리학이 오래전에 정체를 밝힌 허구 중 하나이기 때문이다. 이미 3, 4세 어린이는 후기 생각의 가장 본질적인 가능성을 현금처럼 가지고 있다."

이 문단에서 '시각-도식적'으로 번역된 나글랴드노바ﾅﾆﾏﾔﾄﾎﾃﾎ는 사전적으로 '눈에 보이게', '시각적으로'와 같은 뜻을 지닌다. 비고츠키는 이 단어를 사용하여 환경과 어린이의 관계를 나타내고자 하였다. 그 관계의 한쪽 극단인 환경은 도식적이고, 다른 쪽 극단인 어린이는 시각적(감각지각적)이다. 예컨대 말을 배우는 어린이에게 말은 소리이고 글자는 그림으로 생각될 것이다. 그리고 (나중에 일어나겠지만) 의미는 일반화된 지각임을 생각하게 될 것이다. 따라서 어린이와 환경의 관계가 지닌 이 특성을 고려하여 우리는 일상적이고 평범한 낱말인 ﾅﾆﾏﾔﾄﾎﾃﾎ를 사뭇 과학적으로 들리는 '시각-도식적'이라는 두 낱말로 번역하였다. 위 문단은 비고츠키가 C. 뷜러를 인용한 것이며, ﾅﾆﾏﾔﾄﾎﾃﾎ에 해당하는 원래 독일어 낱말은 '안샤웅Anschauung'이다. 뷜러는 사실 '안샤웅 준테리히트Anschauungsunterricht(시각화 방법)'를 가리키고 있다. 이 시각화 방법은 19세기 교육학에서 사진과 그림들을 사용하는 교수 방법을 가리키는 말이었다. 이 문단에서 비고츠키는 형태주의자를 비판하면서 이 말을 사용하고 있다.

9-3을 보면 비고츠키는 '의사욕구'라는 레빈의 생각에 공감하며, "구조가 주체와 객체의 구분을 무너뜨릴 수 있다는 관점에 동의한다 (비고츠키가 말하는 '발달의 사회적 상황'은 본질적으로 환경과 어린이를 이어 주는 형태주의적 구조를 지닌다). 그러나 9-4를 보면 비고츠키가 형태주의를 신랄하게 비판했음을 알 수 있다. 특히 비고츠키는 그들의 반역사주의적 성격을 거부하고, 그들이 지각과 본능에 기반을 둔 저차적 기능과 문화와 언어에 기반을 둔 고등 기능을 구분하지 못함을 비판한다. 9-8-2에서 비고츠키는 중등학교 5학년의 위기가 시각화된 지식에서 추론으로 이행하는 과정과 관련이 있다는 크로의 관점을 인용하는 것이다. 시각화된 지식과 논리적으로 추론된 지식 사이에 아무런 차이가 없다면 이행의 위기적 본질을 설명하기 어렵다. 발달을 제대로 설명하기 위해서 학습과 발달을 구분해야 하듯이, 시각-도식적 학습 수단과 의미-기호적 학습 수단을 구분하지 않고서는 발달을 제대로 설명하기 어렵다.

10-1-7] 이 생각을 확증하기 위해 저자는 기본적인 지적 과정의 성숙이라는 의미에서 가장 본질적인 면모의 지적 발달은 이미 초기 유년기에 조성된다는 관점을 제시한 K. 뷜러의 연구를 인용한다. 초기 유년기 어린이의 생각과 청소년의 생각의 차이는 일반적으로 어린이에게서 시각-도식적 지각과 생각이 훨씬 가깝게 연결되어 나타난다는 사실에 있다고 C. 뷜러는 본다.

10-1-8] 그녀는 다음과 같이 말한다. "어린이가 순수하게 언어적으로 생각하거나 순수하게 추상적으로 생각하는 경우는 거의 없다. 말하기를 매우 좋아하고 언어적 재능이 있는 어린이조차 언제나 어떤 구체적 체험에서 출발하며, 말하려는 욕구에 사로잡혔을 때 대개 그들은 생각하지 않고 재잘댄다. 그 기제는 다른 어떤 기능도 추구하지 않으면서 실행된다. 게다가 어린이들이 구체적 체험의 범위 내에서만 결론과 판단을 이끌어 내며, 목표 달성을 위한 계획 또한 시각적 지각의 좁은 범위에 갇힌다는 사실은 잘 알려져 있다. 이는 어린이들이 추상적 생각을 전혀 할 수 없다는 잘못된 결론의 근거가 되었다."

10-1-9] "이 의견은 오래전에 논박되었다. 어린이는 이미 아주 어릴 때부터 선과 악 등, 어떤 불분명한 일반적 내용의 개념을 지각, 추상화, 선택, 정교화하기 시작하고, 또한 추상화, 판단 등의 도움으로 다른 개념을 형성한다. 그러나 이 모두가 어린이의 시각-도식적 지각과 표상에 고도로 밀접하게 의존한다는 것을 부인할 수는 없다."

10-1-10] 이와 반대로 청소년기의 생각은 그로부터 자유로워지며, 덜 구체적이게 된다. 이처럼 청소년의 지적 발달에서 일어나는 중요한 변화를 부인하는 것은 필연적으로 성숙 연령기에 지성이 단순히 성장하며, 일반적으로 감각적 재료에 의존하지 않음을 인정하도록 한다. 우리는 이로부터 다음과 같은 개념을 공식화할 수 있다. 청소년의 생각은 그 이전 연령기의 어린이의 생각과 비교하여 일종의 새로운 성질을 획

득하며 3세 어린이의 생각보다 덜 구체적이게 되고 더 나아가 견고해지고 강화되며, 확장되고 증가하게 된다. 그러나 이행적 과정에서는 새로운 지적 조작은 전혀 나타나지 않는다. 그러므로 이 시기의 생각 자체는 청소년 전체 발달 과정에서 본질적이고 결정적 의미를 갖지는 않기 때문에 위기와 성숙의 일반 체계에서 미미한 위치를 벗어나지 않는다.

10-1-11] 이 관점은 전통적 관점으로 간주되어야 하는데, 불행하게도 이행적 연령기의 현대 이론들 사이에서 가장 지배적이고 무비판적으로 수용되고 있다. 그럼에도 불구하고 청소년 심리학에 관한 현대 과학 자료에 비추어 보면 이 의견에 심각한 잘못이 있음을 알 수 있다. 이 의견은 청소년으로 변하는 어린이에게 일어나는 모든 심리적 변화가 단지 눈길을 끄는 가장 외적이고 표면적인 특성, 즉 감정 상태의 변화로만 나타난다는 낡은 이론에 뿌리를 둔다.

10-1-12] 이러한 의미에서 전통적 이행적 연령기 심리학은 정서적 변화에서 전체 위기 전반의 중핵과 주요한 내용을 보고, 청소년의 정서적 삶의 발달을 학령기 어린이의 지적 발달과 대조시키는 경향이 있다. 이러한 입장에서 모든 문제는 위아래가 거꾸로 제시되며, 이 이론에 비추어 볼 때 모든 것은 속과 겉이 뒤집혀 나타나는 것으로 보인다. 우리가 볼 때 초기 유년기 어린이야말로 가장 정서적 존재이며 그의 일반적 구조에서 정서가 가장 본질적인 역할을 하는 한편, 청소년은 무엇보다 생각하는 존재이다. 기제는 전통적 관점을 가장 온전히 그러면서도 간결한 형태로 표현한다. 그는 다음과 같이 말한다. "성 성숙 이전까지 어린이의 심리 발달이 무엇보다 지각, 기억력, 지성, 주의 기능을 포함한다면 성적 성숙 시기의 대표적인 것은 정서적 삶이다."

러시아어 선집에는, 청소년은 초등학생보다 나이가 많을 뿐 아니라 반드시 일반교육을 위한 학교에 다니는 것도 아니므로 학교 학생으로 간주되지 않는다는 미주가 붙어 있다.

당시 소련에서 대부분의 청소년은 초등학교 졸업 후 농촌 작업부대나 공장도제학교로 보내졌다. 청소년보다 나이가 적은 어린이들이 집단적 조건에서 일을 할 수 있다는, 9장에 제시된 자고로프스키의 주장에서 이를 엿볼 수 있다. 비고츠키는 그에 동의하지만 그것이 스턴과 그로스의 '진지한 놀이' 주장에 대한 유일하거나 주요한 주장은 아니라고 말한다. **(9-13 참조)**

*W. O. F. 기제(Wilhelm Oskar Fritz Giese, 1890~1935)는 분트의 제자로 정신기술학의 창시자이다. 정신기술학은 경제학, 사회학 등의 문제에 심리학적 방법을 사용하는 학문으로 당시 청소년들의 직업 적성을 판명하는 데 사용되었다. 그는 여성 전투병제도의 조기 주창자였으며 2차 대전 당시 독일, 이탈리아, 일본의 동맹인 주축국의 열정적 지지자였다. 청소년 대상 나치 프로그램인 히틀러 유겐트를 후원하였다. 비고츠키가 본문에서 인용하는 출처는 다음과 같다.

Giese, F.(1922). Kinderpsychologie. In G. Kafka (ed.) Handbuch die verglechenden Psychologie vol. 1 (323-518).

10-1-13] 이 관점을 일관되게 발달시키면 청소년에 대한 진부한 견해에 이르게 되며, 이 견해는 성숙의 모든 심리적 측면을 상승된 감성과 공상, 즉 정서적 삶이 만들어 낸 반쯤 꿈을 꾸는 것과 유사한 것으로 환원하는 경향이 있다. 성적 성숙기는 지적 발달의 강력한 상승기이며 이 시기에 처음으로 생각이 무대에 전면으로 부각된다는 사실은, 그러한 문제 설정 속에서 주의를 끌지 못할 뿐 아니라, 심지어 이 이론의 관점으로는 전혀 알 수 없고 설명이 불가능하다.

10-1-14] 다른 저자들도 같은 관점을 드러낸다. 예를 들어 크로는 뷜러가 그러했듯이 청소년 생각과 초기 유년기 어린이의 생각 간의 모든 차이점은 어린이에게 매우 중요한 역할을 하는 사고의 시각-도식적

토대가 성숙기에는 배경으로 물러난다는 사실에 있다고 보았다. 이 저자는 구체적 생각 형태와 추상적인 생각의 형태 간에, 이행적 연령기를 특징짓는 이행적 생각 단계가 발달 과정에서 틈새를 비집고 일어난다고 올바르게 지적하면서 이런 차이의 중요성을 폄훼한다. 이 저자는 다음과 같이 말하면서 뷜러와 공유되는 이론에 대한 가장 완전한 긍정적 공식을 제공한다.

10-1-15] "우리는 학령기 어린이가 판단의 영역에서 완전히 새로운 형태로 건너가기를 기대해서는 안 된다. 여기서도 이전에 이미 존재하던 형태의, 미묘한 구분, 더 자신 있고 의식적인 사용이 가장 본질적인 발달의 과업으로 간주되어야 한다."

10-1-16] 생각의 발달을 이미 이전에 존재하던 형태가 더욱 성장하는 것으로 환원한 동일한 입장을 일반화하면서 크로는 계속 말한다.

10-1-17] "논의된 것을 요약하면 우리는 지각 처리(선택, 고정, 범주적 지각, 분류) 과정의 영역과, 논리적 연결(개념, 판단, 추론, 비판)의 영역에서 완전히 새로운 심리적 기능과 작용이 학령기 동안에 나타나지 않음을 확립할 수 있다. 이 모두는 이미 존재하고 있으나 학령기 동안 상당한 발달을 거쳐, 더 분화되고 미묘하며 종종 더 의식적인 사용으로 나타난다."

10-1-18] 이 이론의 내용을 한 구절로 표현한다면, 새로운 색조나 뉘앙스의 출현, 더욱 전문화되고 의식화된 적용—바로 이것이 이행적 연령기의 생각과 어린이의 생각을 구별해 주는 모든 것이라고 말할 수 있다.

10-1-19] 우리의 문헌에서 M. M. 루빈슈타인은 본질적으로 동일한 관점을 발전시킨다. 그는 이행적 연령기에 생각의 영역에서 일어나는 모든 변화는, 초기 유년기 어린이의 생각에 이미 나 있었던 길을 따라 더욱 앞으로 나아가는 것이라고 일관되게 간주한다. 이런 의미에서 루빈

슈타인은 뷜러와 완전히 동일한 입장을 갖는다.

10-1-20] 루빈슈타인은, 어린이의 추론 능력이 약 14세 무렵에 완전히 형성된다는 것을 발견했던 모이만의 입장을 거부하면서, 추론을 포함하여 그 어떤 지적 활동 형태도 이행적 연령기에 처음으로 발현되지 않는다고 주장한다. 이 저자(루빈슈타인-K)는 어린이의 정신 발달 영역이 청년과 다르며, 생각의 중심적 작용인 추론이 진정 청년에게서만 나타난다고 하는 것은 극도로 잘못된 생각이라고 지적한다. 사실 이것은 완전히 틀렸다. 어린이의 생각에서 중심적인 작용이 추론이라는 것에는 그 어떤 의심의 여지도 없다.

10-1-21] 어린이의 생각과 청소년의 생각의 다른 점은 단지, 우리 어른들에게 객관적으로 비본질적이거나 우연적, 외적인 것을 어린이는 본질적인 특성으로 생각한다는 것이다.

청소년기를 비롯한 모든 연령기가 무언가 질적으로 새로운 것을 도입한다는 비고츠키의 생각이 그를 이원론으로 이끈다고 생각할 수도 있다. 그러나 이 문단과 다음 문단에서 사실은 그 반대라는 것을 보게 된다. 심신이원론에 빠지는 것은 청소년기에 질적으로 새로운 것(흥미와 개념 등)이 존재한다는 것을 부정하는 (슈프랑거와 프로이트, 크로와 루빈슈타인의) 이론들이다.

가톨릭의 영성체에서 먹는 빵은 그리스도의 본질을 지닌다고 여겨진다. 이때 빵의 맛과 질감은 비본질적이고 우연적이며 순전히 외적인 것이다. 마찬가지로 어떤 낱말의 억양과 발음은 끊임없이 변하기 때문에 우연적이지만, 그 의미는 영속적이며 변하지 않는다. 우리가 식탁을 설계할 때, 그 색과 장식, 다리의 개수마저도 그것을 식탁으로 부를 수 있는지 여부에 영향을 미치지 않는 우연적인 것이지만, 무언가를 올려놓을 수 있게 해 주는 평평한 면은 본질적이다.

이러한 이원론적 관점에서 보면, 개념 형성이나 문화적 흥미의 발견에 대해서 본질적으로 새로운 것이 아무것도 없다. 둘 다 그저 어린이가 언제나 희미하게 알고 있던 우연적인 것과 본질적인 것 간의 구별을 명확하게 할 뿐이다. 이러한 이원론적 관점에서 볼 때, 이행적 연령기는 우연에 대한 반응(맛과 질감, 억양과 발음, 색과 장식)에서 본질에 대한 응답(그리스도의 정신, 낱말 의미, 물질적 대상의 도구적 이용)으로 이행이다. 그러나 마태복음과 누가복음이 말하듯, 사람은 빵만으로 살 수 없으며, 의미 없는 억양은 존재하지 않고, 식탁의 색, 장식, 다리 개수는 그 사용과 완전히 무관하지 않다. 베이트슨은 대영제국이 다양한 형식(사자, 유니콘, 독수리, 불도그)의 다중성으로 힘과 권력을 상징화할 수 있었지만, 그 형식이 암석이 아닌 나무나 플라스틱으로 실제화되면서 의미가 바뀌게 된다는 점을 지적한다. 비고츠키는 우연과 본질의 분리는 물론이고 형식과 내용의 분리조차 추상화이자 과장임을 주장한다. 추상화와 과장은 유용할 수 있지만 이론과 마찬가지로 그것을 살아 있는 현실로 오인해서는 안 된다. 왜냐하면 새로운 형식은 새로운 내용 없이 생겨나지 않으며, 완전히 새로운 내용은 형식에 영향을 미치지 않고 나타날 수는 없기 때문이다.

10-1-22] "오직 소년기, 청년기에만 일반적 정의와 판단과 마찬가지로 주요한 전제가 본질적 특징으로 채워지기 시작하며 최소한, 단순한 일차적인 외적 특성을 뒤따르지 않고 바로 본질적 특성을 찾고자 하는 경향이 뚜렷이 드러난다."

10-1-23] 이렇게 모든 차이는 동일한 생각 형태가 어린이와 청소년에서 다른 내용으로 채워진다는 사실로 귀결된다는 것이 드러난다. 루빈슈타인은 판단의 채움에 대해서도 그렇게 말한다. 어린이에서 이 형태는 비본질적 징후로 채워진다. 청소년에서는 그것을 본질적 징후로 채우려는 경향이 생겨난다. 따라서 모든 차이는 재료에, 내용에, 채움에 있다. 형태는 동일하게 남아 있으며, 잘해야 계속적으로 성장과 강화의 과정을 겪을 뿐이다. 루빈슈타인은 더 본질적으로 생각하는 능력,

생각의 방향에서 훨씬 큰 안정성, 큰 유연성, 더 큰 범위, 큰 운동성 그리고 유사한 추가 징후들을 이러한 새로운 색조나 뉘앙스의 하나로 간주한다.

10-1-24] 이 이론의 중심적 흥미는, 청소년과 청년의 정신 발달에서 급격한 상승과 심화가 일어남을 부정하는 경향에 대한 이 저자의 반론으로부터 쉽게 알 수 있다. 청소년의 지적 발달은 그러한 급격한 상승과 심화로 특징지어진다는 생각을 옹호하면서 루빈슈타인은 다음과 같이 말한다.

10-1-25] "사실에 대한 관찰은 이를 지지하며, 이론적 고찰 역시 같은 방향으로 우리를 이끈다. 그렇지 않다면 우리는 새로운 체험, 내용, 상호관계의 유입이 그 어떤 것도 제공하지 않으며 원인은 아무 효과를 낳지 못한다고 가정해야 할 것이다. 이처럼 고양된 정신 발달의 전형적 특징은 새로운 흥미와 욕구뿐 아니라 기존 것의 심화와 확장, 그들의 변화 영역, 전체 삶의 관심의 범위에 대해 이야기해야 한다."

10-1-26] 이 변호에서 루빈슈타인은 성 성숙기의 생각 속에 본질적으로 새로운 것이 나타난다는 것을 거부하는 경향을 가진 모든 이론에 똑같이 내재된 내적 모순을 드러낸다. 이 저자들은 모두 이행적 연령기의 새로운 생각 형태의 발생을 부정하면서도, 생각의 채움, 그 내용, 그것이 운용하는 재료, 그것이 향하는 대상, 바꿔 말해 이행적 연령기의 생각이 그 내용적 측면에서 진정한 혁명을 경험한다는 사실에는 모두 동의한다.

2

10-2-1] 생각의 형태와 내용의 이러한 진화상 단절은 생각의 형태

와 내용의 진화를 변증법적 통합체로 제시할 줄 모르는 모든 이원론적, 형이상학적 심리학 체계에 매우 특징적이다. 따라서 슈프랑거의 책에서 발전된 가장 일관된 관념론적 청소년 심리학 체계가 이행적 연령기의 생각 발달에 대해 완전한 침묵으로 피해 간다는 사실은 매우 징후적이다.

러시아어 선집에서 이 문단은 다음 문단과 이어진다. 러시아어 선집은 슈프랑거가 딜타이의 제자로 기술적記述的 심리학에서 관념론적 조류를 대표했다는 미주를 달고 있다. 비고츠키는 『성애와 갈등』 7장에서 슈프랑거를 심도 있게 비판한다. 반 데 비어와 발시너에 따르면 위 문단에서 언급된 슈프랑거의 책은 다음과 같다.

Spranger, E.(1927). Psychologie de Jugendalters. Jena: Fischer.

10-2-2] 이 책 전체에는 이 문제에 대한 장이 하나도 없지만, 하나의 일반적 생각으로 가득 찬 이 책의 모든 장들은, 슈프랑거의 관점에서 모든 성숙 과정의 토대에 놓여 있고 청소년 자신의 시대 속 문화로의 성장이라 불리는 과정의 폭로에 전념한다. 각 장은 청소년의 생각 내용이 어떻게 변하는지, 이 생각이 어떻게 완전히 새로운 재료로 채워지는지, 그것이 어떻게 완전히 새로운 문화 영역으로 성장하는지 조사하는 데 전념한다. 법과 정치, 직업 생활과 윤리, 과학과 세계관 영역으로의 청소년의 성장, 이 모든 것은 슈프랑거에게 성숙 과정의 중핵을 구성하지만 청소년의 지적 기능 자체, 즉 그의 생각 형태, 구성물, 구조 그리고 그의 지적 조작 활동 방식은 변하지 않고 영원하다.

10-2-3] 만약 이 이론에 대해 좀 더 깊이 생각해 본다면 그 이론들이 생각의 형태와 내용에 대해 아주 조잡하고 아주 단순하고 아주 기초적인 심리학적 개념에 토대하고 있다는 인상을 지울 수 없다. 이 이

론에 따르면 생각의 형태와 내용 간의 관계는 용기容器와 그것을 채운 액체 간의 관계와 완벽하게 유사하다. 거기에는 속이 비어 있는 형태의 동일한 기계적 채움, 끝없이 새로운 내용으로 하나의 불변의 형태를 채우는 동일한 용량, 용기와 액체, 형태와 채움이라는 동일한 내적 단절과 기계적 대립이 있다.

10-2-4] 이 이론의 관점에 의하면 청소년 생각 성숙의 모든 지점에서 완전히 재형성되는 청소년 생각의 내용에서 일어나는 가장 심오한 변혁은, 이런저런 생각의 내용이 일어날 수 있도록 해 주는 지적 조작 그 자체의 발달과는 전혀 연결되지 않는다.

10-2-5] 여러 저자들에 따르면 이러한 변혁은 외부로부터 일어나, 동일하고 불변하며 항상 자기등가적인 생각 형태가 새로운 발달 단계마다 풍부한 경험 및 환경과의 연결의 확장에 의존하여 계속하여 새로운 내용으로 채워지거나, 혹은 이 변혁의 추동력은 청소년의 정서적 삶에서 생각 뒤로 숨겨진다. 그것은 생각 과정을 완전히 새로운 체계에 기계적으로 포함시켜 생각 과정을 단순 기제로서 새로운 내용으로 향하게 한다.

10-2-6] 두 경우 모두 생각 내용의 진화와 지적 형식의 진화 사이에는 건널 수 없는 깊은 계곡이 있다. 일관되게 이러한 방향을 향하는 모든 결정적 이론들이 사실의 힘에 의해 그러한 내적 모순에 부딪힌다는 것은, 위에서 언급한 이론 중 어느 것도 청소년 생각의 영역에서 근본적인 변혁, 빈 형식을 채우는 모든 구성 재료의 전적인 혁명을 부정하지도 않고 부정할 수도 없다는 사례를 통해 쉽게 드러낼 수 있다.

10-2-7] 따라서 청소년에게 고유한 모든 기본적인 지적 조작이 이미 3세 어린이의 자산이라는 것을 발견한 뷜러는 자신의 이 주장을 고찰하고 있는 문제의 형식적 측면으로만 제한한다. 물론 그녀는, 생각 내용에서는 3세 어린이의 생각 속에 이미 존재하는 것과 비교할 때 청소

년의 생각 내용 영역에서 본질적으로 새로운 것은 아무것도 없다는 주장을 환상이라 부를 것이다.

10-2-8] 그리고 뷜러는 이행적 연령기가 시작되어야만 형식적·논리적 사고로의 이행이 일어난다는 점을 부인할 수 없었다. 그녀는 오르미안의 정확한 연구를 인용하는데, 그것은 11세 즈음에야 어린이의 생각이 순수하게 형식적인 생각으로 변환된다는 것을 보여 준다. 생각의 내용에 대해서 그녀는 슈프랑거를 따라, 연구의 상당 부분을 청소년 발달에서 윤리적 내용, 종교적 신념, 세계관의 싹의 새로운 층위들을 밝히는 데 할애한다.

*C. H. 오르미안(Chaim Henryk Ormian, 1901~1982)은 비엔나 대학의 뷜러 그룹의 멤버였다. 비고츠키가 여기서 언급한 연구는 그가 20대 초반에 받은 박사학위 논문이다.

10-2-9] 이와 똑같이 크로는 학령기 생각 발달을 새로운 뉘앙스의 첨가로 환원하였으며, 오직 청소년만이 개념의 논리적 조작 능력을 갖는다고 지적한다. 크로는 범주 지각과 그 교육적 중요성을 연구한 베르거를 인용하면서, 심리적 범주를 지각하고 명령하는 기능이 성 성숙기의 체험과 회상에서 처음으로 명확히 나타난다는 것을 확립하였다.

범주적 지각은 실제로는 존재하지 않음에도 범주를 지각하는 경향성이다. 범주적 지각은 예컨대 무지개를 이루는 색상이 실제로는 연속적으로 펼쳐지고 그 색상들 사이에 뚜렷한 경계선이 없음에도 무지개를 줄무늬가 있는 것으로 생각하는 것이다(우리나라 사람들은 무지개를 일곱 색깔이라고 하지만 영어권에서는 다섯 가지 색으로 지각한다). 범주적 지각은 음성 인식을 가능하게 만드는 것이기도 하다. /a/와 /i/, 심지

어 /b/와 /p/ 간의 연속적인 변이가 실제 객관적으로 존재하지만 우리는 소리를 모음과 자음의 협소한 범주에 속한 것으로 인지하는 경향이 있다. 범주적 지각은 또한 인종 간의 많은 변이에도 불구하고 우리가 사람들을 제한된 특정 인종으로 지각하는 이유이기도 하다. 세상에는 완전한 흑인이나 완전한 백인보다 백인처럼 보이는 흑인이나 흑인처럼 보이는 백인이 더 많다. 사람들이 서로를 보면서 인종의 범주를 지각하는 것은 우리가 무지개를 보듯이 인간의 뇌가 인간의 얼굴을 보는 범주적 지각을 진화시켰기 때문이다.

*H. 베르거(Hans Berger, 1873~1941)는 범주적 지각을 연구했다. 초기에 그는 수학자가 되려고 했지만 그만두고 군대에 들어갔다. 훈련을 받던 어느 날, 그는 말에서 떨어졌고 거의 대포에 치일 뻔했다. 수 킬로미터 떨어진 집에 있던 그의 여동생은 신기하게도 커다  란 불안을 느꼈고, 베르거는 이것을 자신의 뇌가 그녀의 뇌로 전자파를 보냈던 것으로 확신하였다. 그는 수학을 포기하고 정신의학자가 되기 위해 O. 빈스벵거와 공부했다. 텔레파시에 대한 이런 (완전히 잘못된) 개념은 오늘날 그를 유명하게 만든 뇌파도(EEG)의 고안으로 이끌었다. 베르거는 친나치주의자로, 지각된 인종적 범주의 근원적 객관적 실재가 있지만 이것이 인종 간 결혼으로 희석되어 왔다고 믿었다. 그러다 베르거는 나치가 권력을 잡았을 때 은퇴하였고, 우울에 시달리다가 자살했다.

10-2-10] 이와 같이 모든 저자들의 의견은 일치한다. 이들은 공통적으로 지적 형식 영역의 신형성을 부정함에도 불구하고, 모든 연구자

들은 이행적 연령기 생각의 전체 내용이 완전히 혁신된다는 것을 어쩔 수 없이 인정한다.

10-2-11] 우리가 이 관점의 분석과 비판에 오래 시간을 할애한 이유는, 이 관점을 결정적으로 극복하고 그 이론적 토대를 밝혀 새로운 관점과 대비하지 않고서는 이행적 연령기 생각 발달에 대한 모든 문제로의 방법론적, 이론적 열쇠를 찾을 가능성을 볼 수 없기 때문이다. 이 때문에 세부 사항에서는 차이가 나지만 그 핵심에서는 유사한 이 모든 이론들이 세워진 이론적 토대를 이해하는 것이 우리의 최우선의 흥미가 된다.

3

10-3-1] 이런 이론적 난맥상의 근원은 생각의 형식과 내용의 진화 간의 괴리에 있다고 우리는 이미 말했다. 이 괴리는 기존 심리학, 특히 아동 심리학의 또 다른 기본적인 결함, 즉 최근까지 아동심리학이 고등 정신기능의 본질에 대한 타당한 과학적 개념을 갖추지 못했다는 결함의 결과이다.

10-3-2] 고등정신기능은 기초 기능의 연장이나 기초 기능의 융합이 아니라, 완전히 고유한 법칙에 따라 발달하고 완전히 다른 법칙에 속하는 질적으로 새로운 정신 형성물이라는 사실은 지금까지도 아동심리학의 자산이 되지 못하고 있다.

10-3-3] 계통발달 측면에서 인류 역사 발달의 산물인 고등정신기능은 개체발생에서도 마찬가지로 고유한 역사를 가진다. 고등행동형태의 발달의 역사는 어린이의 유기체적 생물적 발달 및 기초의 성장에 직접적으로 밀접하게 의존하고 있음을 알 수 있다. 그러나 이 경우 관련

성과 의존성은 서로 다른 것이다.

10-3-4] 이 때문에 연구에서 우리는 고등행동형태의 모든 고유한 법칙을 추적하면서, 그것과 어린이 일반유기체적 발달과의 연결을 한순간도 잊지 않으면서 개체발생에서 고등행동형태 발달의 노선을 추출해야 한다. 우리 강좌의 시작 부분에서 우리는 현재 인간 행동 형태는 인간에게 본질적인 심리생리적 기능을 모두 포함하는 인간 유형의 출현을 이끄는 생물적 진화의 산물일 뿐 아니라 역사적 행동 발달 혹은 문화적 발달의 산물이라는 생각을 이미 발전시킨 바 있다. 행동 발달은 인간이 역사적 존재가 됨과 동시에 멈추지 않았다. 행동 발달은 행동의 생물적 진화가 걸어온 똑같은 길을 계속해서 단순히 이어 나가는 것이 아니다.

10-3-5] 행동의 역사적 발달은, 전체로서 인류의 역사적 발달 과정을 규정하는 것과 근본적으로 동일한 모든 법칙을 따르면서, 인간의 전체 사회적 발달의 유기적 부분으로 성취되었다. 이와 마찬가지로 어린이 발달의 개체발생에서 우리는 복잡한 역동적 종합 속에 서로 엮인 형태로 제시된 행동 발달의 두 노선을 구분해야 한다. 그러나 이 종합의 진정한 실제적 복잡성에 정말로 부합하는 연구는, 무슨 일이 있어도 단순화를 지향하지 않고, 반드시 어린이의 문화적 발달의 산물인 고등행동형태 형성의 모든 특이성을 고려해야 한다.

행동의 두 노선 다시 말해 저차적 심리기능을 포함하는 행동의 자연적 노선과 행동의 문화적 노선은 순차적이 아니라 교차적이다. 계통발생 동안 오직 자연적 노선만 있다고 하는 것은 참이 아니며, 개체발생 동안 문화적 노선만이 존재한다고 하는 것도 참이 아니다. 계통발생과 개체발생 모두 두 노선이 엮여서 나타난다. 계통발생 동안 자연적 노선과 엮인 문화적 노선이 사회발생이다. 말, 성, 사랑, 생각과 같은 기능들의 역사적 발달의 선역사는 초기 인류와 후기 유인원까지 거슬러 올라간다. 개체발생 동안 문화적 노선과 엮인 생물적 노선은 일반 해부학적 발달이다. 성적 성숙을 이끄는 내분비계 변화를 포함한 이 모든 것들은 양질의 영양, 운동, 학습과 함께 엮여 있다.

10-3-6] 슈프랑거와 달리, 심오한 과학적 연구는 행동의 문화적 발달 과정에는 생각의 내용뿐 아니라 형식이 변하며, 역사적 발달의 이른 단계에서는 알려지지 않았던 새로운 기제, 새로운 기능, 새로운 조작, 새로운 활동 방식이 출현하고 구성된다는 것을 보여 준다. 같은 식으로, 어린이의 문화적 발달 과정은 여러 문화 영역으로의 몰입이나 점점 새로운 문화적 내용으로 생각을 채워 가는 것을 포함할 뿐 아니라, 매 단계 내용의 발달과 함께 생각의 형식이 발달하고 문화로 성장하는 데 필수 조건인 고등한 역사적 활동 형식과 방식이 구성되고 형성되는 것을 포함한다.

10-3-7] 사실, 진정 깊은 연구는 우리에게 형식과 내용, 구조와 기능의 통합성과 불가분성을 인식하도록 해 주며, 생각 내용 발달 영역에서 완전히 새로운 단계가 새로운 행동 기제의 습득이나 고등한 지적 조작의 발생과 어떻게 불가분하게 연결되는지 보여 준다.

10-3-8] 특정한 내용은 오로지 특정한 형식으로만 정확하게 표현될 수 있다. 따라서 꿈의 내용은 논리적 생각 형식이나 논리적 연결 관계로는 정확히 표현될 수 없으며, 아주 옛날 고대의 형식 또는 방식과 뗄 수 없는 관계이다. 반대로 복잡한 체계를 이해하고 숙달하는, 예컨대 대수학과 같은 과학의 내용은 세 살짜리에게도 이미 존재하는 형식을 그에 해당하는 내용으로 채우는 것을 뜻하지 않는다. 이런 내용은 새로운 형식 없이는 생겨날 수 없다. 생각의 진화에서 형식과 내용의 변증법적 통일체는 말과 생각에 관한 현대 과학 이론의 알파와 오메가이다.

10-3-9] 사실 청소년의 생각이 새로운 질적 단계로 들어선다는 것을 거부하는 위에서 제시한 관점에서 볼 때, 정신 발달의 표준을 개발하는 현대의 연구 예컨대 비네-시몬 테스트가(버트-블론스키 편집판에서) 12세 어린이에게는 그림 묘사와 설명을, 13세 어린이에게는 생활 문제의 해결을, 14세 청소년에게는 추상적 어휘의 정의를, 15세에게는 추상적 어휘 간 차이점의 구분을, 16세에게는 철학적 논의의 의미 파악을 요구한다는 사실은 실로 기이하지 않은가?

러시아어 선집에는 비네-시몬 테스트를 비판하는 주석이 달려 있다. 비네-시몬 테스트는 여전히 미국과 한국에서 대학 입학이나 다양한 수준에서 'IQ'를 측정하는 데 이용되고 있다.

이 선집에는 또한 블론스키에 관한 비판적 주석이 달려 있다. 블론스키는 '마르크스주의' 아동학을 설립했지만, 그의 마르크스주의와 아동학은 통속적인 경제 결정론의 노선을 따랐으며 음식 섭취가 발달을 결정한다고 주장했다(치아와 육식의 역할에 대한 블론스키의 관심에서 이 사실을 알 수 있다). 비고츠키 선집은 비고츠키가 어떤 면에서 블론스키와 가까웠지만(예컨대 행동은 위기의 존재와 기능 간 연결 위에서, 행동의 역사에 의해서만 이해될 수 있다), 어떤 면에서는 매우 달랐음(예컨대 결정론)을 바르게 지적한다. 밑에서(10-3-15), 비고츠키는 '영구치' 유년기가 고등정신기능의 유년기와 실제 상관관계가 있지만 인과관계는 아니라고 주장한다.

*C. 버트(Cyril Burt, 1883~1971)는 런던 시의회에 고용된 학교 심리학자였으며, 나중에 유니버시티 칼리지에서 Ch. 스피어만의 자리를 이어 받았다. 그는 런던의 하위 계층 어린이들의 IQ를 연구했으며, IQ가 유전적이라는 것을 보여 주는 일란성 쌍생아 간의 매우 정확한 상관관계를 내놓았다. 그러나 2차 세계대전 이후 심리학자들은 그 상관관계가 지나치게 똑같이 높다는 것을 깨달았다. 버트는 자신의 데이터를 조작한 것이다. 아서 젠슨은 상관관계가 극히 낮을 것을 아는 사람이라면 그렇게 자료를 조작하지는 않았을 것이라 말하면서(버트는 별개

의 세쌍둥이 연구에서 0.77의 상관관계를 세 번 보고하였다), 버트를 옹호한 극소수의 '과학자' 중 한 명이었다. 하지만 버트는 오늘날 완전히 어리석어 보이는 많은 주장을 했다. 예를 들어 이 사진은 그가 어린이의 생각 속도를 200분의 1초까지 측정하는 모습이다. 그는 사용된 시계가 200분의 1초까지 정확히 측정할 수 있기 때문에 이것이 가능하다고 주장한다.

10-3-10] 청소년의 생각에는 미묘한 변화만이 새롭게 생겨날 수 있다고 생각하는 이론의 관점에서, 이러한 경험적으로 확립된 지적 발달의 징후들이 정말로 이해될 수 있는가? 대다수 16세 청소년들이 철학적 추론의 의미 파악의 지시적 전조나 징후를 보이는 정신 발달 단계에 도달한다는 사실을 과연 뉘앙스의 관점에서 설명할 수 있는가?

10-3-11] 기초적 생각기능과 고등 생각기능의 진화 사이의 구분, 주로 생물적으로 조건화되는 지적 활동 형태와 역사적으로 조건화되는 지적 활동 형태 사이의 구분이 없을 때에만 청소년의 지성 발달에서 질적으로 새로운 단계를 부정할 수 있다. 사실, 새로운 기초적 기능은 이행적 연령기에 발생하지 않는다. K. 뷜러가 바르게 지적하듯이, 이 상황은 뇌 무게의 증가에 대한 생물적 자료와 완전히 일맥상통한다. 뛰어난 뇌 전문가 중 하나인 에딩거는 다음과 같은 일반적 입장을 확립하였다.

에딩거에 대해서는 『분열과 사랑』 **1-66**, 뷜러에 대해서는 『연령과 위기』 **2-1-26** 참조.

10-3-12] "생물의 뇌 구조를 연구한 사람라면 누구나, 새로운 능력은 언제나 뇌의 새로운 부분의 출현이나 이전에 있던 부분의 성장과 연결된다는 것을 인정할 것이다."

이 문단의 출처는 다음과 같다.

Edinger, L.(1911). Vorlesungen über den Bau der Nervosen Zentralorgane der Menschen und der Tiere. Leipzig.

10-3-13] 오늘날 연구자들은 뇌 발달과(뇌 무게의 증가가 이에 대한 증거가 되므로) 새로운 능력의 출현 사이의 병행성을 파악하려 노력하면서, 에딩거가 정신의 계통발생에 대해 발전시킨 입장을 종종 개체발생에 손쉽게 적용한다. 그렇게 함으로써 이들은 병행성이 오직 기초 기능과 기초 능력에 한해서만 타당하다는 것을 잊어버린다. 기초 기능과 기초 능력은 뇌 자체와 마찬가지로 생물적 행동 진화의 산물이다. 그러나 역사적 발달의 본질은 바로 새로운 뇌의 부분이 생겨나거나 기존의 뇌가 더 자라는 것과 관계가 없는 새로운 능력의 발생이다.

10-3-14] 원시적 행동 형태로부터 가장 복잡한 고등행동형태로의 역사적 발달이 뇌의 새로운 부분의 출현이나 기존 부분의 성장의 결과로 일어나지 않았다고 가정할 만한 충분한 근거가 있다. 이는 기본적으로 문화적 발달의 연령기 혹은 고등심리기능 발달의 연령기로서의 이행적 연령기의 본질이기도 하다. 이에 대해 Π. Π. 블론스키는 다음과 같이 완전히 올바르게 말한다.

10-3-15] "영구치 유년기는 문자 쓰기와 현대 기술로 시작하여 현대 과학을 숙달하는 시기인 어린이 문명의 시기로 간주될 수 있다. 문명은 유전을 통해 물려주기에는 인류가 너무 최근에 습득했다."

10-3-16] 따라서 고등정신기능의 진화가, 주로 유전에 의해 일어나는 뇌 발달과 나란히 일어났다고 기대하기는 어렵다. 피스터의 자료에 의하면 첫해 9개월 동안 뇌의 무게는 처음의 두 배가 되고, 3년이 되면 세 배가 된다. 그다음 발달 과정에서 뇌의 무게는 4배로 증가한다.

아래 그래프는 연령의 변화에 따른 뇌와 생식기관, 신체 전반의 무게 변화를 성인의 무게를 기준으로 비교하여 보여 준다. 뷜러에 따르면 고등심리기능은 뇌 성장과 나란히 나타나므로 본질적으로 고등기능은 3세 무렵에 자리를 잡게 될 것이다.

청소년 아동학의 토대가 되는 작업가설에 따르면, 뇌와 생식기를 비롯한 그 외의 기관들의 무게 발달이 일치하지 않는 것과 같이 청소년 성숙의 세 가지 형태, 즉 일반-유기체적 성숙, 성적 성숙, 사회-문화적 성숙은 서로 일치하지 않는다. 비고츠키가 『분열과 사랑』 1-71에서 제안하듯 뇌를 사회-문화적 환경과 어린이 사이의 중간 매개라고 본다면 우리는 사회-문화적 성숙이 먼저 일어나고 그에 따라 고등한 역사-문화적 기능은 뷜러가 제안한 시기쯤 일어날 것이라고 예상할 수 있다. 그러나 실제로 사회-문화적 성숙은 어린이가 교육을 마치고 직장을 얻어 가정을 꾸릴 수 있게 될 때에야 비로소 완성된다. 사회-문화적 성숙은 (뇌 무게 증가곡선과 직접 관계를 갖는) 말소리의 습득이 아니라 뇌의 무게 증가와 관계가 적은 의미의 숙달이다. 비고츠키는 이 장에서 이러한 의미 발달을 실험적으로 탐구한다.

이 그래프는 이 책의 주요 주제인 성숙의 세 봉우리의 불일치를 시각-도식적으로 보여 주는 것에 더하여, 두 가지 추가적인 관련성을 갖는다. 첫째, 슈프랑거가 '문화적 성장'의 결과로 예상했던 '융합'이 청소년기 말에 일어나는 가능성을 보여 준다. 둘째, 비고츠키의 '발달의 평행사변형(『생각과 말』 6장, 『역사와 발달 II』 9장)'은 단순히 천장효과에 근

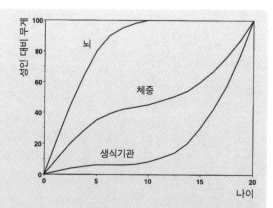

거하는 것은 아님을 보여 준다. 학습을 매개하는 것은 뇌이므로 매개
적 문제해결능력의 획득을 위해서는 반드시 뇌의 발달이 선행되어야
하는 것이다.

러시아어 선집 본문에서는 자료가 O. 피스터의 것이라고 말한다. O.
피스터(Oskar Pfister)는 정신과 의사이자 목사로서, E. 블로일러, C. 융,
S. 프로이트의 동료였으며, 뇌 무게 연구에 관심이 없었다. 본문에서 말
하는 사람은 H. 피스터로 보인다. H. 피스터는 1903년 "Gewicht des
Gehirns beim Säugling(유아의 뇌 무게)"라는 논문을 썼으며, 다음 문
단에서 뷜러가 인용하는 사람도 H. 피스터이다. 다음 문단에서 비고츠
키는 뷜러가 한 말을 그대로 인용하고 있으므로 O. 피스터로 표기된
것은 러시아어 선집 편집자들의 실수로 보인다.

10-3-17] K. 뷜러는 다음과 같이 말한다. "아동 심리 현상 중 하
나는 이와 완전히 일치한다. 어린이는 모든 기본 심리기능을 인생의 첫
3~4년에 획득한다. 이후의 전체 삶에서 그는 예컨대 말을 배우는 시기
에서와 같은 기본적 정신 성취를 이루지 않는다."

K. Bühler.(1918/1930). The Mental Development of the Child. In
C.K. Ogden (eds). Developmental Psychology, Routledge, p. 42.

10-3-18] 다시 말하지만 이러한 병행론은, 생물학적 진화의 산물이자 뇌와 그 부분들의 성장과 함께 출현하는 기초 기능의 성숙에만 유효하다. 이러한 이유로 우리는 다음과 같이 말하는 뷜러의 입장을 제한해야 한다.

다음 문단에 나오는 인용문은 K. 뷜러의 『The Mental Development of the Child』 41쪽에 인용된 것이다. 러시아어 선집 본문은 그것이 C. 뷜러를 인용한 것이라고 잘못 표시하고 있는데, 비고츠키가 읽고 인용한 책이 출판되었을 당시 그녀는 여전히 학생이었다. 러시아어 선집과 달리 비고츠키 생전에 출반된 청소년 아동학은 C. 뷜러를 인용하지 않는다. 그 인용문이 비고츠키가 앞서 인용한 유아 뇌 무게 그래프의 바로 다음에 나오는 것으로 보아, 이 오류 또한 그 편집자들에 기인한 것으로 보인다.

10-3-19] "우리는 대뇌피질의 구조적 발달에서 정상 어린이의 정신 생활에 일어나는 위대하고 전형적인 진보 시기의 유사한 원인을 발견하기를 기대할 수 있을 것이다."

10-3-20] 기본적으로 이 입장은 정신 발달에서 유전적으로 조건화된 진보에만 제한적으로 적용되어야 한다. 그러나 어린이와 청소년의 문화적 발달에서 발생하는 복잡한 종합은 그 토대를 다른 요인들, 무엇보다 어린이와 청소년의 사회적 삶, 문화적 발달, 노동 활동에 두고 있다.

10-3-21] 이와 관련하여, 이행기에 관찰되는 더욱 진지한 지적 변화를 설명해 주는 집중적인 뇌 발달이 이행적 연령기에 일어난다는 의견이 있는 것은 사실이다. 블론스키는 다음과 같은 가설을 세웠다. "유치 유년기 국면은 그 이전 시기나 이후 시기와는 대조적으로 생각과 말의 발달 시기가 아니라, 오히려 운동 습관, 협응, 감정의 발달 시기이다."

10-3-22] 블론스키는 이러한 상황을, 주로 대뇌피질의(지성의) 집중적 발달 국면인 치아가 나지 않은 어린이나 학령기 어린이와는 달리, 유치가 난 아동기에는 척추와 작은 뇌(소뇌)가 집중적으로 발달한다는 사실과 연결 짓는다. 어린이의 이마가 전사춘기에 집중적으로 변형된다는 관찰은 피질의 앞쪽(전두엽)의 지배적 발달이 학령기에 일어난다는 생각으로 이 저자를 이끌었다. 그러나 블론스키가 의존하는, 부실하고 그다지 믿을 수 없다고 스스로 말한 자료의 관점에서 보면 우리는 집중적인 뇌 발달이 전사춘기, 즉 초등학령기에 일어난다는 결론만을 내릴 수 있다.

10-3-23] 이행적 연령기, 즉 청소년기와 관련한 이 가설을 뒷받침하는 어떤 사실적 자료도 없다. 사실 뱌쳄스키의 자료에 따르면, 14~15세에 상당히 의미 있는 뇌 무게의 증가가 관찰되며, 그러고 나서 어떤 정체와 지연이 있은 후 17~19세와 19~20세에 미미한 증가가 새롭게 뒤따른다. 그러나 최신 자료를 취한다면, 14~20세까지의 전체 발달 시기 동안 뇌의 무게는 극히 미미하게 증가하는 것을 보게 된다.

> 뱌쳄스키는 『Change in the Organism During the Period of Formation(형성기의 유기체 변화)』를 썼고 이 책은 1901년 상트페테르부르크에서 출판되었다.

10-3-24] 따라서 우리는 성적 성숙기에 발생하는 집중적인 지적 발달을 설명하기 위한 새로운 경로를 찾아야만 한다.

10-3-25] 따라서 주로 외적 발현, 표현형적 유사성을 기반으로 한 연구로부터 각 연령기의 생각의 발생적, 기능적, 구조적 본성에 대한 심도 있는 연구로의 이행은 우리로 하여금 3세 어린이의 생각이 청소년의 생각과 동일하다고 보는 전통적이고 확립된 견해를 거부할 수밖에

없게 한다. 게다가 초기 유년기 어린이의 생각과 청소년의 생각의 질적 차이를 인정하는 이론들 중 일부조차 긍정적 성취, 이 시기에 일어나는 진정 새로운 것을 잘못 공식화한다.

10-3-25~10-3-27에서 비고츠키는 청소년기의 이전 이론들이 부정한 신형성을 긍정적으로 주장하는 동시에, 이전 이론들이 주장한 긍정적 성취(시각-도식적 사고, 실행 지성, 구체적 전형과 같은 구형성물을 버림)를 부정했다.

예를 들어 **10-3-26**에서 비고츠키는 생각의 가설적 계기와 구체적 계기의 독특한 융합을 언급한다. 이 독특한 융합의 예는 비고츠키가 말하는 성적 경험이다. 이것은 실제 성 경험을 가리키는 것이 아니라 성적 환상, 즉 아직 겪지 않은 일에 대한 생각을 가리키는 것이다. 청소년의 성적 환상은 그 형태와 내용이 완전히 새로운 것이다. 이 새로운 형태와 내용의 원천은 어린이가 아직 내면화하지 못한 앞으로 수행할 사회적 과제이다.

새로운 형태, 새로운 내용과 동시에 아주 많은 구형성물들이 존재한다. 음악, 화장, 머리 스타일, 춤과 같은 대부분의 청소년 행동은 매우 친숙하고 구체적인 내용을 담고 있다. 위 사진의 중학생들은 신형성(고전음악에 대한 능동적 관심, 죽음에 대한 생각처럼 꼭 경험에 의하지 않은 생각들)과 구형성물(게임, 공부하기 싫음처럼 초등학교 경험에 기반을 둔 생각들)을 동시에 보여 준다.

10-3-26] 새로운 연구는 청소년의 생각이 추상적 생각과 시각-도식적 생각으로 분리되고, 가설적 생각과 시각-도식적 생각이 분리된다는 주장이 틀렸음을 지적한다. 지성이 그것이 자라난 구체적 토대와의 연결을 깨뜨리는 것이 아니라, 가설적 생각 계기와 구체적 생각 계기 사이의 완전히 새로운 연결, 즉 이 둘이 혼합 혹은 통합된 새로운 형태가 생겨난다는 것으로 이 시기 생각의 움직임을 특징지을 수 있을 것이다. 시각-도식적 생각, 지각, 어린이의 실행 지성과 같은 오래전에 확립된 기초 기능들은 이 시기에 완전히 새로운 형태로 우리 눈앞에 나타난다.

10-3-27] 이처럼 뷜러와 다른 이들의 이론은 그것이 반박하는 것뿐 아니라 주장하는 것에 대해서도, 즉 부정적 부분뿐 아니라 긍정적 부분에서도 파산했음이 드러난다. 반대로 청소년의 생각에는 세 살짜리는 모르는 완전히 새로운, 이전에 없던 복잡한 종합적 형태가 나타날 뿐 아니라, 이행적 연령기에는 어린이가 세 살 때 획득하는 기초적이고 원시적인 형태가 완전히 새로운 토대 위에서 재구조화된다. 성 성숙기에 새로운 형태가 나타날 뿐 아니라 이 새로운 것의 출현으로 인해 옛것이 완전히 새로운 토대 위에 재구조화되는 것이다.

10-3-28] 따라서 앞서 말한 모든 것을 요약하면, 우리는 전통적 이론의 가장 심각한 방법론적 결함이 청소년 생각의 내용 영역에서의 엄청난 격변은 인정하면서도 지적 조작의 진화에 나타난 본질적인 변화를 완전히 부정하는 명백한 내적 모순에 있다는, 즉 생각 발달에서 내용과 형식의 변화를 연관 짓지 못하는 무능력에 놓여 있다는 결론에 도달한다.

10-3-29] 우리가 지적하고자 했던 바와 같이, 이 괴리는 두 행동 발달 노선 즉 저차적 정신기능 발달 노선과 고등정신기능 발달 노선을 구분하지 못해서 야기된 것이다. 이제 우리는 추론된 결론을 토대로, 우리

의 비판적 탐구를 시종일관 인도했던 주요 생각을 공식화할 수 있다.

10-3-30] 형태와 내용 사이의 숙명적 괴리는, 생각 내용의 진화가 언제나 역사적, 문화적으로 조건화된 문화적 발달 과정으로 간주되는 반면, 생각 형태의 발달은 항상 생물적 과정과 관련되어 두뇌의 무게 증가와 나란히 진행되는 어린이의 유기체적 성숙에 의해 제약을 받는 것으로 간주되는 상황으로부터 필연적으로 기인한다고 말할 수 있다. 생각 내용과 그 변화에 대해 이야기할 때 우리는 역사적으로 변하며 사회적으로 조건화된, 문화적 발달 과정에서 일어나는 가치를 염두에 둔다. 생각 형태와 그 역동에 대해 이야기할 때 우리는 보통 전통적 심리학의 오류에 영향을 받아 형이상학적으로 불변하는 심리 기능이나 생물적으로 조건화되어 유기체적으로 일어나는 활동 형태를 염두에 둔다.

10-3-31] 이 둘 사이에는 심연이 존재한다. 어린이의 역사적 발달과 생물적 발달은 서로 단절되어 왔고, 이 둘 사이에는 생각 형식의 역동과 그 형식을 채우는 내용의 역동에 대한 사실 자료들을 통합해 줄 다리가 존재하지 않는다.

10-3-32] 역사적 진화의 산물인 고등행동형태에 관한 이론을 도입함으로써만, 행동의 개체발생에서 고유한 역사적 발달 노선 혹은 고등 심리기능의 발달 노선을 추출함으로써만, 이 심연을 끝내고 그 사이에 다리를 놓아, 생각 형태와 내용의 역동을 변증법적 통합체로서 연구하는 것이 가능해진다. 우리는 형태와 내용의 역동을 이 둘이 공통으로 가지고 있는 역사성의 계기, 즉 생각 내용과 고등심리기능에 똑같이 고유한 계기를 통해 연관 지을 수 있다.

10-3-33] 다른 곳에서 서술했던 어린이의 문화적 발달에 관한 이론을 총체적으로 구성하는 이 관점에서 출발함으로써 우리는 올바른 (문제-K) 설정과 그에 따른 이행적 연령기의 생각 발달 문제에 대한 올바른 해결의 열쇠를 발견한다.

러시아어판 비고츠키 선집에는 여기서 비고츠키가 가리키고 있는 것이 『역사와 발달』로 보인다는 주석이 달려 있다. 하지만 『역사와 발달』은 비고츠키 생전에 출판되지 않았기 때문에, 비고츠키가 말하는 '다른 곳'은, 1929년 루리야가 편집자였던 발생 심리학 저널 제36권 415~432쪽에 영어로 번역되어 실린 '어린이의 문화적 발달의 문제'라는 표제의 논문일 가능성이 높다. 이 논문은 비고츠키가 1928년 자신이 편집자였던 학술지 『아동학』에 게재한 논문의 영어 번역판이었다.

4

10-4-1] 이행적 연령기 생각 발달의 전체 문제의 열쇠는 일련의 연구에서 확립된 바와 같이 청소년이 처음으로 개념 형성 과정을 숙달한다는 사실, 그가 새롭고 고등한 지적 활동 형태 즉 개념적 사고로 이행한다는 사실에 있다.

10-4-2] 이것이 이행적 연령기 전체의 중심적인 현상이다. 또한 청소년의 지적 발달의 중요성에 대한 평가절하, 즉 감정과 같은 위기의 다른 측면들에 비해 지적 특성의 변화를 배경으로 밀어내려는 노력이 이행적 연령기를 다루는 현대 주류 이론들에 내재한다. 그 까닭은 개념 형성 자체가 고도로 복잡한 과정이며, 기초적인 지적 기능의 단순 성숙과 전혀 달라 겉으로 표현되지 않고 한눈에 대략적인 정의를 내릴 수 없기 때문이다. 개념적 생각을 숙달하는 청소년의 생각에 일어나는 이러한 변화는 고도로 내적인 구조 변화의 특성을 가지기 때문에 겉으로 분명히 드러나지 않는 경우가 많아서 관찰자의 눈에 잘 띄지 않는다.

10-4-3] 단지 외적 특성의 변화에 국한한다면, 우리는 청소년의 생각에 새롭게 생겨난 것이 없으며 청소년의 생각은 단지 양적으로 일정

하게 점점 자라나 조금 더 새로운 내용으로 가득 차고 조금 더 옳게, 논리적으로 실제에 가깝게 변하는 것뿐이라고 주장하는 이 연구자들에게 동의해야만 할 것이다. 하지만 만약 우리가 외적 관찰에서 심오한 내적 관찰로 나아간다면 이 주장은 무너져 먼지처럼 흩어질 것이다. 항상 말해 왔듯이 성 성숙기 생각 발달 전체의 중심에는 개념의 형성이 있다. 이 과정은 생각의 형식 영역뿐 아니라 생각의 내용 영역에도 진정 혁명적인 변화를 가져온다. 우리는 대부분의 이론들의 중심에 묵시적 가정으로 놓여 있는 생각 형식과 내용의 분리가 방법론적인 관점에서 볼 때 전혀 지지될 수 없음을 지적했다.

10-4-4] 사실 생각의 형식과 내용은 우연적으로 연결된 것이 아니라, 그 본질상 내적으로 연결된 두 계기, 통합적인 전체적 과정의 두 계기이다.

10-4-5] 오직 특정한 지적 활동 형식으로만 적절히 이해되고, 습득되고, 지각되고, 일반적으로 생각될 수 있는 특정 종류의 사고 내용이 있다. 이와 같은 형식으로는 적절히 전달할 수 없는 다른 내용도 있으며, 그 내용은 자체로 분리되지 않는 하나의 전체를 이루는, 질적으로 다른 생각 형식을 필연적으로 요구한다. 예를 들어 꿈의 내용은 논리적으로 구축된 말 체계, 언어적·논리적 지성 형식으로는 적절히 전달될 수 없다. 즉 꿈속의 심상적 생각 내용을 논리적 말 형식으로 전달하려는 모든 시도는 불가피하게 그 내용을 왜곡하게 된다.

10-4-6] 과학 지식도 마찬가지다. 예를 들어 수학, 자연과학, 사회과학은 논리적 언어적 생각 형태로 가장 적절하게 전달되고 표현될 수 있다. 이처럼 내용은 그 형태와 밀접하게 연결되어 있고, 우리가 청소년의 생각이 고등 수준으로 고양되고 개념 형태를 숙달한다고 말할 때 이는 진정 새로운 지적 활동 형태의 세계와 이때 청소년에게 드러난 새로운 생각 내용의 세계를 가리키는 것이다.

10-4-7] 이처럼 개념 형성이라는 사실에서 우리는 이행적 시기에서의 생각 내용의 극단적 변화와 생각 형태의 정체 사이의 모순의 해결책을 발견한다. 이 모순은 위에서 논의했던 일련의 이론들로부터 불가피하게 따라 나오는 것이다. 많은 현대 연구들은 개념 형성이야말로 청소년의 주요한 생각 변화들을 무리 짓는 기본 핵심이라는 부정할 수 없는 결론으로 이끈다.

10-4-8] N. 아흐는 개념 형성에 관한 가장 심도 있는 연구 중 하나이며 이 문제에 관한 연구 영역에서 새로운 시대를 연 책의 저자이다. 그는 개념 형성의 개체발생에 관한 복잡한 그림을 펼쳐 보이면서, 이행기를 생각 발달에서 결정적이고 질적인 전환을 의미하는 분수령, 이정표와 같은 계기로 묘사한다.

10-4-9] 그는 다음과 같이 말한다. "우리는 심리 발달의 지성화 과정이 빠르게 흘러가는 어떤 국면을 확립할 수 있다. 그것은 대체로 성적 성숙기 직전에 나타난다."

10-4-10] "예를 들면 엥그의 연구가 보여 주듯이, 성적 성숙 이전의 어린이에게는 추상적 개념 형성 능력이 결여되어 있다. 그러나 교수-학습의 영향으로, 그리고 필요상 이런저런 법칙과 규칙을 주로 표현하는 일반적 명제로 구성된 교육적 재료들을 습득하면서, 주의는 말의 영향하에 점점 더 추상적 관계의 일면을 향하고, 이런 식으로 추상적 개념의 형성으로 나아간다."

*아흐에 대해서는 『역사와 발달』 1-47 참조.

*H. K. 엥그(Helga Kristine Eng, 1875~1966)는 노르웨이의 의사이자 교사였다. 그녀는 W. 분트와 E. 모이만의 제자였으며, 인본주의 교육을 강력히 옹호하였다. 그녀의 주요 연구는 어린이의 그림에 관한 것이었고 조카의 그림을 연구 대상으로 삼았다. 그녀는 평

생 독신이었다.

위에서 언급된 아흐와 엥그의 책은 다음과 같다.

Ach, N.(1921) Uber die Begriffsbildung: Eine experimentelle Undersuchung. Bamberg: C. C. Buchners Verlag.

Eng, H.(1914) Abstrakte Begriffe im Sprechen und Denken des Kindes. Leipzig.

10-4-11] 아흐는 추상적 개념의 형성을 이끄는 두 가지 기본 요인으로, 한편으로는 획득된 지식 내용의 영향과 다른 한편으로는 청소년의 주의를 이끄는 말의 영향을 지적한다. 그는 추상적 생각 발달에 지식이 미치는 커다란 영향을 드러낸 그레고르의 연구를 인용한다.

*A. A. 그레고르(Adalbert Aloys Gregor, 1878~1971)는 1908년 기억에 관한 정신병리학 박사학위를 받고 독일의 라이프치히에 있는 보육원의 선임의사가 되었다. 그는 정신병리학에 관한 여러 권의 책을 저술하였으나, 1920년대에 정신질환은 선천적이고 유전적이기 때문에 치료보다는 불임수술이 적합하다고 주장하기 시작하였다. 나치 치하에서 그는 '민족위생학'을 옹호하였으며 소년범죄에 흥미를 갖게 되어 나치 감옥에서 일하였다. 그는 거기서 우범 청소년을 교육하기보다 불임시술을 할 것을 옹호하였다.

10-4-12] 우리는 여기서 청소년의 생각 앞에 펼쳐진 새로운 내용이 지니는 발생적 역할에 대한 언급을 보게 된다. 그것은 필연적으로 새로운 형식으로의 이행을 요구하며, 개념 형성을 통해서만 해결될 수 있는 과업을 제기한다. 다른 한편 말을 통해 만들어진 주의의 방향에 기능적 변화가 등장한다. 생각 발달의 위기와 개념적 사고로의 이행은 이렇

게 기능 변화의 측면은 물론, 새로운 생각 재료의 습득과 관련하여 청소년의 생각 앞에 제기된 새로운 과업의 측면이라는 두 측면에서 준비된다.

10-4-13] 아흐에 따르면 고등 수준으로의 이행과 관련하여, 개념적 사고로의 이행으로서의 지성화 과정은 시각-도식적 생각과 심상적·표상적 생각의 반경을 점점 더 축소시킨다. 이것은 어린이가 이제 작별을 고해야만 할 어린이에게 내재한 생각 방식의 근절과 그 자리에 완전히 새로운 유형의 지성의 건립을 이끈다. 아흐는 이것을 우리가 다음 장에서 되돌아갈 문제와 연결 짓는다. 그는 옌쉬가 연구한 직관상적 성향이 어린이보다 이 연령기 단계에서 훨씬 덜 나타나는 것은 곧 심상적 생각으로부터 개념에 토대한 생각으로의 이행이라는 사실을 보여 주는 상황이 아니겠는가라고 묻는 것이다.

N. 아흐는 관념론자였다. 그는 개념이 단순히 관념적인 '결정적 경향성', 즉 의지력에 의해 형성된다고 생각했다. 반대로 옌쉬는 일종의 유물론자였다. 그는 아이데티즘(직관상)을 연구하였고, 우리가 눈을 감았을 때 남아 있는 일종의 잔상이 개념의 물질적 토대임을 증명하려고 했다. 고등심리기능이 저차적 심리기능과 완전히 분리되어 있다는 명백한 이원론을 항상 경계했던 비고츠키는 청소년 아동학 11장인 청소년의 상상과 창조(상상과 창조 171~228쪽 참조)에서 개념의 직관상적 토대에 관한 옌쉬의 생각을 고찰한다. 그러나 결국 비고츠키는 두 관점을 모두 거부한다. 한편으로 고등심리기능(개념 형성을 위해 필요한 모든 고등기능을 포함하는)은 저차적 심리기능을 통해서만 작동할 수 있다. 그러나 다른 한편으로 '결정적 경향성'도 아이데티즘(직관상)도 스스로 개념을 낳을 수는 없다. 개념은 사회적 활동, 즉 공유된 계획, 공유된 목표, 타인과의 연대를 통해서만 생겨난다.

* 옌쉬에 대해서는 『상상과 창조』 2-2-7 참조.

5

10-5-1] 최근까지 개념 연구 분야에서 주된 난관은 개념 형성 과정을 더욱 깊이 분석하고 그 심리적 본질을 연구하는 데 사용할 수 있는 적절한 실험적 방법이 없다는 것이었다.

10-5-2] 개념 연구의 모든 전통적 방법은 기본적으로 두 무리로 나뉜다. 첫 번째 무리에 속하는 방법의 전형적 예는 소위 정의定義 방법과 그 부차적 변형들이다. 이 방법의 토대는 어린이에게 이미 준비되고 형성된 개념과 그 내용을 언어적 정의를 통해 조사하는 것이다. 검사에 토대한 대부분의 연구들이 채택하는 것이 바로 이 방법이다.

10-5-3] 비록 널리 사용되고는 있지만 이 방법이 가지는 두 가지 근본적 결함 때문에, 과정에 대한 깊은 조사가 필요한 경우 우리는 이 방법에 의지할 수 없게 된다. 1. 이 방법은 이미 완성된 개념 형성 과정의 결과, 즉 최종 결과물을 다룰 뿐, 이 과정의 역동성이나 발달, 그 경로의 시작과 끝을 다루지 않는다. 이는 결과물을 형성해 온 과정이 아니라 결과물에 대한 연구라고 할 수 있다. 이 때문에 이미 형성된 개념을 정의할 때, 우리는 흔히 어린이의 생각 과정이 아니라 이미 습득된 정보와 이미 이해된 정의에 대한 재생산과 반복을 다루게 된다. 어린이가 이러저러한 개념들에 대해 내린 정의를 분석할 때 우리는 진정한 의미에서 어린이의 생각에 대해 알게 되기보다는 그의 지식, 경험, 그리고 언어 발달 수준에 대해 알게 된다.

10-5-4] 2. 정의 방법은 거의 전적으로 낱말의 사용에 의존한다. 이는 특히 어린이에게서 개념이 감각적 재료와 밀접히 관련되어 있으며, 감각적 재료에 대한 어린이의 지각과 재가공의 과정을 통해 개념이 생겨난다는 사실을 망각한 것이다. 감각적 재료와 낱말은 모두 개념 형성 과정의 필수 불가결한 계기이므로, 낱말이 재료와 분리되면 전체 개념

정의의 과정은 어린이에게 고유하지 않은 순수한 언어적 측면으로 옮겨진다. 따라서 이 방법을 사용하면 어린이가 순수하게 언어적 정의를 사용하여 낱말에 부여하는 의미와, 낱말이 가리키는 객관적 현실과 맺는 살아 있는 상호관계 속에서 낱말에 부여되는 진정한 실제 의미 사이의 관계를 확립하는 것이 거의 불가능하다.

10-5-5] 이 때문에 개념에서 가장 본질적인 것, 즉 실제와의 관계는 탐구되지 않은 채 남아 있다. 우리는 다른 낱말을 통하여 어떤 낱말의 의미에 접근하고자 하였으며, 이러한 조작의 결과로 우리가 드러내는 것은, 진정한 어린이 개념의 반영이 아니라, 어린이가 습득한 각각의 어군語群 사이에 존재하는 관계이다.

10-5-6] 개념 연구 방법의 두 번째 무리는 순수한 언어 정의 방법이 갖는 단점을 극복하고 개념 형성 과정의 토대와 개념을 싹 틔우는 시각적 경험의 처리 기저에 놓여 있는 심리 기능과 과정을 이해하려는 추상화의 연구 방법이다. 여기서 어린이는 일련의 구체적 인상으로부터 그에 공통적인 특징을 추출하고, 지각 과정에서 결합된 일련의 여러 특징 자질을 구분, 추상화하며 전체 일련의 특성의 인상에 공통된 것을 일반화하는 과업을 부여받는다.

10-5-7] 이 두 번째 무리의 방법의 결점은 복잡한 과정을 과정의 일부인 기초적 과정으로 대체하고 개념 형성의 과정에서 말이나 기호의 역할을 무시한다는 데 있다. 이로써 전체 과정의 핵심적, 차별적 특성인 낱말과의 특별한 특징적 관계, 바로 개념 형성의 고유한 관계를 추상화 과정에서 떼어 놓음으로써 추상화 과정 자체가 무한히 단순화된다. 따라서 개념에 대한 전통적인 연구 방법들은 둘 다 똑같이 말을 객관적 재료와 분리시키는 것으로 보인다. 그들은 객관적 재료 없이 말만 다루거나 말을 제외한 객관적 재료만 다룬다.

10-5-8] 이 두 계기, 즉 개념 발달의 토대가 되는 재료와 개념이

생겨나게 하는 말을 모두 포함하는 개념 형성 과정을 타당하게 반영하려는 실험적 방법의 창조는 개념 연구의 영역에서 중요한 일보 진전이었다.

비고츠키는 이제 아흐와 리마트가 사용한 탐구 방법을 수정한 '비고츠키-사하로프' 블록 실험을 소개한다. 다음 절에서 비고츠키는 이 실험의 역사와 세부적인 것들에 대해서 생략한다. 그러나 독자의 입장에서는 어째서 어린이와 어른을 모두 실험해야 하는지, 비고츠키가 그 실험을 어떤 방법으로 하려 했는지 알지 못하면 '어린이와 어른에 동등하게 유용하다'와 같은 그의 주장들을 이해하기 어려운 부분이 있다. 새로운 방법은 두 가지 이유에서 필요하다. 첫째, 정의 방법은 예컨대, '오빠가 뭐야?', '아르키메데스의 법칙에 대해 말해 보렴'과 같이 어린이가 한 무리의 말들을 다른 무리의 말로 바꿀 수 있는지, 일종의 번역 능력을 실험할 뿐이다. 일반적으로 어른들은 이에 대해 잘 알지만 어린이들은 모른다. 둘째, 물질 조작과 관련된 방법들은 예컨대, 피아제의 주스와 찰흙을 이용한 보존 실험(이 실험에서 길고 가느다란 유리병에 있는 주스가 짧고 넓은 병 안에 있는 주스보다 양이 많다고 대답하는 어린이들은 단순히 높이가 높다고 한 것이다)에서처럼 어린이가 안정적인 지각을 가지고 있는지와 같은 매우 기초적인 기능들만을 실험한다. 어린이와 어른 모두 이를 잘 알고 있다. 비고츠키의 실험은 어린이와 어른 모두 할 수 있지만 어른은 다른 방법으로 할 수 있는 것에 초점을 두고 있다. 기본 어휘와 기초 기능이 사실상 3세 무렵에 확립된다 해도 낱말의 의미와 언어적 생각이 개념 형성으로 발달하는 것은 청소년기에 이르러서다. 정의적 방법이나 물질 조작은 이를 보여 줄 수 없다. 어린 시절에서 어른 시기로 이행하는 바로 그 과정이 일어나는 것을 보여 줄 수 있는 실험이 필요하며 따라서 실험은 어린이와 어른 모두에 적용할 수 있어야만 한다.

비고츠키가 언급한 실험은 서로 다른 색깔과 모양을 가진 블록들을 분류하는 것과 관련된다. 어린이가 볼 수 없도록 각 블록의 밑면에는 네 개의 낯선 단어 중 하나가 쓰여 있다. 예컨대, 작고 두꺼운 블록에는 '비크', 크고 두꺼운 블록에는 '라그', 크고 납작한 블록에는 '무르', 작고 납작한 블록에는 '세브'라는 낱말이 쓰여 있었다. 어린이의 역할은 블록들을 무리 지어 분류하고, 분류한 무리 안의 낱말들이 모두 같은지를 확인하는 것이다. 어린이가 블록을 잘못 옮기면 실험자는 그 블록에 쓰인 낱말을 보여 줄 수 있다. 어린이가 색깔의 밝기나 모양 같은 단서를 무시하고 더욱 추상적인 단서인 '높이'와 '너비'에 집중하며 그것들을 결합하는 모습을 보면서 우리는 새로운 개념이 어떻게 형성되는지에 관해 알아낼 수 있다. 그런데 비고츠키는 어째서 이 의미들이 완전히 새로우며 따라서 어린이들에게는 물론 어른들에게도 적용할 수 있다고 주장하는 것일까? '크다, 작다, 두껍다, 납작하다'는 물론 전혀 새로운 의미들이 아니며, 어른은 어린이보다 '높이'와 '지름'이라는 개념을 훨씬 더 잘 이해하고 있는데 말이다. 우선, 의미는 언제나 맥락에서의 의미이며 모든 물체가 크기나 모양과 같은 성질을 가지고 있지만 실험 맥락 안에서 이 성질들의 조합은 어린이와 어른 모두에게 새롭다. 시간과 공간은 어린이들에게 새로운 개념이 아니지만, 대부분의 어린이, 심지어 어른에게조차 아인슈타인의 '시공간' 이론은 이해하기 어렵다. 블록의 밝은 색깔과 다양한 모양을 무시하고, 산처럼 '높다'거나 도형의 가장자리를 따라 가상의 원을 그려 '넓다'거나 '좁다'고 보는 과제는, 측정할 수는 있지만 어린이와 어른 모두에게 즉각적으로 분명하지 않은 것에 주의를 기울이는 것을 포함한다. 다음으로, 일부 어른들은 은유적으로 보는 능력을 갖추고 있지 않다. 조현병 환자들을 예로 들면, 그들은 내적 말을 실제로 존재하는 목소리처럼 듣고, 말을 문자 그대로 해석하여 '당신 지금 뭐 해?!'라고 묻는 말에 '저는 지금 고양이를 죽이고 있습니다'라고 말을 한다든지, '여기 어떻게 오셨어요?'와 같은 목적을 묻는 말에 '문으로 들어왔습니다'라고 답하는 것 같은 모습을 보인다. 따라서 이 실험은 어른들에게도 사용할 수 있으며, 실제로 비고츠키의 사후에는 조현병을 진단하고 처방하는 데 사용되었다.

10-5-9] 우리는 이 새로운 개념 연구 방법이 발달해 온 복잡한 역사에 대해 길게 다루지는 않을 것이다. 다만 이것이 도입됨으로써 연구자들에게 완전히 새로운 세계가 열려서 연구자들이 이미 형성된 개념뿐 아니라 그 형성 과정도 연구하기 시작했다는 것을 말하고자 한다. 특히 이 방법은 아흐가 사용한 형태에서 합당하게 통합적-발생적 방법이라고 불린다. 이는 개념의 확립 과정, 개념을 구성하는 일련의 특징들의 종합 과정, 개념의 발달 과정을 연구하기 때문이다.

10-5-10] 이 방법의 기저에 놓인 원칙은 인공적 낱말과 인공적 개념을 도입하는 것이다. 인공적 낱말은 실험 대상에게는 애초에 무의미하며 어린이의 기존 경험과 연결되어 있지 않은 낱말이며, 인공적 개념은 낱말을 통해 형성되는 우리의 일상적 개념 영역에서는 볼 수 없는 일련의 특징들을 통합하는 방식으로 특별히 실험 목적을 위해 구성된 개념이다. 예를 들면, 아흐의 실험에서 실험 대상은 '가춘(гацун)'이라는 낱말에 대해 처음에는 무의미 단어로 받아들였지만 실험 과정에서 이 낱말은 점차 의미를 획득하여 크고 무거운 것이라는 개념을 가지기 시작했다. 또한 '팔(фаль)'이라는 낱말은 작고 가벼운 것을 뜻하기 시작했다.

10-5-11] 이 실험을 통해 무의미 낱말이 처음으로 의미를 획득하는 과정이 연구자의 눈앞에 펼쳐진다. 이 방법은 인공적 개념과 낱말을 도입함으로써 다른 방법들에 깊이 스며 있는 가장 심각한 결점 중 하나로부터 벗어난다. 즉 실험 대상에게 어떠한 사전 경험이나 배경지식도 전제되지 않는다는 점에서, 실험에서 당면 과업을 해결하는 초기 유년기 어린이와 어른은 같아진다.

10-5-12] 아흐는 실험 대상들을 지식이라는 관점에서 동등하게 위치시킴으로써 자신의 방법을 5세 어린이와 어른에게 완전히 똑같이 적용하였다. 그 결과 그의 방법은 연령기와 상관없이 사용 가능하며, 개념

형성 과정을 순수한 형태로 연구할 수 있게 해 준다.

10-5-13] 정의 방법이 가지는 주요 잘못 중 하나는 개념을 자연스러운 연결로부터 떼어 내어, 그것이 발견되고 유래하며 살아가는 실제 사고 과정과의 연관을 벗어나 경직되고 정적인 형태로 조사한다는 것이다. 실험자가 불쑥 한 낱말을 선택하면 어린이는 그것을 정의해야 한다. 그러나 경직된 형태로 취해져 추출되고 고립된 낱말에 대한 정의는 그 낱말이 실제로 어떻게 작용하며, 생생한 문제 해결 상황에서 어린이가 그 낱말을 어떻게 조작하고, 생생한 욕구가 생겼을 때 그 낱말을 어떻게 사용하는지에 대해 조금도 알려 주지 않는다.

10-5-14] 아흐에 따르면, 이처럼 기능적 요인을 무시하는 것은 개념이 그 본질상 고립되어 살지 않고, 경직되거나 고정된 현상을 나타내지 않으며, 오히려 반대로 언제나 살아 있는 어느 정도 복잡한 생각 과정에서 나타나고, 항상 이러저러한 의사소통, 추론, 이해, 어떤 문제 해결과 같은 기능들을 수행한다는 사실을 고려하지 않은 것이다.

10-5-15] 그러나 새로운 방법은 개념 형성의 바로 이러한 기능적 측면에 핵심적 위치를 부여하므로 위의 결점들을 갖지 않는다. 이 방법은 생각 과정에 의해 생성된 이러저러한 과업이나 욕구와 관련하여, 그리고 이해와 의사소통, 개념 형성 없이는 불가능한 과업이나 지시 수행과 관련하여 개념에 접근한다. 모든 것을 종합하면 이 새로운 방법은 개념 발달을 이해하는 데 지극히 중요하고 가치 있는 도구가 된다. 아흐가 청소년기의 개념 형성 문제에 대하여 특별히 연구를 수행한 바는 없었지만, 그의 연구 결과에 비추어 볼 때 그는 생각의 내용과 형식을 둘 다 포함하는 이중의 혁명을 알아차릴 수밖에 없었다. 이 이중의 혁명은 청소년의 지적 발달에서 일어나며 개념적 사고로의 이행을 나타낸다.

6

10-6-1] 리마트는 아흐의 방법을 약간 변형시킨 형태로 청소년기 개념 형성 과정에 대해 면밀하고 특별한 연구를 실시했다. 이 연구를 통해 얻어진 근본적인 결론은 개념 형성이 오직 청소년기의 도래와 함께 나타나며 그 이전에는 어린이가 개념 형성에 도달할 수 없다는 것이다.

> 리마트는 아흐의 제자였다.

10-6-2] 그는 다음과 같이 기술한다. "일반적·객관적 표상을 독립적으로 형성할 수 있는 능력의 뚜렷한 향상은 오직 12세 이후에만 나타난다는 것을 확실히 말할 수 있다. 나는 이 사실을 고려하는 것이 지극히 중요하다고 생각한다. 시각-도식적 계기와 거리가 먼 개념적 사고를… 12세 이전의 어린이에게 요구하는 것은 그의 심리적 능력을 넘어서는 일이다."

> 반 데 비어와 발시너에 따르면 위 인용문의 출처는 다음과 같다.
>
> Rimat, F.(1925). Intelligenzuntersuchungen anschliessend an die Ach'sche Suchmethod(아흐의 연구 방법에 따른 지능 검사). Untersuchlungen zur Psychologie, Philosophie un Pädogogik, 5, 1-116.

10-6-3] 우리는 그 실험에 사용된 방법이나 저자가 실험으로부터 도출한 다른 이론적 결론과 결과에 대해 논의하지는 않을 것이다. 우리는 단지, 청소년기에 새로운 심리적 기능이 출현한다는 것을 부정하

고 3세 어린이가 이미 청소년기의 생각 과정을 구성하는 지적 작용을 소유하고 있다고 주장하는 일부 심리학자의 견해에 반하여, 오직 12세 이후에만 즉 사춘기의 시작이자 초등학교 학령기의 마지막에만 개념과 추상적 생각의 형성이 어린이에게서 시작된다는 것을 특정 연구가 보여 준다는 것을 지적하고자 한다.

10-6-4] 아흐와 리마트의 연구로부터 도출할 수 있는 기본적 결론 중 하나는 개념 형성에 대한 연합적 관점에 대한 반론이다. 아흐의 연구는 여러 언어적 기호와 다양한 대상들 사이에 연합적 연결이 아무리 많고 견고하다 하더라도 이 사실만으로 개념 형성이 일어나는 원인이 되기에는 턱없이 부족하다는 것을 보여 주었다. 따라서 여러 대상들에 공통적인 속성에 상응하는 어떤 연합적 연결의 강력한 강화와 이 대상들 사이의 서로 다른 속성에 상응하는 다른 연합들의 약화로 인해 생기는 순전한 연합적 경로에 따라서만 개념이 생겨난다는 이러한 옛 생각은 실험적 증거에 의해 확증되지 않았다.

10-6-5] 아흐의 실험은 개념 형성 과정이 재생산적이 아니라 언제나 생산적 특성을 가진다는 것을 보여 주었으며, 개념이 생겨나 형성되는 것은 문제 해결을 지향하는 복잡한 작용을 통해서라는 것과, 단지 외적 상황의 존재와 낱말과 대상 사이 관계의 기계적 확립은 개념 발생을 위한 충분한 원인이 아니라는 것을 보여 주었다. 이 실험들은 이와 같은 개념 형성의 비연합적, 생산적 특성의 확립과 더불어, 그에 못지않게 중요한 또 다른 결론, 즉 이 과정의 전체 경로 일반을 규정짓는 근본적 요소의 확립으로 이끈다. 아흐에 의하면 이 요인은 바로 소위 결정적 경향성이라 불리는 것이다.

10-6-6] 아흐는 표상과 행동을 규제하는 경향성을 지칭하는 데 이 용어를 사용한다. 이 경향성은 행동들이 지향하게 되는 목표에의 표상과 활동이 성취하고자 하는 과업으로부터 나타난다. 아흐 이전의 심리

학자들은 우리 지각의 흐름에 종속된 두 가지 기본적인 경향성을 구분했는데 그것은 바로 재생산적 또는 연합적 경향성과 보존적 경향성이다.

10-6-7] 이 중 첫째는 표상의 흐름에서 기존 경험 중 주어진 것과 연합적으로 연결된 표상을 불러일으키는 경향성을 가리킨다. 둘째는 각각의 표상이, 표상의 흐름으로 계속 회귀하여 반복적으로 스며드는 경향성을 나타낸다.

10-6-8] 아흐는 자신의 초기 연구에서 이 두 가지 경향성으로는 문제 해결을 지향하는 의도적, 의식적 생각 작용들을 충분히 설명할 수 없다는 것을 보여 주었다. 그는 또한 이 생각 작용들이 연합적 연결에 따른 관념의 재생산이나 각각의 표상이 반복적으로 의식에 스며들고자 하는 경향성에 의해 규제되는 것이 아니라, 목표에 대한 관념으로부터 유래하는 특정한 결정적 경향성에 따라 규제된다는 것을 보여 주었다. 또한 아흐는 새로운 개념 발생에서 필수 불가결한 핵심 계기가 바로 실험 대상이 당면한 문제로부터 유래된 결정적 경향성의 규제 작용이라는 것을 보여 주었다.

10-6-9] 따라서 아흐의 도식에 의하면 개념 형성은, 한 고리가 연합에 따라 연결된 다음 고리를 소환하여 그것에 연결하는 연합의 연쇄가 아니라 기본 문제의 해결과 관련하여 수단의 역할을 하는 여러 조작들로 구성되는 의도적 과정의 유형에 따라 형성된다. 단어를 외우고 그것을 대상과 연합하는 것 자체는 개념 형성으로 인도하지 않는다. 개념 형성 과정은 실험 대상이 개념 형성의 도움 없이는 다른 어떤 방법으로도 해결이 불가능한 문제를 대면해야만 시작된다.

10-6-10] 위에서 이미 언급된 바와 같이, 개념 형성 과정이 특정한 문제 해결 구조 안에 포함되며, 이 계기의 기능적 의미와 역할을 연구했다는 측면에서 아흐는 이전 연구자들에 비해 큰 걸음을 내디뎠다. 그

러나 이것으로는 충분치 않다. 목적은 그 자체로 문제의 일부이면서, 당연히 문제 해결과 기능적으로 연결된 과정이 나타나기 위해 절대적으로 필수적인 계기이다. 그러나 전학령기와 초기 유년기 어린이들의 활동에도 목적은 있지만, 이 두 무리의 어린이 중 누구도, 또는 일반적으로 이미 앞서 말한 것과 같이 12세 미만의 어린이들은 문제가 존재함은 정확히 알 수 있지만, 아직 새로운 개념을 형성하지는 못한다.

10-6-11] 그리고 아흐는 자신의 연구에서, 전학령기 어린이가 당면 문제를 해결할 때의 접근법이 성인이나 청소년과 다른 것은 어린이들이 목적을 더 정확하거나 덜 정확하게 이해했기 때문이 아니라, 문제 해결을 시도하는 전체 과정을 완전히 다른 방식으로 발달시켰기 때문이라는 것을 이미 보여 주었다. 아래에서 논의할 전학령기 어린이의 개념 형성에 대한 복잡한 실험 연구에서 Д. 우스나드제는 전학령기 어린이들은 어른들이 개념을 조작할 때와 기능적으로 동일한 방식으로 과제에 직면하지만, 그 과제를 전혀 다르게 해결한다는 것을 보여 주었다. 어린이는 어른과 마찬가지로 낱말을 수단으로 사용한다. 따라서 어린이에게 낱말은 어른에게서와 똑같이 의사소통 기능, 의미부여 기능, 이해 기능과 연결되어 있다.

*Д. Н. 우스나드제(Дмитрий Николаевич Узнадзе, 1886~1950)는 아흐와 리마트가 개념 탐구 방법으로 실험을 수행하던 시기에 라이프치히에서 수학하였고, 러시아로 돌아와 조지아의 트빌리시에서 교수로 재직하였다. 아동학에 기여한 그의 주요 업적은 주체가 스스로의 행동을 규제하기 위해 객관적 상황을 조직한다는 '설정 상황(setting)' 또는 '설정(installation)'의 개념으로 이를 통해 주체와 객체의 이원론을 극복하였다.

10-6-12] 따라서 문제 자체나 그로부터 생겨나는 목적 또는 결정적 경향성이 아니라, 이 저자가 언급하지 않은 다른 요인들이 성인의 개념적 생각과 초기 유년기 어린이를 특징짓는 다른 형태의 생각 사이의 본질적인 발생적 차이를 만드는 것이 명백하다.

10-6-13] 우스나드제는 아흐의 연구가 전면에 내세웠던 기능적 계기 중 하나인 의사소통, 즉 말을 통한 사람들 사이의 상호 이해의 계기에 특별한 주의를 기울인다. 우스나드제는 다음과 같이 말한다. "말은 사람들 사이의 상호 이해를 위한 도구로 사용된다. 개념 형성에서 결정적인 역할을 하는 것은 바로 이 상황이다. 상호 이해의 필요가 확립됨에 따라 특정한 음성적 복합은 특정한 의미를 가지면서 낱말이나 개념이 된다. 이러한 상호 이해의 기능적 계기 없이는 어떠한 음성적 복합도 어떤 의미의 전달자가 될 수 없을 것이며 그 어떤 개념도 형성될 수 없을 것이다."

반 데 비어와 발시너에 의하면 위 인용문의 출처는 다음과 같다.

Usnadze, D.(1930). Die Begriffsbildung im vorschulpflichtigen Alter. Zeitschrift für angewandte Psycholgie, 34, 138-212.

10-6-14] 어린이가 대단히 일찍부터 자신을 둘러싼 어른의 환경과 접촉한다는 것은 잘 알려진 사실이다. 아주 처음부터 어린이는 사방이 언어적 환경으로 둘러싸인 채 자라나며 어린이 자신도 두 살 이후부터는 이미 이 말의 기제를 적용하기 시작한다.

10-6-15] "어린이가 사용하는 것이 무의미한 음성적 복합이 아니라 진정한 단어라는 것에는 의심의 여지가 없다. 어린이의 발달과 함께 이 낱말은 더더욱 분화된 의미와 연결된다."

반 데 비어와 발시너에 의하면 위 인용문의 출처는 다음과 같다.

Usnadze, D. (1930). Die Begriffsbildung im vorschulpflichtigen Alter. Zeitschrift für angewandte Psycholgie, 34, p. 139.

10-6-16] 그러나 동시에 어린이가 완전히 발달된 개념을 형성하는 데 필요한 생각의 사회화 단계에 도달하는 것은 비교적 후기라는 것 또한 우리는 확실히 알고 있다.

10-6-17] "따라서 우리는 한편으로는 어린이 생각의 고등한 단계의 사회화를 전제하는, 완전히 성숙한 개념이 늦게 발달하는 것을 보는 한편, 다른 한편으로는 어린이들이 비교적 일찍 말을 사용하여 자신들과 어른들 사이의 상호 이해를 확립하는 것을 본다."

10-6-18] "따라서 완전히 발달한 개념의 단계에 아직 도달하지 않은 낱말이 후자의 기능을 취하여 화자들 간의 의사소통과 이해의 수단으로 사용되는 것은 분명하다. 상응하는 연령 단계에 대한 특별한 연구는, 개념이라기보다는 그에 대한 기능적 등가물로 간주되어야 할 이러한 생각 형태가 어떻게 발달하는지, 또한 완전히 발달된 생각을 특징짓는 단계에 어떻게 도달하는지 보여 주어야 한다."

반 데 비어와 발시너는 인용문의 출처를 다음과 같이 밝힌다.

Usnadze, D.(1930). Die Begriffsbildung im vorschulpflichtigen Alter. Zeitschrift für angewandte Psycholgie, 34, p. 140.

10-6-19] 우스나드제의 전체 연구는 개념적 사고에 대한 기능적 등가물에 해당하는 이와 같은 생각 형태가 청소년이나 성인의 더욱 발달된 생각과 전혀 다르다는 것을 보여 준다. 또한 이 차이는 아흐가 제시

한 요인에 토대한 것일 수 없다. 특정 문제에 대한 해결책의 제공이라는 의미와, 목표에 대한 표상으로부터 생겨나는 결정적 경향성이라는 의미에서 우스나드제가 보여 준 것과 같이, 이 형태들은 기능적 관점에서 개념의 등가물이 되기 때문이다.

10-6-20] 따라서 우리는 다음의 상황에 귀착하게 된다. 문제와 그로부터 생겨나는 목적에 대한 표상은 어린이 발달 단계에서 비교적 이른 시기에 어린이가 도달할 수 있는 것으로 나타난다. 어린이에게서 개념의 기능적 등가물이 대단히 일찍부터 발달하는 것은 바로 어린이와 어른에게 이해와 의사소통의 문제가 기본적으로 동일하기 때문이다. 그러나 문제가 동일하고 기능적 계기가 동등하다 할지라도 문제 해결의 과정에서 기능하는 생각 형태들 자체는 어린이와 어른은 그 조성, 구조, 작용 방식이 근본적으로 다르다.

10-6-21] 전체 과정의 흐름을 결정하고 규제하는 것은 문제나 문제의 일부인 목적의 표상 자체가 아니라, 아흐가 무시했던 다른 요소라는 점이 명백해진다. 문제와 그에 연결된 결정적 경향성은 어린이와 어른의 기능적 등가물의 생각 형태에서 발견되는 발생적, 구조적 차이를 적절하게 설명하지 못한다는 것 또한 명백하다.

10-6-22] 일반적으로 목적은 설명이 아니다. 목적 없이는 목적 지향적 행동이 불가능한 것이 사실이지만 이 목적의 존재가 어떤 식으로든 그 발달과 구조에 도달하는 전체 과정을 설명할 수는 없다. 아흐 자신이 과거의 방법과 관련해 언급한 바와 같이, 목적과 그에 따라 생기는 결정적 경향성이 그 과정을 발동시키지만 그것을 규제하지는 않는다. 목적과 문제의 존재는 목적 지향적 활동이 발생하는 데 필요조건이기는 하지만 필요충분조건은 아니다. 어떠한 목적 지향적 활동은 그것을 시작하게 하고 방향을 제시하는 목적이나 문제가 없이는 생겨날 수 없다.

10-6-23] 그러나 목적과 문제의 존재가 고유한 목적 지향적 활동이 생겨난다는 것을 보장하는 것은 아니며, 어떤 경우라도 목적과 문제는 목적 지향적 활동의 과정과 구조를 규정하고 규제할 만한 마법적 힘을 전혀 가질 수 없다. 어린이와 어른의 경험은 풀리지 않거나 해결되지 않은 사건들, 도달했거나 도달하기 어려운 목적들, 그 발달 단계에서 이해 불가한 목적들로 가득 차 있지만, 그들의 출현이 처음부터 문제 해결을 보장하지는 않는다. 일반적으로 문제를 해결하는 심리 과정의 본질을 설명하는 과정은 반드시 목적에서부터 출발해야 하지만, 목적에 국한되어서는 안 된다는 것이 명백하다.

10-6-24] 이미 언급한 바와 같이 목적은 과정을 설명할 수 없다. 개념 형성 과정 또는 일반적인 목표 지향적 활동 과정에 연결된 가장 중요하고 기본적인 문제는 어떤 심리적 조작을 수행하거나 어떤 목표 지향적 활동을 달성하는 데 사용되는 방법의 문제이다.

10-6-25] 마찬가지로 인간의 목표 지향적 활동, 즉 노동이 인간이 마주치게 되는 특정한 목적이나 문제에 의해 생활 속에 등장했다고 말하는 것은 만족스러운 설명이 될 수 없다. 노동이 생겨날 수 있게 한 도구의 사용과 특별한 수단의 적용을 언급함으로써 노동을 설명해야 하는 것과 같이, 인간이 자신의 행동 과정을 숙달하는 데 도움이 되는 수단의 문제는 모든 고등행동형태를 설명하는 데 중심적인 문제가 된다.

10-6-26] 여기서는 논의하지 않을 연구들은 모든 고등정신기능이 매개된 과정이라는 하나의 공통된 특징으로 묶인다는 것, 즉 전체 과정 일반의 핵심적, 기본적 부분으로 심리 과정을 조절하고 숙달하는 기본적 수단으로서 기호의 사용이 그 구조에 포함된다는 것을 보여 주었다.

10-6-27] 우리가 흥미를 가지고 있는 개념 형성이라는 문제에서

그러한 기호는, 개념 형성의 도구 역할을 하며 후에 개념의 상징이 되는 낱말이다. 개념 형성 과정을 이해하는 유일한 열쇠는, 연령대별로 가지각색이며 질적으로 구분되지만 발생적으로 서로 연관되어 있는, 낱말들의 기능적 사용과 발달, 낱말 사용의 다양한 형태들을 연구하는 것이다.

10-6-28] 아흐 연구 방법의 주요 약점은 그것이 개념 형성의 발생적 과정을 설명할 수 있게 해 주지 않고 그 과정의 존재 유무만을 확인해 준다는 데 있다. 그 실험이 조직된 방식에 의하면, 개념 형성을 도와주는 도구, 즉 처음부터 주어져 기호의 역할을 하는 실험적 낱말은 실험의 전체 경로에 걸쳐 변하지 않는 상수라고 가정되며, 나아가 낱말들의 적용 방식은 실험 사전 교육을 통해 명시된다. 최초에 낱말은 기호의 역할로서 나타나지 않으며, 낱말은 실험에서 나타나는 다른 자극들이나 낱말과 연결된 대상들과 원칙적으로 구분되지 않는다. 아흐는 비판과 논쟁을 위해서, 또한 낱말과 대상들 사이의 단순한 연합적 연관은 의미 출현을 위해서는 불충분한 바탕이며 낱말이나 개념의 의미는 음성적 복합이나 여러 대상들 사이의 연합적 연결과 동등하지 않다는 것을 증명하려는 시도에서, 개념 형성의 모든 과정의 전통적 경로를 고스란히 유지하였다. 이 경로는 '아래에서 위로, 각각의 구체적 대상들로부터 그 의미를 포함한 몇 개의 개념들로'라고 표현될 수 있는 널리 알려진 도식에 종속된다.

10-6-29] 그러나 아흐 자신이 확립했듯이, 이와 같은 실험적 경로는, 아래에서 보게 되겠지만, 결코 몇 개의 연합적 연쇄를 바탕으로 구성될 수 없는 진정한 개념 형성 과정 경로와 정면으로 배치된다. 이제는 널리 알려진 포겔의 유명한 진술을 인용하면, 개념 형성은 개념의 피라미드를 오르는 것이나 구체로부터 더욱 추상적인 것으로의 이행으로 환원될 수 없다.

10-6-30] 이것이 바로 아흐와 리마트의 연구가 가져온 근본적인 결과 중 하나이다. 그것은 개념 형성에 대한 연합적 접근법의 부족함을 드러냈으며 개념의 창조적, 생산적 특징을 지적하였고 개념 형성의 기능적 계기의 근본적 역할을 설명하였다. 또한 그것은 개념에 대한 특정한 요구나 필요가 있을 때에만, 특정 목표 달성이나 특정 문제 해결을 지향하는 모종의 지적 활동 과정에서만 개념이 생겨나서 형성될 수 있다는 것을 보여 주었다.

10-6-31] 이러한 연구는 개념 형성에 대한 기계적 관념을 단숨에 매장시켰지만, 그럼에도 불구하고 이 과정의 본질적 특성, 즉 발생적, 기능적, 구조적 특성을 드러내지는 못했으며, 목적 자체가 결정적 경향성의 도움으로 적절하고 목적 지향적인 활동을 만들어 내며, 문제가 그 자체 안에 해결을 포함하고 있다는 주장으로 본질적으로 요약되는, 고차적 기능에 대한 순수하게 목적론적인 설명의 경로에 접어들었다.

10-6-32] 이미 지적된 바와 같이, 이 관점의 일반적인 철학적, 방법론적 파산과 별개로, 이런 설명은 순수한 사실적 관계에서도, 문제나 목적이 기능적으로 동일함에도 어린이가 이러한 문제를 해결할 수 있게 해 주는 생각 형태들이 각 연령대에 따라 완전히 다른 이유를 설명하지 못하는 해결 불가한 모순에 이를 뿐이다.

10-6-33] 이러한 관점에서 보면 생각 형태가 발달한다는 사실은 전적으로 이해 불가능하다. 이 때문에 아흐와 리마트의 연구가 개념 연구의 새 시대를 열었음에도 불구하고 이 문제는 그 역동적, 인과적 설명이라는 관점에서는 완전히 미해결로 남겨져 있다. 따라서 실험적 연구는 개념 형성의 발달 과정과 그 인과적, 역동적 조건성에 대해 조사해야 한다.

7

10-7-1] 이 문제를 해결하면서 우리는 이중 자극이라는 기능적 방법으로 기술될 수 있는 특별한 실험적 연구 방법에 의지하였다. 이 방법의 핵심 특징은 두 종류의 자극을 이용하여 고등심리기능을 연구하는 것이다. 이 자극들은 실험 대상의 행동에 대해 각기 상이한 역할을 한다. 한 종류의 자극은 실험 대상의 활동을 방향 짓는 대상의 기능을 하고, 다른 종류의 자극은 이 활동을 조직하도록 돕는 기호의 역할을 한다.

10-7-2] 지금은 이 방법이 어떻게 개념 형성 과정을 연구하는 데 적용되었는지 상세히 기술하지 않을 것이다. 이는 우리의 동료인 Л.С. 사하로프에 의해 이미 밝혀졌기 때문이다. 우리는 위에서 논의된 모든 것과 일반적으로 연관되어 근본적인 중요성을 가지는 기본적 계기들을 지적하는 데 논의를 제한할 것이다. 이 실험의 목적은 개념 형성의 과정에서 낱말과 그 기능적 사용이 가지는 특징을 밝히는 것이었으므로, 어떤 의미에서 이 실험 전체는 아흐의 실험과 반대로 설계되어야 했다.

*Л. С. 사하로프(Леонид Соломонович Сахаров, 1900~1928)는 1923년에서 1924년까지 제1 모스크바 주립대학교 사회과학 학부생이었다. 1924년 이후 그는 모스크바 심리학 연구소에서 비고츠키와 일했다. 1928년에 자살했다. 여기서 언급되는 논문은 그의 사후인 1930년에 출판된 '개념 연구 방법'이다. 비고츠키가 나중에 말했듯이, 사하로프의 대학원 연구는 줄리아 파쉬코브스카야와 함께 완성되었다.

10-7-3] 아흐의 실험은 외우기 단계로 시작한다. 이 단계에서 실험 대상은 연구자로부터 문제를 제시받지 않고, 문제 해결에 필요한 수단,

즉 낱말을 제공받는다. 실험 대상은 자기 앞에 놓인 대상들을 집어 살핌으로써 모든 대상들의 이름을 기억한다.

10-7-4] 이와 같이 문제는 처음에 제시되지 않고 나중에 소개됨으로써 전체 실험 경로에 전환점을 만들어 낸다. 그러나 수단(낱말)은 처음부터 주어지며 자극 대상과 직접 연합적 연관을 맺는다. 이중 자극법을 사용하면 이 두 측면은 반대로 나타난다. 실험의 시작부터 실험 대상에게 문제가 온전히 노출되어 있으며 이것은 전체 실험 단계에 걸쳐 변하지 않는다.

10-7-5] 이렇게 함으로써 우리는 과업의 확립, 목적의 출현이 전체 모든 과정의 발생에서 필요조건이라는 전제에서 시작했다. 그러나 이전에 제공된 낱말로는 문제 해결이 여의치 않은 상황에서 실험 대상이 문제 해결을 위해 새로운 시도를 함에 따라 수단이 문제에 점차적으로 도입된다. 낱말을 기억하는 단계는 여기에는 없다. 따라서 문제 해결 수단 즉 자극 기호 또는 낱말을 변량으로, 문제를 상수로 둠으로써 우리는 이러한 기호들이 어떻게 실험 대상의 지적 조작을 안내하는 수단으로 사용되는지, 그리고 이 낱말들이 사용되는 방식에 따라, 즉 그 기능적 적용에 따라 어떻게 개념 형성의 과정이 하나의 전체로서 전개되며 발달하는지를 연구할 수 있게 된다.

10-7-6] 이로 인해, 우리가 아래에서 자세히 논의해야 하며 위와 같은 실험의 조직에서 개념의 피라미드가 거꾸로 뒤집힌다는 사실로 이루어지는 하나의 계기가 우리의 전체 연구에서 가장 중대하고 본질적으로 중요해진다. 실험의 문제 해결 과정은 개념 형성의 실제 발생적 과정과 일치한다. 이 과정은 아래에서 보게 될 바와 같이, 갈톤의 집합적 사진과 같이 구체로부터 추상으로의 점진적 이행을 통해 기계적인 누적 방식으로 구성되지 않는다. 그 과정에서 위에서 아래로, 일반에서 특수로, 피라미드의 꼭대기에서 바닥으로의 움직임은, 추상적 생각의

정점으로 올라가는 반대 과정만큼이나 특징적이다.

오늘날 많은 교수법들이 여전히 다중 연합의 개념에 토대를 두고 있다. 예컨대, 한 교사가 '원'의 개념을 가르치면서 동전, 달, 접시 등을 이야기하는 식이다. 그 교사는 이 예들의 공통점이 무엇인지 묻거나(이때 교사가 제시한 예들은 수학적으로 완벽한 원이 아니며, 심지어 2차원이 아니라 모두 3차원에 속한 입체임에도 불구하고), 어린이로 하여금 원을 만들어 보게 한다. 18세기에는 이런 종류의 심리학을 연합주의 심리학이라고 불렀는데, 이는 대상 사이에 가까운 유사점을 찾아낸 다음 그것들을 일반화하기 때문이다. 심지어 피아제나 소비에트 교육과정에서도 초등 교육의 교수요목은 어린이들로 하여금 더 큰 일련의 연합체 무리를 만들어 내도록 하는 '수평적 확장'에 토대를 두고 있다. 연합주의적 개념에 입각한 개념 형성 모형은 'F. 갈톤의 사진'이다. 갈톤은 다윈의 사촌이었으며 사진에 흥미를 가졌다. 그는 최초로, 한 장의 필름 위에 수많은 아름다운 여성의 이미지들을 겹쳐 놓음으로써 세계에서 가장 아름다운 여성의 사진을 만들려고 시도하였다. 이때 모든 유사점들은 강화되고, 모든 차이점들은 약화된다. 물론, 유사점들은 일반적으로 흥미롭지 않으며, 차이점들이 종종 미의 원천이 되기는 한다. 그 후에 그는 동일한 기법을 사용하여 전형적인 살인자, 전형적인 도둑, 전형적인 유태인의 사진 등을 만들려고 하였다.

전형적인 범죄자의 모습을 나타낸 F. 갈톤의 사진. 위는 8장, 아래는 4장의 사진을 겹쳐서 만든 것이다.

이런 종류의 연합주의 심리학은 특히 미국과 이스라엘에서 비행기 승객들의 얼굴을 인종적으로 걸러내어 테러리스트의 얼굴 윤곽을 파악하는 데 여전히 사용된다. 비고츠키는 이 기법으로는 일반화를 얻게 될 뿐이며, 결코 추상화를 얻을 수 없다고 주장한다. 예컨대 더 많은 원들의 흔적을 더하는 방식으로는 어수선한 복합체들이 형성될 뿐이며, 순수한 개념의 형성은 원의 수학적 핵심을 얻게 될 때까지 구체성을 제거하는 방식으로 이루어지기 때문이다. 수와 같은 개념을 형성하기 위해서는 경험으로부터 복합체를 쌓아 올리는 것 대신, '개념의 피라미드를 거꾸로 뒤집어서', 순수한 낱말 의미로부터 시작하여 일상적 경험으로 내려가야 한다. 이는 '죽음', '자유', '포유류'와 같은 개념들이 갈톤의 사진으로 형성되는 것이 얼마나 어려운지를 보여 준다.

10-7-7] 마지막으로 지적할 것은 아흐가 언급했던 기능적 측면이 매우 중요하다는 것이다. 개념은 정적이고 고립된 형태에서 출현하는 것이 아니라 과제를 생각하고 해결하는 핵심적인 과정에서 출현한다. 따라서 우리의 연구는 생각에서 이러저러한 기능을 수행하는 개념을 포함하는 일련의 단계들로 나뉠 수 있을 것이다. 우선 우리는 개념을 추출하는 과정을 거친다. 그다음은 추출된 개념을 새로운 과업으로 전이시킨다. 그런 다음 개념을 자유 연상의 과정에서 사용한다. 마지막으로 판단을 내리는 데 추출된 개념을 사용하고, 추출된 개념을 새롭게 정의한다.

10-7-8] 실험은 다음과 같이 진행된다. 여러 구역으로 나뉜 특별한 판 위에 놓인 다른 색깔과 형태, 높이와 크기를 가진 물체들이 실험 대상 앞에 무작위로 제시된다. 이 모든 형태들은 〈표 1〉에 도식적으로 제시되어 있다. 물체의 바닥면에는 무의미 단어가 적혀 있으며 실험자는 이들을 한 번에 하나씩 실험 대상에게 보여 준다.

10-7-9] 실험자는 실험 대상에게 자신이 생각하기에 동일한 낱말이 적혀 있을 법한 모든 모양들을 판의 한 구역으로 옮기도록 요구한다. 실험 대상이 문제 해결 시도를 할 때마다 연구자는 실험 대상이 새로 옮긴 블록을 뒤집어 확인시켜 준다. 이 블록은 이미 뒤집힌 블록과 같은 이름을 갖고 있으면서 어떤 면에서는 그와 유사하고 어떤 면에서는 상이한 특징을 갖고 있을 수 있다. 반대로 새 블록은 기존의 블록과는 다른 이름을 갖고 있으면서 어떤 측면에서는 그와 유사하고 다른 측

면에서는 상이할 수도 있다.

10-7-10] 이런 식으로 해결하려고 시도할 때마다 뒤집힌 블록과 그것들이 나타내는 무의미한 낱말이 가리키는 속성의 수가 늘어나게 된다. 실험자는 이러한 기본적 특성에 근거해서, 변하지 않고 언제나 남아 있는 문제를 해결하는 특성이 어떻게 변화하는지 추적할 수 있는 가능성을 얻는다. 낱말은 이런 식으로 블록에 배정된다. 즉 각각의 낱말은 주어진 낱말이 지칭하는 동일한 일반적 실험 개념과 연결되도록 블록에 배치되는 것이다.

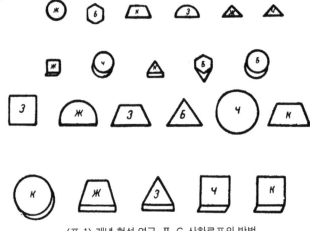

〈표 1〉 개념 형성 연구, Л. C 사하로프의 방법

8

10-8-1] 개념 형성 과정에 대한 일련의 연구들이 Л. C. 사하로프에 의해 우리 연구실에서 시작되었고 Ю. B. 코텔로바와 E. И. 파쉬코브스카야의 협력으로 완성을 보았다. 이 연구는 300명 이상의 일반 아동, 청소년, 성인을 대상으로 하였다. 이에 더하여 우리는 다양한 지적, 언

어적 병리현상으로 고통받는 다수의 실험 대상들을 연구하였다.

10-8-2] 이 연구의 기본적 결론은 현재 우리가 관심을 가지고 있는 주제와 직접적인 관련이 있다. 다양한 연령 단계에서 개념 형성의 발생적 경로를 관찰하면서, 같은 조건에서 어린이, 청소년, 성인에게 전개되는 개념 형성 과정을 비교 평가하면서, 우리는 이 과정의 발달을 지배하는 기본 법칙을 실험적 연구를 토대로 설명할 가능성을 얻었다.

10-8-3] 발생적 맥락에서, 우리의 기본적 연구 결과는 다음과 같은 일반 법칙의 형태로 공식화될 수 있다. 궁극적으로 개념 형성을 이끄는 과정의 발달은 유년기에 깊이 뿌리를 두고 있다. 그러나 고유한 조합을 통해 개념 형성 과정의 심리적 토대를 형성하는 지적 기능들은 오직 이행적 연령기에만 성숙하고, 형성되고, 발달한다. 개념적 사고 영역으로의 결정적 이행이 가능해지는 것은 오직 어린이가 청소년기에 접어들 때이다.

10-8-4] 이 연령기 이전에 진정한 개념적 사고와 외적으로 유사한 독특한 지적 형성이 존재한다. 이 외적 유사성 때문에, 피상적 연구는 이미 매우 이른 연령기에 진정한 개념이 존재함을 가리키는 징후로 이 형성을 간주할 수 있다. 이러한 지적 형성들은 그 기능에서는 훨씬 이후에 성숙하는 진정한 개념과 실제 등가물이 된다.

10-8-5] 이는 이들이 개념이 수행하는 것과 유사한 기능을 이행하며, 유사한 과업의 해결을 위한 기능을 수행한다는 것을 의미한다. 그러나 실험적 분석 결과는 개념에 대한 등가물의 심리학적 본성, 그 구성, 구조, 활동 방식과 진정한 개념의 관계는 배아가 성숙한 유기체에 대해 가지는 관계와 대단히 흡사하다는 것을 가리킨다. 우리가 이 두 형태를 동일시하는 것은 긴 발달 과정을 무시한 채, 이 과정의 초기와 최종 단계 사이에 등호를 놓는 셈이 된다.

10-8-6] 많은 심리학자들이 그러하듯이 3세 어린이의 지적 작용과

이행적 시기에 나타나는 지적 조작을 동일시하는 것은 그의 미래의 성적 요소나 미래 욕망의 구성 요소 중 일부가 유아기에 이미 발견된다는 것에 근거하여 중학교 시기가 성 성숙기라는 것을 부인하는 것만큼이나 터무니없다고 해도 전혀 과장이 아니다.

10-8-7] 우리는 이행적 연령기에 나타나는 진정한 개념과, 전학령기, 학령기 어린이들의 생각에서 발견되면서 개념에 등가물적인 형성을 면밀하게 비교할 기회를 나중에 가질 것이다. 이 비교를 통해 우리는 청소년기 생각 영역에서 나타나는, 그리고 성숙의 위기의 내용을 구성하는 심리적 변화의 핵심에 개념 형성을 내세우는 진정 새롭고 고유한 것이 무엇인지 확립할 수 있을 것이다. 그러나 지금은 개념 형성 과정의 심리적 본성을 가장 일반적으로 설명하고 이 과정을 숙달하는 것이 왜 청소년기 이후에 가능해지는지 밝히고자 한다.

10-8-8] 개념 형성 과정에 대한 실험적 연구는 주의력을 능동적으로 조절하는 수단, 즉 속성들을 분할, 구분하며, 추출하고 종합하는 수단으로 낱말이나 기호를 기능적으로 사용하는 것이 전체 과정의 기본적이고 필수 불가결한 부분임을 드러냈다. 개념 형성이나 낱말에 의한 의미 습득은 모든 기본적인 지적 기능들이 특별히 조합되어 참여하는 복잡하고 능동적인 활동(낱말이나 기호의 조작)의 결과이다.

10-8-9] 이처럼 우리는 우리의 연구가 도출해 온 다음의 기본적 주장을 확립할 수 있다. 이 연구는 개념 형성이 독특하고 고유한 생각 방식이며, 이 새로운 생각 방식의 발달을 결정짓는 근접 요인은 여러 저자들이 제시한 연합도 아니고, 뮐러가 확립한 주의도 아니며, K. 뷜러의 개념 형성 이론에서 도출된 판단과 표상 사이의 상호 협력이나 아흐가 지적했던 결정적 경향성도 아니라는 것을 보여 준다. 이 모든 계기들과 과정들은 개념 형성에 참여한다. 그러나 이 중 어느 것도 결정적이고 필수적인 요인은 아니다. 이들 중 어느 하나도 질적으로 고유하고, 그 어

떤 기초적·지적 조작으로도 환원될 수 없는 새로운 생각 형태의 출현을 타당하게 설명할 수 있는 결정적이고 본질적인 계기가 아니다.

10-8-10] 이 과정 중 무엇도 이행적 연령기에 그 어떤 주목할 만한 변화를 겪지 않는다. 왜냐하면 거듭 말하지만 이 기초적 기능들 중 어느 것도 처음으로 나타난 것이 아니며 실제로 이행적 연령기에 새롭게 획득되는 것이 아니기 때문이다. 기초적 기능들에 관한 한, 위에서 언급된 다른 심리학자들의 의견은 완전히 옳다. 그들은 어린이에게 이미 존재하는 것과 비교할 때 청소년의 지성에 진정 근본적으로 새로운 것은 나타나지 않으며, 우리가 관찰하게 되는 것은 이미 훨씬 어린 나이에 확립되고 성숙된, 동일한 기능의 지속적이고 규칙적인 발달이라고 주장한다.

10-8-11] 비록 연합, 주의, 표상, 판단, 또는 결정적 경향의 기능 모두가 개념 형성의 복잡한 종합적 과정에 필수적인 것이기는 하지만 개념 형성 과정은 이들 기능으로 환원될 수 없다. 연구가 드러내듯이, 이 과정의 중심은 청소년이 자신의 심리적 조작을 스스로의 통치하에 종속시키고 자신의 심리적 과정의 흐름을 숙달하여 그들의 활동이 당면 과업의 해결을 지향하도록 하는 수단으로서 기호나 낱말을 기능적으로 사용하는 데 있다.

10-8-12] 개념 형성과 관련되어 흔히 언급되는 모든 기초 심리적 기능들은 실제로 개념 형성 과정에 참여한다. 그러나 이들의 활동은 일

반적으로 생각되는 것과는 완전히 다른 형태를 취한다. 이 기능들은 스스로의 법칙에 부합하는 논리에 따라 독립적으로 발달하는 과정이 아니라 기호나 낱말의 도움으로 매개된 과정으로, 특정 과업을 해결하기 위한 새로운 조합과 종합에 도입되는 과정으로 참여한다. 참여하는 각각의 과정들은 오직 이 새로운 종합 안에서만 그 진정한 기능적 의의를 획득하게 된다.

10-8-13] 이것을 개념 발달의 문제에 적용해 보면, 연상의 축적, 주의력의 용량이나 안정성, 표상 집단의 축적 또는 결정적 경향의 존재 등의 요인들은 아무리 많이 발달하더라도 그 자체가 개념의 형성으로 인도하지 못한다는 것을 의미한다. 따라서 이들 과정 중 무엇도 개념의 발달을 근본적이고 본질적으로 결정짓는 것으로 볼 수 없다. 개념은 말 없이는 불가능하며 개념적 사고는 말로 하는 생각 없이는 불가능하다. 기본적으로 개념 발달을 책임지는 직접적 요인으로 간주될 수 있는, 전체 과정의 새롭고 본질적이고 핵심적인 특성은, 개념 형성 과정의 수단으로 특정하게 말을 사용하고 기호를 기능적으로 적용하는 것이다.

10-8-14] 우리의 연구에서 사용된 방법에 관한 논의에서 과업의 확립이나 개념 형성에 대한 욕구의 출현 등이 모두 개념 형성 과정의 원인이 될 수 없음을 지적하였다. 이러한 요인들이 과업 해결의 단초를 제공할 수는 있겠으나, 과업 해결의 실현을 보장할 수는 없기 때문이다. 도달 목표를 개념 형성 과정에 결정적 역할을 하는 활동력으로 도입하는 것 역시 이 복잡한 개념 형성 과정의 토대를 이루는 진정한 역동적 인과관계와 발생적 관계를 설명할 수 없다. 이는 포탄의 표적이 탄환의 비행 궤적을 설명할 수 없는 것과 마찬가지다.

10-8-15] 물론 조준하는 포병의 입장에서는 최종 목표가 포탄의 실질적 궤적을 결정짓는 계기 중 하나임은 틀림없다. 이와 동일하게 개념 형성의 도움을 통해서 해결될 수 있는, 청소년이 직면한 문제와 목

적의 특성은 의심의 여지 없이 기능적 계기의 하나를 차지한다. 이에 대한 고려 없이는 우리는 개념 형성의 전체 과정을 온전히 과학적으로 설명할 수 없을 것이다. 사회적 환경은 제기된 문제, 생겨나고 자극하는 욕구, 고찰 중인 청소년 앞의 목적을 통해 청소년이 생각 발달의 결정적인 일보 전진을 이루도록 자극하고 격려한다.

10-8-16] 본능이나 선천적 갈망의 성숙과 대조적으로, 이 과정의 시작을 결정하고 행동의 성숙기제를 촉발하여 추후 발달 경로에 맞춰 추진하는 것은 청소년의 내부에 있는 것이 아니라 외부에 있다. 이 점에서, 성숙 단계에 있는 청소년에게 사회적 환경에 의해 주어진 과업들, 즉 성인 세계의 문화적, 직업적, 사회적 입문과 연관된 과업들은 개념 형성에서 중요한 기능적 계기들이며, 이 계기들은 생각 발달에서 내용과 형식의 상호 필연성, 유기적 연결, 내적 통합성을 반복적으로 지적한다.

10-8-17] 청소년의 문화적 발달 요인에 대한 다음 논의에서 우리는 환경이 적절한 과업을 만들지 못하고, 청소년에게 새로운 요구를 제시하지 못하거나, 새로운 목적을 통해 지성 발달을 자극하지 못하는 경우, 청소년의 생각은 타고난 모든 잠재력만큼 온전히 발달하지 못하게 되며, 생각은 지성의 최고 형태를 획득하지 못할 수 있고, 또는 매우 지연된 후에 비로소 획득할 수 있다는, 과학적 관찰을 통해 오래전에 확립된 것에 대해 논해야 할 것이다.

10-8-18] 따라서 이행적 연령기에 지적 발달의 전 과정을 기르고 지도하는 진정으로 강력한 요인의 하나로 실생활 과업이 지닌 기능적 계기의 중요성을 완전히 무시하거나 과소평가하는 것은 잘못일 것이다. 그러나 이 기능적 계기 속에서 인과-역동적 설명, 발달 기제 자체의 공개, 개념 발달 문제의 발생적 열쇠를 찾는 것 역시 그에 못지않은 잘못이자 오류이다.

10-8-19] 연구자가 당면하게 되는 과제는, 이 두 측면 사이의 내적 연결을 이해하고, 청소년기와 발생적으로 연결되어 있으며 청소년의 사회적, 문화적 발달의 산물인 개념 형성이 생각의 내용과 기제를 모두 포함한다는 것을 드러내는 것이다. 상징으로서의 말의 새로운 용법, 즉 개념 형성 수단으로서의 용법은 유년기에서 청소년기로 넘어가는 문턱에서 일어나는 지적 혁명의 가장 직접적인 심리적 원인이다.

비고츠키는 개념 형성이 청소년기에만 가능하다고 주장한다. 그러나 다른 연구자들은 이를 감지하지 못했다. 일상적 개념은 개념적 의미를 지닐 수 있고(가계도, 먹이 피라미드) 과학적 개념 또한 일상적 의미를('연휘야, 자기 전에 재활용 좀 하고 와', '호연아 미세먼지 나쁨이니 마스크 쓰고 가') 지닐 수 있기 때문이다. 생물학에서 구조는 기능을 구현한다. 다리는 보행을 구현하고 폐는 호흡을 구현하며 성대는 입말의 기능을 구현한다. 말에서도 구조는 기능을 구현한다. 'This'는 지시적 기능을 구현하고 '연휘'는 명명적 기능을 구현한다. 그러나 이 두 기능은 모두 낱말을 시각적으로 존재하는 현상과 연결할 뿐, 어떻게 어린이들이 the family tree(가계도)나 먹이 피라미드와 같은 개념을 형성하는지 설명하지 못한다. 이와 다른 새로운 기능이 없다면 어린이의 재활용에 대한 '개념'은 쓰레기 내다 버리는 것에 지나지 않을 것이다. 비고츠키는 청소년기에 개념 형성을 마침내 가능하게 하는 핵심 신형성을 가리켜 '낱말의 새로운 상징적(сигнификативное, significative) 사용'이라고 표현한다. 뒤에서(**10-8-23**) 비고츠키는 '상징적 구조'라는 표현을 사용한다. 우리말의 '이, 그, 저, 여기, 저기, 거기'나 영어의 'the, this, that, these, there, then' 등은 지시적 기능을 갖는다. 특히 'the'는 명칭이 아니고 물론 개념도 아니다. 우리가 해당 대상을 앞에 두고 '나무'나 '피라미드'에 대해 말할 때 이 낱말은 명명적 기능을 갖는다. 'that tree'는 명칭이지만 이는 창문 밖에 보이는 대상의 이름이지 개념이 아니다. '기자의 피라미드'는 명칭이지만 이집트에 있는 대상의 이름일 뿐 생태계 균형과 무관하다. 우리 가족의 family tree에는 나무가 들어 있지 않고 먹이 피라미드에 묻힌 이집트 왕은 없다. 개념 형성은 오직 상징적 기능과 더불어 가능해진다. 이것은, 최소한 처음에는 비유를 통해 일어나는 것이 분명하다. 라그, 비크, 무르, 세브와 같은 낱말들은 블록 조각들의 이름이 아니며 심지어 블록의 집합을 지칭하지도 않는다. 이들은 '높이'와 '지름'의 조합에 대한 비유이다. 실제 대상으로부터 추상적 자질을 추출해 내는 수단으로 언어를 사용하는 청소년의 능력은 실제 말馬로부터 '말馬'의 의미를 추출해 내기 위해 빗자루 대를 이용하는 어린이의 능력과 발달적 중요성에 비견될 만하다. 그러나 분명 이 둘은 결코 동일한 과정이 아니다.

10-8-20] 기존에 발견된 기초 기능과 전혀 다른 새로운 기초 기능들이 이 시기에 나타나지는 않지만, 기존의 기초 기능들이 변형을 겪지 않는다고 결론 내리는 것은 옳지 않을 것이다. 그들은 새로운 구조에 포함되고 새로운 종합에 편입되며 새로운 복잡한 전체에 종속적 부분으로 들어간다. 이 전체의 법칙은 각 부분의 운명을 규정한다. 개념 형성 과정은 그 기본적이고 중심적 부분으로서 낱말이나 기호의 기능적 사용을 통해 스스로의 심리 과정을 숙달하는 것을 전제로 한다. 이러한 보조적 수단을 통한 자기행동 과정의 숙달은 오직 청소년에게서 최종 형태로 발달한다.

10-8-21] 개념의 형성은 습관의 형성(그것이 아무리 복잡한 습관일지라도)과 동등하게 간주될 수 없음이 실험적으로 밝혀졌다. 성인의 개념 형성에 대한 실험적 설명, 유년기 개념 발달에 대한 연구, 지적 활동의 병리적 장애로 인한 개념의 붕괴에 대한 연구들은 다음과 같은 기본적 결론으로 인도한다. 고등한 지적 과정의 성질이 기초적이고 순전히 연합적인 연결 형성 과정 즉 습관과 동일하다는 손다이크의 가설은 내용, 기능적 구조 그리고 개념의 발생에 대한 실제 자료와 날카롭게 모순된다.

10-8-22] 따라서 이 연구들은, 다른 모든 고등 지적 활동 형태와 마찬가지로 개념 형성이 단지 저차적 형태의 양적 복잡화가 아니며, 연결의 양에서 연합적 활동과 차이 나는 것이 아니라 그 자체로 원칙적으로 구분되는, 그 어떤 연합적 연결의 수로 질적으로 환원될 수 없는 새롭고 원칙적으로 다른 활동 유형이라는 것을 드러낸다. 그 근본적 차이는 직접적 지적 활동으로부터 기호의 도움으로 매개된 조작으로의 이행에 있다.

10-8-23] 상징적 구조(능동적인 기호 사용과 관련된 기능)는 고등행동형태의 구성에 공통되는 법칙으로, 기초적 과정의 연합적 구조와 같지 않다. 연합적 연결들을 축적하는 것만으로는 결코 고등 형태의 지적 활동을 생산하지 못한다. 생각의 저차적 형태와 고등 형태의 차이는 연합의 양적인 변화로 설명될 수 없다. 손다이크는 지성의 본성에 대한 이론에서 "고등 형태의 지적 조작은 순수한 연합적 활동, 즉 연결의 형성과 동일하며, 같은 유형의 생리학적 연결에 의존하되 다만 훨씬 더 많은 연결의 수를 요구한다"고 주장한다.

> 비고츠키는 이 문단과 아래 문단의 인용의 출처가 Thorndike, E. L. 1911: 「Animal Intelligence」, 『Experimental Studies』. New York, London: Hafner임을 밝히고 있다. 그러나 인용된 부분들은 이 책이나 손다이크의 다른 어느 저작에서도 찾을 수 없었다. 물론, 반 데 비어와 발시너에 의하면, 인용된 부분과 유사한 주장은 손다이크의 책들 여기저기서 나타난다.

10-8-24] 이러한 관점에서는 청소년 지성과 어린이 지성의 차이가 연합의 양적 차이로 환원된다. 손다이크는 다음과 같이 말한다. "누군가가 다른 사람보다 더 강력하고 고차적이거나 우수한 지성을 가졌다면 이 차이는 그가 새로운 유형의 생리학적 과정을 가졌기 때문이 아

니라 다만 남보다 훨씬 많은 양의 일반적 유형의 연합을 가졌기 때문이다."

10-8-25] 이미 지적했듯이, 이 가설은 개념 형성 과정에 대한 실험적 분석이나 개념 발달에 대한 연구, 또는 개념 붕괴의 모습에 비추어 볼 때 지지될 수 없다. 손다이크의 주장, 즉 "지능의 계통발생과 개체발생 모두는 선택, 분석, 추상화, 일반화, 추론이 연합의 양적 증대에 의한 직접적 결과로 나타난다는 것을 분명히 보여 준다"는 입장은, 아동과 청소년의 개념에 대해 실험적으로 조직되고 추적된 개체발생 연구에 의해 지지되지 않는다. 개념의 개체발생에 대한 연구는 하위에서 고등 형태로 발달하는 것이 연합 수의 양적인 증대를 통해 일어나지 않고 질적으로 새로운 형성을 통해 획득된다는 것을 보여 준다. 특히, 고등 형태의 지적 활동을 구성하는 기본 계기 중 하나인 말은 병행적으로 진행되는 기능으로서 연합적으로 포함되는 것이 아니라, 합리적으로 활용되는 수단으로서 기능적으로 포함된다.

10-8-26] 말 자체는 순수하게 연합적인 연결에 바탕을 두고 있지 않으며, 기호와 전체 지적 조작의 구조 사이에 근본적으로 다른 유형의 관계를 요구한다. 이 관계는 바로 고등 지적 과정의 특징이다. 원시인의 마음과 생각의 연구에 근거하여 지성의 계통발생을 탐구하여도, 손다이크가 가정한 것과 같은 연합의 양적 증대를 통해 저차적 형태에서 고등 형태로 발달하는 경로는 역시 역사적 부분에서 결코 나타나지 않는다. 쾰러, 여크스와 같은 유명한 연구자들과 그 외 연구자들에 따르면, 지성의 생물학적 진화가 생각과 연합의 동일성을 확증할 것이라 기대할 수 있는 이유가 없다.

10-9-1] 우리의 연구가 가지는 발생적 결론들을 도식적으로 나타내면, 개념 발달의 경로가 세 개의 기본적 단계들로 이루어져 있으며 각 단계들은 다시 별개의 여러 국면들로 나뉜다는 걸 알 수 있다.

10-9-2] 개념 형성의 첫째 단계는 유년기 어린이의 행동에서 가장 흔하게 드러난다. 어른이라면 새로운 개념을 형성함으로써 해결할 과업을 대면했을 때 어린이는 일정한 모습 없이, 정돈되지 않은 무리를 형성하고, 아무 대상이나 선택하는 것이다. 이러한 대상 무리의 추출, 즉 충분한 내적 토대가 없으며 무리의 구성 요소들 사이의 충분한 내적 친족성과 관련성이 없는 통합은, 낱말이나 그 기호의 상응물의 의미가 어린이의 지각에서 요소들 간 내적으로 통합되지 않은 일련의 외적 연결로 분산되어 방향 없이 퍼지는 것을 전제로 한다.

> 사하로프-비고츠키 검사를 받고 있는 성인, 7세, 3세 어린이를 상상해 보자. 그들 모두는 '라그'라 표시된 블록을 찾고 있지만, 누구도 '라그'의 의미는 모른다. 성인은 '라그'가 '삼각형'을 의미한다고 가정한다. 삼각형은 내적 법칙(예컨대 세 변, 세 각을 가진 모양)에 의해 정의된 개념이다. 성인은 높고 좁은 것, 낮고 넓은 것, 높고 넓은 것을 고른 후, 이 가정이 틀렸다는 것을 발견한다. 높고 넓은 것만 '라그'이고, 높고 좁은 것은 '무르', 낮고 넓은 것은 '비크'이기 때문이다. 7세 어린이는 '라그'가 쐐기 모양을 의미한다고 가정한다. 쐐기 모양은 외적이고 사실적인 연결(예컨대 한쪽 끝은 넓고, 한쪽 끝은 좁은)에 의해 정의된 복합체이므로 삼각형과 사다리꼴은 모두 '라그'일 수 있다. 그러나 7세 어린이는 삼각형 블록과 사다리꼴 블록을 고른 후, 이 가정이 틀렸다는 것을 발견한다. 블록의 바닥을 확인하면 하나는 '라그'이지만, 또 하나는 '세브'이기 때문이다. 3세 어린이는 어떨까? P. 토우지와 C. 맥도널드가 재현한 실험(2009)을 살펴보면, 우리는 그 자료가 보여 주는 결과가 '아무

'의미 없음'이라고 말하고 싶은 유혹을 느낀다. 3세 어린이는 지시를 무시하고 그저 블록을 가지고 논다. 작은 집이나 자동차, 총 모양을 만들기도 하고 그저 색깔을 가지고 예쁜 무늬를 만들기도 한다.

3세 어린이와 블록 실험을 하고 있는 P. 토우지. 어린이들은 '아빠 블록', '엄마 블록', 『아기 돼지 삼형제』에 나오는 '못된 늑대의 집'을 찾았지만, 블록 밑면에 쓰인 낱말의 의미를 푸는 열쇠는 찾지 못했다. 여기서 3세 어린이는 자기가 만든 모양에서 블록 1개를 옮기지만, 그 이유는 설명하지 못한다.

비고츠키는 이렇게 그냥 블록을 가지고 노는 것은 개념도 복합체도 아니지만, '아무 의미 없는' 것은 아니라고 말한다. 놀이는 정해진 규칙을 가지고 있다. 3세 어린이에게 블록의 집합은 산만하고 정해진 것이 없는 종류의 의미(집, 자동차, 총 모양 또는 예쁜 무늬)를 지닌다. 이 동떨어진 요소들 간에는 어떤 연결도 없지만, 모두 어린이의 경험에 연결되어 있다.

Paula M. Towsey & Carol A. Macdonald(2009). Wolves in Sheep's Clothing and Other Vygotskian Constructs, Mind, Culture, and Activity, 16:3, 234-262, DOI: 10.1080/10749030802596306

10-9-3] 이 발달 단계에서 낱말의 의미는 불완전하게 규정되었으며 형태가 완성되지 않은, 개별 대상들의 혼합적 연쇄이다. 이 대상들은 서로 어떤 식으로든 어린이의 표상과 지각에서 연결되어 하나의 혼합된 심상을 형성한다. 이 심상의 형성에서 어린이의 지각과 행위의 혼합성은 결정적인 역할을 하며, 따라서 이 심상은 대단히 불안정하다.

이 문단에서 언급된 '개별 대상들의 혼합적 연쇄'는 영화 〈사운드 오브 뮤직〉에서 천둥소리에 놀란 어린이들에게 마리아가 불러 주던 '내가 가장 좋아하는 것들'이란 노래 속에 잘 나타난다.

Raindrops on roses and whiskers on kittens
장미 꽃잎에 맺힌 빗방울과 고양이의 수염
Bright copper kettles and warm woolen mittens
반짝이는 주전자와 예쁜 장갑
Brown paper packages tied up with strings
잘 포장된 소포 꾸러미들
These are a few of my favorite things
이것들은 바로 내가 좋아하는 것들이지

영어 화자의 귀에는 이 노래는 복합체이다. 'kittens'와 'mittens', 'strings'와 'things'는 반복되는 라임을 가지고 있으므로, 서로 연합적으로 연결되어 있다. 그러나 이를 우리말로 번역하면 비고츠키가 말한 '더미'의 완벽한 예가 된다. 정의되지 않고 분산되어 있으며 조직화되지 않은, 분리된 사물들의 혼합적 연쇄이며 어린이들의 상상과 지각에서 '내가 가장 좋아하는 것들' 또는 '천둥이 칠 때 생각나는 것들'로 결합된 이미지를 형성하며 연결되어 있다. '좋다'와 '싫다' 또한 이와 같기에 전학령기 어린이나 초기 유년기 어린이들은 생일이나 크리스마스 시즌에 자신들이 좋아하는 것들에 대한 기다란 목록을 내놓을 수 있다. 이 때문에 '왜 그걸 좋아하니?', '왜 크리스마스에는 선물을 받니?'와 같은 '왜?'와 같은 질문에 대해 어떠한 비혼합적 대답도 찾아볼 수 없는 것이다. '왜'는 원인, 즉 개념을 전제하지만 비고츠키는 청소년기 이전에는 진정한 개념 형성이 일어나지 않는다고 말한다. 이는 청소년기 이전의 어린이들은 인과관계에 대한 질문에 선개념적 논리를 사용한다는 의미이다. 선개념적 논리는 '좋아하니까 좋아하지'처럼 순환론적이거나 '아빠랑 엄마랑 산타클로스랑 예수님이 주신 선물이야'처럼 모순적이다. 두 가지 모두 혼합적이며 (위도와 경도의 시스템 같은) 개념의 위계적 구조 안에 속하지 않는다. 비고츠키는 어린이의 생각이 어른의 생각에 비해 열등하다고 생각하지 않았다. 비고츠키는 '더미'와 '복합체'를 구분했다. 예컨대 '내가 가장 좋아하는 것들'은 더미이고 '엄마, 아빠, 산타, 예수'는 일종의 사슬복합체이다(아마 그 어린이는 엄마가 아빠에게, 아빠가 산타에게, 산타가 예수님에게 말해 주어서 선물을 받는다고 생각할지도 모른다). 초기 유년기 어린이는 전학령기 어린이와 다르며, 더미는 복합체와 다르다. 더미와 복합체는 개념의 열등한 형태가 아니며, (우리가 외국어를 공부거나 또는 먼 역사 시대를 공부하는 것처럼) 그 자체로 연구되어야 하는 어린이의 생각 형태들이다.

10-9-4] 어린이들이 그들의 지각, 생각, 행동에서의 하나의 인상을 토대로 매우 다양하고 내적 관련이 없는 요소들을 연관 지어서, 그로부터 미분화되고 혼합된 이미지를 형성하는 경향성을 보인다는 것은 잘 알려진 사실이다. 클라파레드는 이러한 경향을 어린이 지각의 혼합성이라고 부르고, 블론스키는 어린이 사고의 '연결성 없는 연결'이라고 부른다. 다른 부분에서 우리는 이와 동일한 현상에 대해 어린이가 객관적 연결의 결핍을 풍부한 주관적 연결로 대체하여 사물들 사이의 연결을 인상과 사고의 연결로 받아들인다고 기술한 바 있다. 물론 이러한 주관적 연결의 재생산은 후속하는 어린이 생각 발달에서 중요한 요인이다. 이것은 뒤따라 일어나는 과정인 현실에 상응하는 연결들, 즉 실제를 통해 검증되는 연결들을 선택하는 과정의 토대가 된다. 이러한 개념 발달 단계의 어린이에게서 발견되는 낱말의 의미는 표면적으로는 실제 어른의 낱말의 의미를 상기시킬 수 있다.

П. П. 블론스키(Павел Петрович Блонский, 1884~1941)는 사변 철학자이자 내관심리학자였던 첼파노프의 추종자였다. 그는 플라톤, 아리스토텔레스, 헤겔 전문가였다. 러시아 혁명의 초기 지지자로 그는 레닌의 부인인 그룹스카야와 루나차르스키와 함께 '하면서 배우기' 노동학교 프로젝트와 '아동학'과 관련된 다른 진보적 교육혁명 계획에 참여하였다. 블론스키와 비고츠키가 모든 점에서 서로 동의한 것은 아니지만(예를 들면, 블론스키는 치아가 나는 연령이나 내분비샘에 따른 시기 구분을 믿었지만 비고츠키는 그렇지 않았다), 심리학은 발생적이어야 하며

행동은 역사적으로 설명되어야 한다는 점에는 확실히 동의했으며, 블론스키의 연구에 대한 비고츠키의 논조는 대체로 긍정적이다. 자세한 설명은 van der Veer, R.(2007), 「Vygotsky in Context 1900~1935」, in 『The Cambridge Companion to Vygotsky』, pp. 39~41 참조.

10-9-5] 어린이는 의미를 가진 말을 통해 어른과의 사회적 상호작용을 확립한다. 이 풍요로운 혼합적 연결, 즉 낱말을 통해 형성된 이 무질서하고 혼합된 대상들의 무리 속에 객관적 연결이 대단히 많은 부분 반영되어 있다. 여기서 객관적 연결들은 어린이 자신의 인상과 지각에 상응하는 만큼 반영된다. 따라서 어린이가 사용하는 낱말의 의미는 흔히 어른의 말에서 확립된 의미와 대응되는 경우가 있다. 이는 말이 어린이 주변의 구체적인 대상과 연관되어 있을 때 특히 더 그렇다.

10-9-6] 따라서 어린이 낱말의 의미는 어른과 종종 일치한다. 좀 더 정확히 말하면 동일한 낱말의 의미가 동일한 구체적 대상에 대해 어른과 어린이에게 종종 교차하는 것이다. 이는 어린이와 어른 사이의 상호 이해의 충분한 토대가 된다. 그러나 어른과 어린이의 생각이 이 교차점에 도달하는 심리적 경로는 완전 다르다. 어린이 낱말의 의미가 어른의 말의 의미와 부분적으로 일치하는 경우일지라도, 이는 완전히 다른 고유한 정신 작용으로부터 유래한다. 어린이 낱말의 의미는 그 낱말 뒤에 서 있는 심상들을 혼합적으로 섞어서 만든 산물이다.

10-9-7] 이 단계는 어린이 개념 형성 과정에서 우리가 자세히 연구할 수 있었던 세 개의 국면으로 다시 나눌 수 있다.

10-9-8] 낱말의 의미에 상응하는 혼합적 심상 형성의 첫째 국면은 어린이 생각의 시행착오 시기와 완전히 일치한다. 이 국면에서 어린이는 새로운 대상들을 무작위로 모아 새로운 무리를 형성하고, 그 오류가 드러날 때마다 대상들을 교체하는 개별적인 시도를 계속한다.

10-9-9] 이로부터 이어지는 둘째 국면의 경우, 실험의 인위적 조건에서 대상들의 공간적 분포, 즉 시각 장의 지각과 어린이 지각의 조직을 지배하는 순수한 혼합적 법칙이 다시 한 번 결정적 역할을 한다. 혼합적 심상 혹은 대상의 더미는 개별 요소들의 시공간적 만남, 직접적 접촉의 토대나 직접적 지각 과정에서 요소들 사이에서 생겨나는 더욱 복잡한 관계의 토대 위에서 형성된다. 그러나 이 시기에 항상 본질적인 것은, 어린이가 사물 자체에서 드러나는 객관적 연결이 아니라 어린이 자신의 지각에 따른 주관적 연결에 의해 인도된다는 것이다. 대상들이 하나의 무리로 모여 일반적 의미에 종속되는 과정은 대상들 내에 존재하는 일반적 자질이 어린이에 의해 추출됨으로써 이루어지는 것이 아니라, 어린이가 받은 인상에 의해 확립된, 대상들 사이의 유사성에 근거해 일어난다.

10-9-10] 이 단계를 마무리 짓고 개념 발달의 두 번째 단계로 이행하는 이 단계의 마지막, 세 번째 가장 높은 국면은 개념의 등가물인 혼합적 심상을 더 복잡한 토대에서 형성하는 단계이자, 어린이의 지각에서 이미 통합된 여러 무리의 견본들을 하나의 의미로 환원하는 것에 의존하는 단계이다.

10-9-11] 따라서 하나의 새로운 혼합적 더미나 무리에 속한 각각의 요소들은 앞서 어린이의 지각을 통해 통합되었던 한 무리의 대상들을 대표한다. 그러나 모두 모아 놓고 보면, 이들 사이에는 내적 연결들이 없다. 이들은 우리가 앞의 두 국면에서 보았던 개념의 등가물과 똑같은, 무리의 연결성 없는 연결을 나타낸다.

10-9-12] 이 국면과 선행하는 두 국면들 사이의 유일한 차이는, 여기서 어린이가 새로운 말의 의미의 토대로 삼는 연결들이 단일한 지각의 산물이 아니라 소위 혼합적 연결들의 두 단계 처리 과정의 산물이라는 것이다. 우선 어린이는 혼합적 무리들을 형성하고 그런 후 이 무

리들의 대표를 추출하며, 이 대표들은 다시 한 번 혼합적으로 통합된다. 이제 어린이의 낱말 의미 뒤에는 더 이상 평면이 아닌 이중 연결, 모임의 이중적 구조의 전망이 드러난다. 그러나 이 이중적 모음, 이중적 구조는 여전히 무질서한 무리, 비유적으로 표현하자면 더미에 지나지 않는다.

10-9-13] 이 국면에 도달함으로써 어린이는 개념 발달의 첫째 단계를 모두 달성한다. 이제 어린이는 지금까지 낱말 의미의 기본 형태를 나타냈던 무리를 버리고 둘째 단계로 전진한다. 우리는 이것을 복합체 형성의 단계라고 칭할 것이다.

P. 토우지는 2009년 비고츠키의 실험을 재연했다(http://vimeo.com/10689139). 이 실험에 사용된 블록은 색깔과 모양, 높이, 크기가 다른 22개의 블록이었다. 색깔은 5가지, 모양은 6가지, 높이와 크기는 각각 2가지(높은 것과 낮은 것, 큰 것과 작은 것)였으며, 각각의 블록 바닥에 쓰인 낱말은 크기와 높이가 조합된 네 개의 낱말 세브, 무르, 비크, 라그였다.

크기 ＼ 높이	낮은 것	높은 것
좁은 것	세브(6개)	무르(5개)
넓은 것	비크(6개)	라그(5개)

그에 따르면 3세 어린이는 블록 바닥에 쓰여 있는 낱말에 전혀 구애받지 않고 그냥 블록을 가지고 놀 뿐이다. 하지만 5세 어린이는 블록 바닥의 낱말에 너무나 관심이 많아서 실험자가 말려도 자꾸 블록을 뒤집고 낱말을 보았다. 여기서 초기 유년기 어린이와 전학령기 어린이는 다르다는 것을 알 수 있다. 그러나 이 둘은 어떻게 연결되어 있을까? 3세 어린이는 블록을 '엄마' 블록, '아빠' 블록, 노랑 블록으로 무리 지었다. 우리는 이 분류가 개념 발달의 첫 단계인 '더미'의 특성을 지니고 있음을 알 수 있다. 어린이가 넓고 낮은 '비크' 블록을 아빠 곰과 연결 짓고, 좁고 높은 '무르' 블록을 엄마 곰과 연결 짓는다면, 이것

은 개념 형성이 아니며, 단지 일반화된, 정서적으로 물든 시각-도식적 표상에 지나지 않는다. 어린이가 노랑이 자기가 제일 좋아하는 색깔이라면서 노랑 블록을 모으는 것은 단순히 노란 사물들을 연결하는 것이다. 이 같은 더미는 정서적으로 윤색된 갈톤의 사진과 같은 것이다. 그러나 이와 같은 분류가 개념 발달의 또 다른 단계와 연결될 수 있음을 알 수 있다. 엄마 블록과 아빠 블록의 연결을 만드는 어린이는 일종의 가족을 형성하고 있다. 이 어린이가 가진 것이 (자신의 아빠와 엄마의 모습에서 비롯된) 아빠는 뚱뚱하고 키가 작고 엄마는 키가 크고 날씬하다는, 갈톤의 사진과 같은 전형적인 심상일 수 있지만, 바로 여기에서부터 주관적 심상에 의존하지 않는 일반적 표상으로 나아갈 수 있다. 비슷하게, 노랑, 주황, 밝은 연두 색깔의 블록을 연결 짓는 어린이는 단지 따뜻한 느낌의 색깔을 모으는 것일 수도 있지만, 동시에 이 어린이가 빨강, 노랑, 그리고 파랑과 같은 원색이 주황과 초록과 같은 등화색과 관련성을 갖는다는 것에 대한 이해로 나아갈 것이라 기대할 수 있다. 비고츠키는 언제나 자기 비판적이었으며, 사하로프-비고츠키 블록 검사에 대한 가장 큰 비판은 범주들 간의 논리적 차이가 그들 간의 발생적 연결을 모호하게 만든다는 것이다. 실제 삶 속에서 어린이는 매 국면마다 새로 시작하지 않으며, 지난 국면에 대한 일반화를 일반화함으로써 새로운 일반화를 시작한다. 실제 삶 속에서 3세 어린이의 정서적으로 윤색된 지각은 5세 어린이의 판단의 토대인 객관적 이해의 직접적 조상이다. 돌이켜 보면, 개념 형성의 첫 국면인 일반화된 정서적 지각이 어떻게 해서 다음 국면인 일반화된 표상으로 고양되는지 어렵지 않게 알 수 있다.

10

10-10-1] 개념 발달의 두 번째 주요 단계는 본성상 동일하지만 기능적, 구조적, 발생적으로 다양한 생각 방식의 여러 유형을 포함한다.

다른 생각 방식들과 마찬가지로 이 역시 연결의 형성, 다양한 구체적 인상들 간의 관계 확립, 각 대상들의 통합과 일반화, 어린이 경험 전체의 정돈과 체계화를 이끈다.

10-10-2] 그러나 상이한 구체적 대상들을 일반 그룹으로 통합하는 방식, 이와 함께 확립되는 연결들의 특징, 무리에 구성 요소로 편입되는 각 개별 대상들이 전체로서의 무리와 맺는 관계로 특징지어지는 통합적 생각을 토대로 나타나는 구조—이 모두는 그 유형과 작용 방식에서 오직 성적 성숙기에만 발달하는 개념적 생각과 근본적으로 다르다.

10-10-3] 이 특정한 양식의 생각 방식을 '복합체적 생각'보다 더 나은 이름으로 부를 수는 없어 보인다.

10-10-4] 이는 이러한 생각 방식을 통해 만들어진 일반화가 그 구조상 이미 어린이의 인상에서 확립되는 주관적 연결뿐 아니라 대상들 사이에 실제로 존재하는 객관적 연결을 토대로 하여 통합된 각각의 구체적 대상이나 사물의 복합체를 나타낸다는 것을 의미한다.

10-10-5] 위에서 말한 바와 같이 생각 발달의 첫째 단계는 어른의 개념과 등가물인 혼합적 심상을 형성하는 것으로 특징지어진다면, 둘째 단계는 어른의 개념과 동일한 기능적 중요성을 가지는 복합체의 구성으로 특징지어진다. 이는 개념의 숙달을 향한 일보 전진이고, 선행 단계보다 머리 하나는 더 큰, 새로운 생각 발달 단계를 나타낸다. 이는 의심의 여지 없이 어린이의 삶에서 대단히 중요한 진전이다. 이와 같은 고등 생각 유형으로의 이행에서, 어린이는 혼합적 생각의 토대를 이루는 '연결성 없는 연결' 대신, 유사한 대상들을 공통된 무리 안에 통합하기 시작하면서 마침내 대상들 속에서 발견할 수 있는 객관적인 연결 법칙에 따라 결합시킨다.

10-10-6] 이러한 생각 유형으로 이행하는 어린이는 어느 정도 자기

중심성을 극복한다. 그는 이제 더 이상 자기 자신의 인상의 연결이 대상의 연결이라고 생각하지 않는다. 여기서 어린이는 혼합주의를 거부하고 객관적 사고의 숙달로 향하는 길로 결정적인 발걸음을 내딛는다.

10-10-7] 복합체적 생각은 이미 연결된 생각이자 동시에 객관적 생각이다. 이는 복합체적 생각을 이전 단계보다 고양시키는 두 개의 새로운 본질적 특징이다. 하지만 동시에 이러한 연결성과 객관성은 청소년기에 도달하는 개념적 생각을 특징짓는 연결성이나 객관성과는 여전히 다르다.

10-10-8] 개념 발달의 두 번째 단계와 개념의 개체발생 전체를 완성 짓는 마지막 세 번째 단계의 차이는, 이 단계에서 형성되는 복합체가 개념에 적용되는 생각 법칙과 전혀 다른 법칙에 의해 형성된다는 것이다. 이미 말한 바와 같이 복합체에는 객관적 연결이 반영되지만 그 연결은 개념과 다른 방식으로, 말하자면 다른 형태로 반영된다.

10-10-9] 어른의 말 역시 복합체적 생각의 흔적을 많이 가지고 있다. 어른의 말에서 다양한 복합체적 생각의 기본 구성 법칙을 가장 잘 보여 주는 예시는 가족의 '성姓'일 것이다. 예를 들어 페트로프와 같은 모든 성은 어린이 생각의 복합체적 특징과 가장 가까운 개별 대상들의 복합체를 포함한다. 어떤 의미에서 이 발달 단계의 어린이는 가족 성의 방식으로 생각한다고 할 수 있다. 다르게 표현하면 개별 대상의 세계는 각각의 그러나 상호 간에 결속된 가족으로 합쳐지고 조직되기 위해 모이는 것이다. 이 복합체는 개별 대상을 그 안에 편입시키고 있다.

10-10-10] 이 같은 생각은 또 다른 방식으로 표현될 수 있으며, 이 발달 단계에서 낱말의 의미는 복합체나 무리 속에 통합된 대상들의 가족의 성으로 규정하는 것이 가장 정확할 것이다.

10-10-11] 복합체의 구성을 특징짓는 것은 그 토대에 각 구성 요소들 사이의 추상적인 논리적 연결이 아니라 구체적, 사실적 연결이 놓여

있다는 것이다. 따라서 우리가 어떤 이를 페트로프 일가에 포함시킬지, 또는 페트로프라는 이름으로 부를지는 페트로프 성을 가진 사람들과 갖는 논리적 관계에만 기반을 두어 결정할 수 없다. 이 문제는 오직 사람들 사이의 실제 연결 관계나 사실상의 친족 관계를 토대로 해야만 해결된다.

10-10-12] 복합체는 개인의 즉각적 경험에서 생겨나는 경험적 연결들에 기초를 둔다. 따라서 이러한 복합체는 무엇보다 먼저, 대상들 간의 사실적 근접성에 토대한 대상 집단들의 구체적 통합이다. 이로부터 이 생각 방식의 나머지 모든 특징들이 흘러나온다. 그중 가장 주요한 것은 복합체가 추상적-논리적 측면이 아닌 구체적-사실적 생각의 측면에 놓여 있으므로 복합체는 그 토대에 놓여 있는 연결, 복합체를 확립하는 연결의 통합과 다르지 않다는 것이다.

10-10-13] 복합체는 개념과 마찬가지로 이질적인 구체적 대상의 일반화 또는 통일이다. 그러나 이 일반화를 구성하는 연결은 완전히 다른 유형일 수 있다. 어떤 요소가 경험적으로 존재하기만 하면 어떤 연결로든 주어진 복합체에 포함시킬 수 있다. 이것이 복합체 구성의 필수적 특성이다. 개념은 단일하고 논리적으로 동일한 유형의 연결에 기반을 둔다. 반면, 복합체는 다양한 경험적 연결들에 기반을 두고 있는데, 이 연결들은 서로 공통점이 없는 경우가 흔하다. 개념의 경우 대상들이 단일한 특성에 의거해 일반화되지만 복합체의 경우 매우 다양한 사실적 근거에 의해 일반화된다. 이 때문에 개념에는 대상의 진정한 통일적 연결 혹은 관계가 반영되지만 복합체에는 사실적, 우연적, 구체적 연결이 반영된다.

10-10-14] 복합체의 토대에 놓여 있는 연결의 다양성은 개념과 구별되는 가장 중요한 특징이다. 개념의 특징은 그 연관의 토대에 균일성이 놓여 있다는 것이다. 이는 일반화된 개념에 포함된 각각의 대상들이

다른 모든 대상들과 완전히 동일한 기준을 토대로 이 일반화에 포함되었다는 것이다. 모든 요소는 개념으로 표현된 전체와 연결되며, 개념을 통해 통일된 방식으로, 동일한 유형의 연결에 의해 서로 연결된다.

10-10-15] 이와 반대로 복합체의 요소들은 복합체로 표현된 전체나 그 구성 요소로 편입된 각 요소들과 아주 다양한 연결로 이어질 수 있다. 개념에서 이 연결은 기본적으로 일반에서 특수로의, 그리고 일반을 통한 특수에서 다른 특수로의 관계이다. 모든 구체적 관계에서 발견되는 매우 다양한 대상들 간에 있을 수 있는 경험적 연속성과 경험적 친족성처럼 복합체의 연결들은 매우 이질적이다.

10-10-16] 우리의 연구는 이 발달 단계의 어린이 생각에서 생겨나는 일반화의 토대에 놓인 다섯 가지 기본적 유형의 복합체를 보여준다.

10-10-17] 우리는 첫 번째 유형의 복합체를 연합복합체라 부를 것이다. 실험에서 이후 복합체의 중핵이 되는 대상에서 어린이가 주목하는 모든 특징들을 모두 연합적으로 연결하는 것이 그 토대에 놓여 있기 때문이다. 이 중핵을 중심으로 어린이는 아무리 다양한 대상들도 그 구성 요소로 사용하여 전체 복합체를 세울 수 있다. 어떤 대상들은 중핵과 같은 색깔이라는 이유로, 또 어떤 대상들은 형태, 세 번째는 크기, 네 번째는 그 밖의 어린이의 주의를 끄는 어떤 선별적 특징에 의해 복합체에 포함된다. 어린이에게 드러나는 모든 구체적 관계, 중핵과 복합체 요소 사이의 모든 연합적 연결은 어린이가 그 대상을 무리에 포함시키고 같은 성姓으로 이름 짓는 충분한 근거가 된다.

10-10-18] 이 요소들은 얼마든지 전혀 통일되지 않은 상태로 존재할 수 있다. 이들을 일반화해 주는 유일한 원리는 복합체의 주요 핵과 가지는 경험적 유사성이다. 요소들이 이 복합체와 통합되는 이러한 연결에서는 모든 연합적 연결이 가능하다. 한 요소는 그 색깔로 인해 형

성 중인 복합체의 중핵과 연결될 수 있다. 또 다른 요소는 그 형태로 인해 중핵과 연결될 수 있다. 이러한 연결이, 그 토대에 놓인 속성의 의미뿐 아니라 두 대상들 사이의 관계 자체의 특성에서도 매우 이질적일 수 있다는 점을 고려하면, 비록 객관적 연결에 토대를 두고 있기는 하지만 복합적 생각에서 매번 드러나는 구체적 특성의 집합의 변화가 얼마나 다채롭고 무질서하며 비체계화되어 있고 통일되지 않았는지 명백해진다. 이 집합의 토대에는 단지 특성의 직접적 일치뿐 아니라 특성의 유사성과 대조성, 단순 접촉에 의한 연합 등이 놓여 있다. 그러나 복합체는 언제나 반드시 구체적 연결을 기반으로 한다.

10-10-19] 이 어린이 발달 단계에서 낱말은 어린이들에게 더 이상 각각의 이름을 가진 개별 사물들을 지칭하는 수단으로 기능하지 않는다. 낱말은 성姓이 되었다. 따라서 어린이 발달의 이 시점에서 어린이가 낱말을 말하면, 그것은 상호 간에 가장 다양한 친족관계로 얽혀 있는 사물의 가족을 가리키는 것이다. 특정 사물을 그것에 해당하는 이름으로 부르는 것은 어린이에게 그것과 연관된 특정한 구체적 복합체와 연결하는 것을 뜻한다. 이 시기 어린이에게 사물의 이름을 말하는 것은 그것에 가족의 이름姓을 부여하는 것이다.

비고츠키는 정서적 지각의 주관적 혼합체('내가 좋아하는 것들'이라는 원리에 기반을 둔 더미)를 잇는 어린이 생각의 객관적 단계를 기술하기 위해 '복합체적' 사고라는 용어를 사용한다. '복합체'라는 용어는 특정한 작업이나 놀이에 필요한 대상들의 집합, 즉 도구 일체를 가리킨다. 소비에트 노동학교에는 복합체 기반 교육 체계가 있었다. 이 노동 교육에서 비고츠키는 가족의 구성원이나 실험에 사용된 블록과 같이 구체적 현상들의 객관적 무리를 가리키기 위해 '복합체'라는 용어를 빌려 왔다. 사하로프-비고츠키 실험에는 다섯 가지 상이한 복합체 유형이 나타난다(연합복합체, 수집복합체, 사슬복합체, 분산복합체, 의사개념). 연합복합체는 이 절에서(10-10) 기술되고, 나머지 네 개의 복합체는 다음 네 절(10-11~10-14)에서 차례로 기술된다. 각 절의 끝에서 우리는 각 복합체를 세 가지 방식으로 설명할 것이다. 첫째, 우리는 가족 관계를 기술할 것이다. 비고츠키가 지적하듯이, 가족 관계는 이질적이고 경험적이다. 누구는 가족으로 태어나지만 누구는 결혼을 통해 가족이 되기 때문이다. 어떤 것은 자발적, 성적, 법적 연결이지만, 다른 것은 비자발적, 유전적, 생물학적 연결이다. 둘째, 블록 실험의 예를 제공할 것이다. 블록 실험은 토우지와 맥도날드는 물론 우리도 재연한 바 있다. 셋째, 우리는 어린이 활동에서 비롯된 실제 사례를 제공할 것이다. 예를 들어 어린이가 자기 자신이나 엄마, 아빠를 가족의 '표본'으로 정하고 모든 구성원을 그 표본에 다양한 방식으로 연결시킬 때, 어린이의 가족은 연합복합체로 보인다. 형은 그 표본에 키, 나이 등으로 연결되고, 누나는 신체적 유사성으로, 반려견은 함께 집에 산다는 사실 등으로 연결될 수 있다. 이 모든 연결은 구체적이고 사실적이며, 경험적이다(10-10-12). 어린이는 이 연결을 사회나 자연 법칙으로 여기지 않는다. 더구나 어린이는 가족의 구성원들을 서로가 아니라 표본에 연결시킨다. 마찬가지로 블록 검사에서 어린이가 낮고 좁은 노란 원기둥 모양 블록이 '세브'라는 것을 깨닫고 다른 '세브'를 찾을 때 만들어진 무리는 연합복합체이다.

그러나 어린이는 어떤 블록은 낮아서, 어떤 블록은 좁아서, 어떤 블록은 노란색이어서, 어떤 블록은 원기둥 모양이어서 고르고는, 어느 블록도 '세브'가 아님을 발견한다. 왜냐하면 어느 블록도 표본처럼 낮으면서 좁지 않기 때문이다. 『아기 돼지 삼형제』나 『백설 공주』에 나오는 일곱 난쟁이와 같은 동화 속의 많은 등장인물들은 물론이고 심지어는 K팝 걸그룹이나 보이그룹 멤버들조차 적어도 처음에는 연합복합체로 나타날 수 있다. 왜냐하면 그 구성원들의 외양이 서로 매우 유사하기 때문이다. 예를 들어 K팝 그룹은 유니폼을 입고 동일한 동작을 함으로써, 음절을 변화시키기보다 음절을 반복함으로써 다양한 구체적 유사성을 강조할 수 있다.

11

10-11-1] 복합체적 사고 발달의 두 번째 국면은 대상과 사물의 구체적 심상을 특별한 집단으로 통합하는 것이다. 이 집단은 흔히 이른바 수집품을 연상시킨다. 여기서는 다양한 실제 대상들이 어떤 특징을 상호 보완하는 것을 토대로 통합되어 단일한 전체를 형성한다. 이 전체는 서로 종류가 다르고 상호 보완적인 부분으로 이루어진다. 바로 이러한 구성 요소들의 이질성, 상호 보완성, 수집체에 기반을 둔 통합이 이 생각 발달 단계를 특징짓는다.

> 이 문단에서 비고츠키가 언급하는 것은 개념 형성의 두 번째 단계(복합체적 생각)가 아니라 복합체적 생각의 두 번째 단계, 즉 수집복합체를 일컫는 것이다. 예를 들어 공기, 대접, 젓가락, 숟가락 접시 등은 저녁 식사라는 일종의 심상에 연결되어 기능적으로 상호 보완하는 이질적인 구성 요소들로서 수집복합체이다.

10-11-2] 실험 상황에서 어린이는 주어진 표본을 그것과 색깔, 형태, 크기나 기타 특성이 다른 대상들과 짝 지었다. 그러나 이 대상들은 아무렇게나 우연히 선택된 것은 아니다. 대상들은 표본에 포함되어 통합의 토대로 채택된 특징과 차이를 드러내는 속성에 따라, 그리고 그 특징을 보완하는 속성에 따라 선택된다. 이러한 구성의 결과로 나타나는 수집체는 색깔이나 형태가 다른, 다양한 대상의 모음을 형성하며, 이는 실험 재료에서 발견되는 기본 색깔이나 기본 형태들의 집합을 나타낸다.

10-11-3] 이런 복합체적 생각이 연합복합체와 본질적으로 다른 점은, 수집체에는 동일한 특징을 지닌 두 대상이 포함되어 있지 않다는

것이다. 하나의 표본은 각 대상의 무리에서 그 대표로 선택된다. 여기서는 유사성에 의한 연합 대신 대조에 따른 연합이 작동한다. 이런 형태의 생각은 위에서 기술했던 연합적 형태와 흔히 결합되는 것이 사실이다. 이 경우 우리는 다양한 특성에 토대하는 수집체를 얻게 된다. 수집체 형성 과정에서 어린이는 복합체가 형성되는 원리를 일관되게 유지하지 않고 연합적으로 다양한 특성을 결합하지만, 그럼에도 그는 여전히 수집체에 토대를 두고 각 속성을 모은다.

10-11-4] 이 어린이 생각 발달 국면은 장기간에 걸쳐 있고 안정되며 어린이의 구체적·시각적·실제적 경험에 깊은 뿌리를 두고 있다. 시각적·실제적 생각에서 어린이는 언제나 특정한 전체뿐 아니라 상호 보완적인 사물들의 특정한 수집체를 다룬다. 개별 대상을 수집체에 도입하는 것은, 즉 상호 보완하는 대상들을 실천적으로 중요하고, 기능적으로 전체적·통합적인 모임에 편입시키는 것은 어린이가 시각적 경험을 습득하는 가장 빈번한 구체적 지각의 일반화 형태이다. 컵, 받침 접시, 숟가락이나, 포크, 나이프, 스푼과 접시 세트 또는 어린이 옷가지의 집합은 어린이가 일상에서 마주치는 자연적 복합체-수집체의 좋은 예들이다.

10-11-5] 이에 따라, 어린이가 그의 말로 하는 생각에서도 이러한 종류의 수집복합체를 구성하며 기능적 보완의 원리에 따라 대상들을 특정 무리로 선택하는 것은 자연스러우며 이해할 만하다. 더 나아가 수집적 유형으로 만들어진 이 복합체의 형태는 성인의 생각에서도 지극히 중요한 역할을 수행하는데, 특히 신경증, 정신병 환자의 경우 더욱 그렇다. 성인이 접시나 옷에 대해 말할 때 그가 염두에 두는 것은 상응하는 추상적 개념이 아니라 수집체를 형성하는 일단의 구체적 사물인 경우가 매우 흔하다.

10-11-6] 혼합적 심상의 토대에는 대체로 어린이가 대상들의 연결

이라고 간주하는 인상들 간의 정서적, 주관적 연결이 놓여 있고, 연합 복합체의 토대에는 각 대상들 사이의 반복적, 지속적인 유사성이 놓여 있다면 수집체의 기반에는 어린이의 실천적 활동과 구체적 경험에서 확립된 사물들 사이의 연결이 놓여 있다. 수집복합체는 단일한 실천적 조작에서 대상들이 함께 참여하는 것을 토대로, 그들의 기능적 협력을 토대로 대상들을 일반화한 것이라고 말할 수 있을 것이다.

10-11-7] 그러나 생각의 이 세 가지 상이한 형태들은 이 시점에서 그 자체로서가 아니라 하나의 지점, 즉 개념 형성으로 이끄는 상이한 발생적 경로로서만 우리의 흥미를 끈다.

앞 절(**10-10**)에서 우리는 어린이의 가족이 연합복합체로 나타날 수 있음을 확인했다. 왜냐하면 모든 가족 구성원과 표본의 연결이 각각 다르고, 구체적이며, 사실적이기 때문이다. 그러나 한 여자아이가 자기 가족을 묘사하면서 공통점보다 차이점을 강조하는 상황을 가정해 보자. 예를 들면 오빠는 남자이기 때문에 자기와는 다르고, 엄마는 크기 때문에 자기와 다르고, 반려견도 자기와 다르다고 보는 것이다. 그 어린이의 가족은 여전히 법적이거나 생물학적 개념이 아닌, 구체적·사실적·경험적 연결에 토대한다. 이제 가족은 수집복합체로 나타난다. 수집복합체는 정서적으로 만족스러운 조합을 지향한다. 이런 수집복합체는 사하로프-비고츠키 블록 실험에서 어떻게 나타났을까? 어린이가 높고 좁은 노란색 원기둥과 좁고 좁은 빨간색 직육면체가 모두 '무르'임을 깨달았다고 가정해 보자.

어린이는 직육면체와 원기둥의 모양이나 색깔이 매우 다르다는 것을 안다. 어린이는 이제 '무르'라는 이름이 비슷하게 생긴 대상을 지칭하는 것이 아니라는 것을 안다. 즉, '무르'는 연합복합체가 될 수 없다. 대신 어린이는 '무르'가 실제로 서로 다른 대상들의 수집체라 가정하고, 하나의 집합에 빨강, 노랑, 초록, 검정, 주황처럼 가능한 한 서로 다른 색깔이나 삼각형, 사다리꼴, 원, 반원, 육각형, 사각형처럼 서로 다른 모양의 대상들을 빠짐없이 수집하려고 한다. 그렇지만 그 어린이는 곧 수집체 중 일부는 '무르'가 맞지만 '세브', '비크', '라그'도 섞여 있음을 발견하게 된다. 수집복합체는 더 고등한 생각 유형이다. 하지만 이는 수집복합체가 단지 대상의 속성이 아닌 대상 간의 연결에 초점을 맞추었기 때문이 아니라, 오직 유사성에만 주목했던 이전의 생각 방식에 대한 부정에서 비롯된 것이기 때문이다. 또한 서로 다른 세 가지 생각 즉 혼합체 더미에서 보았던 주관적 생각, 연합복합체에서 보았던 객관적 유사성에 기반을 둔 생각, 기능적 보완성에 기반을 둔 생각을 일반화한 것이기 때문이다. 포켓몬스터나 유희왕과 같은 수많은 어린이들의 카드 게임은 다양한 기능을 수집하는 것이 목표다. 어벤저스 역시 기능적 상보성으로 구별된다. 십 대를 겨냥한 케이팝 밴드 역시 단순한 유사성이 아닌 서로 다른 유형을 강조한다는 점에 주목하

새 목욕 가운을 입은
디드로의 초상화

자. 성인들을 겨냥한 많은 광고들도 특정 이미지를 갖기 위해 수집복합체를 모두 모을 것을 권유한다. 심지어 18세기의 유명한 에세이에서 디드로는 새로운 목욕 가운을 산다는 것은 욕실 전체를 수집복합체로 구성하고 싶게 우리를 추동할 수 있다고 말했다. 새로운 것들이 다른 모든 것들을 초라하고 낡았다고 느끼게 하거나 새로운 것들이 우리의 안정적인 일상을 방해한다고 느끼는 것은 수집복합체가 만들어 내는 논리적 힘을 느끼는 것이다.

12

10-12-1]　실험적 분석의 논리에 따르면, 어린이의 복합체적 생각의 두 번째 국면, 즉 수집복합체 뒤에 사슬복합체를 두어야 한다. 사슬복합체는 복합체적 생각의 두 번째 국면에 이은, 어린이의 개념 정복을

위한 등반 과정에서 필수 불가결한 단계이다.

10-12-2]　사슬복합체는 각각의 고리를 통합된 사슬로 역동적이며 일시적으로 통합하고, 이 사슬의 고리를 통해 의미를 전달하는 원리를 따른다. 실험 조건에서 이러한 유형의 복합체는 대개 다음과 같은 방식으로 나타나게 된다. 어린이는 주어진 표본과 특정한 관계로 연합적으로 관련된 하나 또는 그 이상의 대상을 선택한다. 어린이는 계속해서 구체적 대상들을 선택함으로써 통합된 복합체를 형성하지만, 이는 이전에 선택한 대상의 부차적인 특징에 따른 것이고, 이 특징들은 표본 자체에서는 전혀 발견되지 않을 수도 있다.

10-12-3]　예를 들면, 어린이는 노란 삼각형 표본에 대해 모서리나 각을 가지고 있는 여러 블록들을 모은 후, 어느 시점에 파란 블록이 선택되면, 이후로 어린이는 파란색의 블록이면 원이든 반원이든 모으는 모습을 보인다. 이는 다시 어린이가 새로운 특성에 눈을 돌려 둥근 형태에 따라 계속 대상들을 모으기에 충분한 근거가 된다. 사슬복합체의 형성에서 우리는 이와 같이 한 특징에서 다른 특징으로의 끊임없는 이행을 발견한다.

10-12-4]　동일한 방식으로, 낱말의 의미는 사슬복합체의 고리를 따라 전달된다. 사슬의 각 고리는 선행하는 고리와 뒤따르는 고리에 결합된다. 이 유형의 복합체가 다른 유형과 구별되는 가장 중요한 특징은 어떤 고리가 선행하는 고리와 통합되는 연결 특성 혹은 방법의 특성이 후속하는 고리와 완전히 다를 수도 있다는 것이다.

10-12-5]　또다시 복합체의 토대에 다양한 구체적 요소들 사이의 연합적 연결이 놓인다. 그러나 이번에는 이 연합적 연결에서 개별 고리가 꼭 표본과 연결될 필요는 전혀 없다. 사슬의 각 고리들은 연결 속에 삽입되는 순간 이 복합체의 대등한 구성원이 되며 어떤 연합적 특징에 따라 일련의 구체적 대상들을 유인하는 핵심이 될 수도 있다.

10-12-6] 우리는 복합체적 생각이 어느 정도의 시각적-구체적, 심상적 특성을 가지고 있는지 명확히 파악할 수 있다. 연합적 특성에 의해 복합체에 편입된 대상은, 그것을 복합체에 포함시켜 준 단일한 자질의 운반자로서가 아니라, 자체의 특성을 모두 가지는 하나의 대상으로서 복합체에 들어가게 된다. 어린이는 다른 특징으로부터 이 단일한 특징을 추출해 내지 않으며 이 특징은 다른 특징들과 비교하여 어떤 특별한 역할도 수행하지 않는다. 그것은 그 기능적 의미로 인해 전면에 부각되지 않으며 여러 등가물 가운데 하나로, 많은 속성 중 하나로 남는다.

10-12-7] 여기서 우리는 복합체적 생각과 개념적 생각을 구분하는, 모든 복합체적 생각 전반에 놓인 본질적인 고유성을 매우 명확하게 감지할 가능성을 갖는다. 개념과는 반대로, 복합체의 본질적 고유성은 특징들 사이에 위계적인 연결이나 위계적 관계가 없다는 것이다. 모든 특징들은 기능적인 의미에서 원칙적으로 동등하다. 전체 일반화 구성의 법칙과 마찬가지로, 일반 대 특수의 관계 즉 복합체가 그 구성 부분이 되는 구체적 요소들에 대해 가지는 관계와 요소들 자체 사이의 관계는, 개념 구성의 이러한 계기들과 본질적으로 다르다.

10-12-8] 사슬복합체 안에는 구조적 중심이 전혀 없을 수 있다. 핵심 요소 혹은 표본을 거치지 않고도 부분적인 구체적 요소들끼리 서로 묶일 수 있다. 따라서 이들은 다른 요소들과 전혀 공통점을 갖지 않으면서도 어떤 다른 요소들과 공통적 특징을 가진 덕분에 동일한 복합체 내에 속할 수 있다. 또한 이 다른 요소들은 다시 제3의 요소와 연결을 맺는다. 사슬에서 첫 번째와 세 번째 요소는 그것들이 각각의 특성을 통해 두 번째 요소와 연결되어 있다는 것 이외에는 공통점을 갖지 않을 수 있다.

10-12-9] 따라서 우리는 사슬복합체를 복합체적 사고의 가장 순

수한 형태로 볼 수 있다. 연합복합체에도 표본이 역할을 하는 어떤 중심이 존재하지만 이와 달리 사슬복합체에는 그 어떤 중심도 없기 때문이다. 이는, 연합복합체에서는 개별 요소들이 복합체의 중심을 형성하는 공통 요소를 통해 모두 연결을 확립하지만 사슬복합체는 이러한 중심이 없다는 것을 뜻한다. 여기서는, 개별 요소들이 경험적으로 합쳐질 수 있는 곳이면 어디든지 연결이 존재한다. 사슬의 최종 요소는 그 시작 요소와 전혀 무관할 수 있다. 요소들은 중간에서 통합하는 고리들에 의해 연결된다는 사실로 단일한 복합체의 구성원이 되기에 충분하다.

10-12-10]   따라서 구체적인 개별 요소가 전체로서의 복합체와 가지는 관계는, 개념에서와는 달리 구체적 요소가 자체의 사실적 특징과 관계를 모두 간직하는 실제 생생한 단일체로서 복합체에 들어가는 것으로 특징지어진다. 개념이 그 안에 포함된 구체적 대상들의 상위어인 것과는 달리 복합체는 그 요소들의 상위어가 아니다. 복합체는 복합체를 구성하며, 서로 간에 연결되는 구체적인 대상들과 사실적으로 혼합된다.

10-12-11]   이와 같은 일반과 특수의 혼합, 복합체와 그 요소의 병합, 베르너의 표현에 따르면 이 정신적 혼합체는 일반적으로는 복합체적 생각의, 구체적으로는 사슬복합체의 가장 본질적인 자질을 구성한다. 이 때문에 그것을 구성하는 구체적 대상들의 무리와 떨어질 수 없고 이 생생한 무리와 직접 혼합되는 복합체는 종종 고도로 비규정적인, 말하자면 확장적인 특성을 획득한다.

*H. 베르너(Heinz Werner, 1890~1964)는 비엔나 대학에서 개념 형성을 연구했고, 1914년 예술심리학 박사학위를 받았다. 1917년 베르너는 함부르크에서 W. 스턴의 조수가 되었고 나중에 교수가 되었다. 나치가 권력을 장악하자 그는 미시간으로 이주했으며 거기서 노동심리학자

로 일했다. 베르너는 비고츠키가 살아 있을 때에 그의 연구를 가까이에서 접한 몇 안 되는 심리학자 중 한 사람이다. 발달은 덧붙여 점점 늘어나는 것이 아니라 분화의 과정이라는 베르너의 '정향진화 법칙'은 분명 비고츠키의 연구의 영향을 받았음이 분명하다. 그러나 상징 형성에 관한 베르너의 책은 언어가 아닌 감각과 형태주의 심리학에 기반을 둔다.

10-12-12] 연결은 부지불식간에 교체되며, 이 연결의 특징과 유형 자체가 부지불식간에 변한다. 때로는 특징들 간의 매우 적은 유사성이나 아주 피상적인 접촉만 있어도 사실적 연결 형성에 충분한 경우가 있다. 여기서는 대상들 사이의 진정한 유사성보다, 어떤 공통성에 대한 희박하고 모호한 인상에 토대하여 특징의 병합이 확립된다. 실험적 분석의 조건에서 우리가 복합체적 생각 발달의 네 번째 단계, 혹은 분산복합체라고 부르는 것이 나타난다.

앞 절(10-11)에서 우리는 가족이 수집체로 간주될 수 있음을 살펴보았다. 왜냐하면 가족 구성원들은 어떤 주요 활동(식사하기, 휴가 보내기, 일하기, 공부하기)에 구체적, 기능적으로 서로 다르게 연결되어 있기 때문이다. 그러나 한 소녀가 가족을 설명하면서 자신과 어머니는 모습이 닮았고, 어머니와 아버지는 관심사가 비슷하다는 식으로 연결의 성질을 계속 바꾸면서 말한다면 이것은 더 이상 수집체로 간주될 수 없다. 나아가, 소녀가 몇 가지 일반적인 핵심 기능으로 가족을 하나로 묶는다 해도 그 기능은 각 구성원을 묘사할 때마다 변할 수 있다. 소녀는 어머니와 다른 TV 프로그램을 좋아하기 때문에 어머니와 다르며, 어머니는 집에서 저녁을 먹고 아버지는 직장에서 저녁을 먹기 때문에 어머니는 아버지와 다르고, 아버지는 일을 하고 오빠는 공부를 하므로 아버지와 오빠는 다르다. 이때 모든 가족 구성원은 연결되어 있지만, 그 연결의 고리인 '다른 점'은 구성원에 따라 바뀐다. 가족은 여전히 정서적 지각과 구체적이고 사실적인 경험적 연결을 기반으로 하지만, 사슬복합체에서 연결은 각 구성원마다 달라진다. 사하로프-비고츠키 블록 실험에서 이 사슬복합체는 어떻게 나타날까? **10-12-2**에서 그 답을 찾을 수 있다.

어린이가 넓고 낮은 노란색 삼각형이 '비크'라는 것을 깨달았다고 가정해 보자. 어린이가 파란 사다리꼴을 보고 위쪽이 깨진 삼각형과 비슷하기 때문에 그것도 비크라고 한다. 그러나 파란색은 두드러진 특징이어서 아이는 삼각형에 대해서는 완전히 잊어버리고, 다음번에 파란색 반원을 선택한다. 그다음엔 둥근 특징 때문에 높고 빨간 원기둥을 선택한다. 어린이는 블록을 뒤집어 보고 앞의 세 개만 비크임을 알게 된다. 이러한 사슬복합체는 가장 순수한 형태의 복합체적 사고이며 복합체의 다섯 단계 중 정확히 중간에 나타난다. 첫째, 사슬을 이루는 각각의 구성원에 따라 연결의 성질이 변화하기 때문에 사슬복합체는 수집체에서 형성된 기능적 집단의 변증법적 부정이다. 둘째, 이러한 성질의 변화 때문에, 그것은 무기한으로 계속될 수 있다. 셋째, 구성원이 첨가되면서 매번 기준이 변하기 때문에, 다음에 오는 분산복합체처럼 기하급수적으로 늘지 않고 단순히 계속 추가되는 경향이 있다. 우리는 어린이의 이야기가 주로 연합복합체로 시작하고, 어린이의 역할 놀이와 카드 게임은 주로 수집복합체를 만드는 활동과 관련되어 있음을 지적했다. 비고츠키가 말했듯이, 사슬복합체는 구체적인 그 구성원들로 환원될 수 있다. 새로운 구성원을 추가하는 것 이상의 추상적 법칙이나 일반적 규칙은 없다. 사슬복합체는 새로운 가사가 첨가됨에 따라 그 연결 성질이 변하는 '원숭이 엉덩이는 빨개'와 같은 노래에서 쉽게 찾을 수 있다. 유사하게, '가위바위보'와 같은 놀이에서 무엇을 내느냐에 따라 이기는 기준이 변한다. '끝말잇기'와 같은 놀이에서도 각 차례마다 뒤이어 올 낱말의 기준이 변한다. 모든 규칙 기반 놀이는 전체 개념을 가지고 있다. 놀이를 관리하는 추상적인 법칙이 있기 때문이다. 하지만 '가위바위보'나 '끝말잇기'를 하는 어린이들은 규칙을 설명할 수 없어도 쉽게 놀 수 있다는 것을 안다. 어린이는 가위바위보에서 이기는 방법이 담고 있는 자르고, 부수고, 덮는 개념이나

'끝말잇기'에 담긴 '음절'의 개념을 모를 수 있다. 사슬복합체적 생각을 하는 어린이는 높은 차원의 생각 없이 구체적인 놀이 단계를 밟는다. 그 단계와 똑같은 식으로 다음 단계를 만들 수 있기 때문이다. 수다나 인터넷상의 댓글들, 심지어 마구잡이 싸움까지도 하나의 구체적인 움직임이 뒤따르는 또 다른 구체적인 움직임을 일으키는 사슬복합체와 같은 것으로 간주할 수 있다. 여기에는 논리적으로 일관된 방식으로 모든 구체적인 행동들을 지배하는 의식적, 추상적 규칙이 존재하지 않는다.

13

10-13-1] 이 네 번째 유형의 복합체를 특징짓는 본질적 면모는, 각 구체적 요소와 복합체를 연합적으로 통합하는 특징 자체가 말하자면 확산적, 비규정적이고 유동적이고 모호하다는 것이다. 이 결과 분산적이고 비규정적인 연결을 통해 여실히 구체적인 심상이나 대상의 그룹을 통합하는 복합체가 형성된다. 예를 들면, 어린이는 표본인 노란 삼각형에 삼각형뿐 아니라 사다리꼴도 연결한다. 이는 어린이에게 위 꼭짓점 부분이 잘린 삼각형을 연상시키기 때문이다. 그런 후 어린이는 이 사다리꼴 옆에 정사각형을 두고 정사각형 옆에는 육각형을, 육각형 옆에는 반원을, 그리고 그 후에는 원을 놓는다. 여기서 기본 특징으로 취해진 형태가 분산적, 비규정적인 것이 되었듯, 복합체의 토대에 색깔의 분산적 특성이 도입되면 때때로 색깔도 서로 혼합된다. 어린이는 노란색 물체에 녹색 물체를, 녹색 물체에 파란색을, 파란색에 검정색을 연결하게 된다.

10-13-2] 어린이 발달의 자연적 조건에서 매우 지속적이고 중요한

이 복합체적 생각 형태는, 실험적 분석에서도 다음과 같은 측면에서 흥미로운 것을 제시한다. 그것은 복합체적 생각의 또 다른 매우 본질적인 특징인, 윤곽의 불확실성과 원칙적 무한성을 명백히 드러내기 때문이다.

10-13-3] 하늘의 별과 바닷가의 모래알같이 헤아릴 수 없을 정도로 많아지는 것을 꿈꾸었던 성서의 옛 부족들과 같이, 어린이 생각에서 분산복합체는 무한한 확장 가능성과 더 새롭고 구체적인 대상을 원래의 대상 집합에 포함시키는 가족적 통합을 나타낸다.

> 비고츠키는 하느님이 아브라함에게 한 약속을 언급하고 있다. 창세기, 22:17 "내가 네게 큰 복을 주고 네 씨로 크게 성하여 하늘의 별과 같고 바닷가의 모래와 같게 하리니 네 씨가 그 대적의 문을 얻으리라."

10-13-4] 수집복합체가 어린이의 자연적 삶에서 무엇보다, 개별 대상들의 기능적 유사성을 기반으로 한 일반화로 나타난다면, 어린이 생각 발달에서 분산복합체의 살아 있는 원형, 자연스러운 비유는 경험적으로 증명하기 불가능한 생각의 영역에서 형성된, 다시 말해 비구체적이고 비실제적인 생각의 영역에서 형성된 일반화일 것이다. 우리는 어린이가 자신의 구체적·대상적 세계의 경계, 실천적·실제적 경험의 경계를 넘어 이야기하거나 생각하기 시작할 때 종종 어른이 이해할 수 없는 생각지도 못했던 융합, 생각의 비약, 모험적 일반화, 분산적 이행이 얼마나 크게 일어나는지 알고 있다.

10-13-5] 여기서 어린이는 특징들이 미끄러지듯 이동하고 동요하면서 한쪽에서 다른 쪽으로 부지불식간에 이행하는 분산적 일반화의 세계로 들어서게 된다. 여기에는 확고한 윤곽이 없다. 여기에는 무한한 복합체가 지배하며 그 속에서 발견되는 연결의 무궁무진성은 우리를 놀라게 한다.

10-13-6] 주의 깊게 살펴보면, 이 복합체의 구성 원칙이 제한된 구체적 복합체의 구성 원칙과 동일하다는 것을 알 수 있다. 두 가지 경우에서 모두 어린이는 각 대상들 간의 구체적 심상이나 경험적 연결의 경계를 넘지 못한다. 모든 차이는 이 복합체가 얼마나 어린이의 실천적 지식 밖에서 발견되는 대상들을 통합하는가, 이 연결들이 얼마나 그릇된, 비규정적인, 유동적인 특성에 토대를 두는가에 있다.

앞 절(**10-12**)에서 우리는 어린이가 한 가지 이유로 오빠를 추가하고, 완전히 다른 이유로 부모를 추가하는 것처럼 각각의 가족 구성원을 서로 다른 기능적 측면에서 추가할 때마다 어린이의 가족이 사슬로 나타날 수 있다는 것을 확인했다. 기능적인 이유가 바뀌지 않는 상황을 가정해 보자. 예컨대 제사나 명절에 모여 한 지붕 아래 자는 사람들이 가족이다. "한 지붕 아래 잠을 잔다"는 것은 추상적 법칙이 아니라 구체적 연결이기 때문에(그리고 이 상황은 고모, 삼촌, 사촌을 포함할 수 있지만, 군복무 중인 큰오빠를 포함하지 못할 수도 있기 때문) 개념적 정의가 아니다. 그러나 이는 어린이의 새로운 복합체가 추가적으로 증가하지 않고 기하급수적으로 증가하는 것을 의미한다. 왜냐하면 어린이 자신의 가족과 같은 구조를 가진 가족이 세대별로 기하급수적으로 늘어나기 때문이다. 이때 가족은 끝도 없이 점점 더 커지면서 확장될 수 있다. **10-13-1**에서 비고츠키는 모양과 색깔이 분산복합체적으로 늘어나는 예를 제시한다.

한 어린이가 넓고 높은 노란 삼각형을 선택하고 그것을 '라그'임을 알았다고 가정해 보자. 어린이는 라그가 높이와 지름의 조합이 아닌, 모양이나 색깔처럼 명백한 물리적 특성을 지칭한다고 잘못 생각한다. 모양 가설을 검증하기 위해 어린이는 유사한 모양을 선택한다. 그러나 사하로프-비고츠키의 블록 실험에 사용된 블록들은 같은 것이 없기 때문에 어린이는 금방 삼각형을 다 모은 후 그다음에는 '거의 삼각형'인 사다리꼴을 선택한다. 서로 다른 색깔과 높이, 지름을 가진 여러 사다리꼴이 있었지만 결국 어린이는 사다리꼴을 다 모으고, 그다음에는 사다리꼴과 비슷한 모양인 사각형을 선택한다. 같은 일이 계속 일어나면서 어린이는 육각형을 선택하기에 이른다. 그런 다음 어린이가 삼각형의 한 종류로 원을 선택하게 될 것이라는 점을 쉽게 상상할 수 있다. 이러한 분산복합체적 생각에 따라 노란색이 검정색으로 바뀌기도 한다. 비고츠키는 두 가지 이유로 분산복합체의 본질이 무한한 것이라는 점을 강조한다. 첫째, 분산복합체는 이전에 나왔던 사슬복합체와 달리 추가에 제한이 없다. 각 '세대'는 단순한 더하기가 아니라 곱하기가 되므로 높이나 넓이와 무관하게 모든 삼각형이 한 번에 추가될 수 있다. 둘째, 이다음에 나올 의사개념과 달리 분산복합체는 어른의 낱말 사용에 제약을 받지 않는다. 어린이의 상상은 실행상 제한이 없어서 어린이는 사각형을 원으로 만들 수 있고, 흰색을 검정색으로 만들 수 있다. 일상생활에서 분산적 개념의 사례는 행운의 편지, 페이스북 친구, 다단계 사기 등이 있다. 정치인, 특히 선동적 연설가들은 종종 이런 분산복합체를 사용한다. 물론 어린이들도 분산적 추론을 사용하는데, 특히 "형제애"(애국심, 이타주의, 사회정의) 같은 추상적 개념에 직면할 때 그렇다. 예를 들어 어린이는 한 국가를 큰 가족보다 더 큰, 아주 큰 가족과 같은 것으로 생각할 수 있다. 비고츠키 당시, 그리고 지금 우리 시대에도 사회과 교육과정의 많은 부분이 "지평 확대법(공간 확대법)"으로 짜여진다. 어린이는 가족에서 시작해서 마을, 고장, 국가, 대륙으로 점점 커지는 분산복합체적으로 생각하도록 교육받는다.

이 그림은 소비에트에서 사용된 교육과정으로 지평 확대법을 보여 준다. 이는 노동(위), 자연(오른쪽 아래), 사회(왼쪽 아래)를 가르치기 위해서 사용되었다. 동심원의 중앙에는 "어린이로부터 세계로"라고 쓰여 있다. 첫째 원은 가족과 집, 둘째 원은 가족과 가정 주변의 노동/자연/사회를 나타내며, 셋째 원은 마을, 넷째 원은 러시아 소비에트 연방 사회주의 공화국의 노동/자연/사회를 나타낸다(Léopoldoff-Martin, 2014, p. 115). 분산복합체를 장려하는 이런 "지평 확대법"이 오늘날 사회과 교육에서 가장 중요하고도 분명한 과업 중의 하나인 이주민이나 외국인에 대한 이해를 어린이에게 가르치는 데 도움이 되지 않음은 명백하다.

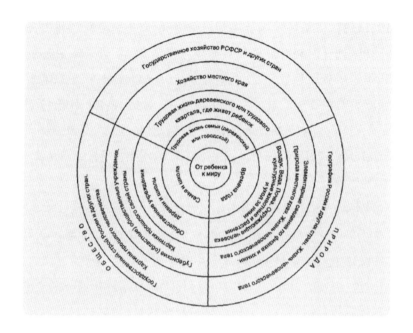

14

10-14-1] 복합체적 생각 발달의 전체 그림을 완성하기 위해서, 실험적 상황과 실제 삶 모두에서 아동의 생각에 커다란 중요성을 가지는 마지막 국면을 기술하는 일이 남아 있다. 이 국면은 개념 발달의 과거와 미래를 모두 비추어 준다. 이 국면이 한편으로 아동이 이미 지나온 복합체적 생각의 국면들을 명료하게 하고 다른 한편으로 새롭고 더 높은 단계 즉 개념 형성에 이르는 다리 구실을 하기 때문이다.

10-14-2] 우리는 이 유형의 복합체를 의사개념擬似槪念이라고 부를 것이다. 어린이의 생각에서 나타나는 이 일반화는 외형상 어른이 지적 활동에서 사용하는 개념을 떠올리게 하지만, 본질적으로 그 심리적 특성상 진정한 의미에서의 개념과 완전히 다르기 때문이다.

10-14-3] 복합체적 생각 발달의 최종적 국면을 주의 깊게 연구해 보면, 의사개념은 외형과 외적 특성을 종합해 볼 때 개념과 완전히 일치하지만, 발생적 본성 즉 그 기원과 발달의 조건에 따라 그 토대에 놓여 있는 인과-역동적 관계에 따라서 볼 때 결코 개념이 아닌, 일련의 구체적 대상들의 복합체적 통합임을 알 수 있다. 그것은 외적 측면에서는 개념이고, 내적 측면에서는 복합체이다. 따라서 그것을 의사개념이라 부른다.

10-14-4] 어떤 추상적 개념을 토대로 서로 선택 및 통합되었을 법한 일련의 대상들을 실험적 조건하에서 표본에 따라 모을 때마다 어린이는 의사개념을 형성한다. 따라서 이러한 일반화는 개념을 토대로 생겨날 수도 있었을 터이지만 실제로는 어린이의 복합체적 생각을 토대로 나타난다.

10-14-5] 복합체적 생각을 통한 일반화와 개념을 토대로 세워진 일반화가 일치하게 되는 것은 오직 그 결과에 나타난다. 예를 들어, 어린이는 주어진 표본, 즉 노란 삼각형에 실험 물체 가운데 있는 모든 삼각형들을 연결시킨다. 이러한 무리 짓기는 추상적인 사고(삼각형에 대한 개념이나 관념)를 기반으로 해서 나타날 수도 있다. 그러나 연구가 나타내고 실험적 분석이 확증하다시피, 사실 어린이는 대상들 사이의 구체적, 사실적 연결, 단순한 연합을 토대로 대상들을 분류한 것일 뿐이다.

10-14-6] 어린이는 단지 제한된 연합복합체를 구성했을 뿐이다. 전혀 다른 길을 통해 같은 지점에 도달한 것이다.

10-14-7] 이런 유형의 복합체와 구체적 생각 형태는 기능적, 발생적 관점 모두에서 어린이의 실제 생각을 지배한다. 따라서 우리는 어린이의 개념 발달에 있어서 복합체적 생각과 개념적 생각을 구분 짓는 동시에 개념 형성에서 이 둘의 발생적 단계를 연결해 주는 이 중요한 계기를 좀 더 세밀히 연구해야 한다.

증조부모의 제사에 참여한 어린이는 가계의 매우 구체적인 형태를 보게 된다. 이 형태는 여러 면에서 개념과 같으며 이제까지 보아 왔던 가족의 모든 복합적 형태와는 상당히 다르다. '제사'라는 구체적인 형태로 나타나는 가족은 연합복합체적 가족과는 달리 눈에 보이는 공통점에 근거하지 않는다. 수집복합체와는 달리 어린이와 일상생활을 공유하지 않는 많은 가족들이 여기에 포함되며 그것이 바로 제사의 상징적 의미이다. 사슬복합체와 달리 부모와 자식 간의 관계가 4대에 걸쳐 동일하게 나타난다. 분산복합체와는 달리 증조부에서 시작하여 어린이에게 이르는 가계가 명백하게 정의된다. 하지만 이러한 가계의 표상 또한 증조부모의 제사를 위한 실제 모임으로 나타난다. 이는 어린이의 마음에서 여전히 사실적, 구체적, 경험적 관계이며, 다윈의 계통수처럼 지구상의 누구든 포함할 수 있는 가상적, 일반적, 추상적 관계가 아니므로 아직은 개념이 아니다. 아직 도식적인 가계도가 아닌 것이다. 이것이 비고츠키가 의사개념이라고 부르는 것이다. 하지만 의사개념은 기능적으로 개념과 똑같은데, 비고츠키는 어떻게 그것이 복합체라는 것을 보여 줄 수 있을까?

어린이가 좁고 낮은 노란 원기둥을 골랐다고 가정해 보자. 그것을 뒤집으면 '세브'라고 쓰여 있다. 어린이는 세브가 노란색을 의미한다고 가정하고 좁고 낮고 노란 직육면체를 고른 다음 뒤집어서 역시 세브라고 쓰여 있는 것을 보았다. 어린이는 그 직육면체가 좁고 낮기 때문에 세브임을 알지 못하고, 노란색이기 때문에 세브라고 생각한다. 그 어린이는 세브의 개념처럼 보이는 것을 가지고 있지만 어린이의 결정을 뒷받침하는 생각 작용은 매우 다르다. 만약 어린이가 계속한다면 이는 점차 더욱 명확해질 것이다. 예를 들어, 어린이가 좁고 높고 노란 원기둥을 골라내서 뒤집으면 놀랍게도 세브가 아닌 '무르'라고 쓰여 있다. 이런 식으로 비고츠키는 개념이라고 보이는 것이 사실은 연합복합체 이상의 것이 아님을 보여 준다. 유사하게, 어린이가 만약 모양에 초점을 둔다면 세브가 서로 다른 '좁은' 모양의 도형들의 집합이라고 생각할 수도 있다. 이 역시 아직 세브의 개념이 아니다. 어린이가 '넓이'와

'높이'를 아직 구별하지 못하기 때문이다. 어린이가 원기둥을 표본으로 선택하고 그와 비교하여 육면체의 높이를 측정한 후, 이번에는 육면체를 기준으로 다른 블록을 측정한다면 이 어린이가 사실 일종의 사슬복합체인 의사개념에 도달한 것이라 말하게 된다. 물론 이 어린이가 세브라고 표시된 모든 블록을 포함할 때까지 '좁다'는 개념을 희석시키며 내적으로는 분산복합체라는 의사개념에 도달하는 것 역시 가능하다. 그러나 이 어린이의 의사복합체를 면밀하게 살펴보면 그 안에 '무르', 심지어는 '비크'까지도 포함되어 있음을 발견할 수 있을 것이다.

토우지와 맥도널드(2009)는 비고츠키가 의사개념이라는 용어를 두 가지 방식으로 사용했다고 주장한다. 하나는 복합체적 사고의 다섯 번째이자 마지막 국면을 가리키고, 다른 하나는 더 광범위한 것으로 어린이가 어른의 낱말과 비슷하게 사용하는 모든 전개념적 의미들을 가리킨다. 그들이 두 번째 의미의 증거로 제시한 문단은 흥미롭게도 영어판(1987)에만 들어 있으며 비고츠키의 실제 저작에서는 보이지 않는다. 그러나 그들의 해석은 확실히 가능한 것이다. 비고츠키가 종종 낱말들을 두 가지 의미로 사용하며, 의사개념 또한 그 자신의 말이 아니라 스턴에게서 차용한 것이기 때문이다. 이들의 해석을 받아들인다면 교실에서 의사개념적 추론의 예들을 매우 쉽게 찾을 수 있다. 비고츠키는 진정한 개념이 청소년기에서야 나타난다고 믿었기 때문에, 초등학생이나 그 이후까지도 개념 사용은 아마도 이러저러한 종류의 의사개념적 추론 방식을 포함한다고 할 수 있을 것이다. Y. 엥게스트롬은 1984년 핀란드의 고등학생과 중학생 그룹에게 다음과 같은 질문을 했다. "밤하늘에 구름이 한 점도 없는데 때로 달의 일부만 보이거나 아예 보이지 않는 이유는 무엇인가?" 바꾸어 말하면, "달의 위상 변화의 원인은 무엇인가? 그림을 사용하여 답을 명확하게 제시하라". 그가 받은 가장 보편적인 대답은 지구의 그림자 때문이라는 것이었다.

"달이 지구 주위를 돌면서 지구 그림자가 다른 크기로 달을 덮는다"(11학년 소년).

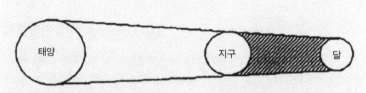

학생들의 주요 오개념을 보여 주는 도식(엥게스트롬, 1984)

"지구가 태양과 달 사이에 온다. 그러면 지구 그림자가 달 위에 드리운다. 그래서 달의 일부만 보인다"(8학년 소년).

이는 훌륭한 설명이지만, 달의 위상 변화가 아니라 월식에 대한 설명이다! 사실 달의 위상 변화는 지구의 그림자 때문에 생기는 것이 아니다. 그것은 달의 그림자 때문에 생긴다. 사실 어린이들이 그린 위의 그림은 보름달을 설명하는 데 훨씬 낫다. 왜냐하면 태양이 지구의 한쪽에 있고 달이 정반대 쪽에 있을 때 달은 언제나 보름달로 보이기 때문이다. 핀란드 어린이들은 왜 이 사실을 몰랐을까? 교과서가 이를 가르치지 않기 때문이다. 하지만 교과서가 이를 가르친다고 해도, 그것은 일련의 복합체와 함께 나타날 것이다. 핀란드 교과서가 달의 위상을 바르게 가르쳤을지라도, 어린이들이 하늘을 올려다보고 보름달이 뜨는 것과 동시에 해가 지는 것을 보고 스스로의 개념을 형성하지 못한다면, 어린이들은 의사개념적 이해만을 갖게 될 것이다. 진정한 개념은 의사개념과 다르다. 의사개념에서 분산복합체의 한계는 타인에 의해 부과된다. 그러나 진정한 개념의 한계는 어린이 자신에 의해 규정지어진다.

15

10-15-1] 우선, 어린이의 실제 생각 과정에서, 전학령기의 모든 복합체적 생각 형태 가운데, 의사개념이 가장 광범위하고 지배적이며, 대개 가장 배타적이라는 점에 주목해야 한다. 이러한 형태의 복합체적 생

각이 우세한 데에는 깊은 기능적 토대와 의미가 있다. 이 형태가 이토록 널리 퍼지고 거의 독보적으로 지배적인 이유는, 낱말의 의미에 상응하는 어린이의 복합체가 어린이 스스로 그린 노선을 따라 자유롭게, 자발적으로 발달하지 않고 성인의 낱말 의미에서 이미 확립된, 어린이 복합체 발달이 나아갈 규정된 방향에 따라 발달하기 때문이다.

10-15-2] 오직 실험을 통해서만, 이미 견고히 만들어진 의미의 무리를 가지고 있는 언어 속의 낱말이 가진 지시적 영향력으로부터 어린이를 자유롭게 할 수 있으며, 어린이가 자기 마음대로 낱말의 의미를 발달시키고 복합체적인 일반화를 해내도록 할 수 있다. 이 사실은 성인의 언어를 습득하는 어린이가 자신의 고유한 능동성을 무엇으로 나타내는지 밝히도록 해 주는 이 실험이 갖는 엄청난 중요성을 설명해 준다. 어떤 낱말의 의미와 관련될 수 있는 구체적인 대상들의 무리를 미리 규정하는 주변 환경 속 언어에 의해 어린이가 조종되지 않는다면, 그의 언어는 어떤 것이 될 것인지, 그는 어떠한 일반화로 나아갈 것인지를 실험은 보여 준다.

10-15-3] 이러한 가정법의 사용이 실험을 옹호하기보다 오히려 실험에 반대한다고 주장할 수도 있었을 것이다. 어쨌든 어린이는 사실 성인의 말로부터 익히게 되는 의미 발달 과정에서 자유롭지 못하기 때문이다. 그러나 우리가 이러한 비판을 피할 수 있는 것은, 이 실험이 우리에게 가르쳐 주는 것이 어린이가 어른들의 말이 갖는 지시적 영향에서 벗어나 독자적으로 자유롭게 일반화를 발달시킬 수 있을 경우 일어날 수 있던 것들에만 국한되지 않는다는 것을 지적할 수 있기 때문이다.

10-15-4] 실험은 피상적 관찰로는 보이지 않는 것, 즉 일반화 형성에서 실제로 전개되는 어린이의 능동적 활동을 보여 준다. 이는 파괴된 것이 아니라 감춰져 있을 뿐이며, 주변 환경의 말의 지시적 영향력에 의해 아주 복잡하게 표현된다. 어린이의 생각은 견고한 낱말의 의미로

인도되지만 생각 활동의 기본 법칙은 바뀌지 않는다. 이 법칙은 어린이 생각의 진정한 발달이 일어나는 구체적 상황에서만 고유하게 표현된다.

10-15-5] 어린이를 둘러싸고 있는 사람들의 말은, 확립되어 지속성을 갖는 의미를 통해, 어린이의 일반화 발달이 나아가는 길을 사전에 결정한다. 그것은 어린이의 활동성을 규정된, 엄밀히 정해진 노선을 따라 안내하면서 이어 나간다. 어린이는 이렇게 제한적이며 미리 정해져 있는 길을 여행하면서, 자신이 도달한 지성의 발달 단계에 고유한 방식으로 생각한다. 어른은 어린이와 구어적 의사소통에 참여함으로써, 일반화의 발달이 따르게 될 경로와 그 끝, 즉 그로 인해 얻어진 일반화를 결정할 수 있다. 그러나 어른은 자신의 생각 방식을 어린이들에게 그대로 전해 줄 수 없다. 어린이는 성인으로부터 이미 만들어진 말의 의미를 배운다. 어린이는 복합체 내에서 구체적인 대상들을 고르지 않아도 된다.

10-15-6] 말의 의미가 보급, 전달되는 경로는 어린이를 둘러싸고 있는 사람들과 말로 의사소통을 하는 과정에서 주어진다. 그러나 어린이는 어른들의 사고방식을 즉시 자기 것으로 흡수하지 못하며, 어른들의 산출물과 비슷한 결과물을 습득할 뿐이다. 이러한 결과물은 어른들과는 완전히 다른 지적 작용을 통해서 습득되며 완전히 특별한 사고방식에 의하여 만들어진다. 이것이 우리가 의사개념이라고 부르는 것이다. 이것은 표면적으로 성인의 낱말 의미에 실천적으로 상응하지만 내적으로는 완전히 다르다.

10-15-7] 그러나 이러한 산출물의 이중성에서 어린이 생각 과정의 틈과 균열을 찾는 것은 큰 실수일 것이다. 틈이나 균열은 이 과정을 두 개의 서로 다른 관점에서 연구하고 있는 관찰자의 눈에만 존재한다. 어린이 자신에게는 성인 개념의 등가물인 복합체, 즉 의사개념이 존재하는 것이다. 우리는 실험적인 개념 형성 과정에서 관찰할 수 있었던 이

러한 유형의 경우들을 쉽게 상상할 수가 있다. 즉, 어린이는 구조적, 기능적, 발생론적 관점에서 볼 때 복합체적 사고의 전형적인 모든 특징을 갖춘 어떤 복합체를 형성한다. 하지만, 이러한 복합체적 사고 과정의 산출물은 개념적 사고의 바탕 위에도 세워질 수 있는 일반화와 실천적으로 일치한다.

10-15-8] 이러한 생각의 최종 결과 또는 산출물의 일치 덕택에, 우리가 실제로 다루고 있는 것이 복합체적 생각인지 아니면 개념적 생각인지 구별하기가 몹시 어려워진다. 의사개념과 실제 개념 사이의 표면적 유사성 때문에 일어나는 이러한 위장된 형태의 복합체적 생각은 생각을 발생적으로 분석하는 경로에서 중대한 장애물이다.

10-15-9] 바로 이러한 정황 때문에 이 장의 앞부분에서 우리가 논의했던 그릇된 생각으로 많은 연구자들이 오도된 것이다. 세 살짜리의 사고와 성인의 사고 간에 관찰될 수 있는 표면적인 유사성, 어린이들과 성인들 간의 구어적 의사소통 및 상호 이해를 가능하게 하는 어린이와 성인의 낱말 의미들 사이의 실천적 일치, 그리고 복합체와 개념 간의 기능적 등가성 등이 연구자들로 하여금 세 살짜리의 생각 속에 비록 미완성된 형태로나마 온전한 성인 지적 활동 형태가 이미 나타나고 있으며, 결과적으로 청소년기에는 개념 숙달에서 그 어떤 원칙적인 비약도, 결정적인 새로운 진전도 나타나지 않는다는 잘못된 결론을 도출하도록 만들었다. 그러한 잘못된 생각이 어디에서 비롯하였는가는 명백하다. 아주 어린 나이에 어린이들은 많은 수의 낱말들을 자기 것으로 만드는데, 그에게 그러한 낱말들이 지시하는 바는 어른들에게 그 낱말이 지시하는 바와 동일하다. 그러나 (서로를-K) 이해할 가능성 덕분에 낱말 의미의 발달에서 도착점이 시작점과 일치하며, 완전히 준비된 개념이 바로 처음부터 주어지고, 따라서 발달의 여지란 존재하지 않는다는 인상이 생겨났다. 첫 낱말의 의미를 (아흐가 그랬듯이) 개념과 동일시하

는 이는 필연적으로 착각에 기초한 이러한 잘못된 결론에 도달하게 될 것이다.

10-15-10] 의사개념을 진정한 개념과 구분하는 경계를 찾아낸다는 것은 아주 어려운 일이며, 순수하게 형식적인 표현형적 분석도 거의 불가능해 보인다. 외적 유사성에 따라 판단한다면, 의사개념은 고래가 물고기처럼 보이는 것만큼이나 진정한 개념과 유사하다. 그러나 지적 형태와 동물 형태의 '종의 기원'으로 눈을 돌린다면 의사개념은 의심할 여지 없이 복합체적 생각으로 간주되어야 한다. 이는 고래가 포유류인 것과 마찬가지다.

10-15-11] 따라서 분석은 어린이의 복합체적 생각에서 가장 널리 퍼져 있는 구체적 형태인 의사개념이 이미 그 이름에 나타나듯 내적 모순을 품고 있다는 결론으로 우리를 이끈다. 이 모순은 한편으로는 의사개념에 대한 과학적 연구에서 가장 큰 어려움이자 장애물이기는 하지만, 다른 한편으로는 어린이 생각 발달 과정에서 중요한 결정적 요인으로서 엄청난 기능적 발생적 중요성을 만들어 낸다. 이 모순은 어린이와의 구어적 의사소통 과정과 상호 이해 과정에서 성인이 이 복합체와 개념의 차이를 알지 못할 정도로, 기능적으로 개념의 등가물인 복합체가 의사개념의 형태로 우리 앞에 나타난다는 것이다.

10-15-12] 따라서 우리는 실천적으로 개념과 일치하며, 사실적으로 개념과 동일한 구체적 대상의 무리를 포함하는 복합체를 다루게 된다. 우리가 보는 것은 개념의 그림자, 또는 그것의 윤곽선인 것이다. 어떤 작가가 비유적으로 표현한 것처럼, 그것은 "결코 개념의 단순한 기호로 간주될 수 없다. 오히려 그것은 그림, 즉 개념을 나타내는 내면적인 스케치, 혹은 그것에 관한 짧은 이야기이다." 다른 한편으로, 우리는 복합체, 즉 진정한 개념과는 전혀 다른 규칙에 근거하여 구성된 일반화를 다루게 된다.

10-15-13] 우리는 이미 위에서 이러한 실제 모순이 어떻게 그리고 어떤 이유에서 발생하는가에 대하여 논의하였다. 우리는 어린이를 둘러싸고 있는 어른들의 말이 일정하고 규정된 의미로 어린이의 일반화의 발달 경로와 복합체 형성의 범위를 결정하고 있음을 보았다. 어린이는 낱말의 의미를 선택하지 않는다. 그것은 어른들과 구두로 의사소통을 하는 과정에서 주어진다. 어린이는 자신의 복합체들을 마음대로 만들어 내지 않는다. 그는 다른 사람들의 말을 이해하는 과정에서, 의미가 이미 확립되어 있음을 발견한다. 그는 개개의 구체적 요소를 자유롭게 선택하여 이런저런 복합체에 포함시키지 않는다. 그는 주어진 낱말에 의해 이미 완성된 형태로 일반화된 일련의 구체적 대상을 받아들인다.

10-15-14] 어린이는 특정한 낱말을 특정한 구체적인 그룹에 자의적으로 연결하여 그 의미를 어떤 대상에서 다른 대상으로 전이시키거나, 그렇게 함으로써 그 복합체에 포함되는 대상들의 범위를 넓혀 나가는 것이 아니다. 그는 이미 확립되고 이미 완성된 형태로 주어진 낱말의 구체적 의미를 습득하며 성인의 말을 뒤따를 뿐이다. 좀 더 간단히 말하자면, 어린이는 자신의 말을 만들어 내지 않고 다만 그의 주변에 있는 어른들이 사용하는 이미 만들어져 있는 말을 습득할 뿐이다. 이것으로 모든 것이 설명된다. 또한 그것은 어린이가 낱말의 의미에 상응하는 복합체를 스스로 만들어 내지 않으며, 공통된 낱말이나 명칭들에 의해 그것이 이미 형성, 분류되었음을 발견하게 됨을 함의한다. 이 덕분에 바로 그의 복합체들이 성인의 개념과 일치하며, 그리고 이 덕분에 의사개념 또는 개념-복합체가 나타난다.

10-15-15] 그 외형, 결과, 최종 산물이 개념과 일치함에도 불구하고, 어린이의 의사개념적 생각은 생각 방식과 지적 작용 유형이 결코 어른의 생각과 일치하지 않는다는 것을 지적한 바 있다. 바로 이 덕분에

특히 이중적이면서 내적으로 모순된 어린이 생각 형태로서 의사개념이 지니는 엄청난 기능적 중요성이 나타난다. 의사개념이 어린이 생각의 주요 형태가 아니었다면 어린이 복합체는, 주어진 낱말 의미에 얽매이지 않았던 실험에서 그랬던 것처럼, 성인의 개념과 완전히 다른 방향으로 나아갔을 것이다.

10-15-16] 낱말을 통한 상호 이해, 어른과 어린이 사이의 구어적 의사소통은 불가능해질 것이다. 실제로 이러한 의사소통은 어린이의 복합체가 그것이 만나는 성인의 개념과 일치하기 때문에 비로소 가능하다. 개념과 개념의 정신적 그림들은 기능적으로 동등한 것으로 판명되는데, 이에 따라 이미 지적했듯이 의사개념에 막대한 기능적인 중요성을 부여하는 아주 중요한 상황이 만들어진다. 복합체적 사고를 하는 어린이와 개념적 사고를 하는 어른은 그들의 생각이 중첩되는 복합체-개념에서 사실적으로 만나기 때문에 상호 간의 이해와 구어적 의사소통을 확립하는 것이다.

10-15-17] 이 장의 첫머리에서 우리는 이미 유년기의 개념이 갖는 발생론적인 문제에 관한 모든 어려움이 어린이의 개념에 내재된 내적 모순을 이해하는 데 있음을 말했다. 낱말은 그 발달의 첫날로부터, 어린이와 어른 사이의 의사소통과 상호 이해의 수단이 된다. 아흐가 보여주었듯이, 낱말이 특정한 의미를 획득하고, 개념의 운반자가 될 수 있는 것은 바로 낱말을 통한 상호 이해라는 기능적 계기 덕분이다. 우스나드제가 말하듯, 상호 이해라는 기능적 계기가 없었다면, 어떠한 소리 복합체도 그 어떤 의미의 전달자가 될 수 없을 것이며, 그 어떤 개념도 생겨날 수 없었을 것이다.

10-15-18] 그러나 잘 알려진 것처럼 어른과 어린이 간의 말을 통한 이해와 접촉은 매우 일찍 발생한다. 이미 언급했듯이, 이러한 사실은 많은 연구자가 개념이 일찍 발달한다고 믿게 만들었다. 한편 우스나드제

의 견해를 인용하면서 우리가 앞에서 말했듯이, 어린이와 어른의 말을 통한 상호 이해가 매우 일찍 이루어지는 것에 비해 본격적인 개념은 어린이의 생각에서 비교적 늦게 발달한다.

10-15-19] 우스나드제는 말한다. "분명한 것은, 충분히 발달된 개념 단계에 아직 이르지 못한 낱말들이 개념의 기능을 취하여 화자들 사이의 이해의 수단으로 작용할 수 있다는 것이다." 연구자들은 개념이 아니라 개념의 등가물로 간주되어야 하는 생각 형태의 발달을 밝히는 문제에 당면한다. 개념의 늦은 발달과 구어적인 이해의 이른 발달 사이의 이 같은 모순은 어린이와 성인 사이의 생각과 이해의 일치를 가능하게 하는 복합체적 생각의 한 형태인 의사개념에서 진정한 해답을 찾게 된다.

10-15-20] 이와 같이 우리는 극히 중요한 어린이의 복합체적 생각 형태의 원인과 그 중요성을 밝혀냈다. 이제 우리에게 남은 일은 어린이 생각 발달에서 이 마지막 단계가 갖는 발생적 의미에 대해 말하는 것이다. 위에서 설명한 의사개념이 갖는 이중적인 기능적 본질에 비추어 볼 때, 어린이들의 생각 발달에서 이 단계가 발생적으로 아주 이례적인 의미를 갖는다는 것을 충분히 이해할 수 있다.

10-15-21] 의사개념은 복합체적 사고와 개념적 사고 사이의 연결 고리 역할을 한다. 어린이 생각의 발달에서 이러한 두 개의 주요 단계를 연결하는 것이다. 이 단계는 어린이들이 개념을 형성해 가는 과정을 우리에게 보여 준다. 그 안에 내재하는 모순 덕택에, 의사개념은 하나의 복합체임에도 불구하고, 그 안에 앞으로 싹틀 미래의 개념의 핵을 이미 내포하고 있다. 따라서 성인들과의 구어적인 의사소통은 어린이들의 개념 발달에서 강력한 추진력이며 불가결한 요인이 된다. 어린이에게서, 복합체적 생각에서 개념적 생각으로의 이행은 부지불식간에 이루어지는데, 이것은 의사개념이 이미 실천적으로는 성인의 개념과 일치하

기 때문이다.

10-15-22] 이는 독특한 발생적 상황을 만들어 내는데, 이것은 어린이의 모든 지성 발달에서 예외가 아닌 일반적 규칙을 드러낸다. 이 독특한 상황은 바로 어린이가 개념을 의식적으로 파악하기에 앞서 실제로 사용하고 다루기 시작한다는 것이다. 즉자적 개념과 대타적 개념은 대자적 개념 이전에 발달한다. 즉자적 개념과 대타적 개념은 이미 의사 개념 속에 존재하며 이들 개념이야말로 진정한 개념 발달을 위한 기본적인 발생적 전제 조건이다.

10-15-23] 따라서 의사개념은 어린이의 복합체적 생각 발달에서 특별한 국면으로 간주된다. 그것은 어린이 생각 발달에서 두 번째 단계 전체를 완결 짓고 세 번째 단계로 인도하는 동시에 그 둘 사이의 연결 고리로 작용한다. 그것은 어린이의 구체적이며 시각적-외형적인 사고 영역과 추상적 사고의 영역들을 이어 주는 다리이다.

16

10-16-1] 어린이의 복합체적 생각 발달의 최종 국면을 기술함으로써 개념 발달의 전숲 시기를 남김없이 그려 낼 수 있었다. 우리는 그것을 전체적으로 살펴보면서 복합체적 생각의 각각의 개별 형태를 분석하면서 강조했던 변별적 특징들을 다시 서술하지는 않을 것이다. 이러한 분석을 통해 우리는 한편으로 혼합적 심상과 구별되는 특징을 찾아내고, 다른 한편으로 개념과 구별되는 특징을 밝혀냄으로써 아래로부터는 물론 위로부터도 충분히 명확하게 복합체적 생각을 구분했다고 생각한다.

10-16-2] 연결들 간의 통일성의 결여, 위계의 부재, 복합체 저변에

놓인 관계의 구체적-시각적 특성, 일반에서 특수로 그리고 특수에서 일반으로의 고유한 관계, 복합체 내의 개별적 요소들 간의 고유한 관계, 그리고 일반화의 법칙 전체의 모든 고유성, 그리고 다른 더 낮은 혹은 높은 일반화 유형과의 커다란 차이점이 전체적으로 우리 앞을 지나갔다. 실험을 통해 다양한 복합체적 생각 형태의 논리적 본질이 명백하게 드러났다. 따라서 우리는 위에서 말했던 것을 잘못 이해하면 잘못된 결론을 초래하는 실험적 분석의 어떤 특징에 대해서는 유보 조항을 붙여야만 한다.

10-16-3] 실험을 통해 추출된 개념 형성 과정은 결코 실제 발달의 발생적 과정을 거울에 비추듯이 완벽하게 반영할 수 없다. 그러나 우리가 보기에 이것은 실험적 분석의 약점이라기보다는 커다란 장점이다. 실험적 분석은 개념을 형성하는 발생적 과정의 정수를 추상적 형태로 드러낼 수 있도록 한다. 그것은 실제 개념 발달 과정이 실제 어린이 삶에서 어떻게 전개되는지에 대한 진정한 이해와 통찰의 열쇠를 우리 손에 쥐어 준다.

10-16-4] 변증법적 생각은 인식의 논리적 방법과 역사적 방법을 서로 대립시키지 않는다. 엥겔스의 잘 알려진 정의에 따르면 "탐구의 논리적 방법은 사실 역사적 방법과 같은 것이며 단지 역사적 형태와 명제의 정연함을 간섭하는 역사적 우연으로부터 벗어날 뿐이다. 논리적 경로 역시 역사의 경로와 같은 것에서 시작하며 추후 발달은 역사적 과정이 추상화되고 논리적으로 일관된 형태로 반영된 것에 지나지 않는다. 그것은 조정된, 그러나 우리로 하여금 역사적 실재를 알게 해 주는 법칙에 따라 조정된 반영이다. 논리적 연구 방법은 모든 발달의 계기를 가장 성숙한 단계와 고전적 형태로 연구할 수 있는 가능성을 제공하기 때문이다."

본문의 인용문의 출처는 다음과 같다.

Marx and Engels, 『Collected Works』, Moscow: Progress. v. 13, p. 497.

이 문단에서 우리는 마르크스와 헤겔의 핵심적인 차이점을 확인하게 된다. 헤겔에게 역사는 이상의 현실화를 통해 종착역에 닿게 되지만, 마르크스에게는 역사의 어떤 순간도 역사의 끝이 될 수 없는 동시에 모든 순간이 역사의 끝이 될 수 있다. 현재를 상황화시키는 것이야말로 현재를 일종의 실험으로 만들어 준다. 그 어떤 예술 작품도 나타나는 순간 고전이 될 수 없기 때문에 우리는 새로운 작품을 고전으로 경험할 수 없지만, 실험은 현재를 역사의 한 순간이 아니라 역사의 마지막에 있는 것처럼 볼 수 있게 해 줌으로써 모던한 작품을 고전으로 경험할 수 있게 해 준다.

10-16-5] 이 일반적인 방법론적 입장을 우리의 구체적 연구에 적용하면 우리가 앞에서 열거했던 구체적 사고의 주요 형태들은 발달의 주요 계기들을 가장 성숙한 단계, 가장 고전적인 형태, 논리적 한계까지 나아간 순수한 형태로 나타낸다고 말할 수 있다. 발달의 실제 경로에서 이러한 생각 형태들은 복잡하고 혼합된 형태로 나타난다. 실험적 분석이 제시했듯이 그들의 논리적 서술은 개념 발달의 실제 경로를 추상적으로 반영한 것이다.

10-16-6] 따라서 실험적 분석에 의해 나타난 개념 발달의 가장 중요한 계기들은 역사적으로 인식되어야 하며, 어린이 생각 발달의 실제 과정에서 일어나는 가장 중요한 단계를 반영하는 것으로 간주되어야 한다. 이때 역사적 고찰은 개념을 논리적으로 이해하는 열쇠가 된다. 발달의 역사적 관점은 전체로서의 모든 과정과 그 각각의 계기를 설명하는 출발점이 된다.

10-16-7] 현대 '발달심리학'의 창시자 중 하나인 F. 크뤼거가 올바르게 지적했듯이 복잡한 정신적 형성과 현상을 발생적 분석 없이 순전히 형태학적으로 연구하는 것은 필연적으로 불완전하다. 그에 따르면, "순전히 형태학적인 분석은 최선의 경우일지라도 불완전하다. 연구되는 과정이 복잡하면 할수록 그 전제 조건으로 선행 경험들을 더 많이 가질 것이며, 발달의 불가피성이라는 관점에서 더욱 뚜렷한 문제 확립과 엄격한 비교, 더욱 개념적인 연결이 요구된다. 이것은 의식의 단일한 부분으로부터 유래하는 활동의 요소들을 고려할 때조차 그러하다."

> 이 문단에서 언급된 크뤼거의 저술은 다음과 같다.
>
> Krueger, F. 1915: Uber Entwicklungspsychologie, ihre sachliche und geschichtliche Notwendigkeit.
>
> In F. Krueger (ed.) Arbeiten zur Entwicklungspsychologie, vol. 1. Leipzig: Engelmann. (pp. 99-100, p.149).
>
>  *F. 크뤼거(Felix Krueger, 1874~1948)는 라이프치히 대학교 발달심리학 교수였다. 그는 한때 구조심리학의 천재로 여겨졌다. 그러나 그는 피어슨과 스피어맨, 그리고 고등정신기능의 유전을 옹호하기도 했다. 이는 그가 '백색 윤리'와 백인종의 생존을 위한 마지막 희망이라고 보았던 나치에 부역하도록 만들었다. 비고츠키는 '파시즘과 정신신경학'에서 그에 대해 길게 비판한다. 전쟁 후 크뤼거의 조부가 유태인이었음이 밝혀진다.

10-16-8] 크뤼거가 보여 주듯, 순수한 형태론적 연구는 심리적 형성체의 조직과 분화가 고도화될수록 점점 더 불가능해진다. "발생론적 분석과 종합, 한때 하나의 전체를 이루었던 선행 존재에 대한 조사, 그리고 그 모든 구성 요소들에 대한 일반적인 비교 없이는, 예전에 한때

기초적이었던 것으로 간주되어야 하는 것과, 본질적 상호관계의 담지자로 출현했던 것을 결코 판정할 수 없을 것이다. 오직 발생적 단편들에 대한 수많은 비교 연구만이, 개별 심리 구조들 간의 실제 구성과 관계를 단계적으로 밝힐 수 있다."

10-16-9] 발달은 모든 고등 형태를 이해하는 열쇠이다. 게젤은 다음과 같이 말한다. "가장 고차적인 발생 법칙은 명백히 다음과 같다. 현재의 모든 발달은 과거의 발달을 토대로 한다. 발달은 유전의 X 요인과 환경의 Y 요인이 합쳐져서 완전히 결정되는 단순한 함수가 아니다. 그것은 주어진 각 단계에서 과거에 포함되었던 것을 반영하는 역사적 복합체이다. 다시 말해 환경과 유전의 인위적 이원론은 우리를 잘못된 경로로 인도한다. 그것은 발달이 두 줄을 당겨서 움직이는 꼭두각시가 아니라 지속적이며 자기 조성적인 과정이라는 사실을 숨긴다."

이 문단의 인용문은 1932년 모스크바에서 출판된 『Педология ран-него возраста(초기 유년기 아동학)』이라는 책의 218쪽에서 인용된 것이다. 게젤은 G. S. 홀의 지도하에 미국적 아동학에서 능동적으로 활동했지만, '초기 유년기 아동학'이라는 제목의 책을 출판한 적은 없다. 따라서 이 책은 아마도 다음 책의 러시아어판으로 보인다.

Gesell, A. (1925). The mental growth of the preschool child, New York: Macmillan.

비고츠키는 이 책을 『연령과 위기』 1장에서 언급한다.

10-16-10] 이와 같이, 한편으로 개념 형성의 실험적 분석은 필연적으로 기능적 분석과 발생적 분석으로 우리를 인도한다. 따라서 우리는 형태론적 분석을 넘어 우리가 발견한 복합체적 생각의 주요 형태들과 어린이 발달 과정에서 실제로 나타나는 생각 형태들을 함께 다루어야

한다. 우리는 역사적 관점, 발생적 관점을 실험적 분석에 도입해야 한다. 다른 한편으로는 실험적 분석을 통해 얻은 자료를 이용하여 어린이 생각 발달의 실제 경로를 밝혀야 한다. 이런 식으로 실험적 분석과 발생적 분석을 함께 다룸으로써, 즉 실험과 실제를 함께 다룸으로써 우리는 복합체적 생각의 형태론적 분석으로부터 작용 중인 복합체의 실제 기능적인 의미와 실제 발생론적 구조에 대한 연구로 반드시 옮겨 가게 된다.

10-16-11] 이처럼 우리 앞에 형태론적, 기능적 분석과 실험적, 발생적 분석을 함께 다루어야 하는 과업이 나타난다. 우리는 어린이의 실제 발달의 사실들을 통해 실험적 분석 자료를 입증하고, 이 자료를 이용하여 개념의 실제 발달 경로를 밝혀야 한다.

17

10-17-1] 개념 발달의 두 번째 단계에 대한 우리의 연구로부터 도출된 기본 결론은 다음과 같다. 복합체적 사고의 단계에 있는 어린이는 낱말의 의미라는 점에서 어른과 동일한 것(동일한 대상)에 대해 생각한다. 이는 어른과 어린이 사이의 이해를 가능하게 하지만, 어린이는 동일한 대상에 대해 어른과 다른 지적 작용에 기초하여 다른 방식으로 생각한다.

10-17-2] 이 입장이 정말 옳다면 기능적으로 증명될 수 있을 것이다. 다시 말해 어른의 개념과 어린이의 복합체가 작용하는 모습을 고찰하면, 그 둘의 심리적 본질의 차이가 명백히 드러날 것이다. 어린이의 복합체가 개념과 다르다면 복합체적 생각 활동은 개념적 생각 활동과 다르게 전개될 것이다. 앞으로 우리는 우리의 고찰 결과를, 어린이 생각

의 특성과 원시적 생각의 일반적 발달에 관련된 심리학적 자료와 간략히 비교하고, 우리가 발견한 복합체적 사고의 특징적 작용을 기능적으로 검사하고, 검증하고자 한다.

10-17-3] 이 경우 어린이 생각 발달의 역사에서 우리의 주의를 끄는 첫 번째 현상은, 어린이의 첫 낱말의 의미가 순전히 연합적인 경로를 통해 전이된다는 잘 알려진 사실이다. 어린이의 첫 낱말의 의미가 전이되는 과정에서 어린이가 어떤 대상의 집합을 포함하고, 어떻게 이 대상들을 결합했는지 따라가면, 우리가 실험에서 연합복합체와 혼합적 심상이라고 부른 것들이 뒤섞인 예를 보게 될 것이다.

10-17-4] 아이델버거로부터 빌려 온 한 예를 살펴보자. 251일 된 어린이가 '바우 바우'라는 낱말을 자신이 가지고 놀고 싶은, 선반에 놓인 소녀 도자기를 가리키는 데 사용하였다. 307일째 되는 날에는 동일한 낱말 '바우 바우'를, 밖에서 짖고 있는 개와 조부모의 초상화, 그리고 자신의 장난감 말과 벽시계를 가리키는 데 사용하였다. 331일에 이 낱말은 개 머리 모양 장식이 달린 털목도리는 물론 개 머리 모양 장식이 없는 다른 목도리까지도 가리켰다. 게다가 이 어린이는 유리 눈에 깊은 관심을 보였다. 334일에는 동일한 이름이 누르면 소리를 내는 고무 인형을 가리켰으며, 396일째에는 아버지 옷소매의 검은 단추를 나타냈다. 433일에는 드레스의 진주 장식을 보았을 때와 욕조의 온도계를 발견했을 때 동일한 낱말을 말하였다.

> 이 예는 H. 베르너의 『Einfürung in die Entwicklungpsychologie』
> (발달심리학 입문)으로부터 재인용된 것이다.

10-17-5] 이 예를 분석하면서 베르너는 다음과 같은 결론을 내린다. 어린이가 사용하는 '바우 바우'라는 낱말은 다음과 같은 순서로

나열될 수 있는 전체 다양한 대상들을 의미한다. 첫째, 개와 장난감 개, 그다음엔 고무인형이나 욕조용 온도계처럼 인형을 닮은 작은 타원형 물체이다. 둘째, 단추나 진주처럼 작은 물체들이다. 이렇게 모은 토대에는 타원형이나 눈동자를 연상시키는 반짝이는 표면이라는 속성이 있다.

10-17-6] 이와 같이 우리는 어린이가 복합체의 원리에 따라 각각의 구체적 대상들을 무리 짓는다는 것과, 어린이 낱말 발달 역사의 첫 장이 이러한 자연적 복합체들로 가득 차 있다는 것을 알 수 있다.

> 반 데 비어와 발시너에 의하면, '잘 알려진 예'는 C. 다윈까지 거슬러 올라간다. 언급된 어린이는 다윈의 손자였다.

10-17-7] 흔히 인용되는 잘 알려진 예를 보면, 어린이가 처음에는 연못의 오리를 가리켜 '쿠아'라고 부르다가, 그다음엔 자기가 먹는 젖병 속의 우유를 포함한 모든 액체를 가리켜 부른다. 이 어린이가 독수리 문양이 들어간 동전을 보면, 이 동전도 같은 이름을 가지게 되고, 이는 이후에 동전을 연상시키는 모든 둥근 대상들이 동일한 명칭을 가지기에 충분한 것으로 드러난다. 여기서 우리는 사슬복합체의 전형적인 예를 보게 된다. 사슬복합체에서 각 대상은 오로지 다른 요소와 공통된 특징을 가졌다는 이유로 복합체 내에 포함되며, 대상들을 연결하는 이 공통 특징은 무한히 변화한다.

10-17-8] 이러한 어린이 생각의 복합체적 특성 덕분에 동일한 낱말이 다양한 상황에서 완전히 다른 의미를 가질 수 있다는, 즉 다양한 대상을 가리킬 수 있다는 어린이 생각의 고유한 특성이 나타난다. 심지어 아주 흥미로운 예외적 상황에서, 어린이는 포크와 나이프가 서로 연결되듯 낱말의 의미가 서로 연결되기만 하면 한 낱말 안에 상반된 의미를

담을 수 있다.

10-17-9] 어린이가 '앞前'이라는 낱말로 시간적 '이전'이나 '이후' 를 나타내거나 어제와 내일을 가리켜 모두 '내일'이라는 낱말을 사용하 는 것은 히브리어나 중국어, 라틴어와 같은 고대 언어에 대해 연구자들 이 오래전부터 알고 있었던 사실과 대단히 유사하다. 이러한 언어들은 상반된 두 가지 의미를 나타내는 데 같은 낱말을 사용한다. 로마인들 은 같은 낱말을 사용하여 높다는 의미와 깊다는 의미를 나타냈다. 이 와 같이 하나의 낱말에 반대되는 의미를 짝 짓는 것은, 복합체 내에 편 입되는 모든 구체적 대상들이 복합체의 다른 요소들과 완전히 병합되 지 않고 자신의 구체적 독립성을 모두 보존하는 복합체적 사고를 토대 로 해야만 가능하다.

18

10-18-1] 어린이의 생각은 복합체적 사고를 기능적으로 증명하는 데 탁월한 수단이 되는, 또 다른 대단히 흥미로운 특징이 있다. 바로 앞 서 제시된 사례보다 발달 단계가 더 높은 어린이의 경우, 복합체적 사고 는 보통 의사개념의 특성을 취한다. 그러나 의사개념의 본질은 복합체 적이기 때문에 진개념과의 외적 유사성에도 불구하고 작용에서 차이를 드러낸다.

10-18-2] 연구자들은 오래전부터 한 가지 매우 흥미로운 생각 특 징을 주목했다. 이 특징은 원시적 인종과 관련해서는 레비-브륄에 의해, 정신병 환자와 관련해서는 슈토르히에 의해, 어린이와 관련해서는 피아 제에 의해 처음으로 기술되었다.

*L. 레비-브륄(Lucien Lévy-Bruhl, 1857~1939)은 철학자이자 작가이다. 그는 원시 부족을 현대인과 질적으로 다르게 생각하며 그들을 이해하는 것은 그들이 스스로를 이해하는 방식으로, 그들의 용어를 사용해서만 가능하다고 주장했다. 레비-브륄은 인간일 수도 있고 동시에 인간이 아닐 수도 있다는 식의 모순을 배제해야 한다는 기본 논리적 원칙을 보로로와 같은 원시 부족은 수용하지 않는다고 믿었다. M. 무소와 C. 레비-스트로스의 연구 덕분에 레비-브륄은 오늘날 인류학의 아버지로 불리지만, 인류학자들과는 달리 그는 현장연구를 한 적이 없으며 2차 자료에 전적으로 의지했다. 이는 그의 연구가 본질적으로 추측에 근거한 것이며 근거 자료가 없음을 뜻한다. 예를 들어, 그는 보로로에게 트루마이라는 이웃이 있으며 트루마이는 자신들이 사람인 동시에 물고기라고 믿고 있었다는 사실을 무시했다. 보로로들은 보로로이면서 동시에 트루마이가 될 수는 없다는 것을 완벽하게 이해하고 있었다. 그러므로 보로로가 논리적 모순을 이해하지 못한다는 것은 사실이 아니다. 그들은 다만 정체성을 원시적 방식으로 이해하고 있었다. 그러나 보로로의 믿음이 그렇게 원시적인 것만은 아니다. 현대인들도 우리가 인간이며 동시에 짐승이 될 수 있음을 안다. 비고츠키는 '융즉'이라는 개념(소원이나 마법 주문이 그 어떤 원인 없이도 특정한 결과와 사실적, 경험적으로 연결될 수 있다는 복합체적 생각)을 취해서 이를 우리가 이해하지 못하는 인과적 관계에 대한 전적으로 근대적 원칙, 합리적 반응으로 이해할 수 있음을 보여 준다. 예를 들어 젊은이들이 시험을 볼 때 행운의 부적을 지니거나, 결혼반지를 끼면 축구 경기에서 득점을 얻을 것이라는 믿음, 조상신의 가호를 기대하며 그의 유품을 간직하는 것 등이 이에 해당한다.

현대의 보로로

*A. 슈토르히(Alfred Storch, 1888~1962)는 조현병을 전공한 정신과 의사이며 인류학에도 큰 관심이 있었다. 그는 1922년 발간한 논문에서 '고대의 원시적 생각'이 본질적으로 정신분열적이라고 주장하였다. 슈토르히는 정신분열과 원시적 생각의 두 경우에 모두 자의식이 사라지고 자신과 다른 존재 사이의 경계가 존재하지 않는다

고 믿었다. 비고츠키는 청소년기에 자아 감각이 충분히 발달하기 전의 어린이들이 어떠한가, 그리고 자아가 충분히 발달하지 않으면 어떻게 되는가를 보여 주기 위하여 이 개념을 사용하였다.

10-18-3] 생각의 초기 발생적 단계에서 생각이 갖는 특성을 분명히 구성하는 이러한 원시적 사고의 특징을 일반적으로 '융즉融卽, participation'이라고 부른다. 융즉은 원시적 사고에서, 두 대상이나 두 현상이 그 사이에 어떠한 공간적 접촉이나 이해 가능한 인과적 연결이 없는데도 마치 이들이 부분적으로 일치하거나 서로 밀접한 영향을 미치는 것과 같은 관계가 확립되는 것을 나타낸다.

10-18-4] 위의 정의를 수용한 피아제는 어린이의 생각에 나타난 융즉, 즉 논리적으로 전혀 이해할 수 없어 보이고 어떤 객관적 연결 토대가 없는 대상들이나 행동들을 어린이가 서로 연결 짓는 것에 대해 매우 풍부한 관찰을 제공한다.

10-18-5] 레비-브륄은 원시 부족의 생각에서 이러한 종류의 융즉이 가장 확연히 드러나는 사례로 다음을 인용한다. 폰 덴 슈타이넨에 따르면 북부 브라질의 부족인 보로로는 이 부족의 일원들이 아라라, 즉 붉은 앵무새임을 자랑스럽게 여긴다. 레비-브륄은 "이는 그들이 사후에 아라라가 된다거나, 아라라가 보로로족으로 환생한다는 의미를 넘어 그 이상의 것을 의미한다"고 말한다. "이 현상을 믿고 싶지 않았지만 부족들로부터 받은 단호한 확언으로 인해 이를 확인할 수밖에 없었던 폰 덴 슈타이넨은 다음과 같이 말했다. '마치 애벌레가 자신은 나비라고 말하듯이 보로로족은 그들이 사실 붉은 앵무새라는 것을 차분하게 확신하였다.' 아라라는 그들 스스로 붙인 이름이 아니고, 그들이 주장하는 친족관계도 아니다. 여기서 그들이 생각하고 있는 것은 본질적인 동질성이다."

위 문단의 내용은 L. 레비-브륄의 다음 책에서 인용되었다.

Lévy-Bruhl, L. 1922: 『Les Fonctions mentales dans les sociétés inférieures』 (5th edn). Paris: Alcan.

10-18-6] 정신분열증 환자에게서 나타나는 고대의 원시적 사고를 면밀히 분석하였던 슈토르히 역시 정신병 환자의 생각에서 동일한 융즉 현상을 발견했다.

10-18-7] 그러나 우리는 융즉 현상 자체에 대해서는 지금까지 충분히 설득력 있는 심리학적 설명이 주어지지 않았다고 생각한다. 우리가 보기에는 여기에는 두 가지 이유가 있다.

10-18-8] 첫째, 원시적 생각에 의해 성립된, 서로 다른 대상 간의 특수한 연결을 연구하면서 연구자들은 보통 이러한 현상의 내용 측면만을 독립된 계기로 연구해 왔고, 그 연결이 성립되고 발달되도록 도움을 준 기능, 생각 형태, 지적 작용을 무시했기 때문이다. 연구자들은 습관적으로 이러한 산물이 생겨난 과정이 아니라 이미 만들어진 산물을 연구했다. 따라서 이들에게 원시적 생각의 산물 자체는 신비하고 모호한 특성을 지니게 되었다.

10-18-9] 융즉에 대한 올바른 심리학적 설명을 제공하고자 할 때 두 번째 난관으로 간주해야 하는 것은, 연구자들이 원시적 생각을 규정하는 다른 모든 연결과 관계들을 융즉 현상과 충분히 연결 짓지 않았다는 사실이다. 이러한 연결들이 주로 연구자들의 시야에 들어오게 되는 것은 그것들이 우리에게 익숙한 논리적 생각에서 급격히 벗어날 때 보이는 예외성 때문이다. 일반적 관점에서 보기에 자신이 붉은 앵무새라는 보로로족의 주장은 너무도 터무니없었기 때문에 무엇보다 연구자들의 주의를 끌었던 것이다.

10-18-10] 반면 원시적 생각에 의해 만들어졌으면서 겉으로 보기에 일반적 논리에서 크게 벗어나지 않는 것들을 세밀하게 분석해 보면, 이것과 융즉의 연결의 토대에는 모두 본질적으로 동일한 복합체적 사고 기제가 자리 잡고 있음을 다시 한 번 확인하게 된다.

10-18-11] 이 발달 단계의 어린이가 복합체적 생각을 숙달하고, 낱말을 구체적 대상의 복합체를 나타내는 수단으로 사용한다는 사실, 그리고 어린이가 확립한 일반화와 연결의 기본 형태가 의사개념이라는 것을 고려한다면, 논리적 필연성에 따라 융즉이 복합체적 생각의 산물이라는 것은 완전히 명확해진다. 다시 말해 개념적 생각의 관점에서는 불가능하고 생각도 할 수 없는 대상들 간의 연결과 관계가 복합체적 생각에서는 발생하게 된다.

10-18-12] 사실 우리는 어떻게 하나의 사물이 그것의 다양한 구체적 특징에 따라서 다른 복합체로 편입될 수 있는지, 그 결과 그것이 속한 복합체에 따라 얼마나 다양한 성과 이름을 갖게 되는지 알고 있다.

10-18-13] 실험적 연구에서 우리는 어떤 구체적 대상을 동시에 둘 이상의 복합체와 관련시킴으로써 한 대상이 여러 명칭을 가지게 되는, 위와 같은 유형의 융즉을 자주 관찰할 수 있었다. 그러한 경우 융즉은 예외적인 것이 아닐뿐더러 오히려 복합체적 생각의 규칙이 된다. 우리의 논리적 연결에서는 불가능한, 융즉이라는 이름이 붙여진 연결이 원시적 생각의 모든 단계에서 나타나지 않는다면 그것이 기적일 것이다.

10-18-14] 마찬가지로 원시 부족들의 생각에 나타난 융즉을 이해하는 열쇠는 원시적 생각이 개념적으로 나타나지 않으며 복합체적 특성을 지닌다는 것, 따라서 이 언어에서 낱말은 완전히 다르게 기능적으로 적용되고, 다른 방식으로 사용되며, 개념 형성이나 전달 수단이 아니라 어떤 사실적 친족성에 따라 결합된 구체적인 대상들의 집합을 가리키는 가족의 성씨로서 나타난다는 것에서 찾아야 한다.

10-18-15] 베르너가 정확히 명명한 이 복합체적 생각은 마찬가지로 어린이에게서도 필연적으로 융즉을 낳는 복합체들의 짜임을 초래할 것이다. 이 생각의 토대에는 구체적 대상들의 시각-도식적인 집합이 놓여 있다. 이러한 원시 생각에 대한 베르너의 탁월한 분석은 융즉 현상을 이해하는 열쇠가 인간 지성의 역사적 발달에서 이 단계를 특징짓는 말과 생각의 고유한 결합에 있음을 확신하게 한다.

10-18-16] 마지막으로, 슈토르히가 설득력 있게 보여 주었듯이 정신분열증적 생각 역시 그러한 복합체적 특징을 가지고 있다. 정신분열증 환자의 생각에서 우리는 특이한 동기와 경향성을 다수 발견하게 되는데 슈토르히는 그에 대해 다음과 같이 말한다. "그것들 모두가 원시 생각 단계와 연결된다는 점에서 공통된 특징을 갖는다. 이 환자들에게 나타나는 각각의 표상들은 복합체적이고 집합적인 속성으로 통합된다. 정신분열증 환자는 개념적 사고로부터 더욱 원시적인 사고 단계로 퇴행하는데, 뷜러에 따르면 이 원시적 단계는 풍부한 심상과 상징의 사용으로 특징지어진다. 슈토르히는 "원시 생각의 가장 두드러진 특성은 아마도 추상적 개념 대신 완전히 구체적인 심상이 사용된다는 점일 것이다"라고 말한다.

10-18-17] 투른발트가 원시 부족의 생각의 기본적 특징으로 간주한 것이 바로 이것이다. 그는 말한다. "원시 부족의 생각은 현상에 대한 집합적이고 미분화된 심상을 이용한다. 그들은 실제가 그들에게 나타나는 방식인 구체적 심상만으로 생각한다." 분열증 환자의 생각의 최전선에서 개념을 대신하여 나타나는 이와 같은 시각적이고 집합적인 형태들은 원시적 단계에서 논리적 범주의 구조를 대신하는, 개념과 유사한 심상들이다(슈토르히).

10-18-18] 따라서 우리는 정신병 환자, 원시 부족, 어린이의 생각에 나타난 융즉이, 이 세 가지 생각 유형을 구분해 주는 뚜렷한 고유성에

도 불구하고 원시 생각 발달 단계가 나타내는 공통된 형태적 징후, 즉 복합체적 생각의 징후이며, 이 현상의 토대에는 어디에나 복합체적 생각 기제, 그리고 낱말을 가족의 상징이나 이름으로 사용하는 낱말의 기능적 사용이 있다고 본다.

10-18-19] 따라서 우리는 융즉에 대한 레비-브륄의 해석이 옳지 않다고 간주한다. 자신들이 실제로 붉은 앵무새라고 주장하는 보로로족의 의미를 분석할 때 레비-브륄은 보로로족의 주장이 원시적 생각에서 존재의 동일성이나 같음을 나타낸다고 가정하면서 지속적으로 우리 자신의 논리에서 취한 개념을 사용했기 때문이다. 우리의 의견으로는 이 현상에 대한 이러한 분석보다 더 큰 잘못은 없다. 만일 보로로족이 실제로 논리적 개념을 통해 생각했다면 그들의 주장을 레비-브륄의 해석 이외에 다른 식으로 이해할 수 있는 방법이 없었을 것이다.

10-18-20] 그러나 보로로족에게 낱말은 개념의 담지자가 아니라 구체적 대상들에 대한 가족적 지칭일 뿐이므로, 보로로족에게 이 주장은 완전히 다른 의미를 갖는다. 그들이 붉은 앵무새를 지칭하거나 자신들을 언급할 때 사용하는 아라라라는 낱말은 새와 사람 모두를 포함하는 어떤 복합체에 대한 공통 명칭이다. 그들의 주장은, 두 사람이 같은 성을 가지고 있으며 서로 친족 관계에 있다는 것이 두 존재의 동일성을 나타내는 것이 아닌 것과 마찬가지로 앵무새와 사람의 동일시를 나타내는 것이 아니다.

19

10-19-1] 그러나 우리 자신의 말 발달의 역사로 눈을 돌리면, 우리는 복합체적 생각 기제가 그 고유한 특성을 모두 유지한 채, 우리의 말

발달의 토대가 되었음을 보게 된다. 현대 언어학에서 우리가 배울 수 있는 가장 우선적인 것은 페터슨의 표현에 따르면, 낱말의 의미 또는 표현을 그 대상관계 즉 어떤 단어나 표현이 가리키는 대상과 반드시 구분해야 한다는 것이다.

> * M. H. 페터슨(Михаил Николаевич Петерсон, 1885~1962)은 러시아 언어학자로 두 편의 중요한 논문을 발표하였다. 한 편은 1923년 소쉬르의 일반 언어학에 대한 것이며, 다른 한 편은 1927년에 쓴 『언어의 사회적 본성』이다.

10-19-2] 의미는 하나이지만 대상이 다양할 수 있으며, 반대로 의미는 다양하지만 대상은 하나일 수 있다. 우리가 '예나의 승리자'라고 말하든 '워털루의 패배자'라고 말하든, 두 경우 우리가 지칭하는 인물(나폴레옹)은 동일하다. 두 표현의 의미는 상이하다. 대상을 지칭하는 것이 유일한 기능인 낱말, 고유 명사가 있다. 이렇게 현대 언어학은 낱말의 의미와 그 대상관계를 구분한다.

10-19-3] 이것을 우리가 관심을 갖는 어린이의 복합체적 사고의 문제에 적용하면, 우리는 어린이의 낱말이 그 대상관계에서는 어른의 것과 일치한다고 말할 수 있다. 즉 그 낱말들은 하나의 동일한 대상을 가리키며, 하나의 동일한 현상과 관련된다. 그러나 그 의미에서는 일치하지 않는다.

10-19-4] 어린이의 복합체적 생각에서 우리가 드러낸 가장 중요한 특징인 대상관계에 있어서의 일치와 낱말 의미의 불일치는, 거듭 말하지만, 언어 발달의 예외가 아닌 법칙이다. 우리가 연구의 가장 중요한 결과를 요약하며 위에서 말했듯이, 어린이는 어른과 동일한 낱말 의미, 즉 동일한 대상을 생각하며 그 덕분에 상호 이해가 가능해지지만,

다른 지적 작용을 사용하여 같은 내용을 다른 방식으로 다르게 생각한다.

10-19-5] 동일한 공식이 발달의 역사와 언어 심리학 일반에 온전히 적용될 수 있다. 여기서 우리는 한 걸음 한 걸음마다 이 생각이 옳다는 것을 확인해 주는 사실적 확증과 증거를 찾는다. 낱말의 대상관계가 서로 일치하기 위해서는 낱말이 동일한 대상을 가리켜야 한다. 그러나 낱말은 상이한 방식으로 동일한 대상을 가리킬 수도 있다.

10-19-6] 낱말 의미의 기저에 놓인 생각 작용이 일치하지 않지만 낱말이 가리키는 구체적 지시 대상이 맞아떨어지는 이와 같은 일치의 전형적인 예는 언어마다 존재하는 동의어이다. 러시아어에서 '루나(Луна)'와 '미야시쯔(Месяц)'는 동일한 대상(달)을 가리키지만 두 낱말은 그 발달의 역사에 새겨진 방식에 따라 다른 방식으로 달을 가리킨다. '루나'는 '변덕스럽'고 '불안정'하며 '쉽게 변한다'는 뜻의 라틴어 단어와 어원상 연결되어 있다. 달에 이 이름을 붙인 사람은 다른 천체와 다른 달의 본질이 한 위상에서 다음 위상으로의 변화에 따른 형태 변화임을 강조하려고 했을 것이다.

10-19-7] '미야시쯔'라는 낱말은 의미상 측정하다라는 의미와 연관되어 있다. '미야시쯔'는 '측정기'를 의미한다. 달에 이 이름을 붙인 사람은 달의 다른 특징, 즉 달 위상을 측정함으로써 시간을 계산할 수 있음을 강조하고 지적하고자 했던 것이다.

10-19-8] 따라서 어린이와 어른의 낱말에 대해 그것이 하나의 동일한 대상을 가리킨다는 의미에서 동의어라고 우리는 말할 수 있다. 그 낱말은 동일한 대상의 명칭이며, 명명적 기능에서 일치하지만 그 기저에 있는 생각 작용은 서로 다르다. 이 두 경우에서 이 명칭에 도달하는 어린이와 어른의 방식, 주어진 대상에 대한 어린이와 어른의 생각 작용, 이 생각 작용과 동등한 낱말 의미가 확연히 다르다.

10-19-9] 이와 똑같이, 동일한 대상이 여러 언어에서 그 명명적 기능이 일치하지만, 또 다른 언어에서는 같은 대상이 완전히 다른 특징으로 불리기도 한다. 러시아어에서 '뽀르뜨노이(портной, 재봉사-K)'는 고대 러시아어인 '뽀르뜨-(порт)', 즉 천 조각, 옷, 침대보에서 유래했으며, 프랑스어와 독일어에서는 같은 대상이 다른 특징인 '자르다'라는 낱말을 토대로 생겨났다.

> 비고츠키는 언어들 간의 차이점 역시 상이한 사고 과정을 반영한다는 사실을 지적한다. 이것은 사피르-워프 가설과 일맥상통하며, 매우 상대론적이다.

10-19-10] "따라서 우리는 이러한 입장을 다음과 같이 공식화한다. 보통, 낱말 의미라고 불리는 것에서 두 가지 계기, 즉 본래적 뜻에서의 표현의 의미와, 이런저런 대상에 대한 명칭으로서의 기능, 즉 대상관계를 구분할 필요가 있다." 이로부터, 낱말 의미에 대해 말할 때에는 본래적 뜻에서의 낱말 의미와, 낱말에 포함된 대상 지시를 구분해야 한다는 것이 명백하다(쇼르).

*Р. О. 쇼르(Розалия Осиповна Шор, 1894~1939)는 번역가이자 언어학자였으며 아제르바이잔과 모스크바에서 교수를 역임하다가 주립교육위원회에서 일했다. 그녀는 하이네, 디킨스의 작품과 고대 판차탄트라를 번역했으며, 사피르와 소쉬르의 연구를 번역하고 편집하고 논평하기도 하였다. 비고츠키는 사피르와 소쉬르의 연구를 모두 사용한다. 먼저 비고츠키는 낱말 의미가 항상 문화의 맥락에서의 문화적 일반화라는 사피르의 생각을 받아들인다. 그리고 비고츠키는 의미가 두 부분으로 나뉘

며, 그중 하나는 상황 맥락에서의 대상관계성 또는 '사용 가치'이고 다른 하나는 전체 언어 공동체에서 동의된 의미 또는 '교환 가치'라는 소쉬르의 생각도 받아들이고 있다. 예컨대 우리가 영어권 친구와 식당에서 낙지 볶음밥을 먹을 때, 영어 낱말 'octopus'는 낙지와 동일한 대상관계성 또는 '사용 가치'를 가질 수 있을 것이다. 그러나 그 'octopus'라는 낱말을 영한사전에서 찾아보는 순간, 즉 이 낱말의 '교환 가치'를 살펴보면, 우리는 'octopus'가 우리말의 '낙지'와 동일하지 않다는 것을 확인하게 된다. 'octopus'는 문어, 주꾸미, 낙지를 모두 의미할 수 있지만 '낙지'는 'octopus'와 교환 사용될 수 없다. 심지어 같은 언어에서도 교환 가치는 달라진다. 예컨대 파전을 만들 때 '해물'과 같은 낱말은 어린이에게는 '오징어'나 '새우'와 그 대상관계성이 완전히 동일하다. 하지만 어머니에게는 홍합, 조개, 낙지 등 바다에서 나는 모든 것을 의미한다. 어머니의 낱말은 영양, 요리, 구매하는 과정까지 고려한 의미를 담고 있지만, 어린이의 낱말은 겉모습이나 맛 같은 감각적 요인에 훨씬 치중되어 있을 수 있다. 어머니와 어린이가 동일한 사용 가치를 가진 낱말을 사용할 때조차 그 교환 가치는 매우 다른 것이다.

10-19-11] 우리는 낱말 의미와 낱말이 대상과 가지는 관계 사이의 구분, 즉 낱말 의미와 명칭의 구분에 어린이 생각 발달의 초기 단계를 정확히 분석하는 열쇠가 있다고 생각한다. 쇼르는 두 계기의 차이, 즉 의미 또는 표현 내용과 이른바 낱말 의미가 가리키는 대상 사이의 차이가 어린이 어휘 발달에서 확연히 드러남을 옳게 지적하였다. 어린이의 낱말은 어른의 낱말과 대상관계는 일치할 수 있으나 의미는 일치하지 않을 수 있다.

10-19-12] 모든 언어에서 낱말 발달의 역사와 낱말의 의미 이동에 주목하면, 첫눈에는 이상하게 보일 수 있지만, 낱말 의미 자체가 발달 과정에서 어린이에게서와 똑같은 식으로 변한다는 것을 볼 수 있을 것이다. 위에서 든 사례에서, 우리가 보기에는 서로 양립 불가능하고 매

우 다양한 사물 전체에 어린이가 '바우 바우'라는 동일한 일반적 이름을 붙였듯이, 우리는 낱말 발달의 역사에서 이와 비슷한 의미의 이동을 발견한다. 이는 그 토대에 복합체적 생각의 기제가 놓여 있으며, 여기서 낱말은 개념을 사용하는 발달된 생각과는 다른 방식으로 사용되고 적용된다는 것을 가리킨다.

비고츠키는 의미의 복합체적 변화에 대한 다양한 사례를 제시하고 있다. 이 예들은 10세기에서 16세기의 러시아어가 현대 러시아어로 전환하면서 그 의미가 변화한 것을 보여 준다. 독자의 이해를 돕기 위해 비슷한 시기인 11세기부터 한글이 창제된 시기에 사용되었던 중세 국어의 사례를 살펴보려고 한다. '어리다'라는 말은 중세 국어에서는 '어리석다'의 의미로 사용되었으나 현대에는 '나이가 어리다'라는 의미로 일반화되었다. '힘'은 중세 국어에서는 '근육'을 의미하였으나 오늘날의 '힘'은 추상적 개념이다. '어엿브다'는 중세 국어에서 '불쌍하다'는 의미가 있었으나 현대에는 '예쁘다'는 의미가 되었다. 공경을 뜻하는 '고마'에서 파생된 '고맙다'는 '존귀하다', '공경하다'라는 뜻으로 쓰이다가 현대에는 감사의 의미로 쓰인다. '게우다'는 '이겨 내지 못하다'라는 뜻에서 '토하다'라는 의미가 되었다. '늘다'는 '능가하다'라는 의미에서 '증가하다'라는 의미가 되었다. 이 모든 사례에서 우리가 볼 수 있는 것은 어떤 특성의 한 측면이 선택되어 추상화된다는 것이다. 예컨대 힘은 근육을 가리켰다가 점차 추상적인 '힘'을 나타내게 되고, 공경함이 고마움으로 일반화되었으며, 이기는 것이 증가나 성장을 의미하게 된 것이다. 이와는 반대로 추상적 특성에서 구체적인 하나의 사례가 추출되기도 한다. 예컨대, 순수함이 젊음의 제유가 되며, 이길 수 없는 것이 음식을 게우는 것이 되기도 하고, 불쌍함이 귀여움이 되기도 하는 것이다. 개념 형성은 어떤 의미에서 이와 유사한 과정이다. 하나의 특성이 선택되어야 하며, 일반화되어야 하고, 추상화되어 다른 모든 특성들의 최상위에 놓이게 된다.

10-19-13] 예를 들어, 러시아어 낱말 '수트키сутки(24시간-K)'의 역사를 살펴보자. 최초에 이 낱말은 솔기, 즉 두 장의 천이 만나는 지점, 무엇인가 함께 맞물려 있는 것을 의미했다. 그런 후 그것은 모든 이음새, 집의 귀퉁이, 두 벽이 만나는 지점을 가리키기 시작했다. 나중에는 은유적인 의미로 황혼, 즉 낮과 밤이 교차하는 시점을 가리키기 시작했으며 마침내 황혼에서 황혼까지의 시간 또는 새벽의 여명으로부터 그날의 저녁까지를 아우르는 시간을 포함하면서 낮과 밤, 즉 진정한 의미로 '하루'를 뜻하기 시작하였다.

10-19-14] 이와 같이 우리는 말의 역사적 발달에서 솔기, 집의 귀퉁이, 황혼, 하루와 같은 다양한 현상들이 공통된 시각적 특징에 따라 단일한 복합체로 결합되는 것을 본다. 어린이 역시 시각적 특징에 따라 상이한 대상들을 하나의 복합체 안에 결합시킨다.

10-19-15] "어원을 연구하기 시작하는 사람은 누구나 처음에는 어떤 대상의 명칭과 관련된 표현들이 가지는 단조로움과 시시함에 놀라게 된다"고 쇼르는 말한다. 어째서 '돼지свинья'와 '여성женщина'이 모두 '낳는 자родящая'를 의미하며, '곰медведь'과 '비버бобр'가 모두 '누렁이бурыми'로 불릴까? 왜 '측정자измеряющий'가 '한 달месяц'을 뜻하며 '우는 것ревущий'이 황소를, '가시투성이колючий'가 침엽수림을 뜻하는 것일까? 이 낱말들의 역사를 조사하면 우리는 그 토대에 개념들 사이에 확립된 논리적 연결의 필연성이 아니라, 순수하게 심상적인 구체적 복합체, 어린이 생각에서 연구했던 것과 동일한 특징을 지닌 연결이 놓여 있음을 알게 된다. 어떤 두드러진 독특한 구체적 특징에 따라 대상이 이름을 얻는 것이다.

10-19-16] '소корова'는 뿔 달린 것이라는 뜻이지만, 또 다른 언어에서는 이와 동일한 어근으로부터, 마찬가지로 뿔 달린 것을 뜻하지만 염소나 사슴과 같은 다른 뿔 달린 짐승들을 가리키는, 유사한 낱말들

이 생겨났다. '쥐мышь'는 도둑, '황소бык'는 우는 것, '딸дочь'은 젖 짜는 여자를 뜻하며, '어린이дитя'와 '처녀дева'는 젖을 짠다는 동사와 연결되어 젖먹이와 유모를 뜻했다.

10-19-17] 이러한 단어군##들을 구성하는 규칙을 찾는다면 우리는 보통 새로운 현상과 대상들이, 논리적 관점으로 전혀 중요하지 않고 이 현상의 논리적 본질을 설명하지 않는 하나의 특징에 따라 명명됨을 알 수 있다. 이제 막 생겨난 명칭이 개념이 될 수는 없다. 따라서 명칭은 논리적 관점으로 보면 한편으로는 너무 협의적이고 불충분하며, 다른 한편으로는 지나치게 광의적이다. 예컨대 소에 '뿔 달린 것'이라는 이름을 붙이거나 쥐에 '도둑'이라는 이름을 붙이는 것은, 소와 쥐가 이 이름들이 묘사하는 특징으로 완전히 설명되지 않는다는 점에서 너무 협의적이다.

10-19-18] 반면 이들은 너무 광의적인데 하나의 동일한 이름이 모든 일련의 대상에 적용되기도 하기 때문이다. 이런 이유로 우리는 언어의 역사에서 개념적 생각과 복합체적인 원시적 생각 간의 결코 끝나지 않을 한시도 멈추지 않는 투쟁을 보게 된다. 어떤 특징에 따라 선택된 복합체적 이름은 그것이 의미하는 개념과 모순되며, 그 결과 개념과 낱말의 토대에 놓인 심상들 사이에 투쟁이 일어난다. 심상은 화자의 의식에서 지워지거나 잊혀지거나 퇴출되고, 낱말의 의미를 이루는 소리와 개념의 연결은 이해하기 어렵게 된다.

10-19-19] 예를 들어, 오늘날 러시아어 화자 중 창문окно이라는 낱말을 사용하면서 그것이 우리가 보는 곳 또는 빛이 지나가는 곳을 뜻하며 그 자체에는 창틀이나 무엇을 연다는 개념을 전혀 포함하고 있지 않다는 것을 아는 사람이 없다. 그럼에도 불구하고 우리는 여전히 유리를 끼운 틀을 가리킬 때 '창문окно'이라는 낱말을 사용하며, 이 낱말이 '눈око'이라는 낱말과 가지는 연결을 완전히 잊는다.

10-19-20] 이는 '체르닐라черни́ла(잉크, 검은 것-K)'라는 낱말의 경우도 마찬가지다. 처음에 이 낱말은 (잉크의-K) 외적인 특징인 검은색 чёрный цвет을 가리키면서 쓰기에 사용되는 액체를 의미했다. 사람들은 순전히 연합적 경로에 따라 잉크를 검은색 물체의 복합체 안에 포함시키면서 이 대상을 체르닐라라고 불렀다. 그렇다고 이것이 오늘날, 우리가 붉은색 잉크, 초록색 잉크 또는 푸른색 잉크라는 낱말의 조합이 심상적 관점에서 부조리하다는 것을 무시하고 그러한 이름을 사용하는 데 장애가 되지 않는다.

10-19-21] 명칭의 변천을 연구하면, 명칭이 연합적으로, 즉 심상의 인접성이나 유사성에 따라 변하는 것을 보게 된다. 말하자면 논리적 생각 법칙이 아니라 복합체적 생각 법칙을 따르는 것이다. 이제 우리는 새로운 낱말이 만들어질 때 광범위한 대상들을 하나의 단일한 그룹에 이와 같이 복합체적으로 귀속시키는, 대단히 흥미로운 일련의 과정들을 관찰할 수 있다. 예를 들어 우리가 병의 목이나 탁자의 다리, 문의 손 (문 손잡이-K) 또는 강의 소매(강의 지류-K)라고 말할 때 바로 우리는 하나의 일반적 무리에 속하는 복합체적 대상관계를 만들어 낸 것이다.

10-19-22] 이러한 명칭 전이의 본질은, 여기서 낱말이 수행하는 기능이 의미를 파악하는 의미론적 기능이 아니라는 데 있다. 여기서 낱말은 명명적, 지시적 기능을 수행한다. 낱말은 사물을 지시하고 이름을 붙인다. 다시 말해 여기서 낱말은 생각 행위에 연결된 어떤 의미에 대한 기호가 아니라 감각적으로 지각된 다른 사물과 연합적으로 연결된, 감각적으로 주어진 것이다. 이름은 그것이 나타내는 사물과 연합을 통해 연결되고, 명칭의 전이는 대개 다양한 연합을 통해 일어나므로, 명칭의 전이가 일어난 역사적 상황에 대한 정확한 지식 없이는 연합의 재구성이 불가능하다.

무언가를 가리킬 때, 어린이는 몸짓과 대상을 연합한다. 몸짓과 대상은 모두 어린이의 감각에 의해 주어진다. 이름을 부를 때, 어린이는 소리와 대상을 연합한다. 발음된 낱말과 대상 역시 모두 어린이의 감각적 경험(또는 경험에 대한 어린이의 기억)에 의해 주어진다. 어린이가 개념화할 때만, 낱말은 생각 작용과 연결된다. 숫자를 예로 들어 보자. 111,111,111은 1억 더하기, 천백십일만 더하기, 천백십일이라는 생각 작용과 연결된다. 또한 숫자는 논리적으로 아리스토텔레스적 의미에서 자기 동일성을 갖는다. "1=1"이며, 숫자 1은 숫자로 하나인 모든 것을 포함하고 하나가 아닌 모든 것을 배제한다. 그러나 이는 대부분의 일상적 낱말에 대해서는 사실이 아니다. '오늘' 또는 '고기'와 같은 낱말은 생각 작용에 의해 해당 대상과 연결되는 것이 아니라, 감각적 경험과 기억에 의해 연결된다. '오늘'의 대상-참조는 자기 동일성을 갖지 않고 안정된 것도 아니며, '코로바'가 온갖 뿔 달린 동물을 가리키듯 어떤 고기는 염소, 어떤 고기는 소, 어떤 고기는 사슴이다. 따라서 비고츠키는 개념화를 의미론적 기능(한 낱말의 의미를 다른 여러 낱말의 의미를 통해 구성하는 것), 명명하는 것을 지시적 기능(하나의 의미를 통해 여러 낱말의 의미를 구성하는 것)으로 구분한다.

10-19-23] 이는 이러한 전이가 어린이의 생각에서 형성되는 복합체와 마찬가지로 완전히 구체적이고 사실적인 연결을 토대로 하고 있음을 의미한다. 이를 어린이 말에 적용하면 어린이가 성인의 말을 이해할 때 우리가 위에서 제시한 예시와 매우 유사한 어떤 것이 일어난다고 말할 수 있을 것이다. 어린이와 어른이 동일한 낱말을 발화할 때 그 낱말을 동일한 인물이나 대상, 예컨대 나폴레옹과 연결시키지만, 한쪽은 예나의 승자를 생각하고 다른 한쪽은 워털루의 패배자를 떠올리는 것이다.

10-19-24] 포테브냐의 훌륭한 표현에 따르면, 언어는 자신을 이해하는 수단이다. 따라서 우리는 어린이 자신의 생각과 관련하여 언어나 말이 수행하는 기능을 연구해야 하며, 여기서 어린이가 어떤 말을 통해

성인의 말을 이해하는 것과는 다르게 같은 말을 통해 스스로를 이해한
다는 사실을 확립해야 한다. 이것은 어린이에 의해 말을 통해 일어나는
생각 작용이, 동일한 낱말을 발음할 때 어른의 생각에서 산출된 작용
과 일치하지 않는다는 것을 의미한다.

*А. А. 포테브냐(Александр Афанасьевич Потебня, 1835~1891)
는 우크라이나의 언어학자, 민족지학자, 문학자였다.
그가 26세에 출판했던 『생각과 언어』는 비고츠키의
『생각과 말』에 직접적인 영감을 주었다. 비고츠키와
마찬가지로 포테브냐도 훔볼트의 영향을 크게 받아
서 쇼르와 형식주의자들에 반대하였다. 훔볼트 추종
자들의 관점에서 언어는 고정된 형식적 구조가 아니
라 끊임없이 변화하는 의미의 원천이다.

물론 아주 어린 어린이들의 경우 이런 의미들은 환경을 이해하는
수단이다. 그러나 포테브냐는 의미가 자신을 이해하는 수단이라고 주
장한다. 환경을 이해하기 위해 우리가 사용한 낱말은 어른과 어린이마
다 다르다. 자신(나, 너, 자신)을 이해하기 위해 사용하는 낱말은 훨씬
더 다를 수 있다. 아주 어린 아이는 "나"와 "너"의 의미를 구별하는 것

을 어려워하고 대신 자신의 이름을 사용한다. 할머니의
경우 "나"는 과거의 직업, 동료, 자녀, 손주와 연결된 단
일한 개념이다. 그러나 어린이의 경우 "나"는 '나는 스스
로 숙제를 했다'처럼 학습되어야 할 일련의 역할이다.

10-19-25] 우리는 이미 첫 낱말을 결코 개념의 단순한 기호로 받
아들여서는 안 된다고 말한 저자 중 한 명의 의견을 제시한 바 있다. 첫
낱말은 개념에 대한 심상, 그림, 정신적 밑그림, 개념에 대한 짧은 이야
기에 더 가깝다. 그것은 하나의 예술 작품이다. 그러므로 첫 낱말은 구
체적인 복합체적 특성을 가지고 있으며, 하나의 동일한 복합체에 똑같

이 연결될 수 있는 여러 대상들을 동시에 가리킨다.

10-19-26] 다음과 같이 진술하는 것이 더 정확할 것이다. 대상을 그러한 그림-개념의 도움으로 명명할 때 사람들은 그것을 온갖 다른 대상들을 포함하는 하나의 무리와 연결 지으면서 그것을 특정한 복합체와 관련짓는다. 포고딘은 '비슬로весло(노-K)'라는 낱말이 비에스찌везти(운전하다, 운반하다-K)로부터 유래함을 언급하면서, 이 단어는 운송 수단으로서의 배나 타고 가는 말 혹은 마차를 가리키는 데 사용되었으면 더 적당했을 것이라고 말한다. 우리는 이 모든 대상들이, 어린이의 생각에서 관찰했듯이, 하나의 복합체와 연결되어 있음을 알 수 있다.

*А. Л. 포고딘(Александр Львович Погодин, 1872~1947)은 러시아의 역사학자, 언어학자, 심리학자였다. 그는 혁명 후 러시아를 떠나 세르비아의 베오그라드에서 교편을 잡았다.

20

10-20-1] 어린이의 의사개념 형성을 이끄는 기본 동기를 결여한 농아 어린이들의 말은 순수한 복합체적 사고의 매우 흥미로운 예를 보여 준다. 앞에서 본 바와 같이 의사개념의 토대에는, 어린이가 다양한 대상들을 하나의 무리로 통합해서 자기 마음대로 복합체를 구성하는 것이 아니라, 이미 규정된 대상 집합과 연결된 낱말을 어른의 말에서 발견한다는 상황이 놓여 있다. 따라서 어린이 복합체는 대상관계에서 어른의 개념과 상응한다. 어린이와 어른이 '개'라는 말을 서로 이해한다는 것은 이 낱말을 동일한 대상과 연결시키며, 동일한 구체적 대상을 마음

속에 떠올린다는 것이다. 그러나 이들 중 한쪽은 개의 구체적 복합체를 떠올리는 반면 다른 한쪽은 개의 추상적 개념을 떠올린다.

10-20-2] 농아 어린이들의 말에서 이러한 상황은 그 힘을 잃는다. 왜냐하면 이 어린이들은 성인과의 구어적 소통이 결여된 고립 상태에서 동일한 낱말로 지칭되는 복합체를 마음대로 형성하기 때문이다. 그 결과 복합체적 생각의 특성이 특히 두드러지게 명확히 드러난다.

10-20-3] 따라서 농아의 말에서 '치아'는 '희다', '돌', '치아'라는 세 가지 다른 의미를 가질 수 있다. 이 다양한 이름들은 하나의 복합체로 연결되는데, 이 복합체가 주어진 의미의 대상관계를 명확히 규정하기 위해서는 후속 발달에서 지시하거나 묘사하는 몸짓과 다시 결합되어야 한다. 농아의 말에서 낱말의 이 두 기능은 물리적으로 분리되어 있다. 농아는 먼저 치아를 가리킨다. 그런 다음 그 표면을 가리키거나 손으로 던지는 몸짓을 함으로써 이 낱말이 어느 대상에 연결되어야 하는지 표현한다.

10-20-4] 성인의 생각에서도 우리는 대단히 흥미로운 현상을 매 순간 보게 된다. 비록 성인의 생각이 개념 형성과 그 조작에 도달할 수 있음에도 불구하고 그의 모든 생각이 이 조작으로 충만한 것은 결코 아니라는 것이다.

10-20-5] 꿈에서 발현되는 가장 원시적 형태의 인간 사고를 보면 우리는 그 안에서 복합체적 생각의 고대적 원시적 기제, 시각-도식적 융합, 심상의 응축과 치환을 본다. 꿈에서 관찰되는 이러한 일반화에 대한 연구는, 크레치머가 정확하게 지적한 대로, 원시적 생각에 대한 올바른 이해로의 열쇠이며, 생각의 일반화가 가장 발전된 형태인 개념의 형태로만 나타난다는 편견을 무너뜨린다.

10-20-6] 우리는 옌쉬의 연구가 순수한 시각-도식적 생각에 독특한 심상의 일반화 또는 통합이 존재한다는 것을 관찰했음을 지적할 수

있을 것이다. 이는 말하자면 개념의 구체적 유사물 혹은 시각적 개념으로서, 옌쉬는 이것을 유의미한 합성과 유동이라고 불렀다. 성인의 생각에서 우리는 매 순간 개념적 생각에서 구체적 복합체적 생각, 이행적 생각으로의 이행을 관찰한다.

10-20-7] 의사개념은 어린이만의 전유물은 아니다. 의사개념적 생각은 우리의 일상생활에서 매우 흔히 일어난다.

10-20-8] 변증법적 논리의 관점에서 보면 일상생활 용어에서 만나는 개념은 진정한 의미의 개념이 아니다. 이런 개념은 사실 사물이 일반화된 표상이다. 그러나 변증법적 의미에서 이러한 표상들이 복합체 또는 의사개념으로부터 진정한 개념으로의 이행적 단계라는 데에는 의심의 여지가 없다.

> 특히 국내의 많은 독자들에게 '변증법적 논리'라는 말은 의사개념으로 이해될 수도 있다. 즉 '변증법'은 타인(헤겔, 마르크스, 비고츠키)을 위해 존재하는 낱말이며, 우리 자신의 생각 작용이 아니라 그들의 낱말 사용에 의해 규정된다. 따라서 비고츠키가 사람들의 일상생활의 생각 작용이 변증법적 관점에서 진개념이 아니라고 말할 때, 이는 그 생각 작용이 잘못되었다는 뜻은 아니다.
>
> 변증법적 논리와 달리, 일상적 개념을 반영하는 아리스토텔레스의 논리는 어떤 것에는 완전히 들어맞는다. 예를 들어 "1=1"이고 "1은 '1 아닌 것'과 같지 않다"는 것은 숫자 1에 대한 완벽히 옳은 생각 방식이다. 그러나 이러한 단순한 논리는 수학의 영역에서조차, 파이나 황금비율과 같은 무리수에는 결코 적절치 않다는 것을 곧 알게 된다. 이런 무리수들은 끊임없이 역사적으로 발달하고 있으며, 그 값은 기능적 사용에 의존하므로 결코 무리수 자체와 완전히 같지 않다.

21

10-21-1] 위에서 우리가 기술한 어린이의 복합체적 생각은 어린이 개념 발달의 역사에서 첫 번째 근원을 구성할 뿐이다. 그러나 어린이의 개념 발달은 두 번째 근원을 가진다. 이 두 번째 근원은 어린이 생각의 발달에서 주요한 세 번째 단계를 이루며, 이 세 번째 단계는 두 번째 단계와 마찬가지로 자기 나름의 일련의 개별 국면이나 하위수준으로 나뉜다. 이러한 뜻에서 우리가 위에서 검토한 의사개념은 복합체적 생각과 어린이 개념 발달에서의 두 번째 근원이나 원천 사이의 이행적 단계를 구성한다.

개념 형성의 첫 번째 뿌리는 포함하기, 즉 일반화이다. 그러나 분산복합체가 보여 주듯 일반화 자체가 개념으로 이어지지는 않는다. 일반화 자체는 그 범주 안에 대상을 점점 더 넓게, 점점 더 많이 포함함으로써 흑이 백으로, 낮이 밤으로, 옳음이 그릇됨으로 뒤바뀌기도 한다. 두 번째 뿌리는 배제하기, 즉 추상화이다. 어린이는 결국 부수적인 특성을 배제하는 법을 배운다. 즉 백을 배제한 흑, 밤을 배제한 낮, 그릇됨을 배제한 옳음을 배우는 것이다. 어린이는 처음에는 어른이 사용하는 낱말 의미에 따름으로써 이를 배운다(예컨대 회색은 일종의 연한 검정으로 하얀색이 아닌 것, 황혼은 밤에 속하며 낮이 아님, 속이려고 의도한 거짓은 옳지 않으며 잘못된 것). 그러나 청소년기에 어린이는 어른의 도움 없이 추상화하고 진정한 개념을 만들어 낼 수 있다. 이는 의사개념이 모든 복합체를 아우르는 포괄적 용어가 아님을 의미한다. 그리고 다음발달영역을 고려한다면 의사개념은 또 하나의 복합체적 생각 단계로 간주되어야 한다. 의사개념의 다음발달영역은 어린이 자신의 추상화, 위계화의 힘으로 형성된 일상적 개념과 추상화이다. 연합복합체의 다음발달영역은 수집복합체이고, 수집복합체의 다음발달영역은 사슬복합체이다. 사슬복합체의 다음발달영역은 분산복합체이며, 분산복합체의 다음발달영역이 바로 의사개념이다.

10-21-2] 우리는 어린이의 개념 발달 과정에 대한 우리의 입장이 실험적 분석이라는 인위적 조건에서 드러난 대로 제시되었음을 위에서 이미 언급했다. 이런 인위적 조건은 개념 발달 과정의 논리적 순서를 나타낸다. 따라서 그것은 필연적으로 개념 발달의 실제 경로와 다르다. 어린이 생각 발달의 실제 경로에서 각 단계의 순서 및 그에 속한 개별 국면의 순서는 우리의 설명과 서로 일치하지 않는다.

10-21-3] 우리는 우리의 흥미를 끄는 문제의 분석에서 언제나 발생적 경로를 따르고자 노력했지만, 또한 각각의 발생적 계기들을 가장 성숙하고 고전적인 형태로 나타내고자 노력했기 때문에, 실제로 어린이 개념의 발달이 일어나는 복잡하고 얽힌 지그재그 경로로부터 필연적으로 벗어나게 되었다.

10-21-4] 이 시점에서, 어린이 생각 발달의 세 번째이자 마지막 단계의 기술로 이행하면서 우리는 사실, 복합체적 생각이 그 발달의 전체 주기를 완전히 완성한 후에 반드시 세 번째 단계의 첫 번째 국면이 시간적으로 뒤따르는 것은 아니라는 점을 지적해야 한다. 반대로 의사개념의 형태로 나타나는 더 고등한 형태의 복합체적 생각은, 우리의 보통의 말에 의존한 일상적 생각이 머무르는 이행적 형태라는 것을 보았다.

10-21-5] 한편, 우리가 이제 기술해야 하는 형태들의 최초의 싹은 시간상 의사개념 형성에 훨씬 선행한다. 하지만 그 논리적 본질상 그들은, 위에서 말한 바와 같이, 개념 발달의 역사에서 두 번째의, 말하자면 독립적인 근원이다. 우리가 이제 보게 될 바와 같이, 그들은 완전히 다른 발생적 기능을 수행한다. 어린이 개념 발달 과정에서 다른 역할을 하는 것이다.

10-21-6] 우리가 위에서 기술한 복합체적 생각 과정의 가장 큰 특징은 이러한 생각 유형의 기저를 구성하는 연결과 관계를 확립하는 계기이다. 이 단계에서 어린이의 생각은 지각된 개별 대상들을 복합체로

모으고 그 복합체들을 특정하게 무리 지음으로써 분산된 인상들의 재통합을 위한 기초적인 토대를 형성하여, 경험의 분산적인 요소를 일반화하는 길로의 첫 번째 걸음을 내딛는다.

10-21-7] 그러나 자연적 형태의 개념과 발달된 형태의 개념은 경험의 개별적인 구체적 요소의 통합과 일반화를 전제로 할 뿐 아니라 개별 요소들의 추출, 추상, 분리를 전제로 하며, 이러한 추출, 분리된 요소를 경험에서 주어지는 구체적이고 사실적인 연결 밖에서 고려할 수 있는 능력을 전제로 한다.

비고츠키는 사회적 사실주의자, 사회적 구성주의자도 아니다. 그의 입장은 발달한다. 예를 들어, 개념은 자연적(사실주의적) 형태와 발달된 (사회적으로 구성된) 형태 모두를 지녀야만 한다. 자연적 형태의 개념은 동물이 먹어도 되는 것과 먹으면 위험한 것을 판단할 때 사용하는 개념이다. 사회적으로 구성된 형태의 개념은 어린이들이 자기 방을 청소하면서 공룡 모형과 고래 모형을 같은 범주에 넣고 로봇과 자동차는 다른 범주에 속한다는 것을 구분할 때 사용하는 것으로, 청소년기 훨씬 이전부터 나타나기 시작한다. 그러나 진개념이라는 발달된 형태는 과학적 발견과 언어적 의사소통을 통해 역사적으로 나타난다. 어린이들이 과학적 발견을 통해 생각하고, 과학적 언어로 의사소통할 수 있게 되는 청소년기가 될 때까지 진개념은 숙달되지 않는다.

10-21-8] 이 점에서 복합체적 생각은 무능력하다. 그것은 연결의 초과 또는 과잉, 그리고 추상화의 빈곤에 완전히 물들어 있다. 복합체적 생각에서 특징을 분리하는 과정은 매우 취약하다. 반면, 이미 말한 바와 같이, 진정한 개념은 종합의 과정만큼 분석의 과정에 의존한다. 분해와 결합은 개념 형성에서 필수적인 내적 계기를 구성한다. 괴테의 유명한 표현에 따르면, 분석과 종합은 들숨과 날숨처럼 서로를 전제로

한다. 이 모두는 생각 일반뿐 아니라 개별 개념의 구성에도 동일하게 적용된다.

10-21-9] 우리가 어린이 생각 발달의 실제 경로를 따르고자 했다면, 결국 이 뒤섞인 형태에서는 복합체를 형성하는 기능의 각 발달 노선이나, 전체를 개별 요소들로 분해하는 기능의 각 발달 노선을 발견할 수 없었을 것이다.

10-21-10] 사실 이 둘은 뒤섞여 융합된 형태로 나타난다. 우리는 오직 과학적 분석의 목적하에서 이들 각각을 가능한 한 명료하게 추적하기 위해 노력하면서, 이 두 노선을 분리된 형태로 제시한다. 그러나 이와 같은 두 노선의 분리는 다른 어떤 방법으로 임의로 대체할 수 있는 우리 고찰의 조건적 방법이 아니다. 반대로, 이 분리는 사물들의 본성 자체에 뿌리를 내리고 있다. 각 기능의 심리적 본성이 본질적으로 다르기 때문이다.

10-21-11] 이와 같이 우리는 어린이 생각 발달의 세 번째 단계가 가지는 발생적 기능이 분해, 분석, 추상의 발달임을 본다. 이러한 측면에서 이 세 번째 단계의 첫 번째 국면은 의사개념과 매우 가깝다. 이는 대상의 요소들 간 최대 유사성을 토대로 이루어진, 여러 구체적 대상들의 통합이다. 이러한 유사성은 결코 완벽할 수 없으므로 우리는 심리학적 관점에서 대단히 흥미로운 상황에 마주치게 된다. 어린이는 주어진 대상의 다양한 속성을 균등한 조건에 두고 주의를 기울이지 않는다.

10-21-12] 어린이에게 주어진 견본과의 최대 유사성을 반영하는 특징들은 한데 모여, 말하자면 주의의 중심이 되어 주의의 주변부에 남아 있는 다른 특성들로부터 분리, 추상된다. 여기서 처음으로 추상 과정이 명백히 드러나게 된다. 추상 과정은 잘 구별되지 않는 특징이 있다. 왜냐하면 내적으로 충분히 구별되지 않은 전체 특성의 무리가 특성

의 분명한 계층화를 토대로 하지 않고 때로 단지 모호한 공통성의 인상에 따라 추상화되기 때문이다.

10-21-13] 그럼에도 어린이의 전체적인 지각에 간극이 벌어진다. 특성들은 이제 두 개의 불균등한 부분들로 나뉘고 퀼페 학파가 긍정적 추상, 부정적 추상이라고 이름 붙인 두 개의 과정들이 나타난다. 구체적 대상은 더 이상 그 모든 특징과 모든 사실적 통합성을 유지하면서 복합체에 편입되거나 일반화에 포함될 수 없다. 복합체에 편입되면서 그것은 그 요소들의 일부를 복합체의 문턱 밖에 버리고 빈곤해진다. 그 대신, 대상이 복합체에 포함되는 토대가 되어 준 특성들은 어린이 생각에서 특히 두드러지게 나타나게 된다. 최대한의 유사성이라는 토대 위에 어린이가 생성한 이 일반화는 의사개념에 비해 더욱 빈곤한 동시에 더욱 풍요로운 과정이다.

10-21-14] 이 일반화가 의사개념보다 풍부한 것은 공통적으로 지각된 특징의 일반적 무리들로부터 중요하고 본질적인 것을 분리함으로써 구성되었기 때문이다. 그것이 의사개념보다 빈약한 것은 이 구성이 기반을 두는 연결들이 극도로 빈곤하기 때문이다. 이들은 오직 공통성 또는 최대한의 유사성에 대한 모호한 인상으로만 이루어진다.

22

10-22-1] 이 개념 발달 과정의 두 번째 국면은 우리가 잠재적 개념의 단계라고 부를 수 있는 국면이다. 실험 상황에서 이 발달 국면에 있는 어린이는 대체로 단일한 공통 속성에 따라 통합된, 자신이 일반화한 대상들의 무리를 골라낸다.

10-22-2] 얼핏 보기에 의사개념과 매우 비슷하고 겉보기에는 진정

한 의미에서 진개념으로 보이는 장면을 만나게 된다. 개념적으로 작동하는 어른의 생각의 결과로도 동일한 산물을 얻을 수 있을 것이다. 이 속기 쉬운 겉모습, 진개념과의 외적 유사성이 잠재적 개념과 의사개념의 관계를 맺어 준다. 그러나 잠재적 개념과 의사개념의 특성은 본질적으로 다르다.

10-22-3] 진개념과 잠재적 개념 사이의 구분은 이를 개념 분석의 출발점으로 삼은 K. 그로스에 의해 심리학에 도입되었다. 그로스는 다음과 같이 말한다. "잠재적 개념은 습관적 행동에 지나지 않을 것이다. 가장 기초적인 형태의 잠재적 개념은 유사한 원인이 유사한 일반적 인상을 일으킬 것이라는 기대, 혹은 더 정확히 말하면 태세이다. 만일 잠재적 개념이 우리가 기술한 바와 같이, 실제로 습관에 대한 태세라면, 그것은 어떤 경우에라도 어린이에게서 매우 일찍 나타난다. 나는 이것이 지적 판단의 출현을 위한 필수 전제 조건이지만, 본질적으로 그 안에 지적인 것이 전혀 없다고 생각한다." 이처럼 잠재적 개념은 생각 발달 역사의 매우 초기에 나타나는 전前 지적 형성물이다.

10-22-4] 이와 관련하여 대부분의 동시대의 심리학자들은 우리가 위에서 기술한 형태의 잠재적 개념이 동물의 생각의 특징이라는 데 동의한다. 이 점에서, 추상화가 이행적 시기에 처음으로 출현한다는 일반적으로 받아들여지는 의견에 대하여 크로가 반대한 것은 대단히 옳은 것으로 보인다. 그는 말한다. "추출적 추상화는 이미 동물에게도 확립되어 있을 수 있다."

10-22-5] 그리고 사실 닭의, 형태와 색깔의 추상화에 대한 특별한 실험은 진정한 의미에서의 잠재적 개념은 아닐지라도, 개별적 특성의 추출, 분리를 포함하는, 그와 대단히 비슷한 것이 동물의 행동 발달의 아주 이른 단계에서 일어난다는 것을 드러냈다.

10-22-6] 이러한 관점에서 보면, 잠재적 개념이 일반적 반응으로의

태세라고 간주하고, 여기서 어린이 생각 발달의 특징을 보기를 거부하며 잠재적 개념을 발생적 관점에서 전前 지적 과정에 포함시킨 그로스는 매우 옳다. 그로스에 따르면 우리의 최초 잠재적 개념은 전 지적인 것이다. 즉 논리적 과정을 상정하지 않더라도 잠재적 개념의 작용을 밝혀낼 수 있다. 이 경우 낱말과 낱말 의미라 불리는 것 사이의 관계는 때로 단순한 연합일 수 있으며, 이 연합 속에 진정한 의미 관계는 포함되지 않는다.

10-22-7] 어린이의 첫 번째 낱말들을 조사하면, 우리는 그 의미에서 그것들이 실제로 잠재적 개념과 가깝다는 것을 보게 된다. 이 개념들은 첫째, 주어진 대상들의 집합과의 실제적 관계로 인해, 그리고 둘째, 잠재적 개념의 토대에 놓여 있는 추출적 추상화의 과정으로 인해 잠재적이다. 그들은 가능성을 아직 실현하지 못한, 가능성을 가진 개념이다. 그것은 개념이 아니지만 개념이 될 수 있는 어떤 것이다.

10-22-8] 이런 의미에서 뷜러는 어린이가 새로운 대상을 보았을 때 어린이가 습관적인 낱말을 사용하는 방식과 유인원의 도구 사용 방식 사이에 대단히 타당한 유사성이 있음을 도출한다. 유인원은 다른 상황이라면 다른 여러 사물들을 보고 막대기를 떠올리지 않았을 것이지만 막대기가 필요한 상황에서는 막대기와 닮은 사물을 알아차린다. 도구 사용에 관한 쾰러의 실험은 목표물을 획득하기 위해 도구를 한 번 사용해 본 유인원이, 막대기와 공통점을 공유하면서 막대기의 기능을 수행할 수 있는 다른 대상들로 도구의 의미를 확장할 수 있다는 것을 보여 준다.

10-22-9] 이는 겉보기에 우리의 개념과 놀라우리만치 유사하며, 그러한 현상은 사실 잠재적 개념이라는 명칭을 얻을 만하다. 쾰러는 이와 관련하여 침팬지에 대한 자신의 관찰을 다음과 같이 정리한다. "눈에 들어온 막대기가 주어진 상황에서 어떤 특정한 기능적 의미를 획

득했다고 말한다면, 그 의미가 형태와 밀도에서 막대와 객관적으로 어떤 공통된 특징을 가지는 다른 모든 대상들로-그 대상이 무엇이든 간에-확장된다고 말한다면, 우리는 동물 행동에서 관찰되는 것과 일치하는 단일한 관점에 곧장 도달한다."

10-22-10] 이러한 실험들은 침팬지가 밀짚모자의 챙, 신발, 철삿줄, 지푸라기, 손수건, 즉 긴 원통형의 형태를 띠고 외형상 막대를 대신할 만한 온갖 다양한 물체들을 막대기로 사용하기 시작한다는 것을 보여 주었다. 따라서 우리는 여기서도 어느 정도까지 일련의 모든 구체적 대상에 대한 일반화가 나타나는 것을 볼 수 있다.

10-22-11] 그러나 이것과 그로스의 잠재적 개념의 차이는 후자의 경우 유사한 인상에 대해 이야기하는 반면, 여기서는 유사한 기능적 의미에 대해 말하고 있다는 데 있다. 잠재적 개념이 그로스의 경우는 시각적 생각의 영역에서 상술되는 반면 여기서는 실천적 생각 작용의 영역에서 상술된다. 베르너가 말하는 그러한 종류의 운동적 개념 또는 역동적 개념과, 쾰러가 말하는 그러한 종류의 기능적 의미는 알려진 바와 같이 학령기 훨씬 이전부터 어린이의 생각에 존재한다. 개념에 대한 어린이의 정의가 이러한 기능적 특징을 포함한다는 것은 알려져 있다. 어린이가 대상이나 개념을 정의한다는 것은, 그 대상이 하는 것이나, 더 흔히는 그 대상으로 할 수 있는 것을 명명하는 것과 같다.

10-22-12] 추상적 개념을 정의할 때면 언제나 구체적인 상황, 보통 행동을 수반하는 상황이 전면에 나온다. 이 상황은 어린이 낱말 의미의 등가물이다. 이와 관련하여 메서는 생각과 말에 관한 자신의 연구에서, 1학년 학생이 말하는 추상적 개념에 대한 지극히 전형적인 정의를 제시한다. 이 어린이는 "이성이란 아주 더워도 물을 마시지 않는 거예요"라고 말한다. 이러한 구체적, 기능적 의미는 잠재적 개념의 자연적, 심리적 토대를 형성한다.

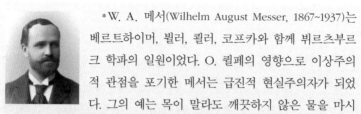

*W. A. 메서(Wilhelm August Messer, 1867~1937)는 베르트하이머, 뷜러, 쾰러, 코프카와 함께 뷔르츠부르크 학파의 일원이었다. O. 퀼페의 영향으로 이상주의적 관점을 포기한 메서는 급진적 현실주의자가 되었다. 그의 예는 목이 말라도 깨끗하지 않은 물을 마시지 않는 어린이에 관한 것이다. 위의 인용문은 메서(1900)를 그로스가 인용한 것이다.

Messer, A. 1900: 『Kritische Untersuchbungen über Denken, Sprechen und Sprachunterricht』. Berlin: Reuther & Reichard.

10-22-13] 우리는 이러한 유형의 잠재적 개념이 이미 복합체적 생각에서, 종종 복합체의 형성과 결합되어, 엄청나게 중요한 역할을 한다는 것을 상기할 수 있을 것이다. 따라서 예를 들면 우리가 위에서 보았던 것처럼, 연합복합체와 다른 많은 유형의 복합체에서 복합체의 형성은 다양한 요소들에 공통적인 어떤 특성의 분리를 전제로 한다.

10-22-14] 이 특성이 대단히 불안정하고 쉽게 다른 특성에게 자리를 내어 주며, 남아 있는 다른 모든 특성과 비교할 때 전혀 우월한 특징이 아니라는 것이 순수한 복합체적 생각의 특징임은 사실이다. 이는 잠재적 개념의 특징은 아니다. 여기서 대상을 어떤 공통된 집합에 포함시키는 토대가 되는 어떤 특징은 사실적으로 연결된 구체적 특성의 무리로부터 추상된 우월한 특징이다.

10-22-15] 우리 낱말 발달의 역사에서 잠재적 개념이 대단히 중요한 역할을 한다는 것을 기억하자. 우리는 위에서 눈에 두드러지는 특징 즉 동일한 낱말로 명명되거나 지칭되는 일련의 대상들을 일반화하는 토대가 되는 하나의 어떤 특징을 추출함으로써, 모든 새로운 낱말이 나타나는 다양한 사례를 제시했다. 이 잠재적 개념들은 종종 진개념으로

나아가지 못한 채 이 발달 단계에 남아 있다.

10-22-16] 그러나 어떤 경우든 잠재적 개념은 어린이의 개념 발달 과정에서 엄청나게 중요한 역할을 한다. 이 역할의 중요성은, 어린이가 상이한 특징들을 추상화함으로써 구체적 상황, 특성의 구체적 연결을 끊음으로써 이 특징들을 새롭게 결합하기 위한 필수 전제 조건이 여기서 처음으로 만들어진다는 데 있다. 복합체적 생각의 발달과 더불어 오직 추상의 과정을 숙달함으로써만 어린이는 진개념의 형성 단계에 도달할 수 있다. 이 진개념의 형성이 어린이 생각의 발달의 네 번째이자 마지막 국면이다.

10-22-17] 일련의 추상된 특징들이 다시 종합될 때, 그리고 이렇게 얻어진 추상적 종합이, 어린이가 주변 현실을 이해하고 해석하는 기본 생각 형태가 될 때 개념이 나타난다. 그리고 우리가 이미 말했듯이, 실험은 진개념 형성에서 결정적인 역할이 낱말에 있음을 보여 준다. 어린이는 바로 낱말을 통해 마음대로 특정한 특징들에 주의를 기울이고 낱말을 통해 이 특징들을 종합하며, 낱말을 통해 추상적 개념을 상징화하고, 그것을 인간의 생각을 창조한 가장 뛰어난 기호로서 조작한다.

10-22-18] 낱말은 사실 복합체적 생각에서도 명백한 역할을 한다. 가족의 성과 같은 역할을 하면서 대상들을 인상에 따라 친족적 집합으로 통합하는 낱말이 없이는 우리가 위에서 기술한 것과 같은 복합체적 생각은 불가능하다. 이 점에서 우리는 다른 저자들과 달리, 말로 하는 생각 발달의 확고한 단계인 복합체적 생각과 동물의 표상을 특징짓는 비언어적, 시각-도식적 생각을 구분한다. 베르너와 같은 학자들은 상이한 인상들을 혼합하는 내재적 경향을 들어 동물적 표상을 똑같이 복합체적 생각이라 불렀다.

10-22-19] 이러한 의미에서 이 저자들은 우리의 꿈속에 나타나는 것과 같은 응축 및 치환 과정과, 언어적 생각의 고등 형태 중 하나이자,

인간 지성의 오랜 역사적 진화의 산물이며, 개념적 생각의 불가피한 선행자인 원시인의 복합체적 생각 사이에 등호를 놓는 경향이 있다. 폴켈트와 같은 일부 전문가들은 훨씬 더 나아가, 감정과 유사한 거미의 복합체적 생각과 인간 어린이의 원시적인 언어적 생각을 동일시하는 경향이 있다.

> 비고츠키 사후, 그의 연구는 목축과 농업에 종사하는 소비에트의 중앙아시아 사람들을 폄하하고 순수한 도시적 서양 문명을 장려한다는 이유로 심한 비판을 받았다. 오늘날에도 D. 바커스트와 같은 호의적인 저자들조차 비고츠키의 연구를 유럽 중심적이라 생각한다(2007). 그러나 이 절에서 우리는 비고츠키 당시 소비에트의 전근대적 사람들뿐 아니라, 전근대적 사람들 일반에 대한 비고츠키의 실제 태도를 분명히 볼 수 있다. 여기서 비고츠키는 프로이트, 레비-브륄, 크레치머, 폴켈트와 같은 저자들에 반해 소위 '원시적 생각'을 옹호한다. 프로이트, 레비-브륄과 크레치머는 '응축'(어린이의 모든 욕구가 예컨대 엄마의 몸과 같은 단일 대상에 집중됨)과 '치환'(욕망이 금지된 대상에서 다른 대상으로 전이됨)을 포함하는 꿈이 억압되지 않은 원시적 마음의 전형적 생각 형태라 믿었다. 폴켈트는 거미가 거미줄을 흔드는 것은 무엇이든 공격하지만(응축), 죽은 파리는 돌을 지나칠 때와 같이 무시한다는 것(치환)을 발견하고, 이것이 먹을 수 있는 대상과 먹을 수 없는 대상에 대한 '감정과 유사한' 구분이며, 이는 원시적 부족들의 전개념적 생각에 상응한다는 결론을 내렸다. 비고츠키는 두 관점을 세 가지로 반박한다. 첫째, 비고츠키는 소위 '원시' 문학이, 지금까지 인간이 만든 가장 정교하고 발달된 언어 예술(베다, 성서, 시경)의 일부임을 인정한다. 둘째, 비고츠키는 현대인이 사용하는 소위 '개념'이라는 것들이 종종 잠재적 개념에 지나지 않으며, 잠재적 먹이와 먹이 아닌 것에 대한 거미의 구별과 그렇게 다르지 않음을 인정한다. 셋째, 후속 문단에서 비고츠키는 진개념과 잠재적 개념(의사개념) 간의 실제 차이를 보여 준다. 둘 다 낱말을 사용하지만, 한 경우 낱말은 경험의 미분화된 측면에 이름을 붙이는 것이고, 또 한 경우 낱말은 변증법적 논리에 따라 경험을 분석

하고, 재종합하고, 조직한다.

Bakhurst, D.(2007). Vygotsky's Demons. In H. Daniels, M. Cole, and J. V. Wertsch, The Cambridge Companion to Vygotsky, pp. 50-77. Cambridge: Cambridge University Press.

10-22-20] 우리가 볼 때 이 둘 사이에는 생물학적 진화의 산물과 자연적 생각 형태를 역사적으로 출현하는 인간 지성의 형태와 구분하는 원칙적인 차이가 존재한다. 그러나 낱말이 복합체적 생각에서 결정적인 역할을 한다는 것을 인식한다고 해서, 복합체적 생각에서 낱말이 하는 역할과 개념적인 생각에서 낱말이 하는 역할을 동일시할 수 있는 것은 아니다.

10-22-21] 반대로 복합체와 개념의 차이 자체는 무엇보다, 한 경우에 일반화는 낱말의 어떤 기능적 사용의 결과이며, 다른 경우에 일반화는 동일한 낱말을 기능적으로 완전히 다르게 적용한 결과라는 사실에 있음을 우리는 본다. 낱말은 기호이다. 이 기호는 다양하게 이용되고 여러 가지 방식으로 사용될 수 있다. 그것은 다양한 지적 작용의 수단이 될 수 있으며, 바로 이러한 낱말의 다양한 기능적 사용 방식과 낱말을 통해 일어나는 다양한 지적 조작이 복합체와 개념의 근본적 차이를 이끈다.

영어로 '스웨터(sweater)', '점퍼(jumper)' 같은 낱말을 생각해 보자. 이들은 대상의 기능적 속성을 담고 있지 않은 단순한 이름일 뿐이다. 땀을 흘리려고(sweat) 스웨터를 입지 않으며, 뛰어오르기 위해(jump) 점퍼를 입지 않는다. 그러나 '도체', '부도체', '반도체'는 단순한 이름이 아니다. 이 낱말들은 모두 하나의 중요한 기능적 속성에 따라 개념을 구성하며, 각각을 서로 연결하는 데 기여한다. 마찬가지로 우리에게 '피자' 같은 낱말은 단지 이름일 뿐, 선택하고 구성하거나 상호 연관시키는 지적 기능을 하지 않는다. 그러나 피해자와 가해자 같은 낱말은 매우 다른 지적 작용 과정을 포함하고 있어 일종의 개념의 연결망 속에서 그 낱말들을 볼 수 있게 해 준다. 우리말에서 영어로부터 빌려 온 낱말들은 일반적으로 단순 이름인 반면, 한자어에서 빌려 온 낱말들은 계층구조를 형성한다. 고속터미널이라는 낱말에서 고속은 고급, 저속 등의 낱말과 깊이 연결되지만, 터미널이라는 낱말은 이런 식의 연결망을 생산하지 않는다. 이것은 한자어가 오랜 역사를 갖고 우리의 학문적 개념 발달과 밀접하게 연관되었기 때문이다. 그러나 영어는 그렇지 않다.

23

10-23-1]   우리의 모든 연구에서 우리의 흥미를 끄는 가장 중요한 발생론적 결론은 어린이가 개념적 생각으로 이행하며 오직 이행적 연령기에만 지적 발달의 세 번째 단계를 완료한다는 기본 입장이다.

10-23-2]   청소년의 생각을 탐구하기 위해 고안된 실험에서 우리는 청소년의 지적 성장과 더불어 혼합적, 복합체적 생각의 원시적 형태가 점차 배경으로 물러가고, 청소년의 생각에서 잠재적 개념이 점점 줄어들며, 초기에 드물었던 진개념의 창조가 점점 더 빈번해지기 시작하는 것을 관찰할 기회가 있었다.

10-23-3]   그러나 우리는 각 생각 형태와 국면이 발달 과정에서 바뀌는 이 과정을 이전 국면이 완전히 종료되고 난 뒤에 다음 국면이 시작되는 것과 같은 기계적인 과정으로 생각할 수 없다. 발달의 그림은 이보다 훨씬 더 복잡하다. 상이한 지질학적 시대의 지층들이 지각 내에 공존하듯이 다양한 발생적 형태들이 공존한다. 이는 예외라기보다

는 전체 모든 행동 발달의 법칙이다. 우리는 인간 행동이 항상 똑같이 높은 고등한 발달 단계에만 위치하는 것이 아니라는 것을 알고 있다. 인간의 역사에서 최근에 나타난 새로운 행동 형태는 가장 오래된 행동 형태와 공존하며, Π. Π. 블론스키의 멋진 표현에 따르면, 다양한 행동 형태의 하루의 변화는 본질적으로 수천 년의 행동 발달의 역사를 반복한다.

10-23-4] 이는 어린이 생각의 발달에서도 마찬가지다. 고등 생각 형태, 즉 개념을 숙달한 어린이는 기초적인 생각 형태를 결코 저버리지 않는다. 이러한 기초적인 형태들은 어린이 경험의 많은 영역에서 양적으로 지배적이고 우세적인 위치를 유지한다. 앞에서 지적했듯이 어른들조차도 언제나 개념적으로 생각하는 것은 결코 아니다. 성인의 생각은 매우 흔히 복합체적 수준에서 일어나며 심지어 더욱 기초적이고 원시적인 수준으로 종종 전락하기도 한다.

10-23-5] 순전히 일상적 경험의 영역에만 적용하면 청소년과 성인의 개념들조차도 의사개념의 수준을 벗어나지 못하는 경우가 빈번하다. 그들은 형식-논리학적 관점에서는 개념의 모든 특성을 가지고 있지만, 변증법적 논리의 관점에서는 아직 개념이 아니며, 여전히 일반적 표상, 즉 복합체에 지나지 않는다.

10-23-6] 이처럼 청소년 시기는 생각의 완성 시기가 아니라 위기와 성숙의 시기이다. 인간 정신에 근접한 고등정신기능과 관련지어 볼 때 이 시기는 또한 모든 측면에서 이행적이다. 청소년의 개념을 결과적 형태로 취하는 것이 아니라 사용 중인 상태로 취하여 기능적으로 검사해 보면, 청소년 생각의 이행적 특징이 특히 분명해진다. 바로 개념의 작용 과정 속에서 그 형성물들이 진정한 심리적 본질을 드러내기 때문이다. 또한 우리는 개념의 작동을 연구함으로써 지극히 중요한 심리학적 법칙을 발견한다. 이 법칙은 새로운 생각 형태의 토대가 되어 청소년의 전체

지적 활동의 특징, 그리고 뒤에 살펴볼 청소년의 인격과 세계관 발달을 조명해 준다.

10-23-7】 이 영역에서 가장 먼저 주목해야 할 것은 실험에서 드러난 개념의 형성과 개념의 구어적 정의 사이의 중대한 괴리이다. 이 괴리는 청소년에게만 나타나는 것이 아니다. 그것은 성인의 생각에서도 발견되며 심지어 고도로 발달된 생각에서도 종종 그 효력을 유지한다. 개념의 출현과 개념에 대한 의식적 파악은 그 발현의 계기나 기능에서 서로 일치하지 않는다. 개념의 출현은 개념에 대한 자각보다 먼저 생겨나며, 독립적으로 작용할 수 있다. 개념을 매개로 현실을 분석하는 것은 개념 자체를 분석하는 것보다 훨씬 먼저 일어난다.

10-23-8】 이는 청소년들을 상대로 수행된 실험에서 분명히 드러난다. 이 실험들은 거의 항상 생각의 이행적 본성을 가리키는 이 연령기의 가장 고유한 특징, 즉 개념 형성에서 낱말과 실천의 불일치를 보여 준다. 청소년은 개념을 형성하고, 구체적 상황에 바르게 적용한다. 그러나 이 개념의 구어적 정의에 마주치게 되면 청소년의 생각은 곧 극심한 난관에 봉착하고, 개념의 정의는 개념이 실제로 사용될 때보다 훨씬 협소해진다. 여기서 우리는 개념이 단순히 이런저런 경험 요소를 논리적으로 처리한 결과로 생겨나거나 어린이가 스스로 개념을 생각해 내는 것이 아니라, 완전히 다른 방식으로 어린이에게 생겨나고 훨씬 후에야 자각되고 논리화된다는 사실에 대한 직접적인 확증을 보게 된다.

10-23-9】 여기서 이행적 연령기의 개념 적용을 특징짓는 또 다른 계기가 드러난다. 이 계기는 청소년들이 개념을 시각-도식적 상황에서 사용한다는 것이다. 이 개념은 구체적, 시각-도식적으로 지각된 상황에서 분리되지 않을 때 청소년의 생각을 쉽게 정확히 인도한다. 개념의 전이 과정, 즉 완전히 다르고 이질적인 대상에 개념을 적용하는 것은 훨

씬 더 어렵다. 이 경우, 추출되어 개념으로 종합된 특징은 완전히 다른 구체적인 환경에서 다른 특징을 만나며, 전혀 다른 구체적 비율로 주어진다. 시각적·구체적 상황이 바뀌면, 다른 상황에서 구성된 개념을 적용하는 것은 매우 어려워진다. 그럼에도 불구하고 청소년은 이미 생각 성숙의 첫 단계에서 이 전이에 성공한다.

10-23-10] 개념을 정의하는 과정은 훨씬 더 어렵다. 이 경우 개념은 그것이 발달되었던 구체적 상황으로부터 분리되어, 더 이상 구체적인 인상들에 의존하지 않고 완전히 추상적인 차원으로 나아가기 시작한다. 여기서 이 개념에 대한 언어적 정의 능력, 개념을 분명히 의식적으로 자각하고 정의할 수 있는 능력은 현저한 어려움을 포함한다. 사실 우리는 개념 형성 과업을 바르게 해결할 수 있는 어린이나 청소년이 이미 형성된 개념을 정의할 때는 더 원시적인 수준으로 떨어져, 여러 구체적인 대상들을 열거하기 시작하는 모습들을 실험에서 종종 관찰할 수 있었다.

10-23-11] 이와 같이, 청소년은 낱말을 개념으로 사용하되 복합체로서 정의한다. 이와 같이 복합체적 생각과 개념적 생각 사이를 오가는 것은 이행적 시기의 생각 형태의 두드러진 특징이다.

10-23-12] 그러나 청소년이 보통 이행적 연령기의 마지막에 비로소 극복하게 되는 가장 큰 난관은 만들어진 개념의 의미나 뜻을 점점 더 새로운 구체적 상황에 확장하여 전이하는 것이다. 이 구체적 상황 역시 추상적인 측면에서 생각된다.

10-23-13] 추상으로부터 구체로의 경로의 어려움은 구체로부터 추상으로의 고양의 경로보다 조금도 덜하지 않다는 것이 여기에서 나타난다.

24

10-24-1] 실험은 전통적인 심리학이 개념 형성 과정을 기술할 때 형식적으로 논리적 기술을 맹종하면서 묘사한 개념 형성의 일반적 그림이 현실과 부합하지 않는다는 점에 그 어떤 의심도 남기지 않는다. 전통적인 심리학은 개념 형성 과정을 다음과 같이 묘사한다. 개념의 토대에는 일련의 구체적 표상들이 놓여 있다.

10-24-2] 어떤 심리학자는 '나무'라는 개념을 예로 들어 설명한다. 이 개념은 나무에 대한 일련의 유사한 표상들로부터 획득된다. "개념은 서로 유사한 개별 사물들에 대한 표상들로부터 생겨난다." 그다음에 개념 형성 과정을 설명하고 그것을 다음과 같은 형태로 제시하는 도식이 따라 나온다. 내가 세 그루의 다른 나무를 볼 기회가 있었다고 가정해 보자. 이 세 그루의 나무의 표상들은 나무들의 형태, 색깔, 크기를 가리키는 구성 요소들로 분해될 수 있다. 그 밖의 구성 요소들은 서로 유사하다.

> 여기서 비고츠키가 언급하고 있는 심리학자는 I. 칸트이다.
>
> "예컨대 나는 가문비나무, 버드나무, 보리수를 본다. 먼저 이 대상들을 다른 것들과 비교함으로써 그것들이 줄기, 가지, 잎 등에서 서로 다르다는 것을 알게 되지만, 그다음 나는 그것들이 줄기, 가지, 잎을 공통적으로 가지고 있다는 것을 깨닫고 이것들의 양과 모양 등을 추상하고 마침내 나무의 개념을 획득한다"(Kant, I.(1800). Logic. para. 6, Ak IX, 94-95; 592).
>
> 칸트에 따르면, 수, 모양, 색 등의 범주는 우리에게 선험적으로 주어진다. 즉 선천적이다. 우리는 이러한 선험적 범주를 나무의 다양한 부분에 적용해 비교, 대조함으로써 개념을 형성한다. 비교되는 것들에서 대조되는 것들을 빼고(즉, 유사점에서 차이점을 빼고) 남는 것이 개념이

다. 비고츠키의 칸트 비판은 헤겔의 비판과 유사하다. 개념 출현에 대한 헤겔의 이해는 선험적인 것도 빼는 것도 아니다. 비고츠키처럼 그는 개념이 모순, 대립, 지양의 변증법적 과정을 통해 출현한다고 본다. 비고츠키가 한 일은 '변증법dialectics'을 문자 그대로 방언dialect, 즉 낱말의 발달로 받아들인 것이다.

10-24-3] 이런 표상의 유사한 부분 사이에서 동화가 일어나며, 그 결과 주어진 특성에 대한 일반적 표상이 생겨난다. 그다음 이런 표상의 종합으로 나무라는 하나의 일반적인 표상, 또는 개념이 생겨난다.

10-24-4] 이처럼 개념 형성 과정은, 한집안에 속한 개인들의 얼굴에서 가족을 대표하는 초상을 얻어 내고자 한 갈톤의 집합 사진과 유사한 방식으로 일어난다. 알려진 바와 같이 이 사진의 원리는 한 가족에 속한 각 개인들의 얼굴 상을 같은 판에 찍어 내는 것이다. 이 상들은 서로 중첩되어 가족 구성원들의 공통된, 유사하고 종종 반복되는 특징들은 두드러지게 나타나 부각되는 반면 우연적, 개인적이며 각 개인에게만 고유한 면모들은 서로 중첩되면서 희미해지고 지워진다.

10-24-5] 이런 식으로 유사한 면모들이 추출되며, 이렇게 추출된 유사 대상과 면모의 공통된 특징들의 총체가, 전통적 관점에 따르면, 진정한 의미의 개념이 된다. 진정한 개념 발달 경로의 관점에서 보면, 위에서 제시한 도식을 통해 그려진 논리화된 그림보다 더 잘못된 것은 상상할 수 없다.

10-24-6] 사실, 이미 오래전부터 심리학자들이 지적해 왔고 우리의 실험이 아주 명료하게 보여 주었듯이, 청소년의 개념 형성 과정은 전통적 도식이 묘사하는 논리적 경로를 전혀 따르지 않는다. 포겔의 연구는 어린이가 "분명 특수한 종에서 출발하여 모든 것을 뛰어넘어 추상적 개념의 영역에 들어가는 것이 아니다. 반대로, 어린이는 처음에 가장 일반

적인 개념을 사용한다. 어린이는 아래에서 위로 움직이는 추상화의 경로가 아니라, 높은 곳에서 낮은 곳으로 나아가는 정의定義의 경로를 통해 중간 자리를 차지하는 수준에 도달한다. 어린이의 표상의 발달은 미분화에서 분화로 나아가며 그 반대로 움직이지 않는다. 생각은 속屬에서 종種으로, 그리고 변종變種으로 움직이며 발달하며 그 반대는 아니다"라는 것을 보여 주었다.

> P. 포겔(Peter Vogel, 1887~?)은 독일 아동심리학자로서 비고츠키는 그의 박사 논문을 인용한 것으로 보인다.
>
> Vogel, P. 1911: Untersuchungen uber die Denkbeziehungen in den Urteilen des Kindes. Doctoral dissertation, Giessen, p. 27.

10-24-7] 포겔의 비유적 표현에 따르면, 개념의 피라미드에서 생각은 거의 언제나 수직으로 움직이며, 수평으로 움직이는 경우는 드물다. 당시 이런 입장은 전통 심리학의 개념 형성과 관련된 연구에서 혁명적인 것이었다. 개념이 일련의 구체적 대상들의 공통 특징을 추출한 결과라는 전통적인 생각 대신, 개념의 피라미드를 쉴 새 없이 일반에서 특수로, 또 특수에서 일반으로 움직이는 복잡한 생각 운동 과정으로서 개념 형성 과정이 지니는 진정한 복잡성이 연구자들에게 드러나기 시작했다.

10-24-8] 최근 빌러는 개념의 기원에 대해 이론을 발전시켰다. 여기서 그는 포겔처럼 공통 특성의 추출을 통해 개념이 발달한다는 전통적 생각을 거부하는 경향을 가진다. 그는 개념 형성에서 두 발생적 근원을 구별한다. 첫 번째 근원은 어린이의 표상을 추출된 무리로 통합하고 이 무리들을 복잡한 연합적 연결로 합치는 것이다. 이 연합적 연결은 표상들의 개별 무리들 사이에서, 그리고 각 무리에 편입된 다양한

요소들 사이에서 형성된다.

10-24-9] 뷜러가 개념의 두 번째 발생적 근원으로 생각하는 것은 판단 기능이다. 생각의 결과 즉 이미 형성된 판단의 결과로 어린이는 개념을 창조하게 된다. 이에 대한 설득력 있는 증거로, 뷜러는 개념을 나타내는 낱말이 어린이에게서 그 개념과 관련된 기성의 판단을 매우 쉽게 재생산해 낸다는 사실을 든다. 이는 우리가 어린이를 대상으로 한 연상 실험에서 특히 자주 보았던 것이다.

반 데 비어와 발시너(1994)에 따르면, 비고츠키는 뷜러의 주장을 인용하고 있다. 뷜러는 낱말 연상 실험을 한다. 어린이에게 '집'이나 '나무'와 같은 낱말을 주고 순간적으로 머리에 처음으로 떠오르는 낱말을 알려 달라고 요구하는 것이다. 놀랍지 않게도 어린이의 대답들은 대개 개념에 대한 칸트의 관념을 반영하지 않는다. 칸트에 따르면 개념이란 크기, 색, 모양 및 다른 선험적 범주의 차이가 제거된 후, 어린이가 경험한 모든 집 또는 나무의 불변하는 '공통 토대'로 이루어진다. 오히려 어린이의 낱말 선택은 판단이나 결론을 나타낸다. 집이란 크거나 작은 것이며, 나무는 사과가 달려 있거나 오를 수 있는 것이다. 교사와 부모는 아주 어린 아이들조차 판단하는 경향성이 강하다는 것을 알 수 있을 것이다. 영어 수업 시간에 어린이들은 한 시간 내내 자기가 좋아하는 것과 싫어하는 것에 대해 계속 이야기할 것이며, 놀이공원에서 어린이들은 때때로 놀이기구가 얼마나 시시한지 토론하며 열을 올린다. 뷜러는 이와 동일한 판단 요소가 '파충류'나 '포유류'와 같은 과학적, 학문적 개념에 훨씬 더 많이 존재한다고 주장한다. 아래에서 비고츠키는 청소년이 판단과 추론을 하는 것 외에도 어떤 본질적 속성을 다른 속성들로부터 분리해 내고, 이 속성들을 이용하여 위계적 체계를 만들 수 있다고 주장한다. 어린아이들에게는 이러한 능력이 없다. 어린아이에게 파충류는 징그러운 것이고 포유류는 귀여운 것이다. 그러나 청소년에게 포유류는 인간과 더 가까운 생물학적 친족성을 가지며 파충류는 더 먼 친척 관계를 가진다.

10-24-10] 확실히 판단은 가장 단순한 것이며, 뷜러가 말한 것처럼, 개념이 나타나는 자연스럽고 논리적인 장소이다. 표상과 판단은 개념 형성 과정에서 상호작용한다. 따라서 개념 형성 과정은 일반과 특수의 양 측면에서 동시에 발달한다.

10-24-11] 이에 대한 대단히 중요한 증거는 어린이의 첫 낱말이 사실은 일반적 지칭이며, 구체적이고 특정한 지칭은 비교적 나중에 나타난다는 사실이다. 물론 어린이는 개별 꽃들의 이름을 배우기 전에 '꽃'이라는 말을 배운다. 말 발달의 조건으로 인해 어린이가 어떤 특정한 명칭을 먼저 습득하게 되어 '꽃'이라는 일반적 명칭보다 '장미'를 먼저 배운다 하더라도, 이 '장미'는 장미뿐 아니라 모든 꽃들에게 사용되고 적용된다. 즉 어린이는 특정한 명칭을 일반적 명칭으로 사용하는 것이다.

10-24-12] 이러한 의미에서 뷜러가, 개념 형성 과정은 피라미드의 밑에서 위로 올라가는 것으로 이루어지지 않고, 개념 구성 과정은 터널을 뚫는 것과 같이 양 측면에서 나아가는 것이라고 말한 것은 전적으로 옳다. 물론, 이는 심리학에서 대단히 중요하고 어려운 문제와 연관이 있다. 이 문제는 어린이가 더 일반적이고 추상적인 명칭을 구체적인 것보다 먼저 배운다는 사실을 인정하면서, 많은 심리학자들은 추상적 생각이 비교적 나중에, 즉 사춘기에 발달한다는 전통적인 주장을 개정하기에 이르렀다는 것이다.

10-24-13] 이 심리학자들은 어린이가 일반적 이름과 구체적 이름을 명명하는 발달 순서에 대한 올바른 관찰을 토대로 잘못된 결론을 이끌어 냈다. 즉 어린이의 말에서 추상적 개념이 매우 일찍, 일반적 이름이 나타남과 동시에 나타난다는 것이다.

10-24-14] Ch. 뷜러의 이론은 좋은 예이다. 우리는 이 이론이 이행적 시기에 생각은 그 어떤 특별한 변화도 겪지 않으며 그 어떤 중요한 성취를 이루지 못한다는 잘못된 관점으로 이끄는 것을 보았다. 이 이론

에 따르면 3세 어린이의 지적 활동에서 발견된 것과 비교해 볼 때 청소년의 생각에서 원칙적으로 새로운 것은 나타나지 않는다.

10-24-15] 이 문제에 대해서는 뒷장에서 좀 더 자세히 다룰 기회가 있을 것이다. 이 시점에서는 일반적인 낱말의 사용이 결코 추상적 사고의 조숙한 숙달을 전제로 하는 것은 아니라는 사실만을 지적하고자 한다. 이 장에서 자세히 보인 바와 같이 어린이는 성인과 같은 낱말을 사용하고 이 낱말을 성인과 동일한 대상들의 무리와 관련시키지만, 이 대상들을 성인과 완전히 다르게, 다른 방식으로 생각하기 때문이다. 따라서 성인의 말에서 가장 순수한 형태의 추상적 생각을 차지하는 낱말을 어린이가 매우 일찍 사용한다고 해서 그 낱말이 어린이의 생각에서 동일한 의미를 갖는 것은 결코 아니다.

10-24-16] 우리는 어린이가 말하는 낱말들이 어른의 말과 그 대상관계에서 일치하지만 그 의미에서는 그렇지 않음을 기억한다. 따라서 추상적 낱말을 사용하는 어린이에게 추상적인 사고를 부여할 그 어떤 근거도 없다. 다음 장에서 우리가 밝히고자 하는 바와 같이, 어린이는 추상적인 낱말을 사용하면서 그에 상응하는 대상을 대단히 구체적으로 생각한다. 그러나 다음 사실에는 결코 의심의 여지가 없다. 즉 개념 형성이 집합적인 사진이 만들어지는 방식에 비유될 수 있다는 옛 관념은 실제 심리학적 관찰이나 실험적 분석으로부터 나온 자료들과 전혀 일치하지 않는다.

10-24-17] 실험적 자료에 의해 확증되는 K. 뷜러의 두 번째 주장 역시 의심의 여지가 없다. 개념은 실제로 판단과 추론의 구성 요소로 작용하면서 그 안에서 자연스러운 위치를 갖는다. '집'이라는 낱말에 '크다'라고 반응하고 '나무'라는 낱말에 '사과가 딸려 있다'라고 반응하는 어린이는 개념이 사실상 일반적인 판단 구조 안에, 그 구조의 불가분한 일부로만 존재한다는 것을 보여 준다.

10-24-18] 낱말이 전체 구문 내에서만 존재하는 것처럼, 즉 심리적으로 볼 때 구문이 어린이 발달에서 각각의 따로 떨어진 낱말들보다 더 일찍 나타나는 것처럼, 어린이의 생각에서 판단은 그로부터 추출되는 개별 개념보다 먼저 나타난다. 따라서 뷜러가 말했듯이, 개념은 순수한 연합의 산물이 될 수 없다. 개별 요소 간 연결의 연합은 불가결한 필요조건이지만 동시에 개념 형성에 충분조건은 아니다. 뷜러의 견해에 따르면 표상 과정과 판단 과정이라는 개념의 두 뿌리는 개념 형성 과정을 올바르게 이해하는 발생적 열쇠이다.

10-24-19] 우리는 실험에서 뷜러가 언급한 이 두 가지 계기를 실제로 관찰하였다. 그러나 개념의 이중 근원에 관한 그의 결론은 잘못된 것으로 보인다. 이미 린드너도 어린이들이 가장 일반적인 개념을 비교적 일찍 획득한다는 사실에 주목했다. 이 점에서 어린이들이 아주 일반적인 이름들을 바르게 사용하는 법을 일찍부터 배운다는 데에는 의심의 여지가 없다. 또한 어린이의 개념 발달이 피라미드를 잘 올라감으로써 획득되는 것이 아니라는 것도 사실이다. 우리는 실험에서, 표본이 주어졌을 때 어린이들이 같은 이름을 가지고 있는 일련의 블록들을 표본과 짝 지음으로써 제시된 낱말의 의미를 확장하고 그 낱말을 구체적이고 분화된 이름이 아닌, 매우 일반적인 이름으로 사용하는 것을 흔히 관찰할 수 있었다.

10-24-20] 우리는 또한 개념이 어떻게 생각의 결과로 생겨나며 판단에서 그 유기체적이고 자연스러운 위치를 찾는지를 보았다. 이러한 의미에서, 실험은 개념이 구체적 대상들의 집합적 사진같이 기계적으로 나타나지 않는다는 이론적 입장을 확증하였다. 이 경우 뇌는 사진기와 같은 방식으로 작동하여 집합적 사진을 만들어 내며 이 사진들의 단순 조합에 생각은 포함되지 않는다. 반대로 시각적, 실행적 생각 과정은 개념 형성 훨씬 이전에 생겨나며, 개념 자체는 어린이 생각 발달을 구성

하는 길고 복잡한 과정의 산물이다.

*G. A. 린드너(Gustav Adolf Lindner, 1828~1887)는 코메니우스와 헤르바르트의 영향을 받은 체코의 고등학교의 교사였다. 그는 '경험적' 심리학에 관한 중요한 논문을 남겼다. 그는 아주 어린 어린이도 매우 동떨어진 것을 연결할 수 있는 능력이 있다고 주장하였다. 예를 들어 그는 한 어린이가 자신의 어머니가 엽서로 썰매를 접는 것을 보고 몇 주나 지난 한참 뒤에, 심지어 여름인데도 편지지로 썰매를 접어 달라고 말하는 것을 관찰했다. 이와 비슷하게, 어린이들의 경험은 매우 풍부한 반면 어휘는 매우 빈곤하기 때문에, 어린이는 낱말들을 거의 즉각적으로 일반화로서 사용하게 된다. 비고츠키는 블록 실험에서 이와 유사한 주장을 한다. 실험 낱말들(비크, 무르, 라그, 세브)을 배울 때 어린이들은 각각의 블록을 명명하는 것이 아니라 그 낱말이 가리킬 수 있는 전체 복합체를 명명한다는 것이다.

10-24-21] 이미 앞에서 말한 바와 같이 개념은 지적 조작 과정에서 생겨난다. 개념의 구성을 이끄는 것은 연합 작용이 아니다. 모든 기초적인 지적 기능들이 고유한 조합을 통해 개념 형성에 참여한다. 이 모든 조작의 중심 계기는 의지적으로 주의를 조절하고, 개별 특징을 추상화하고 추출하며, 기호의 도움으로 이를 종합하고 상징화하는 수단으로 낱말을 기능적으로 사용하는 것이다.

10-24-22] 실험 과정에서 우리는 낱말이 특정 대상이나 특징을 지칭하기 때문에 지시적 기능이라 불리는 낱말의 일차적 기능이 시각적 인상을 대체하고 그것을 의미하는 상징적 기능보다 어떻게 발생적으로 먼저 나타나는지를 계속 관찰할 수 있었다. 실험 조건에서, 처음에 무의미했던 낱말 의미가 시각-도식적 상황과 연결되었기 때문에, 우리는 낱말의 의미가 어떻게 처음으로 나타나는지 현장에서 관찰할 수 있었다.

지각된 것이 추출되고 종합되어 어떻게 뜻, 즉 낱말 의미가 되고, 개념이 되며, 이 개념은 나중에 어떻게 다른 구체적 상황으로 확장되고 전이되고, 이후에 개념이 어떻게 의식적으로 파악되는지를 관찰하면서 우리는 낱말이 특정한 특징과 맺는 관계를 살아 있는 형태로 연구할 수 있었다.

10-24-23] 개념 형성은 언제나, 청소년의 생각이 당면한 어떤 문제를 해결하는 과정에서 일어난다. 개념은 오직 이러한 문제 해결의 결과로 생겨난다. 이처럼 우리 실험의 분석을 통해 얻어진 자료에 따르면, 뷜러는 개념 형성의 이중 근원의 문제를 완전히 정확히 제시하지 못했다. 사실 개념은 두 기본 경로를 가지고 있으며 그 발달은 이 경로를 따라 나아간다.

10-24-24] 우리는 복합체화化 기능, 혹은 일련의 개별 대상들의 연결 기능이 어떻게 전체 대상의 집단에 공통적인 가족 성姓의 도움으로 어린이의 복합체적 생각의 기본 형태를 이루는지, 그리고 이와 더불어 어떤 공통 특성의 추출에 기반을 둔 잠재적 개념이 어떻게 개념 발달의 두 번째 경로를 형성하는지 드러내고자 노력했다.

10-24-25] 이 두 형태는 개념 형성의 진정한 이중 근원이다. 우리가 보기에 뷜러가 말한 것은 진정한 근원이 아니라 피상적 근원일 뿐이며, 그 이유는 다음과 같다. 사실, 연합적 무리의 형태로 예비된 개념, 기억으로 준비된 개념은 분명 낱말과 관련이 없는 자연적 과정이며, 복합체적 생각과 관련이 있다. 앞에서도 언급된 복합체적 생각은 시각-도식적 생각에서 잘 발현되며, 낱말과 전혀 연결되지 않는다. 우리는 이와 같은 연합복합체의 다양한 표상들과 아주 비슷한 것들을 꿈속이나 동물의 생각에서 발견한다. 그러나 앞에서 지적한 바와 같이, 개념의 토대에 놓여 있는 것은 이러한 표상들의 통합이 아니라, 낱말 사용을 기반으로 만들어진 복합체이다.

10-24-26] 따라서 우리가 보기에 뷜러의 첫 번째 오류는, 개념에 선행하는 복합체적 통합에서 낱말의 역할을 무시하고, 인상을 이루는 순전히 자연적인 형태로부터 개념을 도출하려 시도하며, 개념의 역사적 본성을 무시하고, 기억과 표상에서 나타나는 자연적 복합체와 고도로 발달한 낱말을 통한 생각을 토대로 나타나는 복합체 사이의 차이를 감지하기를 거부한 것이다. 뷜러는 생각의 판단에서 찾은 개념의 두 번째 근원을 확립하는 데서도 동일한 오류를 범한다.

10-24-27] 한편으로, 뷜러의 이러한 주장은 개념이 숙고를 토대로 생겨나므로 그것은 논리적 추론의 산물이라는 논리 정연한 관점으로 우리를 돌려놓는다. 그러나 우리는 일상적 언어 개념의 역사와 어린이 개념의 역사가 모두 제시된 논리적 경로를 얼마나 벗어났는지 보았다. 다른 한편으로, 개념의 근원으로 생각을 언급하면서도 뷜러는 다양한 생각 형태들 간의 차이, 특히 생물학적인 것과 역사적인 것, 자연적 요소와 문화적 요소, 저차적인 것과 고등한 것, 비언어적 형태와 언어적 형태의 생각의 차이를 다시 한 번 간과한다.

10-24-28] 실제로 개념이 판단, 즉 생각 작용으로부터 생겨난다면 시각-도식적 생각이나 실행적 생각의 산물로부터 개념을 구분하는 것은 무엇인지 물어야 한다. 뷜러는 또다시 개념 형성의 중심인 낱말을 간과한 채, 개념 형성에 포함되는 요인 분석에서 낱말을 무시한다. 따라서 판단과 표상의 복합체화 같은 서로 다른 두 과정이 어떻게 개념 형성을 이끌어 내는지 이해할 수 없게 된다. 우리가 반복적으로 말했던 것처럼 이러한 잘못된 전제로부터 뷜러는 필연적으로 잘못된 결론을 도출한다. 즉 개념적 생각은 이미 3세 어린이의 특징이며 청소년의 생각은 3세 어린이의 생각과 비교하여 개념 발달상 그 어떤 원칙적으로 새로운 발걸음을 내딛지 않는다는 것이다.

10-24-29] 이 연구자는 외적 유사성에 속아, 발생적, 기능적, 구조

적으로 완전히 다른 이 두 가지 생각 유형의 유사한 외형 뒤에 있는 인과-역동적 연결과 관계의 심오한 차이를 고려하지 않았다.

10-24-30] 우리의 실험들은 완전히 다른 결론으로 우리를 이끌었다. 혼합적 심상과 연결, 복합체적 생각, 잠재적 개념으로부터 어떻게 개념이 발달하는지, 그리고 진정한 의미에서 개념이라 불리는 고유한 상징 구조가 개념 형성 수단으로서의 낱말 사용을 기반으로 어떻게 나타나는지 실험들은 보여 주었다.

25

10-25-1] 연구 결과, 성적 성숙 시기에 청소년은 자신의 지적 발달 경로에서 중요한 전환적 발걸음을 내딛는다는 것이 발견되었다. 그는 복합체적 생각에서 개념적 생각으로 이행한다. 개념 형성과 그를 통한 조작, 이것이 바로 이 연령기가 획득하는 본질적으로 새로운 것이다. 개념에서 청소년의 지성은 단순히 기존의 행동 노선을 이어 나가지 않는다.

10-25-2] 개념은 단순히 풍부한, 내적으로 상호 연결된 연합적 집합이 아니다. 이는 질적으로 새로운 형성이며, 지성 발달의 초기 단계를 특징짓는 더 기초적인 과정으로 환원될 수 없다. 개념적 생각은 새로운 지적 활동 형태이며, 새로운 행동 양식, 새로운 지적 기제이다.

10-25-3] 이 고유한 활동에서 지성은 유례없는 새로운 모두스 오페란디modus operandi(작동방식-K)를 발견한다. 활동 방식은 물론 구성과 구조에서 고유하고 새로운 기능이 지적 기능 체계에 생겨나는 것이다.

10-25-4] 이행적 시기의 지성 영역에서 본질적인 신형성의 출현을 거부하는 경향이 있는 전통적인 견해는, C. 뷜러가 가장 명확히 반영한 것처럼, 청소년의 생각을 3세 어린이의 생각이 단순히 연장, 확대, 심화

된 것으로 간주하려고 한다. 본질적으로 개념과 복합체적, 혼합적 심상 사이의 질적 차이를 포착하지 못하는 것이다.

10-25-5] 이 관점의 토대에는 지성 발달에 대한 순수한 양적 개념이 놓여 있으며, 기묘하게도 손다이크 이론과 유사하다. 그 이론에 따르면 고등한 생각 형태는 양적으로만, 즉 그것을 구성하는 연합적 연결의 수에서만 기초 기능들과 다르다. 이행적 연령기의 전통적 심리학에서는 이러한 관점이 지배적이기 때문에, 우리는 생각 발달의 전 과정을 꼼꼼히 추적하고, 그 경로가 통과하는 질적으로 다른 세 가지 사건의 모든 고유성을 보여 줄 필요가 있다고 생각한다.

10-25-6] 우리는 연구에서 그 직접적 대상으로 언제나 청소년의 생각을 염두에 두고 있었다. 그러나 우리는 생각 연구에서 언제나 발생적 절단법을 사용하였다. 이는 해부학자가 어떤 기관의 다양한 발달 단계의 절단면을 가져와, 이 절단면을 서로 비교하여 한 단계에서 다른 단계로의 발달 경로를 확립하는 것과 마찬가지다.

10-25-7] 게젤이 정확하게 지적하듯이, 현대 아동학 연구에서 발생적 절단법은 행동 발달 연구의 주요 기법이다. 연령기에 고유한 행동을 기술하는 이전의 기법은 보통 특정 발달 단계에 있는 생각의 정적인 특성화, 즉 일련의 고유성, 일련의 특성, 일련의 차별적 면모를 나열하는 것으로 환원되었다.

10-25-8] 여기서 정적 특성화는 일반적으로 역동적인 연령기에 대한 시각을 대체하였다. 이로써 발달의 관점은 시야에서 사라졌으며, 주어진 연령기를 특징짓는 형태는 정적이고, 움직이지 않으며 항상 동일한 형태로 간주되었다. 각 연령기 단계에서의 생각과 행동은 과정이 아닌 대상으로, 움직이는 상태가 아닌 정지된 상태로 여겨졌다. 그러나 각 생각 형태의 본질은 우리가 그것을 복잡하고 얽혀 있는 발달 과정에서 특정한, 유기적으로 필수적인 계기로 이해하기 시작할 때에만 드러난다.

10-25-9] 생각 형태의 본질을 밝힐 수 있는 유일하고 타당한 방법은 발생적 절단법으로 이는 여러 발달 단계의 행동을 비교발생적으로 연구하기 위함이다.

10-25-10] 우리 역시 청소년 생각의 독창성을 밝히려 노력하면서 같은 시도를 했다. 우리는 단지 이행적 연령기 생각의 특징을 나열하거나, 청소년에게서 발견되는 지적 활동 방식의 목록을 만들거나, 생각 형태들 간의 양적 관계를 단순히 나열하는 데 관심이 있는 것이 아니었다. 무엇보다 우리는 이행적 연령기가 생각 발달에 가져오는 본질적으로 새로운 것을 확립하는 데 흥미가 있었으며, 형성 중인 청소년의 생각에 흥미가 있었다. 우리의 목적은 이 연령기 전체의 주요 내용을 이루는 생각의 위기와 성숙 과정을 이해하는 것이었다.

10-25-11] 이를 위해 우리는 청소년의 생각을 선행 단계와 비교하고, 한 형태에서 다른 형태로의 이행을 발견하고, 비교를 통해 청소년의 생각에서 일어나는 결정적 변화, 근본적 재구조화, 근본적 재조직화를 확립해야 했다. 이를 위해 생각의 발달 과정을 단계별로 여러 절단면으로 잘라야 했으며, 항상 비교발생적 경로를 따라가면서 이 절단면들을 서로 연결 짓고, 생각이 한 단계에서 다음 단계로 이행할 때 일어나는 진정한 운동 과정을 재구성하고자 노력해야 했다.

10-25-12] 앞으로도 우리는 동일한 방식으로 나아가야 한다. 비교발생적 고찰 방식, 발생적 절단법이 기본적이고 주요한 아동학적 연구 방법이기 때문이다.

10-25-13] 우리의 비교 연구 결과를 기능적으로(생각의 실천적 측면에서-K) 검증하면서, 우리가 생각의 개체발생의 자료뿐 아니라 계통발생적 발달의 자료와 병리적 과정 중 생각의 쇠퇴와 퇴화의 자료를 항상 함께 이용한 것은 사실이다. 그렇게 함으로써 우리는 고등 지적 활동 형태의 통합의 원리를 따랐으며, 이 통합성이 그 구체적 표현에서 아무

리 다양한 과정으로 나타나더라도 그러했다. 우리는 생각 구성과 생각 활동을 지배하는 기본 법칙이 동일하게 유지되며, 이 기본 법칙은 정상 상태나 병리적 상태에서 동일하지만, 다만 다양한 조건에 따라 이 법칙성이 다양하게 구체적으로 표현된다고 생각했다.

10-25-14] 현대 병리학이 질병을 특수한 상황하에 변형된 생명으로 간주하는 것처럼, 우리는 특정 장애를 겪는 생각 활동을 일반적인 생각 법칙이 질병으로 생겨난 특수 조건하에서 발현된 것으로 간주할 수 있다.

10-25-15] 발달이 심리적 기능의 붕괴와 퇴행을 이해하는 열쇠라는 생각은 현대 정신신경학에 굳게 뿌리박고 있으며, 이러한 기능들의 붕괴와 분해에 대한 연구는 그 건설과 발달을 이해하는 열쇠이다. 이렇게 일반 심리학과 병리 심리학이 발생적 토대 위에 건설되면, 서로를 조명해 준다.

10-25-16] 개체발생 자료와 계통발생 자료를 비교하면서 우리는, 어린이 발달 역사가 인간 역사의 이미 지나간 단계를 반복, 재연한다고 가정하는 생물학적 평행론의 관점에 잠시도 머무를 수 없다. 이와 함께 우리는 자신의 과업이 유사성뿐 아니라 차이를 확립하는 것이라고 올바르게 말한 그로스의 비교 방법을 지침으로 삼았다. 그는 말한다. "어디서나 그렇듯 여기서 '비교'라는 말은 일치하는 면모의 추출을 가리킬 뿐 아니라 오히려 그러한 유사성 속에 놓인 차이를 찾는 것을 더 가리킨다."

10-25-17] 따라서 우리는 어린이의 구체적 생각 과정과 인간 발달 역사에서의 구체적 생각 과정을 단 한 순간도 동일시하지 않았다. 항상 우리를 사로잡았던 것은 우리의 연구 대상인 현상의 본성을 더욱 완전하게 규명할 가능성이었다. 바로 이 본성은 본질적으로 동일한 생각 유형이 발현되는 다양한 연결과 형태에서 드러난다.

10-25-18] 결국 논리적 생각이 인류 역사 발달의 특정 단계에서 발생한다거나 어린이 발달의 특정 단계에서 발생한다고 말하는 것은 부인할 수 없는 명백한 진실을 주장하는 것이지만, 그렇다고 이것이 결코 생물학적 평행론의 관점을 채택함을 의미하는 것은 아니다. 이와 똑같이, 복합체적 생각을 계통발생적 측면과 개체발생적 측면에서 비교 분석한 것은 두 과정이 평행하다는 생각이나 두 형태가 동일하다는 생각을 전혀 함의하지 않는다.

10-25-19] 특히, 우리는 우리의 관심을 끄는 현상 중 하나의 계기를 강조하려고 노력하였다. 이 계기는 동일한 생각 형태가 다양하게 발현된 형태를 비교 연구하는 방법을 통해 가장 잘 나타난다. 이 계기는 개념 안에서 형식과 내용의 통합이다. 이 통합 덕분에, 즉 개념에서 형식의 계기와 내용의 계기가 통합되어 주어지기 때문에, 개념적 생각으로의 이행은 어린이 생각의 진정한 전환을 의미한다.

26

10-26-1] 이제 우리는 청소년이 개념적 생각으로 이행하면서 어떤 기본 결과를 나타내는지 숙고해 볼 필요가 있다.

10-26-2] 우리가 전면에 내세우고자 하는 상황은 청소년이 이와 관련하여 내용의 측면에서 겪는 심오하고 근본적인 변화이다. 청소년 생각의 모든 내용이 개념 형성과 관련하여 혁신되고 재구조화된다고 말해도 과장됨이 없을 것이다. 생각의 내용과 형식의 관계는 물과 컵의 관계와 다르다. 내용과 형식은 서로 불가분하게 연결되어 있으며 상호 조건화된다. 생각의 내용을 각각의 주어진 순간에 생각의 대상을 구성하는 단순한 외적 자료가 아니라 생각의 실제 내용으로 이해한다면, 이

내용이 어린이 발달 과정에서 점차 내적으로 이행하면서 인격 자체, 즉 어린이의 각 행동 체계가 유기적인 내적 구성의 일부가 되는 것을 우리는 본다. 신념, 흥미, 세계관, 윤리적 규범, 행동 규율, 성향, 이념, 특정한 생각 도식—이 모두는 처음에는 외적이었다가 내적이 된다. 왜냐하면 청소년의 발달과 더불어, 즉 그의 성숙과 그를 둘러싼 환경의 변화와 관련하여 청소년 앞에 새로운 내용을 숙달하는 과업이 나타나며, 청소년을 그 형식적 생각 기제의 발달 경로로 밀어 넣는 강력한 자극이 만들어지기 때문이다.

10-26-3] 청소년의 생각이 수행할 여러 과업을 설정하는 새로운 내용은 새로운 활동 형태, 기초 기능들의 새로운 조합 형태, 새로운 생각 방식을 이끈다. 나중에 보게 되겠지만 심리학적 분석은, 바로 이행적 연령기에 새로운 내용 자체가 새로운 행동 형태 즉 이 과정의 마지막 장에서 살펴볼 특수한 유형의 기제를 만들어 낸다는 것을 가리킨다. 개념적 생각으로의 이행과 더불어 청소년들에게 객관적인 사회적 의식 세계, 사회적 이념 세계가 드러난다.

10-26-4] 진정한 의미의 지식, 즉 과학, 예술, 문화적 삶의 다양한 영역들은 개념을 통해서만 적절히 습득될 수 있다. 사실 어린이도 과학적 진리를 습득하며, 특정한 이념에 심취할 수도 있고, 문화적 삶의 개별 영역에서 성장하기도 한다. 그러나 이 모든 재료에 대한 부적절하고 불완전한 숙달이 바로 어린이의 특징이며, 따라서 문화에 의해 창조된 이 모든 재료를 지각하면서도 어린이는 여전히 스스로 그 창조 활동에 능동적으로 참여하지 못한다.

10-26-5] 반대로 청소년은 오직 개념을 통해 그 깊이와 범위가 온전히 표현될 수 있는 내용을 적절히 습득하게 되어, 그 앞에 펼쳐진 각각의 문화적 삶의 영역에 능동적이고 창조적으로 참여하기 시작한다. 개념적 생각 없이는 현상 이면에 놓인 관계를 이해할 수 없다.

10-26-6] 외적으로 명백한 현상 이면에 놓여 있는 심오한 연결의 세계, 각 활동 영역 안의, 그리고 그 영역들 사이의 복잡한 상호 의존과 관계의 세계는 개념의 열쇠를 가지고 그 앞에 나아가는 이에게만 열린다.

10-26-7] 이 새로운 내용은 청소년의 생각 속으로 기계적으로 들어가지 않으며 길고 복잡한 발달 과정을 겪는다. 이러한 생각 내용의 확장과 심화 덕분에 청소년 앞에는 인간의 본성, 역사, 삶의 과거와 현재의 전체 세계가 드러난다. 블론스키는 어린이의 전체 역사는 어머니의 자궁과 요람에서 시작하여 어린이의 직접적인 환경인 방과 집으로 이어지는 어린이 환경의 점진적 확장이라고 올바르게 말한다. 이처럼 우리는 어린이 발달의 진보를 환경의 확장으로 규정할 수 있다. 이행적 연령기에서 이 환경의 확장은 청소년 생각의 환경이 세계라는 사실로 귀결된다. 잘 알려진 바와 같이 쉴러는 이와 동일한 생각을 그의 유명한 이행연구시에서 표현했다. 그는 요람을 무한히 넓게 느끼는 유아와 세상에서도 있을 곳을 찾지 못하는 청년을 비교한다.

*F. 쉴러(Friedrich Schiller, 1759~1805)는 그의 친구 괴테와 함께 독일 낭만주의와 독일 민족주의를 대표하는 시인이었다. 오늘날 우리는 대개 쉴러의 희곡을 투란도트(푸치니), 돈 카를로스(베르디), 윌리엄 텔(로시니), 메리 스튜어트(도니체티)와 같은 오페라를 통해 알고 있다. 베토벤은 음악이 낱말보다 훨씬 더 위대해야 한다고 생각했기 때문에 위대한 쉴러의 시에 곡을 붙이는 것을 주저했지만, 결국 쉴러의 〈환희의 송가〉를 교향곡 9번 〈합창〉에 담는 데 성공했다. 비고츠키가 여기서 언급하고 있는 구절은 아마도 다음 구절일 것이다.

요람 속의 아이
행복한 아가! 너에게 무한한 공간은 여전히 요람이다.
어른이 되면, 무한한 세상도 너에게는 비좁을 것이다.

10-26-8] 우선, 블론스키가 올바르게 관찰한 바와 같이, 이 시기의 환경에서 기본적 변화는 그 최종 결과로 사회적 생산 참여로 확장된다는 것이다. 따라서 생각 내용은 무엇보다 사회적 이념을 표상하는데, 이는 사회적 생산에서 차지하는 여러 위치와 연결되어 있다. 블론스키는 말한다. "물론 계급 심리는 뚝 떨어지는 것이 아니라 서서히 발달하는 것이다. 당연히 계급 심리는 사람이 사회적 생산에서 이미 자리를 차지하거나 곧 차지하게 될 청년기에 완전히 발달한다. 학령기 어린이와 청소년의 역사는 계급 심리와 계급 이념의 발달과 형성의 매우 집약적인 역사이다."

10-26-9] 이와 관련하여 블론스키는 계급 이념과 계급 심리의 발달이 일어나는 방식에 관한 하나의 공통된 오류를 바르게 지적한다. 청소년의 이러한 생각 내용의 출현과 형성의 주요 기제로 언급되는 것은 대개 모방 본능이다. 한편 저자가 바르게 지적하듯이 모방 본능에 대한 언급은 의심할 여지 없이 어린이의 계급 심리 형성에 대한 이해를 모호하게 만든다.

10-26-10] 그는 다음과 같이 말한다. "어린이의 계급 심리의 가능성을 주장한 저자들조차도 계급 심리의 형성을 다음과 같이 제시한다. 계급 심리, 계급 이념, 계급 윤리는 모방을 통해 만들어진다. 심리학에서 이해되어 온 식으로 모방을 이해하면, 방금 주어진 인용에서 표현된 주장은 완전히 틀리다."

10-26-11] "물론 계급 심리는 외적인 것을 모방하는 방식으로 일어나는 것은 아니다. 계급 심리의 형성 과정은 의심할 여지 없이 더 심오하다. 어린이의 계급 심리는 그를 둘러싼 사람들과의 협력의 결과, 더 간단하고 단순하게 말하면, 공동 생활, 공동 활동, 공동 관심의 결과로 나타난다. 계급의 공고화는 외적 모방이 아니라, 삶, 활동, 흥미를 공유한 결과로 형성된다."

10-26-12] 우리는 계급 심리 형성 과정이 모방 본능을 인용한 저자들이 생각했던 것보다 비할 수 없이 훨씬 더 심오하다는 것에 완전히 동의한다. 나아가 우리는 삶, 활동, 흥미의 공통성이 이 과정에서 중심적 요인이라는 블론스키의 입장을 논박할 수 없다고 생각한다. 그러나 우리는 여기에 전체 과정을 설명하는 본질적인 고리가 빠져 있다고 생각한다. 이 때문에 우리가 본능적 모방을 인용하기를 거부한 이후 열린 채 남아 있던 문제는 블론스키가 말한 것에 의해서도 해결되지 않는다.

10-26-13] 삶, 협동, 흥미를 공유하는 것은 당연히 청소년 앞에 많은 과제를 설정하며, 그것을 해결해 나가는 과정에서 청소년의 계급 심리가 발달해 나간다. 그러나 동시에 우리는 이 과정의 수행을 도와주는 지적 활동의 기제와 방식을 주시해야 한다.

10-26-14] 다시 말해, 우리는 블론스키가 말한 현상, 즉 이행적 연령기는 계급 심리와 계급 이념이 집중적으로 발달하고 형성되는 시기라는 것에 대해 결코 발생적으로 설명할 수 없을 것이다. 만약 개념 형성을, 그 발달을 통해서 청소년 앞에 새로운 생각 내용을 펼쳐 보일 수 있는, 주요한 지적 기능으로 간주하지 않는다면, 우리는 생활과 흥미의 공유가 초기 유년기나 학령기에 우리의 흥미를 끄는 영역에서 동일한 집중적 발달을 이끌어 내지 못하는 이유를 이해할 수 없을 것이다. 분명, 생각 내용의 발달에 대한 발생적 분석을 하면서 생각 내용의 진화와 생각 형식의 진화의 연결에 대해 한시도 잊어서는 안 된다.

10-26-15] 특히, 개념 형성 기능이 이 연령기의 지적 변화의 토대에 놓여 있다는 전체 청소년 심리의 기본 중심 명제를 단 한순간도 잊어서는 안 된다.

10-26-16] 이런 점에서, 생각 형식의 발달에서 개념 형성의 계기를 완전히 무시하고 생각 분석을 내용의 측면에서 직접 시작하려 한 몇몇 저자들의 시도를 떠올리는 것은 매우 흥미롭다. 따라서 스턴은 성장

중인 청소년의 관념 형성 발달에 대한 연구에서, 세상에 대한 형이상학적 이해는 성 성숙기 청소년의 본능적인 특성이며, 이 연령기에 유전적으로 공고화된다는 결론을 맺는다. 우리는 다른 저자들에게서 유사한 시도를 발견한다. 그들은 생각의 발달을 이 낱말의 진정한 의미에서 몇 줄이나 몇 쪽을 할애하지만, 때로는 그것을 완전한 침묵으로 지나치면서 생각 내용의 구조를 우리 의식의 여러 영역(성애, 영혼-K)에서 직접 재창조하려는 시도를 한다. 이와 함께 생각 구조가 형이상학적 특성을 갖게 되는 것은 자연스러운 것이다. 이 설명에 의하면 청소년 의식은 관념화를 표상의 주된 방식으로 삼는다. 스턴이나 슈프랑거 같은 저자들이 청소년을 타고난 형이상학자라고 하는 것은 그리 놀랄 일이 아니다. 왜냐하면 청소년의 생각 내용의 이런 깊은 변화와 변형이 어디에서 오는지, 무엇이 청소년의 관념의 흐름을 추동하는지 알려지지 않았기 때문이다.

10-26-17] 한편, 그 이론적 구성의 형이상학성을 청소년 생각의 형이상학적 측면으로 간주한 이러한 저자들의 뒤를 따르지 않는다면, 우리는 이미 말한 바와 같이 생각 내용의 진화를 생각의 형식과 연결 지어 고찰해야 할 것이며, 특히 개념 형성으로 인해 생각 내용에 어떤 변화가 일어나는지 추적해야 할 것이다. 이와 함께 개념 형성이 청소년 앞에 사회적 의식의 세계를 열어 주고, 필연적으로 계급 심리와 이념의 집중적인 발달과 형성을 이끄는 것을 보게 될 것이다. 따라서 스턴과 슈프랑거가 연구한 청소년들이 그들에게 형이상학자처럼 보인 것은 놀라울 것이 없다. 사태의 전말은 다만 청소년 생각의 이러한 형이상학적 특성이 청소년의 본능적 특성으로 이루어진 것이 아니라 특정한 사회적 이념의 영역에서 개념이 형성되어 나타난 필연적인 결과라는 것이다.

10-26-18] 청소년에게 열리는 것은 바로 고등 생각 형태, 특히 논리적 생각이다. 블론스키가 말했듯이, "치아 교체기 어린이의 지성이 여

전히 강력한 아이데티즘(직관상)을 보여 준다면, 청소년의 지성은 논리성에 대한 열망이 두드러진다." 이 열망은 제일 먼저 비판으로 발현되고, 표현된 것은 증명되어야 한다는 정교한 집착으로 발현된다. 청소년은 강하게 증거를 요구한다.

10-26-19] 청소년의 마음은 오히려 구체적인 것을 부담스러워하며, 동물학, 광물학, 첫 단계에서 가장 좋아하던 주제 중 하나였던 구체적 자연과학인 식물학은 청소년에게서 배경으로 물러나고, 자연과학, 세상의 기원, 인간 등에 대한 철학적 질문에 우위를 내어 준다. 마찬가지로 구체적이고 풍부한 역사 이야기에 대한 흥미도 배경으로 물러난다. 이제 그 자리는 모두 청소년이 매우 흥미를 갖는 정치로 점점 채워진다. 마지막으로 이 모든 것은 다수의 청소년이 그림 그리기와 같은 사춘기 이전 어린이들이 그렇게 좋아하던 예술에 흥미를 잃는다는 사실에 잘 부합한다. 가장 추상적 예술인 음악이 청소년들이 가장 좋아하는 예술이다.

10-26-20] 사회정치적 세계관의 발달은 이 시기에 일어나는 청소년 생각 내용의 변화 모두를 다 설명하지 못한다. 사회정치적 세계관의 발달은 아마도 가장 분명하고 가장 유의미한 것일 수 있지만, 그럼에도 불구하고 이 시기 전체에 걸쳐 일어나는 변화의 전체 과정의 일부일 뿐, 이 과정을 다 설명하지 못한다.

10-26-21] 청소년 대중의 삶에서 결정적인 사건은 사회적 생산으로의 진입이며, 이를 통한 완전한 계급 결정으로의 진입이라는 지적은 매우 올바르다. "청소년은 그가 속한 사회적 계급의 아들일 뿐 아니라 이미 이 계급의 능동적 구성원이다. 따라서 청소년기는 청소년의 기본 면모, 특히 그의 사회정치적 세계관이 형성되는 기간이다. 이 기간에 삶과 사람, 사회에 대한 관점의 기본 면모가 만들어지며, 이런저런 사회적 동질감과 반감이 생성된다. 청소년기는 삶의 문제에 온 신경이 집중되

는 시기이다." 이것이 삶 자체가 청소년 앞에 내미는 문제이며, 능동적 구성원으로서 청소년의 이 삶으로의 결정적 진입은 고등 생각 형태의 발달을 요구한다.

10-26-22] 그러나 이러한 묘사에서 우리는 많은 연구자들이 반복적으로 지적해 왔으며, 다른 연령기에서 발견하는 것이 이상하게 보일 하나의 본질적인 면모를 침묵으로 지나쳤다. 이는 청소년에게 전형적이고 특징적이다. 우리는 청소년기 기본적 면모로 청소년 생각의 내용에서 고유하게 표현되는 모순성을 염두에 두고 있다. 이 모순은 청소년의 생각이, 말하자면 모순적 계기를 그 안에 포함한다는 사실이다.

10-26-23] 블론스키에 따르면 십 대의 지성은 수학에 대한 관심으로 특징지어진다. 비록 청소년들이 대개 수학 공부에 익숙하지 않지만 저자는 자신의 의견을 뒷받침하는 간단한 학교 경험을 제시한다. 그는 말한다. "14세에서 17세까지의 기간은 보통 학업에서 가장 집중적인 수학적 형성 단계이며, 바로 이 시기에 사람들은 자신의 수학적 자산의 큰 부분을 얻는다. 이것은 무언가를 보여 준다. 유사하게, 이 연령기는 물리학에 강하게 이끌리는 시기이다. 끝으로, 이 연령기는 철학적 흥미의 시기이며 공명으로의 논리적 경향성을 일관되게 가지는 시기이다. 그러나 다음의 문제는 여전히 남는다. 어떻게 이러한 수학, 물리, 철학에 대한 사랑, 정연하게 세워진 추론과 논증의 논리에 대한 사랑과, 크레치머의 용어에 따르면, 또한 의심의 여지 없이 청소년에 내재하는 '낭만주의적 생각'이 조화를 이루는가? 블론스키는 이 모순에 대하여 크레치머의 말을 빌려, 두 생각 방식은 외적 차이에도 불구하고 생물학적 측면에서 서로 밀접하게 연결되어 있다고 답한다.

'공명'은 자이가니크의 용어이다. B. 자이가니크는 레빈의 제자였으며 후에 비고츠키의 동료였다. 그녀는 정신분열증에 관해 연구했으며,

그들이 종종 화용론적 의미를 이해하지 못하고 표현을 글자 그대로 받아들인다는 것을 지적했다. 예를 들어, 상점 직원이 '무엇을 도와 드릴까요?'라고 물으면, 정신분열증 환자들은 그 질문에 어떻게 대답해야 할지 모른다. 또, 정신분열증 환자가 조기 퇴근하려고 할 때, 상사가 화난 목소리로 "당신 지금 뭐 하는 겁니까?"라고 물으면 그들은 "저는 집에 갑니다"라고 대답할 것이다. 이를 자이가니크는 '공명'이라고 불렀다. 낭만주의의 정반대는 극도의 사실주의이다.

10-26-24] 우리는 블론스키가 언급한 사실은 완전히 올바르게 지적되었다고 생각한다. 동시에, 청소년의 지적 성향과 흥미의 모순성에 대해 그가 제공한 설명은 사태의 본질상 우리 앞에 놓인 문제를 충분히 해결하지 못한다. 블론스키는 수학, 물리, 철학에 대한 취향을 분열 기질적 특성으로 설명하려는 경향이 있다. 분열 기질은 과민하고 고조된 감수성, 민감성, 흥분성의 한쪽 극단과 정서적 둔감성, 냉정함, 무관심의 다른 극단 간의 모종의 분열로 특징지어진다.

10-26-25] 그러나 우리는 크레치머가 말한 이 두 생각 유형 사이의 심오한 생물적 친족성이 이행적 연령기에 관찰되는 낭만적 생각과 과도한 논리화의 고유한 결합을 설명해 주는 실제적 토대가 될 가망은 거의 없다고 생각한다. 우리가 생각하기에, 이 경우 가장 올바른 것은 바로 발생적 설명이다. 현실의 방대한 확장, 청소년의 생각이 처음으로 획득하게 되는 사물과 현상 사이의 연결과 관계의 심오한 심화를 염두에 둔다면, 우리는 강화된 논리적 활동의 토대와 청소년 생각에 내재된 낭만성의 토대를 모두 이해하게 될 것이다.

10-26-26] 개념 형성이라는 사실, 이 새로운 생각 형태의 참신하고 젊은, 충분하지는 않지만 강건하고 안정적이며 발달된 특징은 관찰자들이 주목했던 모순적인 특징을 설명해 준다. 이 모순은 발달의 모순, 이

행적 형태의 모순, 이행적 연령기의 모순이다.

10-26-27] 새로운 생각 형태의 이러한 젊고 불안정한 특성으로 우리는 블론스키가 지적한 다른 특성을 설명하고자 한다. 블론스키는 청소년에게는 아직 충분한 변증법적 특성이 결여되어 있다는 사실, 주어진 문제를 이것 아니면 저것 식의 양자택일의 형태로 첨예화하는 경향이 있음을 염두에 둔다.

10-26-28] 여기서 가장 두드러지게 나타나는 것은 청소년 기질의 고유성이 아니라, 성숙한 생각 발달의 최고 단계에 출현하는 변증법적 생각이 이제 막 개념 형성기로 넘어온 청소년의 특성이 되는 것은 당연히 불가능하다는 상황이라고 우리는 생각한다. 개념 형성과 더불어 청소년은 자신을 조만간 변증법적 생각의 숙달로 이끌게 될 발달의 경로에 오른다. 그러나 발달의 마지막 최고 단계가 이제 막 새로운 지적 활동 수단을 숙달하는 청소년이 내딛은 첫걸음에 이미 담겨 있다고 기대하기는 어려울 것이다.

10-26-29] 청소년의 생각 내용에서 일어나는 그러한 근본적 변화와 급진적 재구조화의 좋은 예는 그로스의 연구에서 찾아볼 수 있다. 그 연구는 생각의 방향에 대한, 즉 그의 지적 활동이 향하는 개별 내용에 대한 연령기의 영향을 독립된 순수한 형태로 보여 준다. 그로스는 이런저런 생각 과정과 관련하여, 발달 중인 사람의 다양한 연령 단계에 따라 어떤 종류의 질문이 제기되는지를 실험을 통해 밝히려 했다.

10-26-30] 실험 참가자는 짧은 주제 글을 읽고 그에 대한 질문을 받는다. 주제 글을 읽을 때마다 참가자는 가장 알고 싶은 것이 무엇이냐는 질문을 받게 된다. 이런 식으로 제시된 질문들은 기록, 녹음되어 그에 나타나는 논리적 흥미에 따라 분류되었다. 이를 통해 연구자들은 지배적인 논리적 흥미의 연령기적 역동과 성장을 확립하는 데 성공

한다.

10-26-31] 이 연구의 주요 계기 중 하나는 생각하는 사람의 흥미가 원인을 지향하는지, 결과를 지향하는지를 밝히는 것이다. 거의 모든 연령대의 성인 실험자에게서는 생각의 결과 지향적 움직임이 우세한 반면, 어린 연령의 어린이들에게서는 주제 글과 관련된 다른 상황에 관한 질문들이 우세했다. 그로스는 전진과 회귀와 관련한 특별한 질문에 관심을 갖는다. 즉, 인과 관계에서 원인을 되돌아보는 것과 결과로 나아가는 것 중 어느 것에 더 많은 흥미가 나타나는지, 그리고 이와 관련하여 다양한 연령기의 어린이들이 어떻게 행동하는지에 관심을 가진 것이다. 그로스는 다양한 연령의 비교를 통해서 결과에 대한 흥미가 지적 발달 연령기와 함께 증가한다는 결론을 도출하였다.

〈표 2〉는 K. 그로스의 『Das Seeleleben des kindes(어린이의 영혼의 삶)』(Berlin: Verlag van Reuther & Reicher, 1908) 235쪽에서 가져온 것이다. 이 책은 1916년 키예프에서 러시아어로 번역되어 출판되었다. 그로스가 234쪽에서 제시하는 사례는 다음 '주제'이다. "어제저녁, 마을이 큰 흥분에 빠졌다. 갑자기 '불이야!'라는 소리가 들렸다." 그리고 나서 그로스는 어린이들에게 알고 싶은 것이 무엇인지 묻고, 어린이의 대답을 '전진적'이냐 '회귀적'이냐에 따라 분류했다. 예를 들어 "그래서 어떻게 됐어요? 누가 죽었어요? 불은 꺼졌나요?"라는 질문은 전진적이고, "어디서 불이 난 거래요? 누가 불을 질렀죠? 왜 그랬대요?"라는 질문은 회귀적이다. 이하 **10-26-35~10-26-37**의 본문은 그로스의 책에서 직접 번역했다.

10-26-32] 다음의 표는 전진적 질문과 회귀적 질문의 관계를 드러낸다. 마지막 열은 전진과 회귀의 비율을 가리킨다.

연령	회귀적 질문	전진적 질문	비율
12–13세	108	11	9,8
14–15세	365	49	7,4
15–16세	165	35	4,7
16–17세	74	19	3,9
학생	46	36	1,3

〈표 2〉 전진적 질문과 회귀적 질문의 비율(K. 그로스의 책에서 인용)

〈표 2〉는 우리 번역의 원본인 비고츠키의 통신강좌 원고에 들어 있는 번호를 그대로 따른 것이다. 이어서 **10-26-38**과 **10-39-3**에는 각각 〈표 3〉, 〈표 4〉가 나온다. 원본에서 〈표 1〉은 사하로프 블록 그림을 가리키며, 우리 책에는 **10-7-10**에 실려 있다.

10-26-33] 그로스는 완전히 타당하게도, 이 자료에서 어린이와 청소년의 정신적 흥미 발달과 관련한 중요한 지표를 본다. 왜냐하면 동일한 주제 글에 대한 다양한 연령기의 전진적, 회귀적 측면의 상대적 성장은 생각의 논리적 흥미의 방향 전환에서 연령기의 역할을 분명히 지적하기 때문이다.

10-26-34] 또 다른 연구는 어린이와 청소년의 생각에서 일어나는 질문들의 본성과 관련이 있다. 그로스는 앎의 욕구와 결합된 불확실한 상태가 언제나 판단에 선행한다고 가정한다. 이 앎의 욕구는 질문으로 표현되는 경향이 있으며 종종 우리는 스스로에게 질문하기도 한다. 이 것은 소리 내어 표현된 것이 아닌 내적 질문을 의미한다.

10-26-35] "그러나 우리의 판단 동기에 상응하는 두 가지 종류의 질문에 대한 외적인 언어적 공식화 또한 존재한다. 이는 '규정 질문' 와 '결정 질문'이다. 규정 질문은 완전히 무지한 상태에서 이리저리 궁리하는 것이다. 이는 그 대답에 의해서만 채워질 수 있는 빈 그릇이다. 예를 들면 '그것은 무엇인가?', '그것은 어디서 왔는가?', '그는 누구였

는가?', '언제, 왜, 무슨 목적으로 그 일이 일어났는가?'와 같은 질문들이다."

10-26-36] "따라서 규정 질문은 예, 아니요로 대답하는 것이 불가능하다는 사실로 구별될 수 있다. 반면, 결정 질문은 질문 속에 결정을 위한 판단 가능성이 놓여 있기 때문에 예, 아니요의 답이 가능하다. 예를 들어 그것은 희귀 식물인가? 그 카펫은 페르시아산인가? 등의 질문이 그렇다. 결정 질문은 특히 그것이 스스로에게 제기된 질문으로 간주될 때, 특정 상황에서 의식적인 탐구자로 하여금 가설적 결론을 도출하게 하는 의식적 기대 상태에 대한 타당한 표현이다."

10-26-37] "공허한 규정 질문보다 결정 질문에서 더욱 활기 있는 정신 활동이 표현됨이 명백하기 때문에(우리는 지성뿐 아니라 상상도 생각해야 한다), 그리고 이러한 현상 이면에는 두 가지 판단 동기의 심오한 차이가 숨어 있기 때문에, 이러한 측면에서 우리가 시도한 학령기 어린이에 대한 연구 결과를 살펴보는 것은 흥미로울 것이다."

10-26-38] 아래 제시된 표는 어린이가 성장할수록 판단 질문이 빈질문보다 더 강하게 증가하는 것을 드러낸다. 전체 질문에 대한 판단 질문의 비율은 아래 표가 나타내는 것과 같다.

11–13세	2%
14–15세	13%
15–16세	12%
16–17세	42%
대학생	55.5%

〈표 3〉 전체 질문 수에 대한 판단 질문의 비율(그로스의 책에서 인용)

10-26-39] 전진적 생각의 증가는, 그와 내적 친족 관계인 가정이나 추론과 마찬가지로 이행적 연령기의 의심할 여지 없는 하나의 본질적 특성이다. 즉 청소년의 생각 내용을 규정하는 계기가 광범위하게 풍

부해질 뿐 아니라, 이 계기들의 새로운 움직임 형식과 새로운 전개 형식이 나타난다. 이런 점에서, 우리가 앞에서 개념의 주된 구조적 특징이 형식과 내용의 통일이라고 지적했던 논의가 결정적 의미를 지닌 것으로 보인다. 즉 현실 영역이 존재하고, 오직 개념으로만 타당하게 표현될 수 있는 연결과 현상이 존재한다는 것이다.

10-26-40] 그러므로 추상적 생각을 현실과 동떨어진 것으로 간주하는 것은 잘못된 것이다. 추상적 생각은 오히려 청소년 앞에 드러난 현실을 처음으로 가장 깊고 진실하게, 가장 완전하고 포괄적으로 반영한다. 이와 관련하여, 청소년의 생각 내용의 변화와 관련된 문제로서, 우리는 이행적 연령기의 생각 내용의 한 영역을 그냥 지나칠 수는 없을 것이다. 그 영역 또한 전체로서 모든 생각이 재구조화되는 이 중요한 시기에 다시 나타난다. 그것은 자신의 내적 활동에 대한 인식을 말한다.

27

10-27-1] 크로는 말한다. "성장하는 청소년 앞에 처음으로 심리적 세계가 열리며, 처음으로 그의 관심이 다른 사람들에게 점점 크게 기울어지기 시작한다. 초기 연령기 어린이에게 닫혀 있던 내적 체험의 세계가 이제 청소년 앞에 열리며 그의 생각 내용에서 지극히 중요한 영역을 이룬다."

10-27-2] 내적 실재, 즉 자기 자신의 체험의 세계로의 침투에서, 이행적 연령기에 생겨난 개념 형성 기능은 다시 한 번 결정적 역할을 수행한다. 잘 알려진 정의에 따르면, 낱말은 타인을 이해하기 위한 수단인만큼이나 자기 자신을 이해하기 위한 수단이다. "낱말은 탄생 순간부터

화자가 스스로를 이해하는, 즉 자신의 지각을 통각統覺하는 수단이다."

통각은 지각과 다르다. 통각은 분트가 보고 이해하는 것을 뜻하는 의미로 사용한 용어이다. 어린이는 시계를 두 개의 바늘이 있는 둥근 판으로 지각하며, 성인은 일할 시간을 통각한다.

10-27-3]　오로지 이 개념의 형성 덕분에, 자기 지각, 자기 관찰의 집중적인 발달과 내면의 실재에 대한 지식, 자신만의 체험 세계의 집중적인 발달이 시작된다. 홈볼트의 올바른 관찰에 따르면, 생각은 개념 안에서만 분명해지며, 오직 개념 형성과 함께해야만 청소년이 진정으로 자기 이해에 도달하게 되고 자신의 내면세계를 조명하게 된다. 이것 없이는 생각이 명확성을 획득할 수 없고 개념이 될 수도 없다.

대부분의 번역에서 이 문단, 특히 마지막 문장은 "개념 형성이 되지 않은 생각은 개념을 구성할 수 없다"는 뜻으로 순환적이고 동어 반복으로 보인다. 여기서 비고츠키가 의미한 것은 개념이 가능하려면 반드시 자기지각, 자기성찰, 자기 자신의 심리적 조작에 대한 자각을 가지고 있어야 한다는 것으로 보인다. 예컨대, 외부에 대한 의식적 파악이 어려운 자폐증 환자와는 달리, 내부에 대한 의식적 파악이 어려운 정신분열증 환자는 진개념을 형성하는 데 어려움을 겪을 것이라고 예상할 수 있다. 만일 우리의 개념이 발달의 사회적 상황에서 발견한 개념의 단순 복제라고 생각한다면 이는 설명하기 어렵다. 그러나 이는 비고츠키의 관점으로 설명될 수 있다. 첫째로, 비고츠키가 왜 자폐증 환자 중에서는 종종 대단한 수학자나 음악가가 나타나기도 하는 반면, 정신분열증 환자들에게서는 개념 형성 기능이 발달하기 어렵거나 실패한다고 믿는지 설명해 준다. 둘째, 의사개념이 진개념과 어떻게 다른지를 설명한다. 전자는 다른 이들의 낱말 의미에 의해 외적으로 규정되는 일반화인 데 반해, 후자는 자기 인식, 자기관찰, 자기 자신의 심리적 조작의 인식에 의해 규정된다. 셋째, 자기반성적 청소년이 어째서 외부 지향적인 초등학생보다 진개념을 형성하기에 더 유리한 상황에 있는지를 설명해 준다.

10-27-4] 개념은 인식과 이해의 중요한 수단이 되며, 이와 관련하여 이행적 연령기의 생각 영역의 확장이라는 의미에서 세 가지 기본적 변화를 이끈다. 첫째, 개념적 생각은 현실의 기저에 놓인 깊은 연결을 드러내며, 현실을 조종하는 규칙성을 인식하게 하고, 이 현실에 덧씌워진 논리적 관계의 그물을 통해 지각된 세계를 정돈하게 해 준다.

"현실의 기저에 있는 연결을 드러내고, 규칙성을 인식하고, 논리적 관계의 그물을 펼치는 것"이 세 가지 기본적 변화가 아님에 주의하자. 이것은 단지 첫 번째 기본적 변화이다. 세 가지 기본적 변화는 논리적 그물(10-27-4), 생각의 체계화와 사회화(10-27-5~10-27-8), 그리고 자기의식(10-27-9~10-27-14)이다. 첫 번째 기본적 변화의 두 가지 예를 살펴보자. 첫째, 수학 교육에서 x, y축 그래프와 같은 직각 좌표계는 논리적 관계망이다. 수학적 표기법을 이용하여 계산한 이 논리적 관계망은 청소년에게 이차 방정식을 원뿔곡선으로 보여 주고, 미적분의 개념을 곡선의 기울기나 곡선 아래의 면적과 같은 시각적 요소를 통해 이해할 수 있게 해 준다.

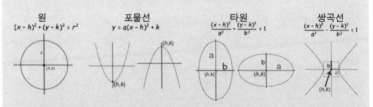

둘째, 지리학에서 위도와 경도는 논리적 관계망을 형성한다. 이 논리적 관계망을 지도 위에 펼침으로써, 청소년은 지구의 자전과 태양을 중심으로 도는 공전 간의 심오한 연결을 드러낼 수 있다. 이 논리적 그물은 경도에 따라 태양이 뜨고 지는 시간이 달라지고 위도에 따라 태양이 하늘을 지나가는 길이 수평면과 이루는 각도가 달라지는 것을 이해할 수 있게 해 준다.

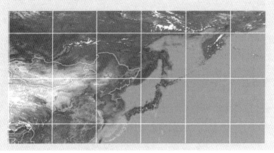

10-27-5] 말은 현상을 분석하고 분류하는 강력한 수단이며, 현실을 정돈하고 공동 일반화하는 수단이다. 한 저자의 올바른 지적처럼, 개념의 담지자가 된 낱말은 그것과 관련된 대상에 대한 진정한 이론이다. 이 경우 일반적인 것은 특수한 것들에 대한 법칙으로 기여한다. 개념의 기호인 낱말의 도움으로 구체적인 실재를 인식하면서 사람은 그가 보는 세상 속에 숨겨진 연결과 규칙성을 드러낸다.

비고츠키는 괴테의 말을 인용하고 있다. "경험적인 것에는 그 대상이 되는 것과 매우 밀접하게 동화되어 그 대상의 진정한 이론이 되는 정교한 형태가 있다." 이는 괴테의 과학적 연구에서 나온 것이며, 발터 벤야민에 의해 종종 인용된다.

I. SEOUL.U
나와 너의 서울

위의 표어를 두 가지 중요한 생각에 대한 진정한 이론이라고 가정해 보자. 이 둘은 이후의 논의를 이해하는 데 중요하다. 비고츠키가 여기서 소개하는 첫째 아이디어는 개별적인 것, 특수한 것, 일반적인 것에 대한 헤겔의 구분이다. '서울'이라는 이름은 서울 주민, 서울 시민, 서울 사람과 같은 이 도시의 현상을 분석하고 분류하는 강력한 수단이다. 물론 서울에는 완전히 다른 공간들이 모인 605km² 안에 살고 있는 천만 명의 완전히 다른 개별적 개인들이 존재한다. 그러나 이 개별적 개인들은 모두 부모, 노동자, 유권자 등과 같은 특수한 범주에 속해 있다. 서울에서 자라는 어린이는 구체적 현실을 배우고, 개념 기호를 통해 추상적인 방식으로 구체적 현실을 생각하는 법을 배운다. 비고츠키가 소개하는 두 번째 아이디어는 '공유된 생각(общественного)'과 '역사적으로 축적된 인류의 사회적 경험(социального)'의 구분이다. 공유된 생각이 가족과 친구처럼 사적 관계적이고 협상 가능한 것이라면, 사회적 경험은 고용주와 고용인의 관계처럼 객관적이고 변경하기 쉽지 않은 것이다. 표어에서 빨간 점은 가족, 우정, 공유된 생각 같은 따뜻한 느낌을 표상하려는 것으로 보인다. 그러나 어린이는 청소년기에 진입함에 따라 전혀 다른 종류의 사회적 관계(예를 들어 학교의 관리자, 고용주, 경찰)와 마주하게 된다. 이 관계는 공유된 생각을 포함하기도 하고 포함하지 않기도 하는 사회적 관계이다. 이 관계는 처음에는 청소년을 이질적 존재나 적대적인 대상으로 대한다. "I*Se o ul*U"의 파란 점은 도시를 반으로 가르는 한강을 나타낸다. 이는 한강을 가로질러 출근하는 많은 서울 사람들에게는 가정과 직장을 분리하는 표상으로 보일 수 있다.

10-27-6] 우리는 실험에서 각 개념들이 서로 밀접하게 연결되어 있다는 사실과 관련된 지극히 흥미로운 계기를 여러 번 관찰할 기회가 있었다. 현실 현상의 상호 연결과 이행을 반영하는 개념의 상호 이행과 연결은 언제나 다음과 같은 사실을 이끈다. 즉 각각의 개념은 이미 다른 모든 개념들과 연결되어 나타나며, 일단 나타나면 기존 개념 체계 속에 말하자면 자리를 잡고 개념 체계에 편입된다.

10-27-7] 피실험자에게 네 개의 다양한 개념을 형성하는 과업이 주어졌던 실험에서, 우리는 한 개념의 형성이 어떻게 나머지 세 개념들의 형성의 열쇠가 되는지, 청소년에서 후자의 세 개념들이 대개 첫 개

넘이 발달한 방식이 아니라, 이미 발달된 개념을 통해 그것의 도움으로 어떻게 발달하는지 보았다. 두 번째, 세 번째, 네 번째 개념의 발달에서 생각 과정은 언제나 첫 번째 개념 발달의 생각 과정과 심오하게 달랐으며, 예외적 경우에만 네 개념이 네 개의 동일한 조작을 통해 발달했다. 개념들 간의 이러한 상호 연결, 즉 동일한 체계 안에서의 내적 자리매김은 개념을 외부 세계의 체계화와 인식의 주요 수단 중 하나로 만든다.

10-27-8] 그러나 개념은 체계를 이끌 뿐 아니라 외부 현실을 아는 주요 수단으로 사용된다. 또한 개념은 타인을 이해하고 역사적으로 축적된 인류의 사회적 경험을 적절히 습득하는 기본 수단이기도 하다. 개념적으로나마 청소년은 처음으로 사회적 의식 세계를 체계화하고 이해한다. 이 점에서, 말로 생각을 한다는 것은 한 사람의 개인적 생각이 공유된 생각에 참여하는 것이라고 말한 훔볼트의 정의는 절대적으로 옳다. 공유된 생각, 즉 생각의 완전한 사회화의 열쇠는 개념 형성 기능에 있다.

10-27-9] 끝으로, 개념 형성으로의 이행과 관련하여 청소년의 생각에 새롭게 나타나는 세 번째 영역은 오직 이때에만 가능해지는 자신만의 체험의 세계, 체계화의 세계, 이해와 정돈의 세계이다. 한 저자는, 인간의 정신적 삶의 항상적 특성이 의식인 반면 이후에 획득되는 자기의식은 의식과 전혀 다르다고 완전히 옳게 말한다.

10-27-10] "자기의식은 처음부터 주어지는 것이 아니다. 그것은 낱말의 도움으로 자기 자신을 이해하는 법을 배우는 정도에 따라 점진적으로 나타난다. 자기 자신을 이해하는 정도는 다양할 수 있다. 발달 초기 단계 어린이의 자기 이해는 극도로 미약하다." 그의 자기의식은 극도로 천천히, 그의 생각 발달에 엄격하게 의존하면서 발달한다. 그러나 자기 이해의 경로, 의식의 발달과 형성 경로에서 결정적인 걸음은 오직

개념 형성과 함께 이행적 연령기에서만 나타난다.

10-27-11] "이런 의미에서 이해를 개념적 생각으로 외적, 내적 현실을 정돈하는 것에 빗댄 여러 저자들의 비유는 완전히 합법적이고 의당하다. 인간은 자신의 모든 행위를 이러한 법칙적 도식에 종속시킨다. 엄밀히 말해 무법이 가능한 것은 행위일 뿐, 생각 또는 인간이 자신의 동기를 설명하는 낱말에서는 불가능하다. 자신의 행동을 설명하고자 하는 욕구, 이를 낱말로 드러내고자 하는 욕구, 이를 개념으로 나타내고자 하는 욕구는 알게 모르게 자신의 행동을 이러한 법칙적 도식하에 종속시킨다. 자신의 어리석음의 토대가 무엇이냐고 갑자기 질문을 당한 사모두르는 자기행동에 대한 모든 제약을 거부하고 자신의 '나'를 법으로 내세우며 말한다. '내가 그렇게 원했기 때문이다.' 그러나 그는 스스로도 자신의 대답에 만족하지 못했으며 오직 다른 대답을 찾을 수 없었기 때문에 그런 답을 한 것이다. 장난이나 분노에 의한 것이 아니라면 'sic volo'라고 말하는 경우는 상상하기 힘들다."

> Sic volo(나는 그렇게 원한다)는 M. 루터의 성경 번역에 오역이 있다는 비판자들의 지적에 대한 루터의 대답이었다. 이는 로마시대 극작가 유베날리우스의 작품에서 인용한 문구(hoc volo, 나는 그것을 원한다)였으나 역시 원문과는 다소 다르다. 포테브냐는 고르브노프의 1864년 희극인 '치졸한 폭군: 상인의 인생의 장면들'에서 인용하고 있다. 악역인 발랴스니코프가 심문을 받을 때 그는 "예를 들어 내가 무언가를 원하면 그대로 되어야 한다"고 답한다. 그러나 결국 그도 이 대답에 만족하지 못한다. 러시아어로 사모두르(Самодур)는 치졸한 폭군을 의미한다.

10-27-12] "이러한 자기의식의 속성과 함께 자유와 의도가 생겨난다."

위의 두 문단(10-27-11~10-27-12)은 포테브냐의 다음 책에서 인용한 것이다.

Потебня А. А. Мысль и язык(생각과 언어) 9장, Представление, суждение, понятие(표상, 판단, 개념), pp. 147-148.

10-27-13] 그러나 이러한 복잡한 문제에 대해서는 다음 장에서 언급할 기회가 있을 것이며, 여기서 자세히 다루지는 않을 것이다. 우리는 다음만을 말하고자 한다. 나중에 보게 되겠지만, 내적 체험 세계와 객관적 현실 세계의 분리는 어린이에게서 끊임없이 발전하고 있으며, 말을 막 시작한 어린이에게서는 발달된 사람이 스스로에게서 발견하는 자아와 세계의 분리를 찾아볼 수 없다. 태어난 지 얼마 되지 않은 어린이에게 그의 감각이 불러온 모든 것과 그의 의식의 내용 전체는 아직 나뉘지 않은 하나의 덩어리이다. 자기의식은 의식에 따라오는 것이 아니라, 오로지 발달 과정을 통해서 획득되는 것이다.

10-27-14] 이처럼 바로 현실 인식, 타인 이해, 자기 이해가 개념적 생각과 더불어 따라온다. 바로 그러한 혁명이 청소년의 생각과 의식에서 나타나며, 바로 이것이 청소년의 생각을 3세 어린이의 생각과 구분하는 새로운 것이다.

10-27-15] 인격 발달과 관련하여 개념적인 생각을 연구하는 과업과, 개념적 생각을 주변 환경과 맺는 관계를 연구하는 과업은 역사 언어학이 직면한 과업에 비교할 때 완전히 제대로 표현된다고 우리는 생각한다. 포테브냐는 말한다. "인격이 자연과 맺는 관계를 포괄하는 일관된 일련의 체계를 형성할 때 낱말의 실제 참여를 드러내는 것은 역사 언어학의 기본 과업이다. 만일 언어가 기성의 생각을 표현하기 위한 수단이 아니라 오히려 생각을 창조하며, 이미 형성된 세계관의 반영이

아니라 세계관을 구성하는 활동이라는 기본 명제를 염두에 둔다면, 우리는 이 참여의 의미를 일반적으로 제대로 파악하게 된다. 자기 정신의 움직임을 파악하기 위해, 자기의 외적 지각을 이해하기 위해 인간은 그 각각을 낱말로 대상화해야 하고, 이 낱말을 다른 낱말과 연결시켜야만 한다. 우리 자신의 본성과 외적 본성을 이해하는 것은 이 본성이 우리에게 어떻게 표상되는지, 그 각 부분들이 어떠한 비교를 통해 정신에 그토록 명료해지는지, 이런 비교가 우리에게 얼마나 진실한지와 전혀 무관하지 않다. 한마디로 낱말의 원초적 속성과 그 내적 형태가 망각되는 정도는 생각과 무관하지 않다."

> 낱말의 내적 형태는 보통 우리 마음속에 상기되지 않는 함축과 연상이다. 하지만 이 내적 형태는 낱말이 지니는 특정한 역사의 일부이다. 예를 들어 논쟁의 '근거'는 뿌리를, 사업을 '이끈다'는 것은 수레를 끄는 심상을 불러일으킨다.

10-27-16] 여기서 우리가 말의 도움을 통해 자연에 대한 인격의 관계를 포괄하는 일련의 체계의 형성에 대해 논의한다면, 동시에 자연에 대한 인식과 인격에 대한 인식이 다른 사람에 대한 이해, 주변에 대한 이해, 사회적 경험에 대한 이해를 통해 이루어진다는 것을 잠시도 잊지 말아야 한다. 말은 이해와 뗄 수 없다. 말과 이해의 이러한 불가분성은 말을 의사소통 수단으로서 사회적으로 사용할 때나 생각의 수단으로서 개인적으로 사용할 때에도 똑같이 나타난다.

28

10-28-1] 우리는 우리의 동료인 E. И. 파쉬코프스카야가 공장도제학교와 농촌아동학교에서 공부하는 수백 명의 청소년을 대상으로 수집한 자료를 발전시켰다. 이 연구는 유년기 어린이에게 적용된 유사한 연구에서 일반적으로 표상의 재고在庫에 대한 연구라 불리는 것을 설명하는 것을 과업으로 삼았다.

M. 홀(영어판 번역자)은 запаса представлений을 관념의 재고라고 번역하였다. 다음 문단에서 명확해지듯이 관념은 지나치게 광범위하다. 비고츠키는 청소년이 개념으로 생각하지, 관념으로 생각하지 않는다고 주장한다. 비고츠키가 의미하는 바는 무엇일까? 러시아 낱말 그 자체는 표상이나 현상에 대한 표상을 의미할 수 있을 것이다. 그 철학적 맥락에서 보면, I. 칸트의 '이성 비판'을 의미한다. 칸트는 시간, 공간, 색 등을 표상하는 특정 방식은 단순히 선험적으로 주어진다고 가정한다. 1923년 피아제는 이 생각을 이어받아 단순 감각뿐 아니라 인과관계, 움직임을 대표하는 방식에 관한 도식 형태를 발전시킨다. 그 당시 비고츠키는 청소년 아동학을 집필하고 있었는데, 그는 또한 피아제의 두 연구(그가 이번 장에서 인용하는)에 서문을 쓰고 수정을 하였다. 칸트주의자, 신칸트주의자, 피아제주의자들의 '유사연구'의 오랜 전통을 포함하고 동시에 홀의 지나친 일반화의 해석 '관념'을 제거하기 위해서 представлений를 표상으로 번역하였다.

공장도제학교(фабрично-заводское ученичество, фабзавуч)는 1920년에서 1940년 사이에 소련에 존재하던 교육기관으로 여기서는 기술 교육과 노동이 동시에 이루어졌다. 비고츠키가 아랴모프의 연구를 인용하면서 반복해서 말했듯, 공장도제학교의 여건은 다른 교육기관에 비해 우수한 편이었다(『성애와 갈등』 5-2 참조).

홀(1997:50)은 ШКМ이 기독청년학교라고 주장하였다. 그러나 그러한 번역은 세 가지 이유에서 불가능하다. 첫째, "기독교인"이라는 러시

아 낱말은 "X"로 시작하지 "K"로 시작하지 않는다. 둘째, 기독학교는 20년대 초반에 매우 강하게 외면당하기 시작했으며 이 책이 연구되고 쓰였던 1920년대 후반에는 금지되었다. 셋째, 홀이 번역한 텍스트일 것이라고 여겨지는 러시아 편집판 각주는 ШКМ이 농촌아동학교를 의미한다고 밝히고 있다.

1920년대 우크라이나의 농촌아동학교의 1학년 학생

10-28-2] 사실, 이 연구는 더 광범위한 과업을 설정하였다. 여기서 우리의 흥미를 끄는 것은 표상의 재고, 청소년이 획득한 지식의 목록, 그의 생각을 구성하는 계기의 일람표, 즉 일반적으로 표상의 집합의 양적 측면이 아니다. 무엇보다 우리의 관심을 끌었던 것은 청소년의 생각 내용의 구조 자체, 그의 생각에서 여러 경험 영역들 사이에 확립된 복잡한 연결과 관계였다.

10-28-3] 우리는 청소년의 이런저런 생각 내용의 구조가 그에 상응하는 어린이의 표상과 어떻게 다른지, 청소년의 생각에서 서로 다른 활동 영역이 어떻게 서로 연결되어 있는지 알아보는 데 관심이 있었다. 바로 이것이 우리가 우선적으로 관심이 있었던 것이다. 따라서 우리가 볼 때 '표상'이라는 낱말은 적절치 않은 것으로 생각된다. 본질적으로 논의는 전혀 표상에 대한 것이 아니다. 이 낱말은 초기 연령기 어린이의 생각에 관한 연구의 대상은 다소 정확하게 표현할지 모르지만 청소년에게 적용될 때는 그 의미의 거의 모든 부분, 거의 모든 뜻을 잃는다.

일부 개념은 사실 '표상'이라는 논쟁도 가능하다. 예를 들어 지도는 개념(대상과의 관계가 수학적 척도로 표현될 수 있는)인 동시에 표상(세상과의 관계가 시각적인 위성사진으로 표현될 수 있는)이기도 하다. 가르친다는 것은 지속적인 투쟁이다. 왜냐하면 초등학생들은 항상 개념을 표상으로 '번역'하는 반면, 교사는 항상 어린이의 표상을 추상적인 개념으로 '변역'하려고 하기 때문이다. 여기서 비고츠키의 논지는 청소년의 마음 속에 있는 지도와 영토 간의 관계와 어린이의 마음속에 있는 그것과 매우 다르다는 것이다. 지도가 그래프의 x, y축과 어떻게 관련되는지 생각해 보면, '표상'이라는 낱말은 그 의미를 잃는다.

10-28-4] 이행적 연령기의 생각 내용은 생각 단위들의 총합으로부터 나온다. 이 생각의 단위, 청소년의 지성이 작용하는 가장 단순한 행위는 당연히 표상이 아니라 개념이다. 이렇게 이 연구는 현실의 다양한 내적 외적 측면과 관련된 개념의 구조와 연결을 포함했으며, 우리가 앞에서 결과를 제시했던 이전 연구에 대한 일종의 자연적 보완을 형성했다. 우리의 흥미를 끄는 것은 내용 측면에서 청소년의 생각에 접근하고, 그 안에 표상되어 있는 내용의 관점에서 개념을 바라보고, 새로운 생각 형태—개념 형성 기능—의 출현과 청소년의 지적 활동이 향하고 있는 내용 전체의 근본적 재구조화 간에 이론적으로만 가정된 내적 연결이 이행적 연령기에 존재하는지 아닌지 관찰하는 것이다.

10-28-5] 이 연구는 일련의 매우 다양한 경험 영역을 포함하였으며 여기에는 자연 현상, 기술적 과정과 도구, 사회생활, 심리적 특성인 추상적 표상과 관련된 청소년의 개념에 대한 연구가 포함되었다. 기본적으로 이 연구는 우리가 기대한 연결이 존재한다는 것을 확증하였으며, 개념 형성과 함께 청소년이 내용의 구성과 체계화 방법, 현실 측면을 반영하는 내용의 범위와 계열에서 완전히 새로운 것을 획득한다는 것을 드러냈다. 우리는 청소년 발달에서 그의 생각 내용의 풍부화와 새로운 형태의 획득이 어떻게 동시에 나아가는지 이 연구에서 추적할 수

있다.

10-28-6] 여기서(청소년 지적 발달의 형태와 내용의 통합체-K) 우리는
이 전체 연구의 기본적이고 중심적인 결과와, 우리가 위에서 말한 가설
의 확증을 보게 된다. 우리는 개념에 대한 현대 심리학의 기본 오류 중
하나가 이 상황을 고려하지 않은 것이라고 생각한다. 이 오류는 개념의
내용에 나타나는 새로운 영역들과 새로운 체계를 무시하는, 개념에 대
한 순수한 형식적 고찰을 초래하거나 아니면, 순수한 형태론적 분석,
생각 내용의 물질적 측면에 대한 현상학적 분석을 초래한다. 이는 어떤
내용은 특정한 형식을 통해서만 타당하게 표상될 수 있고, 특별한 생각
기능, 특정한 지적 활동 방식의 출현을 통해서만 어떤 내용을 숙달하는
것이 가능해지기 때문에, 형태적 분석만으로는 언제나 불가피하게 불
충분하며 필연적으로 기능적 분석과 발생적 분석의 협력이 필요하다는
것을 전혀 염두에 두지 않는다.

> 형식과 내용의 변화가 동시에 일어남을 간과하는 것은 내용 혹은
> 형식의 간과를 초래한다. 내용을 무시하는 것은 뷜러의 구조주의 심
> 리학과 같은 형식주의이다. 형식을 간과하는 사례는 여기서 두 가지가
> 제시된다. '순수한 형태론적 분석'은 E. 티치너를 가리킨다. 티치너는
> 분트의 제자였으나 감각과 주의가 결합된 통각과 같은 복합적 기능을
> 부정하였다. 감각과 주의는 두 개의 서로 다른 형태론적 구조를 나타
> 낸다고 믿었기 때문이다. 그는 피실험자에게 예컨대 연필과 같은 대상
> 을 주고 연필이라는 말을 사용하지 않고 그 대상을 기술하라고 요구
> 하는 식으로 수천 가지의 상이한 형태론적 구조에 따른 목록을 작성
> 하였다. '현상학적 분석'은 딜타이, 슈프랑거, 후설의 심리학을 지칭한
> 다. 이들은 '붉음이란 무엇인가?'와 같은 질문에 철학적 내관법을 이용
> 하여 심리적 특질을 밝히고자 하였다. 티치너에 대해서는 『역사와 발
> 달 I』 3-35, 딜타이에 대해서는 1-64, 후설에 대해서는 1-40 참조.

10-28-7] 위에서 우리는 개념 형성 기능이 이행적 연령기의 여전히 젊고 불안정한 지적 성취라고 이미 지적했다. 따라서 청소년의 모든 생각이 개념으로 충만할 것이라고 생각하는 것은 잘못일 것이다. 반대로 우리는 아직 형성 중인 개념을 보고 있다. 이는 이행적 연령기가 끝나기 전까지는 아직 지배적 생각 형태가 아니다. 청소년의 지적 활동은 대부분 다른 형태로, 발생적으로 더 이전 형태로 일어난다.

> 여기서 비고츠키는 '선도적 활동'과 '주요 활동'을 핵심적으로 구분한다. 예를 들어 놀이는 유치원의 주요 활동이 아니다. 어린이는 먹고, 자는 등의 생존에 필수적인 활동에 할애하는 시간만큼 놀이에 할애하지는 않는다. 그러나 놀이는 발달의 새로운 원천이라는 점에서 선도적 활동이다. 이것은 비고츠키가 후기 아동학 저작에서 사용하는 중심 발달 노선이라는 개념의 핵심이다.

10-28-8] 여기서 나아가 우리는 많은 연구자들이 지적해 왔던 청소년 생각에서의 비변증법성과 낭만성을 설명하고자 했다. 내용의 측면에서도 이와 완전히 일치하는 것을 발견할 수 있다. 추상적 개념을 정의하는 과업에 직면한 연구 대상 청소년의 상당수가 완전히 구체적인 정의에 기반을 두고 대답한다는 것은 흥미롭다.

10-28-9] 선이란 무엇이냐는 질문에 그들은 다음과 같이 답한다. "좋은 것을 사는 것, 그게 선이에요"(14세, 공장도제학교), "선이라는 것은 누가 다른 이에게 무언가 좋은 것을 하는 것, 그것을 선이라고 해요"(15세, 농촌아동학교). 그러나 그들은 더 자주 이 용어의 일상적이고 실천적인 의미를 규정한다. "선이라는 것은 재물, 예를 들면 좋은 귀걸이, 시계, 바지 같은 거예요"(13세, 농촌아동학교). "당신이 얻는 것, 그게 선이에요"(13세, 농촌아동학교). 더 구체적인 대답도 있다. "소녀를 시집보낼 때 궤짝에 넣은 옷이에요"(13세, 농촌아동학교). "선은 우리가 갖고 있는

것, 공책, 만년필, 펜 같은 거예요"(14세, 공장도제학교). 끝으로 "귀중한 것들이에요"(13세, 농촌아동학교) 등등.

10-28-10] 비록 피실험자들이 잘 알려진 심리적, 윤리적 자질로서의 '선'이라는 의미로부터 유래하는, 이 개념에 대한 다른 정의를 내린다 하더라도 이 정의의 특성은 매우 자주, 특히 이행적 연령기 초기에는 여전히 구체적으로 남는다. 낱말의 일상적 의미가 택해진 후 가장 구체적 사례를 통해 설명된다. 이행적 연령기 최초의 생각, 사랑 등과 같은 개념에 대한 정의도 동일한 특징을 갖는다. 사랑이 무엇이냐는 질문에 그들은 다음과 같이 답한다. "사랑은 어떤 사람이 자기 마음에 드는 사람을 사랑하는 것이에요"(14세, 농촌아동학교). "사랑은 명칭이에요. 남자가 여자를 사랑해요"(13세, 농촌아동학교). 또는 "사랑은 결혼하고 싶어 하는 사람이 여자와 같이 앉아서, 그녀에서 자기와 결혼해 달라고 제안하는 거예요"(13세, 농촌아동학교). 또는 "사랑은 친척과 아는 사람들 사이에서 일어나요"(13세, 농촌아동학교).

10-28-11] 이처럼 우리는 이행적 연령기 초기에 생각의 내용 측면에서 구체적인 것의 여전한 우세를 발견하고, 추상적 개념을 보여 주는 구체적인 상황의 관점에서 추상적 개념에 접근하려는 여전한 시도를 보게 된다. 위에서 제시된 정의들은 앞서 메서의 자료에서 인용된, 초기 학령기의 전형적인 정의와 본질적으로 차이가 없다.

초등학생에 대한 메서의 인용은 **10-22-12** 참조.

10-28-12] 그러나 여기서 하나 중요하게 일러두어야 할 것이 있다. 우리가 이행적 연령기의 전반부에 빈번하게 마주치는 현상으로 언급했던 것은 본질적이지도, 특수하지도, 새롭지도 않기 때문에, 발생적 측면에서 이행적 연령기의 특성이 아니다. 이것은 낡은 것의 잔재이다. 이

생각 형태가 지금은 지배적이지만, 청소년이 앞으로 나아감에 따라 그것은 퇴행하고 약화되어 사라질 것이다.

> 비고츠키는 한 시기의 주요 활동이 신형성도, 선도 활동도 아니라는 생각을 다시 강조한다. 이는 놀이 강의에서 그가 발달시킨 생각이며, 그것이 '신형성' 개념의 정확한 내용이다.

10-28-13] 더욱 추상적인 사고로의 이행은, 비록 이것이 지금은 양적으로 적은 형태이기는 하지만 이행적 연령기에 고유한 형태이다. 청소년의 진보가 이루어지는 한 이는 발달할 것이다. 구체적 생각은 과거에 속하고 현재의 대부분을 차지하며, 추상적 생각은 현재는 적은 부분을 차지하지만 미래에는 전부가 될 것이다.

10-28-14] 우리는 이 연구의 다른 측면에 대해 더 길게 살펴보지 않을 것이다. 다만 이 풍부한 사실적 자료(파시코프스카야의 설문-면접 연구-K)의 분석에서 두 계기가 전면에 나타난다는 것만을 말하고자 한다. 첫째, 개념들 간에 존재하는 연결과 관계가 나타난다. 60개의 각 응답들은 다른 응답들과 내적 유기적으로 연결되어 있다. 두 번째 계기는 우리가 여기서 내용이 어떻게 생각의 내적 구성 부분으로 들어가는지, 내용이 어떻게 생각을 인도하는 외적 계기가 되기를 멈추는지, 내용이 어떻게 발화자의 인격을 대표하여 표현되기 시작하는지를 관찰한다는 사실이다.

10-28-15] 코무니아 프로프리오 디체레communia proprio dicere라는 잘 알려진 라틴어 표현에 따르면, 생각의 내용은 발화자의 내적 신념이 되며, 그가 가진 생각의 방향, 관심, 행위 규범, 열망과 의도가 된다. 이는 우리가 정치, 사회적 삶, 인생 계획의 문제와 같이 오늘날의 관점에서 긴급한 문제에 대한 청소년의 답변을 다룰 때 특히 두드러지게 나

타난다. 이 대답의 특징은 개념과 그에 반영된 내용이 어린이의 경우와 같이 외적으로 습득된 것으로 즉 완전히 객관적인 것으로 제시되지 않는다는 것이다. 그것은 인격의 복잡한 내적 계기들과 얽혀 있으며, 때때로 객관적인 진술이 끝나는 곳과 개인의 관심, 신념, 행동의 방향이 나타나기 시작하는 곳을 규정하는 것이 어려워진다.

코무니아 프로프리오 디체레Communia proprio dicere는 희곡 작가 호레이스가 쓴 편지 모음집 아르스 포에티카에서 나오는 Difficile est proprie communia dicere(일반적으로 언표된 것을 자신의 목소리로 말하기는 어렵다)라는 표현에서 인용된 것이다. 호레이스는 피슨에게 극본 쓰기에 대해 조언하는 편지를 쓰고 있다. 비고츠키가 말했듯이, 이 표현은 잘 알려져 있지만, 그 의미에 대해서는 논쟁의 여지가 있다. 어떤 사람들은 매우 일반적인 주제에 개별적인 표현을 제공하는 것은 어렵기 때문에 독창적인 주제를 선택하는 것이 더 낫다는 의미라고 주장한다. 다른 사람들은 정반대로, 만약 우리가 등장인물에 대해 알고 있는 것이 거의 없다면 등장인물을 생생하게 만드는 것이 어렵기 때문에 잘 정립된 주제에 의지하여 등장인물에게 개별적인 목소리를 부여하는 것이 더 낫다는 의미라고 주장한다. 비고츠키의 의미는 후자에 가깝지만 "개별적인 것은 특수한 것을 통해 일반적인 것이 된다"는 철학적 차원을 갖고 있다(예를 들어 개별 인간은 배우자, 부모, 고용인, 어린이와 같은 특정 범주를 통해 전 인류와 관련된다).

10-28-16] 내용은 생각에 대해 외적인, 이질적인 계기로서 생각에 들어가지 않고, 내용은 이러저러한 지적 활동의 형식을 물이 빈 잔을 채우듯이 채우지 않으며, 내용은 지적 기능과 유기적으로 연결되어 있고, 각 내용의 영역은 나름의 고유한 기능을 가지고 있으며, 내용은 인격의 자산이 되면서 인격의 움직임의 일반 체계에 참여하기 시작하며, 인격 발달의 일반 체계에 인격의 내적 계기 중 하나로서 참여하기 시작

한다는 입장을 이보다 더 명확하고 분명하게 보여 주는 증거는 일반적으로 찾아보기 어려울 것이다.

> 비고츠키는 '잔을 채우는 물'이 생각 내용과 생각 형식의 관계에 대한 완전히 부적절한 은유라고 거듭 주장한다. 우리는 그 이유를 알고 있다. 사하로프의 실험의 요점은 복합체적 생각의 다양한 형태가 어떻게 어른의 낱말 의미에 의해 한정되는 분산복합체로 끝나게 되는지를 보여 주는 것이다. 환경에 있는 개념의 외적 형태가 어린이 생각에서 개념의 내적 형태로 통합되고 마침내 진개념이 형성되는 것은 오직 청소년이 추상적인 생각의 힘을 발휘할 수 있을 때에만 가능하다.

10-28-17] 명확히 습득된 생각은, 자기 자신의 논리와 운동에 덧붙여 청소년의 개인적 생각이 되면서, 그것을 포함하는 개인적 생각 체계 발달의 일반 법칙을 따르기 시작한다. 심리학자의 과업은 바로 이 과정을 추적하고, 명확히 습득된 생각을 포함하는, 인격과 그 생각의 복잡한 구조를 발견하는 것이다. (움직이는-K) 배의 갑판 위로 떨어지는 공이 두 힘의 평행사변형의 대각선을 따라 움직이는 것처럼, 이 시기에 습득된 생각도 두 개의 서로 다른 힘, 두 개의 서로 다른 운동 체계를 반영하는 어떤 복잡한 평행사변형의 대각선을 따라 움직인다.

> 비고츠키는 갈릴레이 상대성에 대한 갈릴레오의 삽화에 나오는 예를 이용한다. 대포알 하나가 큰 돛대에서 배의 갑판 위로 떨어졌다. 해안에 있는 관찰자는 수직축은 돛대이고 수평축은 배의 진행 운동인,

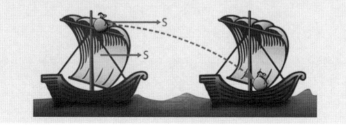

곡선을 따라 대포알이 움직이는 것을 보게 될 것이다. 비고츠키는 한 편으로 청소년 자신의 개인적 사고의 '아래쪽 힘'과 청소년을 둘러싼 문화와 사회가 발달시킨 객관적인 개념 논리의 '앞쪽 힘'을 예시하고 있다. 예를 들어 어린이 자신의 생각 체계는 배우자와 직업 선택에 대해 '아래쪽 힘'을 발휘하지만, 부모의 기대와 직업 시장은 이 아래쪽 힘을 명확히 '앞쪽' 방향으로 밀어낸다.

29

10-29-1] 동시에 우리는 하나의 중심 계기를 확립하는 데 접근한다. 이 계기를 밝히지 않으면 생각 발달에서 형식과 내용의 분리에 관한 일반적 오류를 극복할 수 없다. 전통 심리학은 개념이 추상적, 정신적 구성이고 구체적 실재의 풍부함과 지극히 거리가 멀다는 생각을 형식 논리로부터 배웠다. 형식 논리의 관점에 따르면 개념의 발달은 기본적으로 개념의 범위와 내용 사이의 반비례 법칙을 따른다. 개념의 범위가 넓어질수록 그 내용은 좁아진다.

앞 절의 중심 계기는 내용이었으며, '내용주의'라 부를 수 있는 접근에 대한 비고츠키의 비판을 포함한다. 즉 형식에 대한 형태론적, 현상학적 무시를 비판한다. 그러나 비고츠키 시대(또한 우리 시대)의 개념 심리학의 중심 계기는 내용주의가 아니라, 내용을 무시하는 형식주의이다. 형식주의는 일종의 논리학에 의존하며, 거기서는 명제를 실제로 말하고 있는 내용과는 독립적으로 다룬다.

『이상한 나라의 앨리스』를 저술한 L. 캐럴은 19세기에 형식 논리학 과정을 가르쳤는데, 그가 학생들에게 제시한 문제는 다음과 같은 것이었다.

a. 모든 아기는 비논리적이다.

b. 누구도 악어를 다룰 수 있는 사람을 멸시할 수 없다.

c. 비논리적인 사람은 멸시당한다.

 학생들의 숙제는 여기서 "아기는 악어를 다룰 수 없다"는 명제를 추론하는 것이었다. 추론의 진실은 명제의 내용과 아무런 관계가 없으며, '모든', '어떤', '누구도' 등에 의해 표현된 명제들 간의 형식 논리적 관계에서 따라 나온다.

오늘날 피아제는 어린이 발달에서 이러한 형식 논리적 접근으로 가장 잘 알려진 사례이다. 가역적, 전이적, 연합적 조작의 정의는 그 내용과 완전히 독립적이다. 심지어 경험적으로도 보존 실험은 어린이가 색깔 있는 물을 사용하든, 점토나 늘어놓은 동전을 사용하든, 소파 뒤로 굴러가는 공을 사용하든 상관없다.

10-29-2] 이는 특정 개념에 적용될 수 있는 대상이 많아질수록, 그에 포함되는 구체적 사물의 범위가 커질수록 그 내용은 더 빈약해지며, 더 공허해짐이 드러난다는 의미이다. 개념 형성 과정은 형식 논리에서 묘사된 것처럼 극히 단순하다. 추상화와 일반화의 계기는 내적으로 서로 밀접하게 연결되어 있으며, 이 관점에서 볼 때 이들은 단지 다른 측면에서 본 하나의 단일한 과정이다.

실제 삶에서, 추상화는 일반화와 동일하지 않다. 실제 삶에서의 '자유'는 추상적 개념이지 우리가 자유롭게 선택할 수 있는 구체적 대상들의 일반적 집합이 아니다. 하지만 슈퍼마켓의 '과일'은 실제로 고를 수 있는 구체적 대상들의 일반적 집합이며 추상적 개념이 아니다. 정신에서 추상화는 대상에서 멀어지는 것을 포함하는 조작으로, 세부 사항은 버려지는 반면(물론, 비고츠키가 지적하듯이 실제로 사라지는 것은 아니다), 일반화는 확장의 과정으로 점점 더 많은 대상이 덧붙여진다. 과학 수업에서 어린이에게 기후를 가르칠 때, 교사들은 기후의 원인 이 즉각적이지 않으며 장기적으로 영향을 미친다는 점에서 이를 추상 적 개념이라고 생각하는 경향이 있다. 반면 어린이는 기후를 더 즉각 적인 것으로, 즉 일반화된 날씨로 생각한다(실제로 그렇게 생각하는 성인 들도 많기 때문에, 유권자와 정부로 하여금 기후를 일상적 개념이 아니라 과학 적 개념으로 생각하도록 하는 것이 어려운 것이다).

그러나 형식 논리적 접근에서 추상화는 일반화와 동일한 것이다. J. 로크는 다음과 같이 썼다.

"따라서 낱말은 특정 대상으로부터 취해지는 내적인 생각들의 외적 표시로 사용된다. 그러나 우리가 취하는 모든 특정한 생각들이 고유한 이름을 가진다면, 이름들은 끝이 없을 것이다. 이를 막기 위해 정신은 특정 대상으로부터 받아들인 특정 관념들을 일반적으로 만든다. 이 관념들을 다른 모든 존재들이나 시간, 장소 등과 같은 실제 존재의 환 경으로부터 격리되어 정신에 속한 것—정신적 모습—처럼 여기는 것이 다. 이 과정을 추상화라고 부른다. 추상화 안에서는 특정 대상으로부 터 취해진 관념이 모든 동일한 종류의 일반적 대표가 되며, 그 이름은 이 추상적 관념에 부합하는 모든 실존 대상들에 적용 가능해진다."

Locke, J.(1689). An Essay Concerning Human Understanding. Book 2.11.9

10-29-3] "논리가 추상화와 일반화라고 부르는 것은 아주 직접적이 며 이해하기 쉽다. 어떤 개념에서 속성 중 하나가 빠지면 내용은 더 빈 약해지고 더 추상적이며, 범위가 확장되고 일반화된다"라고 뷜러는 말 한다. 만약 일반화 과정을 속성의 분리 혹은 추상화의 직접적인 결과로 이해한다면, 개념적 생각이 발달할수록 실재에서 멀어지며 개념에 표상 되는 내용은 점점 더 빈약해지고, 곤궁해지며, 제한된다는 결론에 좋든

싫든 도달할 수밖에 없다는 점은 이해할 만하다.

10-29-4] 그러한 개념이 빈약한 추상이라고 불리는 데에는 그럴 만한 이유가 있다. 다른 이들은 개념이 실재의 거세 과정에서 나타난다고 말했다. 개념이 형성되기 위해서 구체적이고 다양한 형태의 현상들은 하나씩 하나씩 그 특성을 상실해야 한다. 사실, 다양한 형태의 혈기왕성한 실재가 논리적 생각에 의해 협소하고 빈약해지는 메마르고 빈곤한 추상화가 일어난다. 이로부터 "모든 이론은 회색이며 생명의 황금나무는 영원히 푸르다"는 괴테의 유명한 말이 나타난다.

호문클루스, F. 짐이 그린 1899년판 『파우스트』의 삽화 중에서

비고츠키는 다소 확장된 비유를 사용하고 있다. 혈기왕성이나 거세라는 표현이나 괴테의 인용은 유머러스하고 다소 짓궂기까지 하다. 비고츠키는 『파우스트』 첫 권에서 메피스토펠레스가 파우스트 박사에게 부와 명예, 권력을 제안하는 장면을 인용하고 있다. 파우스트는 이 모두를 거부하고, 자신이 생각하기에 이러한 속성들을 모두 가지고 있는 젊음을 요구한다. 악마는 젊음이 이 모두를 포함할 수도 있고 그렇지 않을 수도 있지만 확실히 아기를 낳을 수 있는 힘은 가진다고 비웃는다.

이보게, 이론은 모조리 회색이고,
생명의 황금 나무는 초록색일세.

그러나 이 유머러스하고 장난스러운 관점은 비고츠키의 관점이 아니라는 점에 유의해야 한다.

비고츠키는 이원론자가 아니다. 개념은 혈기왕성한 육체의 창백하고 관념적인 유령이 아니다. 낱말, 결혼, 협력, 도시가 그렇듯, 개념은 실제의 객관적인 현상이다. 따라서 개념은 범위가 확장될수록 빈곤해지는 것이 아니라 풍부해지는 힘을 갖는다. 개념에서 경험적 세부 사항이 빈곤해 보이는 것은 개별적 관점의 한계에서 나타나는 착각이다. 역사와 사회의 관점, 공동체와 문화의 관점에서 개념은 더 많은 자료를 포함하면서 더욱 풍부해진다. 어린이에게 '기후'를 가르칠 때 우리는 날씨보다 더 빈곤한 개념으로 가르치지 않는다. 기후의 개념은 여러 번 반복된 매일의 날씨에 관한 자료를 포함한다.

10-29-5] 이 메마르고 야윈 회색의 추상은 필연적으로 내용을 사실상 무無로 환원한다. 개념은 일반적일수록 점점 더 공허해지기 때문이다. 이러한 내용의 빈곤은 필연적 운명이다. 따라서 형식 논리의 굴레를 쓴 채 개념 이론을 발전시키는 심리학은 개념적 생각을 가장 빈곤하고 빈약하고 텅 빈 내용을 가진 생각 체계로 여겼다.

10-29-6] 동시에 이 형식적 표상에서 진정한 개념의 본성은 심하게 왜곡되었다. 진정한 개념은 복잡성이나 다양성에서 객관적인 대상의 형성이다. 어떤 대상의 모든 다양성과 그것의 연결 및 관계를 모두 알 때, 그 다양성이 하나의 낱말 즉 다중적인 정의들이 담긴 하나의 총체적인 형태로 종합될 때 우리는 비로소 개념을 갖게 된다. 변증법적 논리에 따르면 개념은 일반적인 것을 포함할 뿐 아니라 개별적인 것과 특수한 것도 포함한다.

10-29-7] 떠오르는 생각, 즉 대상에 대한 직접적 지식과 달리 개념은 대상에 대한 정의로 채워진다. 개념은 우리 경험의 합리적 재가공의 결과이며 대상에 대한 매개된 지식이다. 개념을 통해 어떤 대상을 생각한다는 것은 개념의 정의에서 드러나는 대상의 연결 관계를 매개하는 복잡한 체계 속에 그 대상을 포함시키는 것을 의미한다. 이처럼 개념은 결코 추상화의 기계적 결과로 나타나지 않는다. 그것은 대상에 대한 길

고 깊은 인식의 결과이다.

Созерцания는 영어로는 '고찰하다contemplation' 정도의 의미이지만 비고츠키가 말하고자 한 것은 예컨대 '개'라는 낱말을 들었을 때 떠올리는 생각, 대상에 대한 직접적 지식이다. 따라서 이 문단에서 '떠오르는 생각'으로 번역하였다.

플라톤 시대 이후로 개념 철학에서 선행했던 방법은 대상이나 질문에 대해 시험하거나 고찰하는 것이었다. L. 아가시는 이 방법을 자연과학에도 사용했는데, 예를 들어 그는 학생들에게 시장에서 생선을 사오도록 하고 그것을 그려 보도록 해서 생물학의 대칭 개념에 익숙해지도록 했다. 분트와 베르트하이머 간의 주요 차이는 심리적 과정이 고찰의 대상인가 하는 점에 관한 것이었다. 분트에게 생각은 고찰 대상이 아니었던 반면, 베르트하이머에게는 고찰의 대상이었다.

물론 '고찰'에 대한 비고츠키의 반박은 반지성주의적이다. 우리는 수 개념을 철학이 아니라 감각적 경험에서 획득한다. 유사하게 우리는 개를 고찰하는 것으로 포유류에 대한 개념을 획득하는 것이 아니라 다른 동물과 개의 관계를 통해서 획득한다.

그러나 고찰이라는 방법에 대한 비고츠키의 반박은 또한 반기계론적인 것이다. 우리는 사과 같은 물리적 대상을 고찰하는 것으로 수 개념을 획득하지 않는다. 우리는 더 큰, 더 작은, 몇 배, 제곱근 등에 대해 생각하는 것으로 수 개념을 획득한다. 38절에서 이 점에 대해 자세히 논의할 것이다.

10-29-8] 새로운 심리학은 개념에 대한 형식 논리적 관점을 극복하고, 그 범위와 내용 간의 반비례 법칙의 오류를 드러내는 것과 함께, 개념 연구에 관한 올바른 입장을 모색하기 시작했다. 심리학적 연구는 개념 안에 항상 풍부하고 깊은 내용이 포함되어 있다는 것을 밝혀냈다.

10-29-9] 이러한 측면에서 추상화의 역할을 현미경의 힘에 비유한

마르크스는 완전히 옳다. 진정한 과학적 연구에서 개념을 통해, 우리는 현상의 외양 즉 현상의 외적 형태를 꿰뚫어 그 기저에 숨겨진 연결과 관계를 볼 수 있는 가능성을 획득한다. 이는 마치 우리가 현미경을 통해 물 한 방울 속에 놓인 우리 눈에 보이지 않는 복잡하고 풍부한 생명, 또는 세포의 복잡한 내적 구조를 드러내는 것과 같다.

10-29-10에서 비고츠키는 '삼위일체' 공식에 대한 마르크스의 발언을 언급한다. A. 스미스는 가치란 하나가 아니라, 당신이 자본가인지 귀족인지 노동자인지에 따라 이자, 지대, 임금의 세 가지로 나타난다고 주장했다. 마르크스는 『자본론』에서 이 세 가지가 실제로는 하나의 가치 개념임을 증명한다. 그러나 마르크스는 이 증명에 현미경도 시약도 사용하지 않는다. 그는 추상을 이용한다!

여기서 비고츠키는 마르크스가 저술한 『자본론』의 제1독어판 서문을 언급한다.

"화폐 형태로 완성되는 가치 형태는 매우 초보적이고 단순하다. 그런데도 인간의 지혜는 2,000년 이상이나 이 가치 형태를 해명하려고 노력했지만 실패한 반면에, 훨씬 더 내용이 풍부하고 복잡한 형태들의 분석에는 적어도 거의 성공했다. 무슨 까닭인가? 발달한 신체는 신체의 세포보다 연구하기가 쉽기 때문이다. 그뿐 아니라 경제적 형태의 분석에서는 현미경도 시약도 소용이 없고 추상력이 이것들을 대신하지 않으면 안 된다. 그런데 부르주아 사회에서는 노동 생산물의 상품 형태 또는 상품의 가치 형태가 경제적 세포 형태다. 겉만 관찰하는 사람에게는 이 형태 분석은 아주 사소한 것을 늘어놓은 것처럼 보일 것이다. 사실 그것은 아주 작은 것을 다루고 있다. 그러나 그 작은 것들은 미생물 해부학이 다루고 있는 그런 종류의 작은 것이다."

칼 마르크스, 『자본론』, 김수행(2015년 개역판) 제I권 제1독어판 서문 3~4쪽, 비봉출판사.

10-29-10] 마르크스의 유명한 정의에 따르면, 사물의 내적 본질과 그것이 발현되는 외적 형태가 직접적으로 일치한다면 모든 과학은 잉여일 것이다. 따라서 개념적 생각은 실재를 알아내는 가장 적절한 방법이며, 사물의 내적 본질을 꿰뚫는 방법이다. 왜냐하면 사물의 본성은 이런저런 개별 대상에 대한 명상에서 드러나는 것이 아니라 대상의 움직임, 발달 속에서 나타나는 연결과 관계, 대상을 그 밖의 모든 실재와 묶어 주는 연결과 관계 속에서 드러나기 때문이다.

> "속류경제학은 부르주아적 생산 관계에 사로잡혀 있는 생산 담당자들의 관념을 교조적으로 해석하고 체계화하며 변호하는 일 말고는 아무것도 하지 않는다. 그러므로 속류경제학은 경제관계들의 현상형태 [이것은 경제관계를 잘못 반영하고 있으며 여기에서는 경제관계들이 분명히 불합리하고 완전히 모순적인 것으로 나타난다]에 파묻혀 매우 편안하게 느낀다는 점, 그리고 경제관계와 현상형태 사이의 내부 관련이 숨겨져 있으면 있을수록 [그리고 그 상호 관련을 평범한 관념으로 이해하기 쉬우면 쉬울수록] 속류경제학에게는 그 상호 관련이 그만큼 더 자명한 것으로 나타난다는 점은 결코 놀라운 일이 아니다. 만약 사물의 현상형태와 본질이 직접적으로 일치한다면 모든 과학은 불필요하게 될 것이다."
>
> 칼 마르크스, 『자본론』, 김수행(2015년 개역판) 제III권 제7편 제48장 삼위일체의 공식 III절 1037쪽, 비봉출판사.

10-29-11] 개념적 생각에 의해 사물의 내적 연결이 드러난다. 어떤 대상의 개념을 구한다는 것은 그 대상이 그 밖의 전체 실재와 맺는 연결 관계 전부를 드러내서 그 대상을 복잡한 현상 체계 속에 포함시키는 것을 의미하기 때문이다.

10-29-12] 이와 함께 개념의 기저에 놓인 지적 기제 자체에 대한

전통적 생각이 변한다. 형식 논리와 전통 심리학은 개념을 일반적 표상으로 환원한다. 이 이론에 따르면 갈톤의 집합적 사진이 개별 인물 사진과 다르듯, 개념 역시 구체적 표상과 구별된다. 어떤 이들은 흔히 다른 비유를 사용하여 말한다. 그들은 일반 표상 대신 그 대체물인 낱말을 통해 우리가 생각하는데, 이 낱말은 금화를 대체하는 신용화폐의 역할을 한다고 말한다.

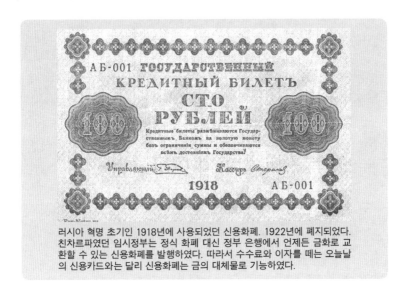

러시아 혁명 초기인 1918년에 사용되었던 신용화폐. 1922년에 폐지되었다. 친차르파였던 임시정부는 정식 화폐 대신 정부 은행에서 언제든 금화로 교환할 수 있는 신용화폐를 발행하였다. 따라서 수수료와 이자를 떼는 오늘날의 신용카드와는 달리 신용화폐는 금의 대체물로 기능하였다.

10-29-13] 만약 이러한 두 관점은 지지될 수 없다 하더라도 여전히 빌러가 말했듯 이 추상화와 일반화라는 논리적 조작의 등가물이, 몇몇 개별 표상에 직접적으로 존재하는 것은 아니더라도 최소한 추상적 생각의 표상의 흐름에 존재해야 한다고 가장 발달된 형태의 현대 심리학 연구는 가정한다. 왜냐하면 심리적 현상의 실제 경로는 이 조작과 밀접하게 관련되어 있기 때문이다. 이 논리적 조작의 심리적 등가물을 빌러는 무엇이라 보고 있는가?

1992년 면역 체계가 일생 동안 어떻게 진화하는지 발견한 공로로 노벨상을 받은 G. 에델만은 동일한 노선을 따라 뉴런 선택 이론을 세웠다. 그에 따르면 다윈의 선택 이론은 동물과 인간의 의식이 어떻게 진화했는지, 그리고 어린이에게 어떻게 의식이 발생하는지를 설명할 수 있다는 것이다. 에델만은 뇌의 뉴런 선택이 대상에 대한 정신 지도를 만든다고 믿었다. 그렇지 않다면 버팔로나 영양에게 멀리 있는 사자가 더 작게 보인다는 거리 개념이 있을 수 없을 것이다. 그러나 에델만은 이러한 동물의 '개념'과 아는 행위 그 자체를 표상하는(나는 생각한다) 잠재력을 지닌 언어에 의해 매개된 개념들을 구분한다. 비고츠키가 말한 개념은 후자를 의미하지만, 뷜러가 말한 개념은 전자를 의미한다. 다음 단락에서 비고츠키는 이 두 개념의 혼동을 비판한다.

Edelman, G.(1990). The Remembered Present: A Biological Theory of Consciousness(New York: Basic Books).

10-29-14] 뷜러는 이 등가물을 왜곡되지 않은 생각과 지각에서, 불변성의 발전에서 찾는다. 즉, 현실을 반영하고 인식하는 우리의 지각과 그 밖의 과정들이 특정한 안정적 기능, 즉 지각된 인상의 영속성을 획득한다는 상황에서 찾는 것이다. 뷜러는 다음과 같이 말한다. "이것이 어떻게 일어나는지, 관찰자의 위치 변화, 거리 변화와 상관없이 형태와 크기의 인상에서 절대적 유형의 인상이 어떻게 만들어지는지 더 정확하게 지적할 수 있는 이는 개념 발달 이론에 결정적인 기여를 하게 될 것이다." 이처럼 왜곡되지 않은 절대적 인상 혹은 도식적 표상을 인용하면서, 뷜러는 당면한 문제를 해결하지 않고 더 이른 발달 단계로 미룬다.

'왜곡되지 않은' 지각은 헬름홀츠와 같은 초기 심리학자들이 거리를 바르게 판단하는 능력을 가리켜 사용한 용어이다. 이 심리학자들은

'왜곡되지 않은 지각'이 없다면 백 보 떨어진 커다란 맹수와 십 보 앞의 작은 동물을 똑같이 지각할 것이라고 생각했다. 헬름홀츠는 이 능력이 타고난 것이 아니고 생후 첫 1년의 어느 시기에 배우는 것이라고 믿었다. 또한 그는 유아의 지각이 밝은 불빛 아래 눈을 감으면 보이는 잔상이 지나가는 것과 비슷하다고 믿었다. 이러한 지각은 크기, 색깔, 거리를 안정적으로 판단할 수 없다(『의식과 숙달』 1-126 참조).

소실점이 없는 한국화를 살펴보자. 특히 산수화에는 봉우리들이 평행으로 겹겹이 배치되어 있는데, 우리는 그림 속의 비교 대상들 덕분에 그 산이 얼마나 큰지, 얼마나 멀리 떨어져 있는지 판단할 수 있다. 비슷한 현상이 비행기를 탔을 때나 높은 산에 올랐을 때 일어난다. 눈앞에 펼쳐진 운해와 봉우리들의 크기나 거리를 가늠하기 어려운 것이다. 이는 공간을 바르게 판단하는 일이 지각과 함께 주어지는 것이 아니라, 사용 가능한 자료를 활용하는 모종의 심리적 계산에 의존한다는 것을 시사한다. 그러나 왜곡되지 않은 지각이 동물과 어린이에게 필요충분조건이라 해서 그것이 고등 개념의 필요충분조건인 것은 아니다. 거리를 바르게 판단하는 것과 옳고 그름을 올바르게 판단하는 것은 매우 다른 일이다.

금강산, 정선, 1711

10-29-15] 이에 대해 우리는 뷜러의 정의가 순환 논리에 빠진다고 생각한다. 절대적 지각의 문제 자체가 지각의 항상성에 대한 개념의 역영향을 통해 해결되어야 하기 때문이다. 다음 장에서 이에 대해 이야기할 기회가 있을 것이다. 그러나 뷜러 이론의 주요 결함은 그가 개념의

산출을 이끄는 논리적 조작의 심리적 등가물을 지각과 생각을 똑같이 특징짓는 기초적 과정에서 찾으려 했다는 데 있다. 이로부터 기본 형태와 고등 형태 사이의, 지각과 개념 사이의 모든 경계와 모든 질적 차이가 사라진다는 것은 분명하다.

10-29-16] 개념은 단지 수정되고 안정된 지각임이 드러난다. 개념은 단순 표상이 아니라 도식임이 드러나며, 특히 뷜러의 이론이 그 자체의 논리적 전개에 의해 청소년 생각의 질적인 고유성을 부정하고 청소년의 생각이 3세 어린이의 생각과 원칙적으로 같다는 것을 받아들였음이 이로써 분명해진다. 논리적 관점의 급진적 변화에 따라 논리적 관점에서 바라본 개념, 개념의 심리적 등가물을 찾는 방향 또한 변화한다.

10-29-17] 여기서 "논리에서 진실인 것이 심리학에서 거짓으로 드러날 수 없고 그 반대도 마찬가지다"라는 스텀프의 말이 확증된다. 개념 연구에서 논리적 측면과 심리적 측면의 대치는 신칸트주의의 큰 특징이며, 사실 그 반대 관점으로 반드시 대체되어야 한다. 개념에 대한 논리적 분석은 그 본질을 드러내면서 개념의 심리적 연구에 열쇠를 제공한다. 형식 논리가 개념 형성 과정을 내용의 점진적 축소나 범위 확장 과정, 대상이 지닌 모든 특성들의 단순 제거 과정으로 나타낸다면, 심리적 연구는 유사한 과정을 찾기 위해, 지적 조작 영역에서 이 논리적 추상화의 등가물을 지향하는 것은 명백하다.

*C. 스텀프(Carl Stumpf, 1848~1946)는 F. 브렌타노의 제자이자 형태주의자인 W. 쾰러, K. 코프카, K. 레빈의 스승이었으며, 신칸트학파(H. 코헨, P. 나토르프, E. 카시러)에 강하게 반대하였다. 신칸트학파는 심리학은 논리적이지 않고, 논리학은 심리적이지 않다고 주장한다. 이는 프로이트와 피아제의 태도와 유사하다. 스텀프는 음악의 '음(tones)'에 대한 현상학을 주제로 박사논문을 썼으며 음악이나 조각과 같은 현상을 이해하는 것은 논리적인 동시에 심리적인 조작이라고 지적하였다. 예컨

대 한 음이 다른 음과 한 옥타브 차이가 나는 동일한 계이름이라는 것을 판단하는 것은 논리적으로 표현할 수 있는 관계이다. 현악기의 높은 음의 줄의 길이는 낮은 음의 절반이며 파동의 진동수는 두 배 빠르다. 동시에 우리는 이 두 음의 차이를 들으면서 또한 이들이 같은 계이름임을 느낀다는 점에서 이는 심리적이다.

A. 로댕의 작품인 팡세(생각)는 그의 제자인 C. 클로델을 모델로 한 것으로, 여인의 얼굴이 돌로부터 나타나는 것이 마치 조각가의 영감이 떠오르는 듯한 느낌을 준다. 이는 돌의 특성을 제거하거나 돌의 지평을 확장하는 식으로 이루어진 것이 아니다. 이는 돌이라는 재료와 마음에 품은 형태를 동시에 분석함으로써 이루어진다. 미켈란젤로가 말했듯, 이는 돌에서 사람이 아닌 부분을 제거하는 과정인 것이다. 이 심리적 과정은 얼룩말이 사자의 거리와 크기를 시각적으로 판단하는 식의 단일한 지각 과정이 아니다. 반대로 이는 일련의 많은 판단들로 이루어지며, 이 기나긴 과정에도 불구하고 통일성 있는 결과에 의해 일관성 있는 하나의 과정이 된다(10-29-19의 논의 참조). 이러한 일련의 판단들은, 시간의 흐름을 시계침의 움직임에 비유할 수 있다는 의미에서 논리적 추상화에 비유할 수 있을지 모르지만, 이는 비유일 뿐 실제의 유사성은 아니다.

10-29-18] 이로부터 갈톤의 집합적 사진과의 유명한 비교가 나왔으며, 일반적 표상에 대한 이론이 나왔다. 개념과 그 본질에 대한 새로운 이해와 더불어 심리학은 개념 연구에서 새로운 과제에 당면한다. 개념은 대상이 아니라 과정으로 이해되며, 빈약한 추상이 아니라 실재의 복잡성과 다양성을 반영하고 다른 모든 실재와의 연결과 관계를 포괄적으로 심오하게 반영하는 것으로 이해되기 시작한다. 심리학이 개념의 등가물을 전혀 다른 영역에서 찾기 시작한 것은 당연하다.

10-29-19] 이미 오래전부터 개념은 본질상 판단의 특정한 집합, 특정한 생각 작용 체계와 다름없다고 지적되어 왔다. 따라서 한 저자는 이렇게 말한다. "심리적으로 고려된, 즉 논리에서처럼 그 내용적 측면뿐 아니라 실재에서 나타나는 형식적 측면, 요컨대 활동에서 나타나는 개념은 특정한 판단의 총량이며, 따라서 단일한 생각 작용이 아닌 일련의 전체적인 생각 작용이다. 특징들을 하나의 심상으로 모은 것과는 달리, 논리적 개념 즉 특징들의 동시적 총체는 과학에 완전히 필수적인 허구이다. 이렇게 시간적으로 오래 걸림에도 불구하고 심리적 개념은 내적 통일성을 지닌다."

10-29-20] 이처럼 우리는 개념이 심리학자들에 의해서 판단, 통각, 해석, 인식 작용의 총체로서 이해된 것을 보았다. 그러한 총체가 개념인 것이다. 이처럼 작용, 운동, 활동 중인 개념은 스스로의 통일성을 잃지 않고 그 진정한 본성을 반영한다. 우리 가설에 따르면, 우리는 개념의 심리적 등가물을 일반 표상에서도, 절대적 지각과 왜곡되지 않은 도식에서도, 심지어는 일반 표상을 대체하는 구체적 언어적 심상에서도 찾아서는 안 된다. 우리는 이를 개념이 드러나는 판단 체계에서 찾아야 한다.

10-29-21] 사실 개념이 몇 가지 구체적 특징들의 단순 총합이라는 생각—이 생각이 단순 표상과 다른 점은 다만, 마치 내용물이 빈약한 넓은 주머니처럼, 내용 면에서는 더 빈곤하고 심상 면에서 더 범위가 넓다는 것뿐이다—을 거부하는 한, 우리는 개념의 심리적 등가물이 심상들의 이런저런 결합이나 변형이 아니라 생각 행위의 어떤 체계일 수밖에 없다고 사전에 이미 가정해야 한다.

10-29-22] 이미 말했듯이 개념은 대상의 본질과 다양성에 대한 객관적 반영이다. 개념은 표상을 이성적으로 재가공한 결과, 주어진 대상과 그 밖의 것들이 맺는 연결과 관계를 드러낸 결과로 나타나며, 따라

서 오랜 생각과 인식의 과정을 포함한다. 이 과정은 마치 응축된 것처럼 개념 안에 들어 있다. 따라서 심리적 측면에서 개념은 일련의 전체 생각 행위를 포함하는 오랜 활동이라는, 앞에서 인용된 정의는 완전히 옳은 지적인 것이다.

10-29-23] 뷜러가 다음과 같이 말할 때 그는 진실에 가까이 다가 간다. "추상적 낱말, 예컨대 '포유류'는 우리같이 교육받은 성인에게 다양한 형태의 동물에 대한 표상뿐 아니라 훨씬 더 중요하고 어느 정도 체계화된, 풍부한 판단 경향의 복합체와 연합적으로 연결된다. 이 복합체로부터 우리는 재생산을 통해, 들은 낱말과 관련된 이러저러한 판단을 상황에 따라 마음대로 사용할 수 있게 된다."

> 예컨대 '포유류'라는 낱말은 고양이와 개뿐 아니라 인간과 고래도 상기시킨다. 개념적 의미에서 이들은 모두 동등하게 포유류에 속한다. 즉, 고양이와 개가 인간이나 고래보다 더욱 포유류적이라고 말할 수 없다. 그러나 동시에 우리의 낱말 사용에는, 전형적인 포유류는 털이 북실북실하고 네 발로 걸어 다닌다는 어느 정도 체계적으로 고착된 포유류에 대한 판단이 있다. 이러한 연합 때문에 우리는 판단에 대한 특정한 편향성을 갖는다. 우리는 인간이나 고래보다는 고양이나 개가 포유류의 더 적절한 예라고 생각하기 쉽다.

10-29-24] 뷜러의 큰 공로는, 우리가 기억하는 대상에 대한 집합적 사진의 경로를 따라 개념이 기계적으로 발생하지 않고, 판단 기능은 개념의 출현에 참여하며, 이 입장은 단 하나의 개념 형성 형태에 대해서도 진실이며, 따라서 개념은 순수한 연합적 산물이 될 수 없고 지식과 연결되어 스스로의 자리를 차지한다는 것을, 즉 개념은 판단과 의견에서 자연스러운 위치를 점유하면서 판단의 구성 부분으로 작용한다는 것을 지적한 것이다.

10-29-25] 우리 관점에 따르면 여기서 오직 두 계기만이 오류이다. 첫째, 우리 생각에 뷜러는 개념과 체계화된 복합체적 판단의 연결을 생각 밖에서 일어나는 연합적 연결로 잘못 간주한다. 그는 판단 과정을 단순히 판단의 재생산으로 잘못 간주한다. 일반 표상을 개념의 토대로 간주하는 이론의 대표자 중 누구도 개념과 생각 작용 간 연결의 특성에 대한 이러한 연합적 이해에 본질적으로 반론을 제기하지 않을 것이다. 결국, 각종 연합의 집단은 전혀 제한되지 않으며, 따라서 연합적 연결이 판단과 함께 존재한다는 것은 우리에게 개념의 심리적 본성에 대해 아무것도 알려 주지 않고, 개념에 대한 전통적 이해에서 아무것도 변화시키지 않으며, 개념과 일반 표상을 동일시하는 것을 완전히 허용한다.

예컨대 우리는 포유류를 귀엽고 껴안고 싶은 것과 연결 지을 수 있다. 테디베어가 물고기가 아니라 곰인 데에는 이유가 있다. 이러한 연합은 실제로 포유류의 개념을 체계화된 판단복합체와 연결 짓는다. 곰은 온혈 동물이고 새끼를 낳으며 새끼에게 젖을 먹이는 반면, 물고기는 냉혈 동물이며 알을 낳고 알을 돌보지 않는다. 그러나 어린이가 테디베어를 쓰다듬을 때 재생산되는 판단 체계는 판단 과정 자체와 같지 않다. 분산복합체를 만드는 (귀여운 캐릭터보다 쿨한 캐릭터를 선호하는) 청소년들도 단순히 연합의 범위를 넓히고 더 광범위한 일반적 표상을 만들고 있는 것이다. 케이팝으로 표현되는 노래, 춤, 패션은 실제 판단이 결여된 단순 연합의 좋은 예이다.

10-29-26] 뷜러의 두 번째 잘못은 개념이 판단 행위 속에 자연스러운 위치를 차지하면서 판단의 유기적 부분을 구성한다는 생각이다. 이 관점이 우리에게 잘못된 것으로 보이는 이유는, 우리가 보았듯이 개념이 그저 판단의 일부가 아니며, 복잡한 생각 활동의 결과로, 즉 반

복된 판단 작용의 결과로 생겨나 수많은 생각 활동에서 드러나기 때문이다.

10-29-27] 개념은 이처럼 우리 관점에서는 판단의 일부가 아니라 특정한 통합체로 조성된 복잡한 판단 체계이며 온전하고 진정한 의미에서 고유한 심리적 구조이다. 이는 개념을 드러내는 판단 체계가 개념 체계 안에 응축되고 압축된 형태로 마치 잠재적인 상태로서 포함되어 있다는 것을 의미한다. 이 판단 체계는 모든 구조가 그렇듯 이를 전체적 체계로 특징짓는 자신의 특성과 고유성을 가지고 있다. 오직 이 체계의 분석이 우리를 개념 구조에 대한 이해로 이끌 것이다.

10-29-28] 이처럼 우리 관점에서 개념의 구조는, 통합된 전체적 형태를 가지고 있으며 나름의 고유한 법칙성을 지니고 있는 판단 체계 즉 복잡한 생각 활동에서 드러난다.

10-29-29] 이 점에서 우리는 개념의 토대로서 형식과 내용의 통일이라는 기본적인 관념이 실현된 것을 발견하게 된다. 실제로 판단들의 총합이 체계화되면서 특정한 내용을 질서 있고 일관된 형태로 나타내게 된다. 즉, 그것은 전체 일련의 내용적 계기의 통합체이다. 이와 함께, 통일된 전체로 작용하는 이 생각 행위의 총합은 체계 혹은 판단의 복합체로 구성된 특수한 지적 기제로, 특수한 심리적 구조로 세워진다.

비고츠키가 개념의 토대는 형식과 내용의 통일이라고 말하는 것은 무슨 의미인가? 그것은 단지 포유류의 형태(털, 자궁, 젖꼭지)가 포유류의 삶의 내용(온혈 동물, 새끼 낳기, 젖 먹이기)과 일치한다는 것을 의미하는 것은 아니다. 그것은 인간 과학자가 어떤 동물이 우리와 같은 포유류인지 아닌지 판단할 때 그가 이용하는 판단 체계가 정연하고 일관된 형태로 포유류 개념의 내용을 나타낸다는 의미이다. 과학자는 동물이 털을 이용하여 자신의 몸을 따뜻하게 하고, 알을 낳아 품기보다 자궁 속에 새끼를 임신할 수 있으며, 일단 태어난 새끼는 모유에서 시작하여 부모의 도움으로 환경에서 음식을 얻고 그런 다음 아무 도움

없이 음식을 얻는 동물로 이행하는 유년기와 같은 시기를 거친다고 판단한다. 이러한 판단 체계는 포유류 고유의 것으로, 파충류나 양서류, 어류, 조류 및 곤충류의 개념을 구성하는 데 이용할 수 없다. 판단 체계는 특수하며 구체적이고 논리적으로 구성되어야 한다는 것은 바로 이런 의미에서이다.

논리적인 것은 또한 심리적이지만, 그것은 단지 형식적 논리가 아니라 역사적 논리일 경우에만 그렇다. 이러한 판단의 총체는 오늘날 하나의 통일된 형식 체계(우리가 판단할 때 한꺼번에 존재하는)이지만, 그것은 신에 의해 주어지거나 에덴동산에서 아담에 의해 발표된 것이 아니다. 포유류는 일련의 전체적인 돌연변이의 결과로

오리너구리 암컷은 젖꼭지가 없는 대신, 새끼가 혀로 핥아 먹을 수 있도록 배 위에 있는 주름에 젖을 흘려보낸다. 반대로 인간과 같은 고등 포유류는 수컷에도 젖꼭지가 있다.

단공류와 같은 준-포유류 종을 거쳐 진화했다. 예를 들어 오리너구리는 온혈 동물이며 몸에 털이 있지만, 알을 낳고 오리 같은 부리를 가지고 있다. 이런 이유로 유럽의 동물학자들은 처음에 조작된 가짜 동물로 여겼으나, 다윈의 이론을 통해 비로소 오리너구리와 같은 단공류를 포유류의 전체 생성 과정 속에서 포함된 초기 파생 형태로 이해할 수 있었다.

마찬가지로 포유류 개념은 교사에 의해 주어지거나 귀엽고 복슬복슬한 물건에 대한 어린이 자신의 느낌에 의해 주어지는 것이 아니다. 오히려 그것은 비고츠키가 **10-27**절의 앞부분에서 말했던 청소년 생각의 세 가지 변화 영역(논리적 관계망, 생각 행위를 개념의 다른 예로 일반화하는 능력, 청소년의 내관 능력)에서 어렵게 얻은 결과이다. 포유류라는 개념은 린네의 논리적 '그물'이 생명체 전체에 펼쳐져 청소년이 어떤 동물을 포유류로 이해하는 순간 청소년은 다른 전체 일련의 동물들도 털이 나고, 젖꼭지가 있고, 온혈 동물이고, 체내에서 수정하고 임신하며, 새끼를 낳는 특성을 통해 이해하게 된다. 그것은 청소년이 내관을 통해 결론 내릴 수 있는 것처럼 당연히 인간을 포함한다.

10-29-30] 이처럼 특정한 통합체로서 작용하는 일련의 전체 생각 작용의 고유한 결합은 특정한 생각 형태, 모종의 지적인 행동 수단을 나타낸다.

10-29-31] 이것으로 우리는 청소년 생각의 내용적 측면에서 일어나는 변화에 대한 검토를 끝낼 수 있을 것이다. 우리는 생각의 내용 영역에서의 이 모든 변화가, 이미 반복해서 지적했듯이, 생각 형태의 변화를 필연적으로 전제한다고 간단히 말할 수 있다.

10-29-32] 새로운 내용이 빈 형식을 기계적으로 채우는 것이 아니라 내용과 형식은 지적 발달이라는 단일한 과정의 계기들이라는 일반적인 심리적 법칙에 이보다 더 가까이 다가갈 수는 없다. 새 술을 옛 부대에 부어서는 안 된다.

비고츠키는 마태복음 9장 14~17절을 언급한다. 그리스도는 왜 당신의 제자들은 유대 관습을 따르지 않느냐는 물음에 새 포도주를 낡은 가죽 부대에 담을 수는 없다고 답한다. 그렇게 하면 포도주는 계속 발효되고 낡은 가죽 부대는 터지게 될 것이다. 이 문단에서 비고츠키는 개념적 지식이 계속 확장되면 일반화된 표상이 가죽 부대처럼 터지게 될 것이라고 말하는 것이다. 이는 특히 5학년과 6학년, 특히 성교육을 할 때 나타나는 여러 문제들을 설명해 준다.

베두인족의 술 부대

10-29-33] 이는 이행적 연령기의 생각에도 전적으로 적용된다.

30

10-30-1] 우리에게는 이행적 연령기 생각이 형식적 측면에서 겪는 가장 중요한 변화가 무엇인지 고찰하는 일이 남아 있다.

10-30-2] 본질적으로 이 질문에 대한 답은 이미 앞선 논의 과정 전체에 의해 미리 정해져 있다. 그것은 앞의 논의에서 우리가 간략히 발전시키고자 했던 개념 이론에 포함되어 있다. 개념은 모종의 판단 체계라는 앞에서 제공된 이해를 받아들인다면, 개념이 드러나는 유일한 활동이자 개념이 자연적으로 발현되는 영역이 바로 논리적 생각임에 필연적으로 동의해야만 한다.

10-30-3] 우리 관점에서 논리적 생각은 개별적 요인으로서의 개념으로 이루어지지 않는다. 그것은 개념 위에 서 있으며 그 후에 나타나는 무언가로서 개념에 덧붙여지는 것이 아니다. 논리적 생각은 그 자체로 작동 중이며 기능 중인 개념이다. 기능을 활동 중인 기관으로 규정하는 잘 알려진 표현과 유사하게 우리는 논리적 생각을 작용 중인 개념으로 규정할 수 있을 것이다. 이런 관점에서 우리는 개념 형성의 결과로 일어나며 이 (개념 형성-K) 기능 획득의 두 번째 기본적인 결과를 대표하는 청소년 생각 형식에서의 중요한 대변혁은 논리적 생각의 숙달이라고 일반적 진술의 형태로 말할 수 있다.

10-30-4] 오직 이행적 연령기에만 논리적 생각의 숙달이 실제 요인이 되며, 오직 이 요인으로 인해 우리가 위에서 말했던 생각 내용의 심오한 변화가 가능해진다. 우리는 논리적 생각의 발달 시기를 이행적 연령기에 지정하는 수많은 연구자들의 진술을 확보하고 있다.

10-30-5] 모이만은 말한다. "어린이는 일반적으로 교과서에 사용되는 형태의 실제적인 논리적 추론을 아주 나중에야 쉽게 사용할 수 있게 된다는 것이 드러났다. 대략 독일 학교에 다니는 마지막 해, 즉 생

후 14세가 되어서야 어린이는 실현 가능한 결론들 간의 연결을 보고 이해할 수 있게 된다." 사실 이러한 모이만의 견해는 되풀이하여 반박되었다. 논리적 생각은 성적 성숙 시기보다 훨씬 이전에 나타난다는 것이 지적되었을 뿐 아니라, 모이만의 입장을 거부하려는 시도는 언제나 두 개의 서로 다른 방향에서 이루어졌다.

10-30-6] 어떤 저자들은 모이만이 지정한 기간을 단순히 줄이려고 시도했고, 따라서 일반적으로 모이만과 그들은 단지 표면상으로 다를 뿐이었다. 최근 연구에서 예를 들자면, 오르미안은 논리적 생각의 숙달은 11세에 시작된다는 것을 발견했다. 우리가 뒤에 보듯이, 다른 저자들도 11~12세, 즉 초등학령기의 끝을 어린이의 비논리적 생각 형태의 소멸 시기로, 그리고 논리적 생각의 숙달이 시작되는 시작점으로 지적한다.

> 오르미안에 대해서는 **10-2-8** 참조.

10-30-7] 모이만이 지적한 논리적 생각 출현 시기를 단순히 두 살 낮추려고 시도하는 이 의견은, 우리가 보기에 모이만 자신이 옹호한 입장과 다르지 않다. 모이만은 논리적 생각의 발달 형태상 최종 숙달을 염두에 두고 있었기 때문이다. 다른 저자들은 개념 발달의 전체 과정을 좀 더 세밀하고 정확하게 추적하면서 개념 발달의 시작 혹은 발생 지점을 가리킨다. 여하튼 진정한 의미의 논리적 생각으로의 이행은 오직 초등학령기의 완료 이후, 또는 반드시 이행적 연령기의 시작과 더불어 일어난다는 인식에는 모든 사람들이 동의하고 있다.

10-30-8] 다른 저자들은 이 입장과 근본적, 결정적으로 다르다. 초기 유년기 어린이 생각의 심오한 변화를 토대로 하면서 청소년 생각에 대한 연구는 거의 참조하지 않는 이 저자들은 우리가 여러 번 지적했

듯이 3세 어린이와 청소년 생각의 그 어떤 차이도 거부하려 한다. 논리적 생각이 개념 없이 불가능하며 개념은 비교적 늦게 나타난다는 사실을 망각한 채, 이 저자들은 순전히 외적 자료에 근거하여, 발달된 논리적 생각을 3세 어린이에게 배당한다.

10-30-9] 이러한 심리학적 언쟁이 만들어 내는 논쟁은 초기 유년기 어린이에게 추상적 생각과 개념이 있는지 여부와 개념과 논리적 생각이 초기 유년기 어린이의 일반화와 생각과 질적으로 다른 것이 무엇인지에 대한 문제에 우리가 답할 수 있을 때에만 해결될 수 있다. 본질적으로 우리는 이 문제에 답하고자, 앞서 한 모든 진술을 시작하였다.

10-30-10] 바로 이 때문에 우리는 개념 형성이 이행적 연령기에 일어난다는 단순한 주장에 머물지 않고, 발생적 단편의 방법에 의존하며 생각 발달의 여러 단계들을 비교하는 경로를 통해 의사개념이 진개념과 본성상 다른 것이 무엇인지, 복합체적 생각이 개념적 생각과 질적으로 다른 것이 무엇인지, 그리고 이에 따라 이행적 연령기 생각 발달의 내용을 이루는 새로운 것이 무엇인지를 드러내고자 노력하였다.

10-30-11] 우리는 이제 특히 이행적 연령기 이전의 어린이 생각의 특성에 대한 다른 저자들의 연구가 도출한 결과를 고찰함으로써 우리의 실험에서 발견된 이러한 입장을 강조하고 싶을 뿐이다. 완전히 다른 목적을 추구하는 이 모든 연구들은 마치 초기 유년기, 전학령기, 학령기 어린이가 이미 논리적 생각을 숙달했다는 관념을 거부하기 위해 특별히 준비된 것처럼 보인다.

10-30-12] 이 연구들로부터 우리가 도출하게 될 기본 결론은, 논리와 외적으로 비슷한 생각 형태 뒤에는 본질상 질적으로 다른 생각 작용이 감추어져 있다는 발견이다. 우리는 세 가지 기본 계기를 상정하고 있는데 이는 어린이 생각의 질적 고유성의 발견, 논리적 생각과 어린이 생각의 원칙적 차이의 발견과 연결된다. 다른 이들의 연구 결과를 재고

하면서 우리는 발생적 단편의 방법에 다시 한 번 의존해야 하며, 개념적 생각을 발생적으로 더 이른 다른 생각 형태와 비교하면서 개념적인 생각의 고유성을 발견하기 위해 시도해야 한다.

10-30-13] 따라서 우리는 청소년의 생각은 한편으로 미뤄 두고, 어린이의 생각에 주의를 집중해야 할 것이다. 그러나 사태의 본질상 우리는 이행적 연령기를 항상 염두에 둘 것이다. 청소년 생각의 비교발생적 연구를 통해, 그것과 더 이전의 생각 형태와의 대조를 통해서 우리는 단지 이행적 연령기의 고유성을 알아낼 길을 발견하게 되기를 바란다. 이미 앞서 지적했듯이 현대 상황에서, 개념의 형성이 이행적 연령기의 성취인지 여부에 관한 논란은 본질적으로 어린이가 논리적 생각과 개념 형성을 숙달하는가라는 질문으로 환원되기 때문이다.

31

10-31-1] 이미 위에서 말했듯이 3세 어린이에 비해 청소년의 생각에 새롭게 나타나는 것을 이해하기 위해 우리가 사용할 수 있는 수단으로 지성 발달의 발생적 단편에 대한 비교 연구 적용만 한 것이 없다. 오직 청소년의 지성을 초기 유년기, 전학령기, 학령기 어린이의 지성과 비교함으로써만, 오직 서로 다른 발달 단계에서 얻어진 이 네 단편을 대조함으로써만 우리는 청소년의 생각을 발생적 연쇄 속에 포함시켜 이 생각에 새롭게 나타나는 것을 이해할 수 있다.

10-31-2] 또한 우리는 오직 외견상 유사성, 외적 특성에만 토대를 둔, 지성 발달에서의 초기 단편에 대한 잘못된 해석이 바로 어린이 논리적 생각 능력에 대한 재평가를 이끌었으며, 따라서 청소년 생각에 새롭게 나타나는 것에 대한 과소평가를 초래했다고 이미 말했다.

10-31-3] 위에서 우리는 우리 앞의 과업을 다음과 같은 형태로 공식화했다. 우리는 어린이에게 진정한 의미에서의 논리적 생각이 존재하는지, 그에게 개념 형성 기능이 있는지 고찰해야 한다.

10-31-4] 이 질문에 답하기 위해서는 우리의 흥미를 끄는 이 문제에 관해서 의심의 여지를 남기지 않는 일련의 새로운 연구들을 살펴보아야 한다. 최근 이 문제는 앞서 말한 우스나드제의 특수 연구의 초점이었다. 우스나드제는 다양한 실험을 통해 전학령기 연령기에서의 개념 형성을 체계적으로 연구했다. 이 연구는 2세에서 7세 사이의 어린이 76명을 대상으로 한다. 실험은 다음과 같이 수행되었다. 어린이에게 서로 다른 대상들을 특정한 무리로 분류하도록 요구하고, 그런 다음 익숙하지 않은 이름들을 사용하여 새로운 대상들을 명명하도록 요구하였다. 그리고 실험은 어린이가 새로운 이름을 이해하고 그 이름들을 사용하여 소통하는지, 특정 대상들에 붙여진 이름을 일반화할 수 있는지, 새로운 낱말을 정의하는지 알아보고자 하였다. 이와 같이 이 실험은 개념 형성의 다양한 기능적 계기들을 다루고 있다.

비고츠키가 여기서 인용한 우스나드제의 연구는 다음과 같다.

D. Usnadze: Die Begriffsbildung im vorschulpflichtigen Alter (Concept formation in preschool age), Zeitschrift für angewandte Psychologie 34 (Leipzig 1929), 138-212.

우스나드제에 대해서는 **10-6-11** 참조. 우스나드제의 연구 문헌에 대해서는 **10-6-12~10-6-18** 참조.

전후 조지아에서의 학회 사진이다. 우스나드제는 오른쪽에서 두 번째로 안경을 쓰고 있다.

10-31-5] 우리가 말했듯이 이 연구의 기본 과제는, 전학령기 어린

이가 아직 발달된 개념을 지니고 있지 못함에도 불구하고 성인과 어린이의 상호 이해가 가능하도록 도와주는 개념의 등가물이 무엇인지, 결국 초기 발달 단계에서 이러한 개념의 등가물의 고유성은 무엇인지 밝히는 데 있다.

10-31-6] 우리는 우리의 흥미를 끄는 전체 연구 경로에 오래 머무를 수 없으며, 곧장 우리가 흥미를 가진 문제에 대한 답을 찾을 수 있는 기본적 결과를 살펴볼 것이다. 우스나드제는 다음과 같이 말한다. "3세 어린이를 특징짓는 기본적인 결론으로서, 이들이 사용하는 낱말은 이 낱말이 의미하는 대상의 시각-도식적, 전체적, 미분화된 심상을 가장 직접적으로 일으킨다고 말할 수 있을 것이다."

10-31-7] 이처럼 3세 어린이는 진개념을 적용하지 못하며 최선의 경우일지라도 이 진개념의 특정한 등가물을 표상의 미분화된 통합적 심상의 형태로 적용할 뿐이다. 4세 어린이는 개념 발달 경로에서 중요한 걸음을 내딛는다. 이 연구의 커다란 장점 중 하나는 그것이 어린이 낱말 의미 구조의 내적 변화 과정을 한 걸음 한 걸음, 한 해 한 해 추적하려 한다는 데 있다.

10-31-8] 거듭 말해, 이 모든 발달 경로를 한 해 한 해 전부 살펴볼 수는 없다. 우리의 흥미를 끄는 것은 오직 최종 결론일 뿐으로, 저자는 이를 다음과 같이 공식화한다. "7세 어린이에게는 발달 중인 생각 형태가 마침내 결정적 지배성을 획득한다. 전체 소리 복합체 중 90%가 진정한 낱말이 되며 일반적으로 여기서는 전체적 표상이 아니라 무엇보다, 관련된 단일 특성이 의미로서 나타난다.

> '소리 복합체'는 비고츠키의 블록 실험에서 사용된 '세브', '무르', '비크', '라그'처럼, 의미를 지니지 않은 낱말들을 가리키는 것으로 보인다.

10-31-9] "이는 전체 일반화 실험에서 특히 명백한데, 이 실험에서 실험 대상의 84%가 단일 속성의 유사성을 기반으로 실험 과정을 수행한다. 7세 어린이는 우리의 생각 과정을 적절히 이해하고 재처리하는 능력을 보여 주는 것에 상응하는 발달 단계를 최초로 성취한다. 이와 같이 삶의 일곱 번째 해에 이르러서야 비로소 학교에 갈 진정한 준비가 된다."

우리에게 '포유류'라는 낱말은 개념을 가리킨다. 그러나 10-19에서 비고츠키는 낱말이 단일 속성에 토대를 둔 복합체적 집합에서 시작되었음을 상기시킨다. 예를 들어 러시아어 낱말 코로바(소)는 단순히 '뿔'을 뜻하며, 우리말 '물고기'라는 낱말은 육류를 나타내는 고기를 뜻한다. '포유류'라는 낱말 역시 원래 젖을 준다는 단일한 속성에서 언급된 것이다.

우스나드제의 연구 대상이었던 7세 아이에게 낱말은 무엇을 의미할까? 10-31-4에 따르면 아흐와 아멘트의 연구에 토대한 우스나드제의 연구는 최소 네 가지, 혹은 여섯 가지의 일련의 실험을 포함한다.

a) 분류(예: 블록을 높고 넓은 것, 짧고 넓은 것, 짧고 좁은 것, 높고 좁은 것으로 분류하기)

b) 명명(예: 블록을 '라그', '비크', '무르', '세브'로 명명하기)

c) 이해(예: "가리키고 말해 봐")

d) 의사소통(예: "네가 원하는 것을 말해 줘.")

e) 일반화(예: "병은 라크일까, 무르일까? 동전은 어떨까? 너는 비크일까, 라그일까?")

f) 정의(예: "비크는 정말로 무엇을 의미할까?")

우리는 10-31-8에서 우스나드제의 7세 어린이의 90%가 분류와 명명을 할 수 있었다는 것을 보았다. 하지만 일반화를 할 수 있는 아이들 중 84%가 단일 속성에 따라 일반화를 하였다. 따라서 이 사실은 그들이 적절한 일반화를 할 수 없다거나 정의하기는 전혀 할 수 없다는 것을 강력하게 시사한다.

이는 이행적 연령기에 개념이 발달한다는 모이만의 일반적 결론을 지지하는 비고츠키의 주장을 뒷받침한다. 그리고 이것은 유년기에 개념이 형성된다는 뷜러의 일반적 결론을 약화시키는 첫 번째 계기이자, 첫 번째 발생적 단면이다. 이는 인식의 표식(아, 아빠다!)을 제외한 어린이의 첫 낱말이 진개념이라는 스턴의 생각, 즉 3세 어린이가 만물이 고유한 이름을 가진다는 일반화되고 순수한 논리적 개념을 가진다는 생각을 지지하지 않는다.

10-31-10] 이렇게 우리는 7세 말이 되어서야 비로소 어린이가 우리의 생각 작용을 진정으로 이해하고 가공할 수 있게 되며, 그 전까지는 단지 동일한 대상 집단과 관련되지만 다른 의미를 갖는 개념의 등가물을 사용할 뿐임을 본다. 저자는 이러한 의미의 고유성이 어디에 있는지 직접적으로 분석하지는 않지만, 이 형성의 통합적 특성과 구체적-심상적이며 미분화된 특성에 대한 저자의 지적은 우리가 이 형성을 우리 실험에서 발견한 복합체적 생각 형태와 가깝다고 간주할 수 있게 해 준다.

10-31-11] 본질적으로, 더 심도 있는 연구를 통해 우스나드제는 이전 연구자들이 초기 유년기 어린이들의 속성으로 간주한 생각 특성이 사실은 8세가 되어서야 지배적이 된다는 것을 보여 주는 데 성공한다. 여기에 그의 연구의 기본 장점이 있다. 그는 논리적 생각이 지배적인 것처럼 보이는 곳에 사실은 우리 개념의 등가물이 존재할 뿐임을 보여 주는 데 성공한다. 이(개념의 등가물-K)는 생각의 교환을 가능하게 해 주되 개념에 상응하는 조작을 타당하게 적용하도록 하지는 못한다.

10-31-12] 초기 유년기 어린이의 이 등가물 사용은 오랫동안 연구자들에 의해 인식되어 왔다. 스턴은 어린이 언어에 대한 자신의 실험에서 아멘트를 인용하면서 최초의 어린이 말에는 개별적, 친족적 개념에

대한 분화된 상징이 나타나지 않음을 확립한다. 오히려 어린이는 어떤 원시개념으로 시작하며 이로부터 우리가 흥미를 가지고 있는 두 유형이 오직 점진적으로 발달한다. 그러나 아멘트와는 달리 스턴은 결정적인 걸음을 더 내디디며 다음과 같이 말한다. "그러나 일반적으로, 개념에 대해 말하는 한 우리는 최초 낱말의 의미를 논리적으로 해석한다."

스턴은 유물론자가 아니라 관념론자이다. 어린이가 어떤 대상에 원하는 이름을 붙이거나, 어린이를 돌보는 사람에게 이름을 붙이는 것처럼, 언어는 물질적 동기에서 유래하는 것이 아니라 오히려 개별 물체는 개별 이름을 가져야 한다는 논리적인 관념에서 비롯된다.

따라서 어린이가 언어를 배우기 전에 언어에 대한 관념을 가지고 있어야 한다. 어린이가 대상을 명명하려면 '모든 것은 이름을 가지고 있다'는 생각을 해야만 한다.

그렇다면 스턴은 거짓말을 어떻게 설명하고 있을까? 거짓말은 어린이가 진정한 관념이 아니라 욕구를 추구하는 것을 보여 주는 좋은 사례가 아닐까? 거짓말에 대한 스턴의 책에서, 그는 거짓말을 한 번도 한 적이 없는 자신의 어린 자녀에 대해 만족스럽게 언급을 한 적이 있다. 그러나 그는 곧 거짓말은 의도적 꾸밈을 요구하는 것으로 이는 사실 7세 이전의 어린이에게는 매우 드물게 나타난다고 규정한다.

아멘트는 손바닥을 맞고 난 후에 벌을 받았느냐고 묻자 '아니요'라고 대답한 자신의 조카의 최초의 거짓말에 관해 설명한다. 이에 대해 논쟁하면서 스턴은 이것이 실제 거짓말이 아니라고 주장한다. 왜냐하면 그 어린이는 불과 14일 전에 '아니요'라는 낱말을 배웠으며 이를 부정에 대한 어떠한 개념이 없이 순전히 '감정적'으로만 사용했기 때문이다. 스턴은 어린이가 '아니요'를 '의미의 선언'으로 사용하는 순간 온전히 논리적 방식으로 사용된다고 말한다.

Stern, C. and Stern W.(1922/1999). Recollection, Testimony and Lying in Early Childhood. Washington: APA, p. 106.

10-31-13] 그러나 이는 단호히 거부되어야 한다. 이는 오직 겉으로만 개념으로 보인다. 그들의 심리적 출현 과정은 완전히 비논리적이며 이는 개념 형성 기능보다 훨씬 더 원시적인 기능에 의존한다. 이는 의사擬似 혹은 유사類似 개념이다. 이 유사개념에 대한 분석은 첫 낱말이 단순히 인식의 상징 즉 그로스가 잠재적 개념이라고 부른 것이라는 결론으로 스턴을 이끈다. 이로부터 출발하여 스턴은 우리가 이미 앞에서 말한 초기 유년기 낱말 의미의 변화를 해석한다.

> 여기서 비고츠키는 '3세 어린이의 생각 방식'을 가리키면서 유사개념이라는 용어를 사용하지만 이는 단지 스턴이 사용하는 방식을 그대로 따른 것뿐이다.

10-31-14] 이어진 분석에서 스턴은 어떤 구체적인 대상을 포괄하는 최초의 개별적 개념이 어린이에게서 발달한다는 결론에 도달한다. 어린이에게 인형은 언제나 자신이 가지고 놀기 좋아하는 바로 그 장난감이며, 엄마는 항상 자신이 원하는 것을 충족시켜 주는 바로 그 사람이라는 식이다.

10-31-15] 스턴이 개별적 개념이라 일컫는 것이 오로지 하나의 대상의 동등성에 대한 인식에만 의존한다는 것, 즉 동물도 본래 가지고 있으며 진정한 의미에서의 개념에 대한 논의를 전혀 허용하지 않는 조작에만 의존한다는 것을 보는 데에는, 스턴의 이 사례를 살펴보는 것으로 충분하다고 우리는 생각한다.

10-31-16] 일련의 대상의 무리를 포함하는 친족적 개념은 스턴에 따르면 발달을 위해 좀 더 긴 기간을 필요로 한다. 친족적 개념은 처음에는 예비적 단계로만 존재하며, 이때 이것은 단일 견본의 구체적 다양성을 포함하고 특정의 추상적 공통성은 포함하지 않는다. 스턴은 이들

을 '다양체 개념'이라고 부른다. 그는 말한다. "여기서 어린이들은 말馬이 단순한 일회성의 하나의 견본이 아니며 매우 다양한 견본들에서 이를 만날 수 있다는 것을 안다."

10-31-17] 그러나 어린이의 이야기는 언제나 지금 그의 지각, 기억, 기대의 대상이 된 이러저러한 견본에 대해서만 이루어진다. 그는 이전에 지각되었던 수많은 다른 것들과 나란히 각각의 새로운 견본들을 포함시키지만, 아직은 이 모든 견본들을 일반적 개념에 종속시키지 않는다. 실험을 토대로 우리는 어린이가 4세가 되어야만 이것을 하게 된다고 결론을 내린다.

10-31-18] 우리의 연구는 어린이에게서 낱말의 최초 기능은 특정한 대상을 지칭하는 것임을 확신하게 했다. 따라서 우리는 이 다양체 개념을 어린이가 언어적으로 지칭하는 몸짓, 즉 어린이가 매번 이러저러한 대상의 구체적 견본과 연결하는 몸짓으로 이해한다. 지시하는 몸짓을 통해 주의를 매번 어떤 특정한 하나의 대상으로 끌 수 있듯이, 초기 낱말을 통해 어린이는 매번 어떤 일반적 집단의 구체적 견본을 염두에 둔다.

10-31-19] 여기서 실제 개념은 무엇인가? 단지 어린이가 유사성, 즉 다양한 표본들이 같은 집단으로 분류되는 동질성을 인식한다는 것뿐이다. 그러나 이는 앞에서 보았듯이 가장 원시적인 발달 단계의 커다란 특징이자 동물의 특징이기도 하다. 기억을 떠올려 보면, 유인원은 필요한 상황에서 서로 매우 다르지만 하나의 유사한 특징으로 한 무리로 연결되는 다양한 물체들을 사용한다. 앞서 제시된 우스나드제의 연구에 의해 완전히 무너진, 4세 어린이가 일반적 개념을 숙달한다는 스턴의 주장은 우리가 볼 때 스턴의 중심 연구 전체가 가지고 있는 가장 중요한 오류인 어린이 말의 논리화, 지성주의, 표면적 유사성을 기반으로 어린이에게 발달된 논리적 생각을 할당한 것에 따른 자연스러운 결과

이다.

10-31-20] 우스나드제의 결론으로 돌아가면, 우리는 그의 공로가 일반적 개념의 형성을 그렇게 이른 시기에 할당하는 것이 얼마나 근거가 없는지 드러낸 것임을 본다. 그는 스턴이 지정한 시기를 3~4년 연장했다. 그러나 동시에 우리는 그 또한 스턴과 유사한 본질적 오류를 범하고 있다고 생각하며, 그 오류는 개념과 비슷해 보이는 형성을 진정한 개념으로 받아들인 데 있다. 7세 어린이가 개념 발달의 경로를 따라 결정적 일보를 내딛는 것은 사실이다.

10-31-21] 우리는 바로 이 시기에 어린이가 혼합적 심상에서 복합체적 생각으로, 저차적인 복합체적 생각에서 의사개념으로 이행한다고 말할 수 있을 것이다. 그러나 우스나드제가 7세 어린이의 개념 형성의 유일한 징후로 가리킨 구체적인 공통 특징의 추출은 잠재적 개념 혹은 의사개념에 불과한 것이다. 공통 특성의 추출은 비록 개념 형성 경로에서 매우 중요한 발걸음이긴 하지만 결코 개념을 구성하지 않는다.

10-31-22] 개념 형성의 발달에서 나타나는 복잡한 형태의 발생적 다양성을 드러낸 우리의 연구는 우스나드제의 분석이 불완전하며, 비록 어린이가 7세 무렵 이런 성취를 향한 경로에서 매우 중요한 발걸음을 내딛지만 개념 형성을 숙달하지 못한다고 말할 수 있게 해 준다.

32

10-32-1] 이러한 측면에서 피아제가 수행한 어린이의 말과 생각, 어린이의 판단과 추론에 대한 훌륭한 연구는 의심의 여지를 남기지 않는다. 이 연구들은 의심의 여지 없이 어린이 생각 연구의 시대를 마련하였으며, 초기 유년기에 대해 스턴과 다른 저자들이 그들의 시대에 수행

한 것과 동일한 역할을 학령기 어린이의 생각에 대해 수행하였다.

사실 피아제의 『어린이의 언어와 사고』(1923)는 6세 어린이까지 대상으로 한다. 그러나 비고츠키는 발생적 절단법이 6세 이후, 즉 학령기 어린이와 청소년을 이해하는 데 필수적임을 지적하고 있다.

10-32-2] 피아제는 아주 독창적이고 심도 있는 연구를 통해 논리적 생각과의 외견상 유사성에도 불구하고 초등 학령기에서의 생각 형태가 실제로 논리적 사고의 작동과 질적으로 다르다는 것을 입증하였다. 여기서는 다른 법칙이 지배적이며 이(초등학령기 생각-K)는 구조적, 기능적, 발생적 측면에서 추상적인 논리적 사고와 본질적으로 다르다. 진정한 의미에서 추상적, 논리적 사고의 발달은 초등학령기가 끝날 때, 즉 12세가 될 때까지 시작되지 않는다.

10-32-3] 피아제가 말하듯이 루소는 "어린이는 작은 어른이 아니며", 고유한 욕구를 가지고 있고 그의 정신은 이 욕구에 적응한다고 즐겨 말했다. 피아제의 모든 연구는 이 기본적인 노선을 따라 나아가며, 어린이는 그 생각 면에서 작은 어른이 아니고, 첫 학령기에서 두 번째 학령기로 이행하는 동안 생각의 발달은 첫 단계에서 지배적이던 형태 자체의 양적인 성장, 풍부화, 확장으로 이루어지지 않는다는 것을 또한 드러내기 위해 노력한다.

비고츠키는 피아제가 인용한 루소의 문구인 "어린이는 작은 어른이 아니며, 나름의 욕구와 이 욕구에 적응된 정신을 갖고 있다"를 재인용하고 있다. 본문의 인용 부호 표시는 러시아어판을 그대로 따랐다.

Piaget, J.(1928). Judgement and Reasoning in the Child. Boston: Littlefield and Adams, p. 199.

10-32-4] 그는 학령기 어린이와 청소년의 생각 간의 질적 차이 전반을 확립하고, 그 차이를 분석함으로써 이 모든 특징들이 하나의 주된 일반적 원인에서 나오는 통합체를 나타낸다는 것을 지적한다.

10-32-5] 이와 관련하여 클라파레드는 피아제가 어린이의 생각과 그 발달의 문제를 질적 문제로 제기했다는 데에서 그 공적을 찾으면서, 피아제의 작업에 대한 서문에서 이 작업의 커다란 공적을 바르게 평가하고 있다고 우리는 생각한다. 그는 말한다. "우리는 피아제가 인도한 새로운 개념을 보통 암묵적으로 받아들여지는 일반적으로 통용되는 관점과 대비시키면서 규정할 수 있을 것이다. 어린이 생각의 문제는 대개 양적 문제로 해석되었는 데 반해, 피아제는 그것을 질적 문제로 돌렸다."

> 이 문단의 인용문은 비고츠키의 인용을 그대로 번역하였다. 이는 『어린이의 언어와 사고』(피아제, 1923)에 피아제의 스승이자 상사였던 E. 클라파레드가 쓴 서문의 일부로, 원문을 그대로 번역하면 다음과 같다.
>
> "피아제 씨가 인도한 새로운 개념은, 암묵적 반대든 명시적 반대든, 또 다른 일련의 용어로 진술될 수 있을 것이다(언제나 매우 도식적이고 개략적인 방식일지라도). 내가 오해하지 않았다면, 어린이의 정신 문제는 양적 문제로 생각되어 온 반면, 피아제 씨는 그것을 질적 문제로 재진술했다."
>
> Claparède, E.(1923). Preface to Language and Thought in the Child. Paris: Delachaux et Niestlé, p. 6.

10-32-6] "어린이 발달에서 보통은 특정한 수적 가감의 결과, 새로운 경험의 획득과 특정 오류의 제거를 보았지만, 이제는 발달이 무엇보다 어린이 지성이 그 특성을 점진적으로 바꾼다는 사실로 이루어져 있

다는 것이 드러난다. 어린이 정신이 흔히 성인의 정신에 비해 불명료한 것으로 생각되어 왔지만 이는 그가 어떤 요소를 더 가지고 있거나 덜 가지고 있기 때문이 아니라 혹은 그가 구덩이나 언덕으로 둘러싸여 있기 때문이 아니라 어른의 발달에서 오래전에 버려졌거나 억압된 생각 유형과 관련이 있기 때문이다."

다음은 클라파레드 서문의 원문이다.

"어린이 정신의 문제는 양의 문제로 간주되어 온 반면 내가 잘못 안 것이 아니라면 피아제 씨는 이를 질의 문제로 재진술했다. 이전에 어린이 지성에서의 진보는 새로운 경험의 증가와 어떤 오류의 제거와 같이 특정한 수의 덧셈과 뺄셈의 결과로 간주되어 왔다. 이러한 현상들은 모두 과학이 설명해야 하는 과업이었다. 이제 이 진보는 무엇보다도 어린이의 지성이 점진적 변화를 겪는 특성을 갖는다는 사실에 의존하는 것으로 보인다. 어린이의 정신이 어른이 보기에 이상해 보인다면 이는 여기에 추가된 요소나 부족한 요소가 있거나, 혹은 이것이 구덩이와 퇴비 더미로 싸여 있기 때문이 아니라 다른 종류의 사고에 속해 있기 때문이다. 이는 자기중심적 혹은 상징적 사고로 어른이 오래전에 버렸거나 억압한 것이다."

*E. 클라파레드(Eduard Claparède, 1873~1940)는 프로이트주의자로 장 자크 루소 연구소를 설립하고 자신의 제자였던 피아제를 연구소 유치원의 원장으로 임명하였다. 클라파레드는 제네바 대학에서 소쉬르와 함께 교편을 잡았고, 정신분열증을 가진 자신의 환자가 화성에서 목소리가 들린다고 주장하자 실제 그러한 소리가 언어로서 전달되는지에 대해 소쉬르의 도움을 요청하기도 했다.

10-32-7] 이처럼, 우리의 관심을 끄는 문제라는 관점에서 피아제의 연구는 다른 저자들에 의해서 시작된 작업을 직접 계속하는 것이며, 우스나드제의 연구와도 직접적으로 연결될 수 있다. 피아제는 우스나드

제의 연구가 중단된 곳에서 시작하며, 마치 그 저자가 도달했던 결론을 재고찰하는 것과 같다.

10-32-8]　사실 7세가 시작되면서 어린이 생각에는 심오한 급상승이 일어나는데 이는 그가 주관적인 혼합적 연결로부터 복합체적인 객관적 연결로 이행한다는 사실로 이루어진다. 후자는 성인의 개념과 매우 가까워서 7세 어린이가 어른처럼 생각하며, 그가 우리의 생각 조작을 적용할 수 있다는 인상을 만들어 낸다. 그러나 이는 피아제가 드러내듯이 환상에 불과하다.

10-32-9]　이번에도 우리는 그의 연구 과정 전체를 자세히 살펴볼 수는 없다. 우리는 우리의 주제와 직접 관련이 있을 수 있는 몇 가지 기본 결론으로 국한해야만 한다.

10-32-10]　피아제는 자신의 일반적 결론을 다음과 같이 공식화한다. 그는 말한다. "우리는 형식적 생각이 11~12세가 되어서야 출현한다고 설정했다. 7~8세와 11~12세 사이에 혼합주의, 즉 모순은 직접적 관찰과 관련 없이 오직 순수한 언어적 생각의 측면에서 이미 존재한다. 대략 11~12세가 되어서야 실제로 어린이의 논리적 경험에 대해 말하는 것이 가능하다. 그럼에도 7~8세는 상당한 진전을 보여 준다. 논리적 생각 형태가 시각적 생각 영역에서 출현한다."

> 이 문단의 인용문은 러시아어판에서 직접 번역한 것이다. 여기에 해당하는 피아제의 원문은 다음과 같다.
>
> "우리는 (…) 형식적 생각이 11~12세까지는 출현하지 않음을 보여 주었다. 7, 8세에서 11, 12세까지는 혼합성, 응축에 의한 모순 등이 모두 교환 법칙에 의해 관찰과는 무관한 언어적 추론의 측면에서 다시 나타난다. 따라서 11~12세가 되어서야 '논리적 실험'에 대해 말하는 것이 가능하다. 그럼에도 7~8세 연령은 상당한 진전을 보여 준다. 논리적 형태가 지각적 생각의 영역에 들어간 것으로 보이기 때문이다."

Piaget, J.(1928), Judgement and Reasoning in the Child, Boston: Littlefield and Adams, p. 243.

10-32-11] 피아제 연구의 기본 결과를 도식적인 형태로 다음과 같이 나타낼 수 있을 것이다. 가장 초기 연령기의 어린이 생각을 제쳐 둔다면, 그의 자료는 어린이의 생각이 발달하면서 세 개의 커다란 국면을 거친다는 것을 드러낸다. 초기 유년기와 학령기 어린이의 생각은 자기중심적으로 세워진다. 어린이는 보통 혼합적이라고 불리는 전체적 연결, 심상적 인상에 따라 생각한다. 전인과성이 그의 논리를 지배한다. 7~8세에 어린이 생각에서 중요한 변화가 일어나며, 이는 이 초기의 생각이 사라지고, 그 자리를 논리와 더욱 가까운 어린이 생각의 구성이 차지한다는 사실로 이루어진다.

10-32-12] 그러나 초기 단계에서 어린이의 생각을 특징짓는 이 특성들은 전혀 사라지지 않는다. 그들은 단지 새로운 영역으로, 바로 순전히 말로 하는 생각의 영역으로 이동했을 뿐이다

10-32-13] 어린이의 생각은 이제 마치 크게 두 개의 국면으로 나뉘는 것과 같다. 어린이의 시각-도식적, 실행적 생각은 그가 더 이른 생각 발달 단계에 보여 준 특성을 더 이상 나타내지 않는다. 그러나 순전히 말로 하는 생각의 영역에서 어린이는 여전히 혼합주의의 영역에 있으며 그는 아직 논리적 생각 형태를 숙달하지 못한다. 피아제는 이 기본적 법칙을 교체 혹은 대체의 법칙으로 부른다. 이 법칙을 통해 그는 초등학령기 생각의 특성을 설명하려 한다.

10-32-14] 이 법칙의 본질은 자신의 조작을 의식하는 어린이가 조작을 행위의 국면에서 말의 국면으로 이행한다는 것이다. 이 이행으로, 자신의 조작을 말로 재생산하기 시작할 때 어린이는 행위 국면에서 이

미 극복한 어려움에 다시 처한다. 여기서 두 가지 동화 방식 사이의 이행 또는 교체가 일어난다. 시기는 다르지만 그 리듬은 유사할 것이다. 이 생각과 행위 사이의 이행은 끊임없이 관찰되며, 이것이 어린이의 논리를 이해하는 데 가장 중요한 것이다. 우리 연구가 밝혀낼 모든 현상을 설명해 줄 열쇠가 그 안에 들어 있다.

10-32-15] 이렇게 피아제는 이미 행위의 측면에서 숙달했던 것과 동일한 조작을 어린이가 언어적 측면, 즉 말로 하는 생각의 측면으로 이동시킨다는 데서 학령기 어린이의 생각의 특성을 찾는다. 따라서 생각 발달의 전 과정은 연합주의자 텐과 리보가 발달의 속성이라고 생각한 연속성과 점진성에 종속되지 않고, 후퇴, 중단, 다양한 기간의 통과를 나타낸다. 초기 유년기 어린이 생각의 모든 특성은 완전히 사라지지 않았다. 그것은 구체적 생각의 측면에서는 사라졌지만, 말로 하는 생각의 측면으로 자리를 옮겨 이동하였으며, 여기서 자신을 드러낸다.

*H. 텐(Hippolyte Taine, 1828~1893)은 비고츠키가 자신의 책 『예술 심리학』에서 종종 인용한 바 있는 문학 비평가였다. 또한 그는 프랑스 혁명이 그것에 수반된 후퇴, 중단 및 다양한 기간 사이의 단절로 인해 자연스러운 것이 아니라고 주장한 보수적 역사가였다.

반대로 T-A. 리보(Théodule-Armand Ribot, 1839~1915)는 기억과 기억 상실을 전공한 전문 심리학자였다. 비고츠키가 말하듯 그의 심리학은 점진적이었다. 두 사람 모두 아리스토텔레스, 로크, 흄, 하틀리의 연합 심리학에 영향을 받았다. 연합주의자들에 따르면 모든 생각은 본질적으로 상기된 인상들(유사성, 차이, 물리적 인접성)의 연쇄이다. 그러나 비고츠키에 따르면 생각은 오히려 발달이며, 발달은 언제나 방향 변화, 불연속, 역발달이 필연적으로 내재된 주기들로 이루어져 있다.

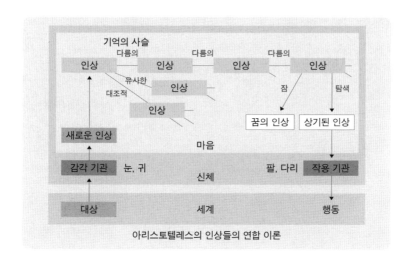

기억의 사슬

다름의   다름의   다름의

인상   인상   인상   인상

유사한   인상

대조적

인상

새로운 인상   잠   탐색

마음   꿈의 인상   상기된 인상

감각 기관   눈, 귀   팔, 다리   작용 기관
신체

대상   세계   행동

아리스토텔레스의 인상들의 연합 이론

10-32-16] 이 이행의 법칙을 우리는 다음과 같은 형태로 공식화할 수 있을 것이다. 학령기 어린이는 전학령기 어린이가 시각-도식적, 실행적 생각의 측면에서 나타낸 것과 같은 바로 그러한 고유성과 성인 논리와의 차이를 말로 하는 생각의 측면에서 나타낸다.

10-32-17] 피아제는 이 이행 법칙과, 클라파레드가 어린이의 지적 발달에 관해 확립한 자각의 법칙을 유사하게 본다. 클라파레드는 특별한 연구에서 유사와 차이에 대한 어린이 자각의 발달을 설명하려고 했다. 연구는 어린이의 유사성에 대한 자각은 차이에 대한 자각보다 나중에 나타난다는 것을 보여 주었다. 행위의 측면에서 어린이는 서로 다른 상황보다 서로 비슷한 상황에 더 빨리, 더 쉽게 동화한다. 이처럼 행위에서 어린이는 차이보다 유사성에 더 빨리 반응한다. 반대로 대상에서의 차이는 부적응 상태를 만들어 내고, 바로 이 부적응이 어린이로 하여금 문제를 자각하도록 강제한다. 클라파레드는 이를 토대로, 우리는 적응에 실패하는 만큼만 의식적으로 자각한다는 일반 법칙을 도출한다.

10-32-18] 피아제는 이 이행 법칙과, 클라파레드가 어린이의 지적 발달에 관해 확립한 자각의 법칙을 유사하게 본다. 클라파레드는 특별한 연구에서 유사와 차이에 대한 어린이 자각의 발달을 설명하려고 했다. 연구는 어린이의 유사성에 대한 자각은 차이에 대한 자각보다 나중에 나타난다는 것을 보여 주었다. 행위의 측면에서 어린이는 서로 다른 상황보다 서로 비슷한 상황에 더 빨리, 더 쉽게 동화한다. 이처럼 행위에서 어린이는 차이보다 유사성에 더 빨리 반응한다. 반대로 대상에서의 차이는 부적응 상태를 만들어 내고, 바로 이 부적응이 어린이로 하여금 문제를 자각하도록 강제한다. 클라파레드는 이를 토대로, 우리는 적응에 실패하는 만큼만 의식적으로 자각한다는 일반 법칙을 도출한다.

10-32-19] 이 법칙은 전학령기에서 학령기로 이행하면서 생각의 발달이 왜, 어떻게 일어나는지 설명해 주며, 어린이에게 자신의 조작과 자신의 비적응성에 대한 자각의 욕구가 일어날 때에만 그가 이를 자각하기 시작한다는 사실을 드러낸다. 특히 피아제는 어린이 생각의 구조와 기능의 발달에서 사회적 요인이, 그의 표현에 따르면, 얼마나 거대한 역할을 하는지 구체적인 사례를 들어 보여 준다. 그는 어린이의 논리적 생각이 어떻게 어린이 집단에서 일어나는 언쟁의 직접적 영향 아래서 발달하는지, 그리고 어린이가 오직 자신의 생각을 증명하거나 논쟁하고, 정당화하려는 외적인 사회적 욕구가 일어날 때에만 자신의 생각에 바로 이 조작을 적용하기 시작한다는 것을 보여 준다.

10-32-20] 그는 말한다. "논리적 추론은 자기 자신과의 토론이며 내적으로 실제 토론의 특징을 재생산한다." 그러므로 어린이가 자기의 말로 하는 생각보다 외적 조작, 시각-도식적 실행적 생각을 먼저 숙달하며 이들을 통제하고 자각하게 되는 것은 완전히 자연스럽다. "이 점에서 7, 8세 전에는 논리적 추론이 전혀 없다고 말하는 것은 전혀 과장

이 아니다." 그러나 7, 8세에는 오직 구체적 생각의 국면만이 나타난다. 말로 하는 생각에서 어린이는 여전히 전논리적 발달 단계에 서 있는 것이다. 어린이가 논리적 생각에 도달하기 위해서 요구되는 것은 피아제가 그의 연구에서 밝힌 아주 흥미로운 심리적 기제이다.

이 문단의 인용문은 다음 책에서 인용된 것이다.

Piaget, J.(1928). Judgement and Reasoning in the Child. Boston: Littlefield and Adams, p. 204, 234.

10-32-21] 논리적 생각은 어린이가 자신의 생각 조작을 숙달하고 자신에게 복종시키며, 규제하고 지배하기 시작할 때에만 가능해진다. 피아제의 의견에 따르면 모든 생각을 예외 없이 논리적 생각과 동일시하는 것은 옳지 않다. 논리적 생각은 다른 생각 형태와 비교하여 본질적으로 새로운 특성으로 특징지어진다. "이것은 생각하는 존재로서 자기 자신에 대한 인간의 실험, 즉 인간이 자신의 도덕적 행동을 규제하기 위해 스스로에게 실행하는 실험과 유사한 것이다. 따라서 이것은 그 결과뿐 아니라 자기 자신의 조작을 의식적으로 파악하고, 그 조작들이 서로 상응하는지, 아니면 서로 모순되는지 확립하려는 노력이다."

이는 다음 책의 236쪽에서 인용된 것이다.

Piaget, J.(1928). Judgement and Reasoning in the Child. Boston: Littlefield and Adams.

피아제는 7~8세 사이에 어린이가 '정신적 실험'을 한다고 주장한다. 정신적 실험은 '사고실험gedankenexperiments'으로서 원인과 결과 간의 연결 확립에 초점을 두고 삶의 실제 경험이나 가능한 경험을 재현하는 것이다. 예를 들어 어린이가 레모네이드에 설탕을 넣고 저은 것을 기억하고 설탕이 사라졌다는 것을 상기한다고 하자. 어느 날 어린이는 엄마가 커피에 우유를 넣고 저었을 때 우유가 사라지지 않고 커피 색만 변했다는 것을 알게 된다. 이것은 정신적 실험이지만, 피아제가 말하는 '논리적 실험'은 아니다. 11~12세 사이에 어린이는 '논리적 실험'을 발견한다. 논리적 실험은 경험에 대한 것이 아니라 경험 자체를 아는 방법에 대한 실험이다. 예를 들어 어린이가 설탕이 사라진 이유가 설탕의 성질과 관련이 있는지, 아니면 레모네이드의 성질과 관련이 있는지 알아보는 '변인 통제 실험'을 생각해 내려고 한다고 하자. 어린이가 실제로 아무것도 하지 않아도 이것은 논리적 실험이다. 그것은 지각된 모순(설탕은 액체 속에서 사라지지만 우유는 그렇지 않다는 사실)을 제거하기 위해 설계된 실험이다. 피아제에 따르면, 논리적으로 새로운 실험을 상상하는 이러한 능력은 모순을 찾고 해결하는 능력이며, 그것은 가역성이라는 형식 논리적 속성에서 비롯된다. 만약 'a'(설탕)를 가지고 'b'(용해)를 얻었다면, 'b'가 주어졌을 때 'a'를 추론할 수 있어야 한다. 피아제는 이 가역성이 정신적 실험에서는 실제로 적용되지 않음을 지적한다. 그것은 또한 실제 실험에서도 사실이 아니다. 가역성은 형식 논리에서만 적용되는 것이다. 가역성에 대한 피아제의 주장은 전형적인 그의 형식 논리적 접근법이다. (다양한 모양의 그릇에 들어 있는 색깔 액체를 가지고 한 유명한 보존 실험은 모두 가역적이고 액체의 종류 즉 내용에 독립적이다.)

10-32-22] "이러한 측면에서 논리적 생각은 다른 생각 형태와 다르다. 일반적 의미에서 생각은 특정한 현실에 대한 지각과 이 현실에 대한 의식적 파악이지만 논리적 생각은 구성 기제 자체에 대한 의식적 파악과 관리를 전제로 한다."

> "이러한 의미에서 논리적 실험은 정신 실험과 매우 다르다. 전자는 현실의 구성과 이 현실에 대한 의식적 파악이고 후자는 실제 구성 기제의 의식적 파악과 정돈이다."
>
> Piaget, J.(1928). Judgement and Reasoning in the Child. Boston: Littlefield and Adams, p. 236.

10-32-23] 따라서 논리적 생각은 숙달과 규칙화에 의해 무엇보다도 가장 먼저 특징지어진다. 이런 의미에서 피아제는 다음 방식으로 정신 실험과 논리 실험을 비교한다. (``-K) 정신 실험에서 도출된 필연성은 사실에 대한 필연성이다. 논리 실험에서 도출된 필연성은 다양한 조작들 간의 상응성에서 기인한다. 그것은 도덕적 필연성인데 이는 자기 자신에게 진실을 유지할 의무에서 기인한다.(``-K) 따라서 8세와 12세 사이에 있는 어린이의 생각은 이중적 성격을 드러낸다.

> 이 문단에서 (-K)로 표시된 부분은 역시 피아제의 다음 책에서 인용된 것이다.
>
> Piaget, J.(1928). Judgement and Reasoning in the Child. Boston: Littlefield and Adams, p. 237.

10-32-24] 실제 현실, 직접적 관찰과 연결된 생각은 논리적이 되지만 형식적 생각은 아직 가능하지 않다. 반대로 11~12세 무렵 어린이의 생각 능력은 성인의 생각이나 최소한 비문화화된 성인의 생각에 어느 정도 가까워진다. 오직 12세에야 생각 조작 자체에 대한 확실한 의식적 파악과 숙달을 전제로 하는 논리적 생각이 나타나기 시작한다. 이것이 피아제가 논리적 생각 발달에서 추출한, 심리적 측면에서의 가장 본질적인 특성이다. 그는 이 새로운 의식적 파악이 사회적 요인에 의해 직접적으로 조성되며, 형식적 생각 능력의 부재는 어린이의 자기중심성의 결과라고 말한다.

10-32-25] 12세 무렵의 사회적 삶은 어린이에게 완전히 새로운 과업을 제시하는 새로운 경향성을 가져온다. 어린이를 둘러싼 삶이 어떻게 어린이에게 정신적 측면의 적응을 요구하는 완전히 새로운 문제를 제시하는지, 이 과업을 해결하는 과정에서 어린이가 어떻게 완전히 새

로운 생각 내용을 숙달하는지, 이 새로운 내용이 어떻게 어린이로 하여금 새로운 형식의 발달 경로를 취하게 하는지 보여 주는 지극히 명백한 예가 여기에 있다.

10-32-26] 이에 대한 최고의 가장 명확한 증거는 어린이 집단에서 논쟁의 발달, 즉 증거를 들고 논증할 필요성과 자신의 생각을 정당화하고 확인할 필요성과 형식 논리적 생각의 발달 사이에 존재하는 의존성의 사례이다. 이러한 차이를 기반으로 피아제는 세 형제에 대한 비네-시몬의 검사가 형식적 생각이 시작되는 연령인 11세 무렵이 되어야만 어린이에게 가능하게 되는 것은 바로 전이의 법칙 때문이라고 말한다. 피아제는 말한다. "어린이에게 말을 하는 대신, 이 검사가 어린이 앞에서 수행되었다면, 즉 그에게 구체적 인물을 통해 제시되었다면, 어린이는 어떤 실수도 하지 않았을 것이다. 그러나 생각을 시작하자마자, 어린이는 혼란에 빠진다."

> 비고츠키는 비네-시몬의 지능 검사 항목(1909)을 언급하고 있다. 이 검사에는 많은 판본이 있지만 『판단과 추론』(2장) 74쪽에서 피아제가 이용한 것은 다음과 같다. 어린이는 "나는 형제(면접관이 여자라면 자매)가 셋 있다. 폴, 어니스트 그리고 나"라는 서술 판단에서 모순을 찾아야 한다. 84쪽에서 피아제는 말한다. "만약 그 검사가 놀이처럼 수행되었다면, 비네-시몬 검사에서 혼란에 빠진 어린이는 바르게 추론했을 것이다." 이는 등장인물들이 인형으로 제시된 상황을 가정한다.

10-32-27] 스스로의 조작에 대한 이러한 의식적 파악은 언어와 직접적이고 밀접한 관계를 갖는다. 피아제는 다음과 같이 지적한다. "바로 이 때문에 말은 매우 중요한 계기이다. 말은 의식적 파악의 표시이다. 우리가 그토록 세심하게 어린이의 말로 하는 생각 형태를 공부해야만 하는 것은 이런 이유에서이다."

33

10-33-1] 이제 우리에게 남은 것은 이 시기에 심리적 측면에서 추상적 생각이 출현하는 것을 막는 것이 무엇인지 설명해 줄 하나의 본질적인 계기에 대해 말하는 것이다. 연구는 학령기 어린이가 아직 자기 자신의 생각 작용을 충분히 의식하지 못하며, 이 때문에 그것을 충분히 숙달하지 못한다는 것을 드러낸다. 그는 아직 내적 관찰, 내관을 잘 할 수 없다.

10-33-2] 피아제의 실험은 아주 명확하게 이것을 입증하였다. 논쟁과 반론의 압력이 있을 때에만 어린이는 타자의 눈으로 자신의 생각을 정당화하려는 시도를 하기 시작하고, 자신의 생각을 관찰하기 시작한다. 즉 내관의 도움으로 살펴보고, 자신을 이끈 동기와 자신이 따라온 방향을 구분하는 것이다. 타자의 눈으로 자신의 생각을 확증하려고 노력하면서 어린이는 스스로 자신의 생각을 확인하기 시작한다. 타자에 적응하는 과정에서 어린이는 자신을 알게 된다.

10-33-3] 피아제는 특별한 방법을 통해 학령기 어린이의 내관 능력을 확립하고자 시도했다. 그는 어린이에게 작은 과제를 제시하고, 대답을 얻으면 다음과 같이 물었다. "어떻게 이것을 알았지?" 또는 "이것을 알기 위해 혼자서 무엇이라고 말했지?" 이에 특히 적합한 것은 단순한 산술 과제임이 드러났는데 이는 이 과제가 어른들에게 어린이가 답을 얻기 위해 취한 경로를 추적할 수 있는 가능성을 열어 주기 때문이며, 또 한편으로 어린이가 자기 생각의 여정을 매우 쉽게 공식화할 수 있으므로 내관이 어린이에게 매우 쉬워지기 때문이다.

> 이 문단은 『어린이의 판단과 추론』 113~114쪽의 내용과 매우 비슷하다.

10-33-4] 피아제는 간단한 산술 문제 해결 과제를 통해 7세에서 10세 사이의 소년들 50명을 연구했다. 이 실험에서 그는 어린이들이 대개 이런저런 답에 어떻게 도달했는지 설명하는 데 어려움을 겪는다는 사실에 부딪쳤다. 이것은 답이 맞든 틀리든 전혀 상관이 없었다. 어린이는 자신의 생각이 지나온 길을 다시 생각해 낼 능력이 없었다. 어린이는 문제 해결 후, 다른 경로를 창안해 냈다. 이 모두는 우리가 어떤 전적으로 경험적인 문제를 직접 손으로 해결하는 방식, 즉 각각의 결과는 의식적으로 자각하되 몸짓을 조절하거나 통제하지 않으며, 가장 중요하게는 내관을 통해 전체 생각의 순차적 경로를 파악하지 못하면서 해결하는 것과 똑같은 방식으로 어린이가 문제를 해결하는 듯이 일어난다.

> 이는 다음 책 4장 116쪽에서 인용된 것이다.
>
> Piaget, J.(1924). Le jugement et raisonnement chez l'enfant: Paris et Genève: Delachaux et Niestlé.
>
> "7세에서 10세의 소년 50명을 대상으로, 놀이나 단순히 말을 통해 간단한 산술 문제를 가지고 한 연구에서 우리는 어린이들이 어떻게 자신의 답을 얻었는지-옳건 그르건- 회상하지 못한다는 어려움에 처음부터 당면하였다. 어린이는 자신이 밟아 온 길을 되짚어 가지 못하거나 아니면 자기 자신의 생각에 대한 환각적인 관점에 오도되어 자신의 도착점을 출발점으로 삼는 등 사후에 인위적인 경로를 만들어 내거나 했다. 요컨대 마치 우리가 경험적 문제를 손을 이용하여 해결하는 것(퍼즐, 퍼즐상자 등)과 같은 방식으로 즉 개별 결과(개별의 실패나 부분적 성공)에 대해 의식적으로 파악하지만 스스로의 몸짓을 지휘 통제하지 못하며 무엇보다 우리 생각의 순차적 단계를 내관하거나, 반성을 통해 파악할 수 없는 것과 같은 방식으로 어린이가 추론하는 듯이 전체 과정이 진행된다."

10-33-5] 어린이는 이를테면 자기 자신의 생각을 의식적으로 파악하지 못하거나 여하튼 그것을 관찰하지 못한다는 것이 드러난다. 한 가지 예를 생각해 보자. 어린이에게 "50분(걸릴 때-K)보다 5배 빠르다면 얼마인가?"라고 물었다. 어린이는 "45분"이라고 대답했다. 연구는 어린이가 "5배 적은 것"을 "5만큼 적은 것"으로 이해했음을 보여 준다.

이는 다음 책 4장 116쪽에서 인용된 것이다.

Piaget, J.(1924). Le jugement et raisonnement chez l'enfant: Paris et Genève: Delachaux et Niestlé.

벨(9세 2개월) "카루즈까지 걸어서 50분이 걸린다. 자전거로는 5배 빨리 갈 수 있다. 자전거로는 얼마의 시간이 걸릴까?" "45분." "그걸 어떻게 계산했니?" "50빼기 5라고 (혼자-K) 말하고. 40까지 내려가며 센 다음에 그것이 45임을 알았다." 스피(9세 3개월)는 같은 문제에 25라고 대답하지만, 어떻게 했는지는 모른다. "나는 당신에게 설명은 못하지만 계산하는 법은 안다. 그것은 쉽지만 당신에게 말할 수 없다." 사실 그는 다른 친구들처럼 단지 50의 반을 구했다. 메이(9세 5개월)는 대답 후 5×7=35라 말했기 때문에 35를 얻었다고 주장한다. 티엑(9세 6개월)은 답으로 10을 제시한다(50을 5로 나눔). "어떻게 10이란 걸 알았니?" "5의 1/5은 1이고 0을 붙였다." "왜?" "……."

10-33-6] 그러나 어린이에게 이 결과를 어떻게 얻었느냐고 물으면 어린이는 자기 생각의 경로를 기술할 수 없으며 심지어 50에서 5를 뺐다고 말하지도 못한다. 그는 대답한다. "나는 찾았어요." "나는 45를 발견했어요." 만일 어린이에게 어떻게 찾았는지를 계속하여 물어보면서 자신의 생각 경로를 기술하도록 요구하면, 어린이는 완전히 사의직이고, 전에 "45"라는 대답에 적용했던 전혀 새로운 조작을 제시한다. 예컨대

한 소년은 다음과 같이 대답했다. "나는 10, 10, 10, 10을 가지고 왔고 또 5를 더했어요."

10-33-7] 이처럼 우리는 어린이가 아직 의식적으로 자신의 내적 조작을 자각하지 못하며, 따라서 통제하지도 못한다는 직접적인 증거를 얻게 되며, 이로부터 어린이에게 논리적인 사고 능력이 없음이 따라 나온다. 이처럼 자기-관찰, 자신의 내적 과정에 대한 지각은 그것을 숙달하는 데 필수적인 계기가 된다.

10-33-8] 우리는 어떤 운동과 함께 생겨나는 고유수용성 감각에서 시작해서 자기관찰로 끝나는 행동의 통제와 숙달의 모든 기제가 자기지각, 자기행동 과정에 대한 반성에 기반을 둔다는 것을 기억한다. 바로 이 때문에 내관의 발달은 논리적 생각의 발달에서 매우 중요한 한 걸음을 의미하며, 이 때문에 논리적 생각은 반드시 의식적이고, 내관적 생각에 의지한다.

10-33-9] 그러나 동시에 우리는 다음과 같이 말할 수 있다. 내관 자체가 나중에 발달하며, 내관은 주로 사회적 요소의 영향, 삶이 어린이에게 제시한 과제의 영향, 점점 복잡해지는 과제를 어린이가 해결할 적응력이 없다는 사실의 영향을 받아 형성된다.

34

10-34-1] 우리는 외적으로 볼 때 논리적 생각 수단을 소유한 학령기 어린이가, 그럼에도 불구하고 아직 진정한 의미의 논리를 숙달하지 못했다는 것에 조금도 놀라서는 안 된다.

10-34-2] 여기서 우리는 어린이가 일반적으로 어떤 생각 작용의 내적 구조보다 외적 형태를 항상 먼저 숙달한다는 어린이 일반 발달 법칙

과 나란한 매우 흥미로운 현상을 본다. 어린이는 수 세기가 무엇인지 이해하고 그것을 유의미하게 적용하기 훨씬 전부터 수 세기를 시작한다. 어린이의 생각에 인과, 조건, 대조에 대한 의식이 나타나기 훨씬 전부터 어린이의 말에 '왜냐하면', '만약에', '비록'과 같은 표현이 존재한다.

10-34-3] 어린이 말에서 문법 발달이 이 말의 구조에 상응하는 논리적 범주의 발달보다 앞서는 것처럼, 논리적 생각의 외적 형태의 숙달은 내적 논리의 숙달보다 앞선다. 특히, 그것이 시각적, 실행적 생각 과정에서 외적인 구체적 상황에 적용될 때 그렇다. 예를 들어 특별한 연구에서 피아제는, 대조를 나타내는 표현이 11~12세가 되기 전에는 완전히 이해되지 않는 반면, 어린이의 말에서는 매우 일찍 나타난다는 것을 확립할 수 있었다. 게다가 이런 표현은 아주 구체적인 몇몇 상황에서 어린이에 의해 아주 일찍 올바르게 적용된다.

10-34-4] 특별한 연구는 어린이가 '비록', '~에도 불구하고', '~인데도' 등등과 같은 표현들의 진정한 의미를 매우 늦게야 습득한다는 사실을 드러냈다. 한 학년의 13세 소녀들에게 제시된, 해당 표현이 포함된 구절을 완성하는 과업은 평균 96%의 학생에게서 긍정적인 결과를 얻었다.

10-34-5] 피아제의 방법을 적용하여 레온티예프도 어린이로 하여금 인과 관계, 반대 관계 등을 나타내는 접속사 뒤에 이어질 알맞은 문장을 완성하게 하는 온갖 문장들을 개발했다. 어린이들이 완성하도록 주어진 문제는 총 16개였다.

10-34-6] 우리는 한 학교 집단의 연구에 대해서만 양적 자료를 제시할 것이다. 그 자료는 초등학교 고학년인 4학년에서만 처음으로 어린이가 '왜냐하면', '비록'이라는 표현에 해당하는 논리적 범주와 관계를 마침내 숙달한다는 것을 보여 준다. 이처럼 연구 중인 학교의 4학년 집단에서, '왜냐하면'과 '비록'을 포함하는 구절의 평균 77.7%가 어린이에 의해 논리적으로 바르게 완성되었다.

이는 『생각과 말』 6장의 자료를 언급하고 있는 것으로 보이지만, 과학적 개념과 일상적 개념을 구분하지 않고 있다. 수치 또한 6장에서 주어진 것(4학년에서 79%)보다 조금 적다.

〈어린이에게 제시된 문제들〉
a) 콜랴는 극장에 갔다. 왜냐하면….
b) 수레가 뒤집어져 부서졌다. 비록….
c) 코끼리를 바늘로 찔러도 다치지 않을 것이다. 비록….
d) 비행기는 추락했다. 비록….
e) 종이 울렸을 때 모두가 모였다. 비록….

1918년에서 1943년까지 소비에트 연방의 학제는 4년제, 7년제, 9년제로 나뉘어 있었다. 우리는 편의상 이를 4(초등)-3(중등)-2(고등)제에 비유할 수 있다. 즉 초등 최고 학년은 4학년이며, 4학년생이면 만 나이로 11세나 12세 무렵이 된다.

10-34-7] (비네-시몬 테스트에서-K) 알려진 바와 같이, 어떤 연령의 75%의 어린이들이 어떤 과업을 해결하면 이 과업의 해결은 이 연령과 연결된다. 이 집단의 어린이들이 11세에서 15세까지였던 것은 사실이다. 그들의 평균 연령은 12~13세였다. 우리가 보듯이 이 연령기에서만 어린이 대중은 완전히 구체적인 상황에서 인과와 반대의 관계를 최종적으로 숙달한다.

10-34-8] 여기서 아주 흥미로운 것은 이 자료의 편차이다. 이 어린이 집단에서 우리가 관찰한 해결의 최솟값은 20%, 최댓값은 100%였다. 비성공적인 해결의 각 사례들은 어린이가 자신이 혼합적으로 형성한 생각에 논리적 형태를 얼마나 끼워 맞추는지 보여 주었다.

10-34-9] 따라서 과제를 55% 해결한 어린이는 다음과 같이 쓴다. "콜랴는 극장에 가기로 결정했다. 왜냐하면 비록 그가 돈이 없었기 때

문이다", "코끼리는 바늘에 찔려도 아프지 않다. 비록 모든 동물들이 아프지만, 그들은 울지 않기 때문이다", "수레가 뒤집혀서 부서졌다. 비록 그들이 그것을 다시 만들지만", "종소리가 울리자 모두 모임에 나갔다. 왜냐하면 비록 회의가 있었지만". 과제를 20% 해결한 다른 어린이는 다음과 같이 쓴다. "코끼리는 바늘에 찔려도 아프지 않다. 비록 그가 두꺼운 피부를 가지고 있지만", "수레가 뒤집혀 부서졌다. 비록 모두는 아니지만". 과제를 25% 해결한 어린이는 다음과 같이 쓴다. "콜랴는 극장에 가기로 결정했다. 왜냐하면 그는 돈을 가지고 있었기 때문이다", "비행사는 비행하다 추락했다. 비록 그에게는 휘발유가 충분하지 않았지만", "3학년 소년은 아직 수를 잘 세지 못한다. 왜냐하면 그는 수를 셀 수 없기 때문이다", "손가락이 찔리면 아프다. 왜냐하면 찔렸기 때문이다", "수레가 뒤집혀서 부서졌다. 비록 그것이 부서졌지만" 등등. 과제를 20% 해결한 어린이는 다음과 같이 쓴다. "수레가 떨어져서 부서졌다. 비록 그 바퀴가 부서졌지만", "코끼리는 바늘에 찔려도 아프지 않다. 비록 그것이 두꺼운 피부를 가지고 있지만" 등등.

> 이 문단에서 '과제를 20% 해결한 어린이'에 관한 부분이 반복된다. 이는 러시아어 원문에서 나타난 반복을 그대로 번역한 것이다.

10-34-10] 이 예로부터 우리는 코끼리의 두꺼운 피부와 찔려도 안 아픔, 부서진 바퀴와 뒤집힌 수레와 같은 실제로 서로 연결된 두 생각을 어린이가 얼마나 연합적, 혼합적으로, 인상에 따라 결합하는지 볼 수 있다. 그러나 이 두 생각 관계에 논리적 관계의 특성을 부여하는 것은 어린이에게 어렵다. 어린이의 '왜냐하면'과 '비록'의 자리는 뒤섞여 있다. 위의 예에서 볼 수 있듯이 '왜냐하면'과 '비록'이 종종 같은 문장에서 나타난다.

35

10-35-1] 우리는 초기 유년기 어린이의 미숙한 생각의 잔존물이자 그의 생각을 청소년의 생각과 구분짓는 이 초등학령기 생각의 특징이 무엇으로 이루어져 있는지를 하나의 구체적인 사례에서 드러내고자 한다. 우리가 염두에 두고 있는 것은 언어적 혼합성으로서 피아제는 이를 초등학령기의 특징적인 면모로 기술하였다. 혼합성이라는 말로 피아제가 의미하는 것은 어린이가 동시에 취하는 온갖 다양한 인상의 구분되지 않은 결합으로, 이는 어린이 지각의 최초의 핵을 구성한다.

이 주장을 비롯한 이 절의 많은 사례들은 피아제의 『Le langage et le pensee chez l'enfant(어린이의 언어와 사고)』(1923)에서 비롯되었다 (비고츠키는 사례의 일부는 글자 그대로 가져왔으나 일부는 잘못 기억하기도 한다). 피아제는 그의 스승이었던 클라파레드가 사용한 낱말인 언어적 혼합성에 대한 생각으로부터 논쟁을 시작한다. 혼합성은 중세 유럽에서 보통 사람들 가운데 발견된, 크리스트교와 크리스트교 이전의 종교가 미분화되어 혼합된 것을 기술하기 위해 신학자들이 사용한 용어였다. 클라파레드는 이와 유사하게 이 용어를 개념적 사고와 전개념적 사고의 혼합을 기술하기 위해 사용했다. 타키오스코프Tachioscopic 읽기 실험(화면에 낱말들을 빠르게 깜빡이며 제시하여 사람이 낱말을 인식하는 데 필요한 시간을 알아보는 실험)은 어린이들이 전체 낱말을 올바르게 인식하기 위해서는 낱말의 철자를 확인하는 시간이 필요하지 않다는 것을 보여 준다. 이와 유사하게 어린이는 문장을 낱말로 분석하지 않고도 전체 문장을 인식하고, 심지어 되풀이할 수도 있었다. 클라파레드는 게슈탈트의 원리를 이용하여 이 현상을 설명하였다. 전체(낱말 혹은 문장)는 단순한 부분의 합이 아니라 쉽게 인식 가능한 구조이므로 시각적 심상을 개별 요소로 분석하는 과정은 각 요소들을 종합하여 구조화하는 과정보다 앞선다. 클라파레드는 개념 형성도 이러한 규칙을 따른다고 생각한다. 먼저 혼합적 전체성이 나타나고 부분으로 분석된 후 이것이 진개념으로 재구조화된다는 것이다. 피아제는 이를 따랐으며 이 장의 처음에서 사하로프와 비고츠키는 이 주장을 경험적으로 뒷받침하고자 했다.

10-35-2] 예를 들어, 5세 어린이는 왜 태양은 떨어지지 않느냐는 질문을 받으면, 어린이는 "태양이 노란색이기 때문에", "뜨겁기 때문에", "높이 있기 때문에" 또는 "주위에 구름이 있기 때문에"라고 대답한다. 어린이가 동시에 인식하는 이러한 인상들은 모두 하나의 혼합적 심상으로 모아지며, 이런 어린이의 원시적인 혼합적 연결은 발달되고 분화된, 시간적이고 공간적인, 인과적이며 논리적인 연결과 관계의 자리를 차지한다.

> 비고츠키는 『어린이의 언어와 사고』 137쪽에 나온 이 사례를 잘못 기억했음이 분명하다. 다섯 살인 베아는 태양이 아닌 달이 왜 하늘에서 떨어지지 않는지에 대해 진술한다. "태양이 비추지 않을 때 달이 보인다"는 사실은 "달이 아주 높이 떠 있다"는 사실과 함께 어린이가 설명으로 제시했던 달에 대한 몇 가지 사실 중 하나이다. 어린이는 감각적인 경험으로 추동된 기억을 갖고 있다. 비고츠키는 지적 추상으로 추동된 기억을 갖고 있다. 두 종류의 기억은 모두 한계가 있다.

10-35-3] 우리가 이미 말했듯이 1학년 어린이는 시각적, 실행적 사고 영역에서 혼합성을 넘어섰지만, 이 특징은 추상적 생각 혹은 말로 하는 생각의 영역으로 전이된다.

10-35-4] 이 특징을 연구하기 위해 피아제는 8~11세 학생들에게 10가지 속담과 12개의 문장을 제시했다. 어린이들은 주어진 속담과 다른 말로 표현되었을 뿐 똑같은 생각을 나타내는 문장을 골라야 했다.

의미상 속담과 아무 관계가 없는 두 개의 문장은 어린이에 의해 제외되어야 했다. 이로부터 어린이가 속담과 문장을 짝 지을 때 생각의 객관적 연결이나 이런저런 추상적 의미에 따르는 것이 아니라, 오히려 혼합적, 심상적 연결이나 낱말에 기반을 둔 연결에 따른다는 것이 밝혀졌다. 어린이는 서로 다른 두 개의 의미가 공통된 심상적 계기를 가지기만 하면, 그 두 의미를 짝 지었고, 그 두 생각을 포함하는 새로운 혼합적 도식을 세웠다.

10-35-5] 그래서 "고양이가 뛰어나가자 쥐들이 춤을 춘다"라는 속담에 대해, 8세 8개월 어린이는 "어떤 사람들은 이리저리 뛰지만 아무것도 하지 않는다"라는 구절을 선택한다. 어린이는 이 표현들이 따로따로 제시되었다면 각각의 의미를 이해했을 테지만, 지금은 그것들이 같은 것을 의미한다고 대답한다.—왜 이 구절들이 같은 것을 뜻하지?—여기 거의 똑같은 낱말이 있어서요.—"어떤 사람들은…"이라는 구절은 어떤 뜻이지? —이건 어떤 사람들이 막 뛰어다니지만, 그다음에 그들은 아무것도 할 수 없다는 뜻이에요—그들은 너무 지쳤어요. 어떤 사람들은 뛰어다녀요. 닭과 병아리를 쫓아다니는 고양이처럼요. 그런 다음 그들은 그늘에서 쉬면서 잠을 자요. 또 뛰어다닌 사람들이 많이 있고, 그다음에 그들은 더 이상 뛰어다닐 수 없어서, 뻗어 버려요.

이 문단의 예는 다음 책 139~140쪽에서 인용된 것이다.

Piaget, J.(1923/1959). Language and Thought in the Child. Boston: London and New York: Routledge.

"카우프(8년 8개월) G.(3/10)는 '고양이가 떠났을 때 쥐는 놀 수 있다'는 속담을 '어떤 사람들은 매우 흥분했지만 아무것도 하지 않았다'는 구문과 연결한다. 이 문장들이 따로따로 있었다면 각각의 의미를 이해할 수 있었을 카우프는, 그 문장들이 '같은 것'을 의미한다고 주장한다. '이 문장들은 왜 같은 것을 의미할까요?' 단어들이 똑같아서요. '어떤 사람들은 … 등'은 무엇을 의미하나요? 그것은 어떤 사람들이 매우 흥분했지만 그 후에 아무것도 하지 않는다는 것을 의미해요. 그들은 너무 피곤하거든요. 흥분한 사람들이 있어요. 그것은 고양이가 암탉이나 병아리를 쫓아다니는 것과 같아요. 그들은 그늘에서 와서 쉬면서 잠이 들어요. 많이 뛰어다녀서 너무 흥분한 사람들이 많아요. 그다음에 그들은 지쳐서 자러 가요."

카우프 이름 뒤에 나오는 'G' 점수는 카우프가 문장 짝 짓기 시험에서 10개 중 3개를 맞혔다는 것을 의미한다.

10-35-6] 어린이는 두 생각을 객관적인 의미에 따라 습득하고 일반화하는 대신 두 절의 객관적 의미를 왜곡하면서 이들을 혼합적 형태로 동화 또는 습득한다.

10-35-7] 레온티예프의 책임하에 우리의 동료들은 초등학교 1학년 일반 어린이와 정신 지체 어린이를 포함하는 일련의 체계적인 연구를 수행했다. 이 연구들은 우리가 특수한 실험적 조건에서 연구한 언어적 혼합성이 실제로 학령기 전체를 관통하는 어린이 생각의 특성으로 나타난다는 것을 보여 주었다.

10-35-8] A. H. 레온티예프는 피아제의 실험을 수정해서, 어린이들에게 제시된 구절이 말하자면 함정, 즉 공통된 낱말이나 혹은 속담의 의미와는 관련되지 않는 공통점을 가지도록 하였다. 따라서 실험에서 우리가 학령기 어린이의 혼합성을 극도로 과장되게 표현하는, 이를테면 집약적 자료를 얻었다는 점은 이해할 만하다. 이를 통해 우리는 매우 흥미로운 계기를 확립할 수 있었다. 즉, 이러한 언어적 혼합성은 주어진 검사가 어린이의 생각에 매우 어려울 때에만 나타난다. 피아제가 그것

(검사-K)이 11~16세와 관련된다고, 본질적으로 청소년에게 가능해진다고 지적한 것은 놀랍지 않다.

10-35-9] 그러나 이 검사를 바로 더 이른 단계에 적용한 덕분에 우리는 동일한 문제의 해결 과정에 있는 지성의 발생적 단면을 만들어 내고, 그 문제를 해결할 수 있게 되었을 때 지성에 새롭게 나타난 것이 무엇인지 고찰할 기회를 가지게 되었다. 이 검사의 어려운 점은 구체적 형태의 추상적 사고를 요구한다는 것이다.

10-35-10] 만약 우리가 학령기 어린이에게 구체적 의미의 구절과 추상적 의미의 명제를 짝 짓는 유사한 과제들을 따로따로 제시했다면, 비교 연구들이 보여 주듯 어린이는 둘을 각각 감당할 수 있었을 것이다. 그러나 여기서 어려움은, 속담과 해당 구절은 심상적이고 구체적으로 구성되었지만, 그들 사이에 확립되어야 할 연결이나 관계는 추상적이라는 사실에 있다. 속담은 상징적으로 이해되어야 한다. 다른 구체적인 내용에 이러한 상징적 의미를 부여하는 것은 추상적 생각과 구체적 생각의 복잡한 얽힘을 필요로 하며, 이는 청소년에게만 가능한 것으로 드러난다.

10-35-11] 여기서 우리는 이 실험 자료를 일반화하고 절대화하며 이를 모든 학령기 어린이의 생각에 덧씌우면 안 된다고 말해야 한다. 사실, 학령기 어린이가 두 생각을 연결하지 못한다든가 두 개의 상이한 언어적 표현의 심상적 의미에 따라 인도되지 않고서는 그들의 동일한 의미를 인식하지 못한다고 말하는 것은 터무니없는 일이다. 오직 특별한 연구 조건에서, 함정의 도움을 통해, 오직 추상적-구체적 생각의 특별히 어려운 짜임에서만 이러한 고유성은 이 생각의 지배적 면모로 나타나게 된다.

10-35-12] 이행적 연령기의 정신 지체 어린이들은 아직 일반 학생들이 초등학교 1학년 때 보이는 것과 동일한 연결을 나타낸다.

10-35-13] 실험에서 나온 몇 개의 사례는 다음과 같다. 한 13세 어린이(10살 지능)는 "마을에 실이 벗은 이에게는 윗옷이다"라는 속담을 "실을 손에 쥔 적이 없다면 재봉사의 일감에 손대지 마라"는 문장과 연결하고는 여기와 저기에 실이 있기 때문이라고 설명한다. "네 썰매가 아니면 앉지 마라"라는 속담에 대해서는 "여름에는 수레, 겨울에는 썰매"라는 문장을 선택하고 "사람들이 겨울에 썰매를 타고, 여기에 썰매가 있기 때문에"라고 설명한다.

영어판 비고츠키 선집은 러시아 속담 "С миру по нитке—голому рубашка"을 "A thread from his village is a shirt to the naked(그의 마을에서 온 실은 벗은 이에게 윗옷이다)"로 번역한다. 이 번역에서 '그의 마을'은 특수하고 구체적인 것으로 보인다. 아마도 그 마을은 매우 가난하기 때문에(또는 실이 매우 풍부하기 때문에?), 한 가닥의 실이 어떤 식으로든 옷 한 벌로 간주되는 것으로 보인다. 그러나 이 속담은 사실 특수한 구체적 마을과는 아무 관련이 없으며, 빈곤이나 부와도 거의 관련이 없다. 우리나라와 마찬가지로 러시아에서는 추수할 때 노동을 통해 서로 돕고, 겨울에 수확한 것이 동이 나면 답례로 서로 도와주는 농촌 공동체의 오랜 전통이 있다. 어떤 집에 불이 나면 이웃들은 불을 끄고 재건하는 것을 도와준다. 그들은 이를 통해 서로의 집을 보호할 수 있음을 이해한다. 특히 이 책이 쓰이던 시기에 소비에트 정부는 이러한 전통을 되살리고 부흥시켜 토지를 집단화하고 '쿨라크(부농)'를 청산하려 했다. 러시아어 단어 мир(미르)는 '평화'나 '세계', '공동체'를 의미한다. 예컨대 톨스토이는 '전쟁과 평화'가 '전쟁과 세계' 또는 '전쟁과 공동체'로도 읽히기를 분명 의도했을 것이다. "С миру по нитке—голому рубашка"라는 러시아 속담이 의미하는 것은 평화로운 세상에서, 나눔의 공동체에서, 모든 사람이 실 한 가닥을 기부한다면, 벗은 사람에게 옷 한 벌을 제공할 수 있다는 것이다. 다시 말해 윗옷은 부나 가난의 상징이 아니라 문자 그대로, 하나의 구체적인 옷 한 벌이다. 사실 이 속담에서 비유적, 추상적인 것은 마을이라는 표현이다. 어린이의 잘못된 선택은 레온티예프가 만들어 놓은 '함정'으로 설명될 수 있다. 어린이는 자원 공유에 관한 속담의 '실'을 재봉 솜씨의 이해에 관한 문장 속의 '실'과 짝 지으며, 소유 존중에 관한 속담의 '썰매'를 계절에 따라 변하는 운송 수단에 관한 문장 속의 '썰매'와 짝 짓는다. 이는 어린이의 생각이 여전히 '시각-도식적'이며, 언어로 하여금 완전히 가상의 대상을 창조할 수 있도록 해 주는 언어-상징 기능보다는 실제 대상의 명칭에 얽매여 있음을 보여 준다.

10-35-14] 어린이는 종종 속담과 문장을 짝 지은 과정의 이유를 설명하지 못하고 단지 구절의 일부만을 따로 설명한다. 이와 같이, 어린이가 각각의 구절은 맞게 습득하면서도 그 둘 사이의 관계를 파악하는 데 큰 어려움을 겪는 것은 매우 흥미롭다. 언어적 지성을 여전히 지배하고 있는 심상적 생각은 분명 그 관계를 확립하기에 충분치 않다. 예를 들어 13세 10개월 어린이는 '반짝이는 모든 것이 금은 아니다'는 속담을 '금은 철보다 무겁다'는 문장과 짝 지으면서, "금은 반짝이지만 철은 아니에요"라고 설명했다.

10-35-15] 또는 예를 들어 12세 어린이는 "마을에 실이 벗은 이에게는 윗옷이다"라는 속담에 대해, "일을 긴 상자 속에 미루어 두면 안 된다"는 문장을 선택하고, "그래서 옷이 없으면 미루지 말고 서둘러 지어야 한다"고 설명한다. 13세 5개월의 어린이는 "철은 뜨거울 때 때려라"라는 속담에 대해, "서두르지 않고 일하는 대장장이는 종종 서두르는 사람보다 더 많은 일을 한다"는 문장을 선택하고, "여기서 대장장이에 대해 말하고 있다"는 이유를 덧붙인다. 화제가 일치하고 심상이 일치하면, 본질적으로 반대 생각을 주장하고 서로에게 모순이 되는, 본질적으로 이질적인 이 두 구절을 짝 짓는 데 충분하다는 것이 드러난다. 하나는 서둘러 해야 한다고 주장하고, 다른 하나는 서두르면 안 된다

고 말한다.

"마을에 실이 벗은 이에게는 윗옷이다"라는 속담은 실제로는 옷이 아니라 자원 공유에 대한 것이다. 어린이는 이 속담에 나오는 벗은 이의 심상을, 긴 정리 상자에 물건을 넣어 두고 일을 미루는 행위와 잘못 짝 짓는다. 러시아에서는 상자의 길이에 따라 수시로 사용할 물건과 그렇지 않은 물건을 분류해 정리하는 관습이 있다. 긴 상자에 물건을 넣는다는 것은 오랫동안 사용하지 않을 것임을 의미한다. "철은 뜨거울 때 때려라"라는 속담은 말편자를 만드는 것과 관련된다. 철은 식으면 구부리기 어렵고 깨지기 쉬워서 아직 뜨거울 때 모양을 잡아야 하기 때문이다. 어린이는 이 속담을 오인하도록 고안된 문장과 잘못 짝 짓는다. 그 문장도 대장장이에 관한 것이지만, 사실 "철은 뜨거울 때 때려라"와 반대의 것을 말하고 있다.

10-35-16] 어린이는 이 둘을 짝 짓는 대장장이라는 일반적 심상에만 인도되어 그 속에 숨겨진 모순을 알아채지 못한 채 이들을 동일시한다. 연결 확립의 어려움, 모순에의 둔감함, 객관적이 아닌 주관적 연결에 따른 혼합적 짝 짓기는 전학령기 어린이의 시각-도식적 생각을 지배했듯이, 학령기 어린이의 언어적 생각을 특징짓는다는 것을 우리는 보게 된다. 그러한 연합적 짝 짓기는 종종 단순한 이유를 가진다. "왜냐하면 여기와 여기서 금에 대해 이야기하니까요", "그것과 이것은 썰매에 대한 것이에요."

10-35-17] 같은 어린이는 "조용히 말을 몰수록 더 멀리 간다"는 속담을 "한 사람의 도움으로 하기에 어려운 일도 함께 노력하면 더 쉽다"는 문구와 연결하면서 "혼자 하는 것은 어려운 것인데, 말은 혼자이다. 말이 힘들 테니 살살 타고 가야 한다"라고 설명한다. 다른 13세 9개월 어린이는 "조용히 말을 몰수록 더 멀리 간다"는 속담을 "겨울에는 썰

매, 여름에는 수레"와 연결하고, "썰매는 말이 끌기에 더 쉬워서 서두르지 않고도 더 빨리 갈 것이다"라고 설명한다.

10-35-18] 이 어린이는 어떻게 생각이 모순을 극복하고, 모순적 명제들로부터 각 계기들을 통합하는지 보여 주는 훌륭한 사례를 제공한다. 앞에서 언급한 대장장이에 관한 속담과 문장을 짝 지으면서, 어린이는 서로 모순적인 두 계기들을 하나의 혼합적 도식에 포함한 후 "서두르지 않고 일하는 대장장이, 그리고 쇠가 뜨거우면 일이 더 잘된다"고 설명한다. 13세 5개월 된 또 다른 어린이는 "말의 짐을 짊어지고, 할 수 없다고 말하지 마라"는 속담을 우리가 전에 살펴본 대장장이에 관한 문장에 연결하고, "아마 말이 말굽을 잃어버려도 대장장이가 고쳐 줄 거예요"라고 설명한다.

> 이 러시아 속담은 "Взялся за гуж, не говори, что не дюж"이며 그대로 번역하면 "짐을 짊어지면서 능력 있는 사람이 아니라고 말하지 마라"는 뜻이다. 구쥐(Гуж)는 말이 끄는 수레나 썰매 위의 짐을 가리키는 말이다. 따라서 구쥐를 든다는 것은 힘센 말이나 옮길 수 있는 짐을 짊어진다는 것이다. 듀쥐(Дюж)는 어떤 일을 견디고 해 나갈 수 있는 능력이 있는 사람을 가리킨다. 따라서 이 속담은 일단 무거운 짐을 짊어졌으면 너무 무거워서 질 수 없다고 말하지 말고 끝을 보라는 것이다. 그러나 어린이는 이 속담의 '말이 짊어지는 짐'이라는 심상에 이끌려 편자와 대장장이를 연결하고, 편자를 잃어버린 말과 그것을 고쳐 줄 대장장이에 관한 이야기를 만들어 낸다.

10-35-19] 여기서 피아제가 언급한 사실, 즉 어린이는 생각을 짝지을 때 사실적 동기와 논리적 동기를 구분하지 못한다는 사실이 명백히 나타난다. 어린이는 대장장이와 말타기 사이의 사실적 연결을 발견하는 것에 만족하고 그의 생각은 더 나아가지 못한다. 이와 관련하여

어린이는 종종 우리가 보기에 전혀 관계가 없는 생각들을 서로 짝 짓는다. 따라서 블론스키로 하여금 혼합성을 어린이 생각의 연결 없는 연결성이라고 부르도록 한 고유한 관계가 등장한다.

블론스키는 혼합적 생각을 '연결되지 않는 연결성(несвязанная связанность)'이라고 부른다. 이것을 '응집성 없는 결속성'이나 '응집성 없는 연결성'과 같은 더 유려한 표현으로 번역하는 것이 좋다고 생각할 수 있다. 이는 어떤 문장이 '그래서'와 같은 결속표지를 갖고 있으나 그 기저에 논리적 관계가 없음('아지랑이가 피어올라요. 그래서 이제 저녁식사 시간이에요')을 의미한다. 그러나 이러한 해석은 사실에 부합하지 않는다. 어린이는 '그래서'와 같은 결속표지를 의도적, 의지적, 의식적으로 사용하는 능력을 결속표지 없이도 논리적으로 연결된 사건들을 나열하는 능력(해가 진다. 저녁시간이다)보다 훨씬 늦게 발달시킨다. 따라서 응집성 없는 연결성보다는 응집성 있는 비연결성이 나타날 공산이 크다. 또한 '응집성 없는 연결성'은 블론스키가 의미하고자 한 바가 아니며 결코 비고츠키의 의도도 아니다. 비고츠키는 언어화되었든 아니든 경험적 연결이 존재한다는 것을 의미한다. 그러나 어린이의 연결에 논리적 연결은 없다. 연결이 경험적이라도, 즉 감각을 통해 검증될 수 있다 하더라도 그것이 반드시 논리적인 것은 아니다. 어린이는 금이 반짝이지만 쇠는 그렇지 않음을 볼 수 있으며 대장장이와 말은 말을 타는 행위를 통해 연결된다는 것을 경험을 통해 알고 있다. 그러나 어린이는 반짝이는 모든 것이 금은 아니라거나, 서두르는 대장장이는 모두 일을 적게 이룬다는 논리적 명제를 자신의 감각적 경험으로 입증할 수 없다.

10-35-20] 예를 들어 14세 7개월의 한 어린이는 "네 썰매가 아니면 타지 마라"는 속담에 대해, "어디론가 이미 출발했다면 중간에 돌아가기에는 늦었다"라는 문장을 선택하고, "자기 것이 아닌 썰매에 타면, 주인이 중간에 내쫓을 수 있다"고 설명한다. 종종 구절의 의미가 반대로

왜곡된다. 어린이는 주어진 전제에 묶여 있다고 느끼지 않으며 전제가 결론에 맞도록 전제를 바꾼다.

10-35-21] 마지막 두 개의 예만 더 들어 보자. 13세 6개월의 어린이는 "반짝이는 것이 모두 금은 아니다"라는 속담에 대해 "금은 쇠보다 무겁다"를 선택하고, "금만 반짝이는 것이 아니고 쇠도 그래요"라고 설명했다. 또 "마을에 실이 벗은 이에게는 윗옷이다"라는 속담에 대해 "실을 손에 쥔 적이 없다면 재봉사의 일감에 손대지 마라"를 선택하고 "바늘을 쥐지 않았다면 그것을 잡아야 해요"라고 설명했다.

10-35-22] 이미 언급했던 것처럼 우리가 인용한 모든 예들은 정신 지체 어린이의 생각을 특징짓는다. 그러나 여기서 우리는 일반 학령기 어린이의 발달 초기 단계에서 잠재적인 형태로 계속 작동하는 생각의 특징이 드러나는 것을 본 것일 뿐이다.

10-35-23] 이 연구를 수행하는 과정에서 A. H. 레온티예프는 극도로 중요한 사실, 다시 말해 어린이에게 왜 그 속담을 그 문장에 연결했는지 물으면, 어린이가 종종 자신의 답을 수정한다는 사실과 마주친다. 짝 지은 이유를 설명하고, 낱말로 표현하며, 자기 판단의 경로를 다른 사람과 의사소통해야 하는 필요성은 완전히 다른 결과를 이끌었다.

10-35-24] 두 개의 문장을 혼합적으로 짝 지은 한 어린이가 말로 설명하는 단계에 이르자, 그는 자신의 실수를 알아차리고 옳은 답을 하기 시작한다. 우리는 어린이의 이유가 자신이 한 일을 단순히 말로 반영한 것이 아니며 그것이 어린이의 전체 생각 과정을 새로운 기반 위에서 재구조화한다는 것을 관찰을 통해 알 수 있다. 말은 결코 나란한 경로로 단순히 추가된 것이 아니라, 항상 그 과정 자체를 재구조화한다.

10-35-25] 이 사실을 확인하기 위해, (기존과-K) 같은 원리를 따르지만 다른 재료로 만들어진 두 문제 목록을 어린이에게 제시하는 특별

한 연구가 수행되었다. 이 경우 처음에 어린이는 속담과 문장을 짝 지으면서 내적 말 과정에 의지하여 마음속으로 소리 내지 않고 생각한다. 다음번에 어린이는 소리 내어 생각하고 추리할 것을 요구받는다. 예상한 대로, 연구는 학령기 어린이에게서 이 두 가지 생각 방식—마음속으로 생각하기, 소리 내어 생각하기—사이에 엄청난 불일치가 존재함을 보여 주었다.

10-35-26】 혼자 생각할 때는 혼합적으로 짝 짓던 어린이는 소리 내어 설명하기로 넘어가자마자, 속담들을 객관적인 생각의 연결에 따라 동일한 목록의 다른 편에 모으기 시작한다. 우리는 예시들을 더 들지 않고 다만 어린이가 내적 말에서 외적 말로 이행하는 순간 모든 해결 과정이 결정적으로 변한다는 것만 말하고자 한다.

10-35-27】 학령기 아동학에서 우리는 내적 말이 일반적으로 학령기 초기에야 발달한다는 것을 확립하고자 했다. 이 내적 말은 그 기능이 아직 충분히 수행되지 않은 여전히 어리고, 깨지기 쉽고, 불안정한 형태이다. 따라서 학생의 내적 말과 외적 말 간의 불일치는 그의 생각에 가장 특징적인 사실이다. 생각하기 위해 학생은 소리 내어 말하거나 타자와 말해야 한다. 의사소통의 수단으로 기여하는 외적 말은, 아직 어린이가 통제할 수 없는 내적 말보다 먼저 사회화된다는 것을 우리는 안다.

10-35-28】 우리는 이미 어린이가 자기 생각 과정을 숙달하거나 의식적으로 파악하지 못한다는 피아제의 의견을 인용하였다. 논쟁, 즉 동기를 설명하고, 입증하며 주장하고자 하는 필요성은 논리적 생각 발달의 기본 요소 중 하나이다. 따라서 좀 더 사회화된 말은 동시에 좀 더 지적이고 좀 더 논리적이다.

10-35-29】 이와 같이, 우리는 내적 말이 단순히, 밖으로 하던 말이 학령기에 내적으로 자라 바깥 부분이 깎여 나가서 안으로 옮겨 간 것

이 아님을 본다. 내적 생각에 대하여 "생각은 말에서 소리를 뺀 것"이라는 유명한 말처럼 잘못된 정의는 없다. 학령기 어린이의 내적 말과 외적 말의 간극을 보면 우리는 이 연령기의 내적 말과 외적 말이 얼마나 다른 토대 위에 세워지는지, 즉 내적 말은 자기중심적 생각의 특성을 여전히 간직하면서 생각을 혼합적으로 연결하는 단면에서 작용하는 반면, 외적 말은 이미 충분히 사회화되고, 의식적이며, 통제 가능하여 논리적 단면에서 작용할 수 있음을 알 수 있다.

10-35-30] 학교 교육 실천에서 오래전부터 알려진 사실에 우리가 다른 쪽으로부터 도달했다는 것이 분명해진다면, 본질적으로 말해 이 연구는 이미 수행되었던 것이다. 문제의 해답이 잘못되었을 때 학생들에게 소리 내어 생각하거나 해결할 것을 지시하는, 모든 교사들에 의해 검증된 방법을 상기하자. 같은 문제를 마음속으로 푸는 학생은 종종 터무니없는 답을 내놓는다. 학생에게 소리 내어 생각할 것을 지시함으로써, 교사는 그에게 자기 자신의 조작을 의식적으로 파악하고, 그 과정을 주시하고, 그것을 순차적으로 감독하고, 자신의 생각의 흐름을 숙달하도록 가르친다. 이제 우리는 동일한 문제를 소리 내어 풀게 함으로써, 교사가 어린이의 생각을 혼합적 국면에서 논리적 국면으로 옮겨 놓는다고 말할 수 있을 것이다.

10-35-31] 산술 과제 해결에서 어린이 내관의 연약함과 관련하여 위에서 인용된 피아제의 지적을 상기하자. 어린이는 간단한 산술 과제를 해결하면서 맞든 틀리든, 종종 자신이 어떤 경로로 그것을 해결했는지, 자신이 어떤 조작을 사용했는지 보고하지 못하며, 그 정도로 스스로의 생각 흐름을 의식하거나 통제하지 못한다는 것을 기억하자. 때때로 우리에게도 이러저러한 사건들이 기억나는 이유를 말하는 것은 어렵다.

10-35-32] 이 단계에서 어린이의 생각은 비자발적이다. 자신의 조작에 대한 자의성과 의식적 자각의 결여는 바로 논리적 생각의 부재의

심리적 등가물이다. 연구가 보여 주는 것처럼 어린이가 올바른 이해와 자신의 조작에 대한 자각을 갖추기 시작하는 것은 초등학령기의 끝이다. 이는 생각을 나타내는 어떤 기호나 도움 수단으로서 낱말과 낱말 의미를 통해 일어난다. 피아제의 연구가 보여 주듯이 이 시기 전까지 어린이는 낱말을 대상의 다른 속성들 중 하나로 여기는 명목적 사실주의 단계에 계속 머문다.

성인도 명목적 사실주의를 가지고 있다. 아담이 동물들을 보고 즉시 '딱 맞는' 이름을 지어 준 성경의 이야기 또한 명목적 사실주의 이론이다. 아기가 태어나면 '딱 맞는' 이름을 찾아내기 위해 철학관에 많은 돈을 쓰는 사람들도 있다. 이런 행동들은 명명될 존재가 창조되자마자 그 이름이 이미 존재한다는 것을 가정한다. 모든 형태의 명목적 사실주의는 이름의 관습적, 임의적 본성을 부정한다. 또한 그런 이유로 언어에 대한 비자발적 태도를 반영한다. 새로운 생각에 대해 새로운 이름을 창조하는 능력이나, 더 나아가 대수학의 X, Y와 같은 미지의 양을 생각해 내는 능력은 명명법을 향한 비자발적 태도를 극복하는 데 달려 있다.

10-35-33】 이 명명의 조건성을 이해하지 못하는 어린이는 생각의 과정에서 낱말이 하는 역할과 이 낱말을 통해 습득된 대상 혹은 의미를 아직 구분하지 못한다. 11세의 B소년은 "왜 태양은 태양이라 불릴까?"라는 질문에 "이유는 없어요. 그냥 이름이에요." "그럼 달은?" "마찬가지로 없어요. 어떤 이름이든 붙일 수 있어요"라고 답한다. 이러한 대답은 어린이가 오직 11~12세에 이르러야 나타난다. 이 나이 이전의 어린이는 자신이 이름 붙인 사물과 이름의 차이를 인식하지 못하며, 이런저런 이름의 근거를 그가 이름 붙인 것들의 특징에서 찾아낸다.

10-35-34】 자기 자신의 조작과 말의 역할에 대한 비의식성은 초기

청소년기와 심지어 성적 성숙기에도 지속된다. 우리는 카자흐 어린이의 표상과 그림 지각의 범위를 밝히기 위해 노력한 골랴호프스카야의 연구에서 몇 가지 예를 제시할 것이다.

10-35-35] 빈농의 딸인 한 14세 소녀는 문맹이다. 질문: "개란 도대체 무엇일까?" 대답: "사람이 아니고, 더럽고, 못 먹어요. 사람이 아니고, 더러우니까 개라고 불러요". 중농의 딸인 14세 소녀는 반문맹이다. 질문: "참새란 도대체 뭘까?" 대답: "날개로 날아다녀요. 그건 작으니까 우리가 참새라고 불러요. 카자흐 말로 이건 동물이에요." 질문: "토끼란 도대체 뭘까?" 대답: "동물이에요. 그건 하얗고 작아서 토끼라고 불러요." "개는 도대체 뭘까?" "그것도 동물이에요. 그건 더럽고 못 먹으니까, 우리는 개라고 불러요."

10-35-36] 12세 소년, 지주의 아들이며 반문맹이다. 질문: "돌이란 무엇인가?" 대답: "돌은 본성상 땅 밑에서 나와요. 우리는 이것을 돌이라고 불러요." "스텝(초원-K)이란 무엇인가?" 대답: "처음부터 만들어진 것이에요. 스텝으로 만들어졌으니까요. 나중에 우리가 스텝이라고 부르는 거예요." "모래란 무엇인가?" 대답: "아주 처음에 모래는 땅 밑에서 만들어졌어요. 그 후에 우리가 그것을 모래라고 불러요." "개란 무엇인가?" 대답: "아주 처음부터 개가 있었고 지금 우리는 개라고 불러요. "마르모트란 무엇인가?"—"그것은 특별한 동물이에요. 처음부터 그것은 마르모트로 창조되었어요. 그리고 굴을 파기 시작하고 거기서 살기 시작했어요. 어디서 이것을 알게 되었냐고요? 어떤 마르모트가 하나 있었는데 그것이 새끼를 낳았어요. 그래서 나는 그것이 마르모트로 창조되었다고 결론 내렸어요."

10-35-37] 낱말이 사물의 속성이며, 이 사물의 특성 중 하나로 간주된다는 생각의 특징이 여기서 분명하게 나타난다. 오직 어린이 생각의 사회화의 진보와 더불어 그의 생각의 지성화가 발생한다. 언어적 일

반화 과정에서 자신과 타자의 생각의 흐름을 자각하면서 어린이는 자신의 생각을 자각하고 그 흐름을 조절하기 시작한다. 내적 말의 진보적 사회화와 생각의 진보적 사회화는 이행적 연령기 논리적 생각 발달의 기본적 요인이며, 이 시기에 발생하는 지성의 모든 변화의 기본적이며 중심적인 사실이다.

36

10-36-1] 우리는 이처럼 학령기 어린이의 구체적 사고만이 진정한 의미에서 논리적 사고이며, 언어적 사고, 추상적 사고의 측면에서 볼 때 학령기 어린이는 모순에 무감각하고, 관계를 파악하지 못하며, 특수로부터 특수를 도출하는 전환을 생각의 기본 수단으로 사용하는 혼합성에 여전히 종속되어 있다는 것을 본다.

피아제와 스턴은 '전환transduction'이라는 용어를 논리적, 철학적 의미로 사용한다.

연역Deduction: 일반적 법칙으로부터의 추론

귀납Induction: 일반적 법칙을 향한 추론

전환TRANSduction: 일반적 법칙을 생략한 추론

피아제는 어린이의 논리적 생각이 명제를, 어떤 명제는 더 높은 일반성의 수준(연역과 귀납)에 위치하고 어떤 명제는 더 낮은 수준에 위치하는, 삼단논법의 위계 속에 위치시키지 않는다고 생각한다.

위계적 ──────────────────────── 비위계적		
연역	귀납	전환
사람은 모두 죽는다.	소크라테스는 죽는다.	소크라테스는 죽는다.
소크라테스는 사람이다.	플라톤은 죽는다.	플라톤은 죽는다.
소크라테스는 죽는다.	사람은 모두 죽는다.	아리스토텔레스는 죽는다.

나중에 피아제가 말하는 '병치'도 전환을 의미한다. 앞 절에서 비고 츠키는 뷜러와 반대로 청소년기에 신형성이 존재한다는 것을 확립한 피아제를 인용했다. 하지만 이 절에서(그리고 특히 『생각과 말』 2장에서) 비고츠키는 피아제가 모이만처럼 약점을 가지고 있음을 보여 준다. 피 아제가 어린이의 생각을 보는 방식은 주지주의적이고(느낌과 감정을 무 시한다), 형식주의적이며(내용이 형식과 무관하다고 가정한다), 그것으로는 진정 청소년 생각의 신형성이 무엇인지 확립할 수 없다.

10-36-2] 피아제는 말한다. "7~8세까지, 그리고 심지어 진정한 의 미에서 연역이 출현하는 11~12세까지도 어느 정도는 어린이 생각의 모 든 구조는, 어린이가 특정하거나 특별한 경우들에 대해 생각을 하며 그 경우들 사이에 공통적 연결은 확립하지 않는다는 정황에 의해 사실상 설명된다." 스턴이 초기 유년기에 적용하면서 전환이라고 불렀던 어린 이 생각의 특징은, 피아제가 드러냈듯이, 아직 일반과 특수의 관계를 완 전히 숙달하지 못한 어린이의 추상적 사고의 국면에 남아 있다.

이 문단은 다음 책에서 인용되었다.

Piaget, J.(1924). Le jugement et raisonnement chez l'enfant: Paris et Genève: Delachaux et Niestlé, p. 185.

"처음부터 어린이의 생각은 관계의 논리에 무지하고 논리적 범 주의 덧셈과 곱셈을 알지 못한다는 것을 염두에 둔다면(병치는 언 제나 위계적 배열에 우선하여 선택된다), 게다가 혼합성에 의해 만들 어진 다양한 관계들이 포괄적이고 분석을 허용하지 않음을 기억 한다면, 어린이의 추론 과정은 스턴이 말했듯이 연역적이거나 귀 납적이 아니라 전환적이라는 결론을 내리는 것을 무엇도 막을 수 없을 것이다. 이로써 스턴이 의미하려는 바는 어린이의 생각이 귀 납을 확장함으로써, 혹은 특수 명제를 증명하도록 고안된 일반

> 명제에 의존함으로써 나아가지 않고 논리적 필연성의 특성을 전혀 포함하지 않는 추론 과정을 통해 특수에서 특수로 이동한다는 것이다."

10-36-3] 이미 말한 바와 같이 논리적 생각의 이러한 저발달은 어린이가 아직 자기 생각의 과정을 의식하고 숙달하지 못한다는 사실에 기인한다. 피아제는 말한다. "내관은 사실 의식의 한 형태, 좀 더 정확히는 이차적 단계의 의식이다. (…-K) 어린이 생각이 다른 이의 생각과 마주치지 않거나, 자기 생각을 이러한 다른 이의 생각에 적응시키지 않는다면 어린이는 결코 자기 자신을 의식하지 못할 것이다."

> 이 문단은 다음 책에서 인용되었다.
>
> Piaget, J.(1924). Le jugement et raisonnement chez l'enfant: Paris et Genève: Delachaux et Niestlé, p. 119.
>
> 비고츠키는 여기서 생략 표시 없이 많은 양의 내용을 생략한다. 생략된 부분(…-K)에는 어린이에게 꿀벌과 파리의 차이를 설명하는 것이 이 둘의 유사성을 설명하는 것보다 더 쉽다는 클라파레드의 발견이 언급되어 있다. 피아제는 이 '법칙'을 일반화하려고 한다. 첫째, 어린이는 유사성보다 차별성을 더 쉽게 파악한다는 것, 둘째, 좀 더 일반적인 법칙으로, 객관적 상황에 대한 모든 판단이 주관적 과정에 대한 판단보다 더 쉽다는 것이다. 이는 어린이가 지각 가능하고 구체적이며 객관적인 환경에 대해서는 논리적으로 생각할 수 있지만, 자신의 감정이나 생각 과정에 대해서는 그렇게 할 수 없는 이유를 설명해 준다.

10-36-4] (…-K) 어떤 판단에 대한 논리적 확증은 그 판단의 형성과 전혀 다른 측면에서 일어난다. 판단은 무의식적일 수도 있고 이전 경험에서 생겨날 수도 있지만, 논리적 확증은 성찰과 탐색에서 생겨난다.

간단히 말해 논리적 확증은 자신의 생각에 대한 일정한 구성적 자기 관찰을 필요로 한다. 즉 생각을 요구하며 그것만이 논리적 필연성을 가능하게 한다."

> 이 문단은 다음 책에서 인용되었다.
>
> Piaget, J.(1924). Le jugement et raisonnement chez l'enfant: Paris et Genève: Delachaux et Niestlé, p. 120.
>
> "어떤 판단에 대한 논리적 정당화는 그 판단의 고안과는 다른 국면에서 일어난다. 후자가 이전 경험의 무의식적 결과인 반면, 전자는 반성과 생각, 요컨대 자연발생적 생각 위에 '생각에 관한 생각'을 세우는 내관을 요구하며, 그것만이 논리적 필연성을 가능하게 한다."
>
> 비고츠키는 별다른 언급 없이 두 쪽 분량을 생략했다.

10-36-5] 자신의 연구의 결론을 개념 형성에 적용하면서 피아제는 11~12세 이전의 어린이는 완전한 개념의 정의를 내릴 수 없다는 사실을 확립했다. 어린이는 아직 일반과 특수의 관계를 숙달하지 못하기 때문에 항상 구체적, 직접적, 자기중심적 관점에서 판단한다. 학령기 어린이의 개념에도 서로 다른 특징들의 일반화와 통합화가 약간 존재하지만, 어린이 자신은 이 일반화를 아직 의식적으로 알지 못한다. 어린이는 자신이 가진 개념의 토대를 알지 못하는 것이다. 동일한 개념에 속한 서로 다른 요소들 사이의 논리적 위계와 종합의 결여, 이것이 바로 어린이 개념의 특징이다.

> 이 문단은 다음 책에서 인용된 것이다.
>
> Piaget, J.(1924). Le jugement et raisonnement chez l'enfant: Paris et Genève: Delachaux et Niestlé, p. 123.

"처음 약 11~12세가 될 때까지 어린이는 완벽한 정의를 말하지 못한다. 그는 단지 속屬에 따라 말하거나(어머니는 여성이다), 특수하지만 구체적이지 않은 특징에 따라 개념의 일반화 없이 말한다(사촌은 숙모와 삼촌의 아들이다)."

피아제는 속에 따른 정의가 9세에 이르러서야 시작된다는 것을 발견한 보베의 연구를 인용하고 있다.

Bovet, M.(1913). L'intermediare des educateurs, Vol. 1, pp. 69~75.

10-36-6] 이러한 어린이 개념의 등가물에 피아제가 병치라고 부르는 것, 즉 여러 특징들이 불완전하게 결합된 종합의 흔적이 여전히 남아 있다. 그의 견해로는 어린이의 개념은 그것들의 종합, 즉 여러 가지 요소들을 혼합적 심상으로 친족화한 통합체, 즉 주관적 통합체가 아니라 병치이다. 따라서 발달 및 사용 과정에서의 어린이의 개념은 심각한 모순을 나타낸다. 피아제가 칭한 것처럼 이는 집적된 개념이다.

'집적 개념concepts-conglomérats'은 『어린이의 판단과 추론』 130쪽에서 인용된 표현이다. 피아제가 의미하는 것은 복합체가 아니라 여러 심상들의 과잉 결정이다. 예컨대 프로이트의 저작에서 어머니는 어린이의 마음에 음식, 안전, 포근함, 심지어 성적 자극의 응축물로 표상된다.

10-36-7] 집적 개념은 어린이의 정의를 계속해서 지배하며, 어린이가 개념에 포함되어 있는 요소들의 위계와 종합을 아직 숙달하지 못했음을, 그리고 어떤 때는 이 특징 중 이것을 또 다른 때는 다른 것을 조작하면서 자신의 주의의 장에 이 특징을 전체적으로 유지하지 않음을 확증한다. 어린이의 개념은 피아제의 정의에 따르면 대여섯 개의 전자석에 의해 나란히 무작위로 붙어 있던 금속 구슬들이 아무런 체계 없

이 서로 튕겨 내는 것을 연상시킨다.

> 이 문단은 다음 책 131쪽에서 인용된 것이다.
>
> Piaget, J.(1924). Le jugement et raisonnement chez l'enfant: Paris et Genève: Delachaux et Niestlé.
>
> 혼란을 복잡성으로부터 구분하는 것은 과잉 결정의 경우 요소들 사이에 위계나 진정한 구성이 존재하지 않는다는 것이다. 어린이는 결코 이 요소들을 동시에 의식하지 못하므로 이 요소들은 어린이의 이성에 번갈아 작용하고, 매 순간마다 주의의 장에 침입한다. 따라서 개념은 여섯 개의 전자석에 의해 특정한 순서 없이 나란히 이어져 있으며 아무 이유 없이 서로 튕겨 내는 금속 구슬과 유사하다.

10-36-8] 간단히 말해 복잡한 개념에서 지배적인, 요소들의 종합과 위계, 그리고 개념의 본질인 요소들 사이의 관계는 비록 이 요소들과 그들의 결합이 어린이에게 이미 주어졌다 하더라도 어린이가 아직 도달할 수 없는 것이다. 이는 개념 조작과 함께 나타난다. 피아제는 어린이가 체계적으로 수행되는 논리적 덧셈이나 논리적 곱셈을 할 수 없다는 것을 보여 준다. 피아제의 연구가 보여 주듯이 어린이는 개념의 복잡한 통합체에 속하는 일련의 특징들에 동시에 주의를 기울일 수 없다.

> 피아제는 주지주의적이며 형식주의적이다. 다시 말해 구조주의자이다. 그는 수, 공간, 질량, 부피 등의 형식적인 개념을 탐구한다. 각 개념은 위계적으로 배열되어야 하는 요소들로 이루어진다. 수에서 양은 질보다 중요하며 공간에서 거리는 시간보다 중요하고, 질량 보존 실험에서 어린이는 부피가 높이보다 더 중요하다는 등의 사실을 알게 된다. 피아제는 어린이가 덧셈이나 곱셈에서 가역성($a+b=b+a$), 교환성($a=b$이고 $b=c$라면 $a=c$), 결합성($((a+b)+c=d$라면 $a+(b+c)=d$)의 법칙을 완전히

파악하고 있지 않다는 것을 보여 준다. 피아제에게 이러한 논리적 덧셈과 곱셈의 결여는, 어린이가 숫자에 관한 한, 양이 개념의 조직적 요소로 작용하는 방식을 이해하지 못한다는 사실을 시사한다. 비고츠키도 이러한 형식적 개념들을 연구하였다. 이는 10장 7~14절에 제시된 개념 형성 과정에 대한 실험에서 잘 나타난다. 사하로프-비고츠키 블록 실험의 문제를 해결하기 위해서 어린이는 지름과 높이라는 두 개념을 추상화해서 인위적 개념으로 종합해야 한다. 그러나 비고츠키에게, 그리고 또한 청소년들에게 더욱 관심이 있는 개념은 이성의 동의, 미래 직업, 시민권과 같은 개념이다. 이들은 어린이 삶의 새로운 기능 위에 생겨나는 새로운 구조들이다. 이 개념들은 새로운 내용을 토대로 나타나는 새로운 형태들이다. 어린이에게 요소들의 위계가 주어진다 해도 (예컨대 동의보다 헌신이 우선하며 권리보다 의무가 우선한다), 어린이는 이러한 개념을 구체적 편익과 보상이 비교적 순서 없이 뒤섞인 복합체로 간주하는 경향이 있다.

10-36-9] 어린이의 주의의 영역에서 이러한 특징들은 번갈아 나타나며 매번 그의 개념은 어떤 한 측면으로만 설명된다. 개념의 위계는 아직 그가 접근할 수 없기 때문에, 그의 개념이 겉보기에 우리의 개념과 비슷해 보일지라도 본질적으로는 의사개념일 뿐이다. 그러나 이는 학령기 어린이의 생각이 청소년의 생각과 다른 발생적 단계에 위치하며, 개념 형성은 이행적 연령기에만 출현한다는 것을 보여 주려는 우리 전체 연구의 주요 목적이다.

10-36-10] 그는 말한다. "어린이는 일하지 않기 때문에 결코 대상과 진정한 접촉을 하지 않는다." 우리가 볼 때 고등한 사고 형태의 발달 특히 개념적 생각과 노동과의 이러한 연결은 중심적이고 기본적이며, 어린이 생각의 특징과 청소년의 생각에 나타나는 새로운 것을 드러낼 수 있다.

이 문단은 『어린이의 판단과 추론』 불어판 164쪽(영어판 204쪽)에서 피아제가 인공주의에 대해 논쟁하기 시작한 부분에서 나온 것이다. 인공주의란 어린이가 강이나 바다를 사람이 만들었다고 믿는 것을 의미한다. 피아제는 다음과 같이 말한다.

"어린이는 자신이 지각하는 현실(벽돌공이 벽을 만들고, 노동자가 도랑을 만드는 것)을 언어적, 마법적 현실을 이용하여 확장한다. 어린이는 이 두 현실을 같은 수준에 위치시킨다. 이들은 그 자체의 타당성에 대한 의구심을 불러일으키지 않는다. 마음속에 저절로 생겨난 것들이기 때문이다. 어린이는 일을 하지 않기 때문에 대상들과 절대로 접촉할 수 없다. 어린이는 무엇이 진실인지 찾기보다 그것들을 가지고 놀거나 단순히 믿을 뿐이다."

러시아판 편집자들은 피아제가 모든 어린이들이 벽 쌓기나 도랑 만들기에 관한 지식을 이야기나 그림을 통해서만 안다고 가정하고 있음을 지적한다. 그들은 어린이가 놀이를 통해 대상에 관한 수많은 지식을 획득한다고 주장하며, 비고츠키가 이를 인지하지 못하고 있다고 비판한다. 이는 피아제가 연구하고 있는 개념, 즉 수, 공간, 질량과 같은 형식적 개념들에 대해서는 어느 정도 사실이다. 그러나 비고츠키는 새로운 내용에 토대하는 개념, 즉 직업, 배우자, 투표, 세금과 같은 종류의 개념에 관심을 가졌다. 이 개념들을 충분히 이해하기 위해서는 반드시 노동이 필요하다.

10-36-11] 그러나 우리 강좌의 후속 장에서 다시 이 문제로 돌아갈 수 있을 것이다. 여기서 우리는 다만 우리가 연구한 청소년의 추상적 생각과 구체적 생각이 엮이고 짜인 형태와 밀접히 연결된 것으로 보이는 한 문제를 살펴보고자 한다.

37

10-37-1] 그라우코프는 이행적 연령기의 생각과 언어의 형태적 특징을 고찰하기 위한 특별한 연구를 실시하였다. 그는 이 연령기 생각의 범위와 내용뿐 아니라 형태적 특징이 청소년 인격의 일반적 구조와 밀접하다는 올바른 명제로부터 시작한다. 이 연구는 두 가지 토대에서 우리의 주의를 끈다.

> 그라우코프 인용의 출처는 다음으로 생각된다.
>
> K. Graucob. Zur Grundlegung der pädagogischen Milieukunde(교수-학습 환경의 기초). (Ztschr. f. päd. Psych. u. exp. Päd. nr. 1, 3r. 1931).

10-37-2] 먼저, 그것은 우리가 앞에서 옹호하려고 했던 같은 생각을 다른 측면에서 보여 준다. 우리는 취학 전 연령의 어린이나 학령기 어린이 모두 개념적으로 생각하지 않으며, 따라서 개념적 생각은 이행적 연령기 이전에는 나타나지 않는다는 것을 보여 주려고 했다. 그러나 다른 한편으로 다양한 연구들은 이행적 연령기에 논리적이고 추상적인 개념적 생각 형태가 아직 지배적인 형태가 아니라 새롭고 어린, 막 등장해서 아직 자립하지 못하는 형태임을 보여 준다.

10-37-3] 모든 부분이 의식적인 생각과 언어적으로 공식화된 생각은 결코 청소년의 지배적 생각 형태가 아니다. 우리의 저자(그라우코프-K)가 바르게 지적했듯이, 결과는 분명히 개념으로 공식화되지만 그 결과에 이르게 한 과정은 완전히 의식되지 않으며, 우리는 그러한 생각 형태를 더 흔히 만나게 된다.

10-37-4] 저자의 비유적 표현에 따르면 청소년의 생각은 산맥과 같

아서, 산봉우리는 아침 햇빛으로 빛나지만 다른 나머지는 어둠 속에 잠겨 있다. 생각은 비약적 특징을 지니며, 생각을 정확하게 재생산하도록 하면 일관성이나 타당성이 없다는 인상을 준다.

10-37-5] 당연히 이는 청소년의 자연발생적 생각에 대해서만 말하고 있는 것이다. 학교의 교수-학습과 연결된 청소년의 생각은 훨씬 더 체계적이고 의식적 형태로 진행된다.

10-37-6] 이 연구에서 우리의 흥미를 끄는 두 번째 계기는 이행적 연령기의 새로운 생각 형태에 추상적 생각과 구체적 생각의 엮임 즉 메타포, 비유적 의미로 사용된 낱말이 등장한다는 사실의 확립이다. 저자는 청소년의 생각이 아직 전언어적 형태의 일부로 진행된다고 올바르게 지적한다. 이 전언어적 생각이 어린이에게서처럼 개개의, 시각적으로 제시된 대상이나 내적이고 상기된, 직관상적이며 시각적인 심상을 일차적으로 향하는 것은 물론 아니다. 이는 어린이의 시각적 생각과 구분된다. 그러나 저자가 이 생각을 신비주의자나 형이상학자의 고찰과 형태적으로 가까운 형이상학적 생각의 형태로 간주한 것은 문제를 완전히 올바르게 공식화한 것이 아니라고 우리는 생각한다.

10-37-7] 이러한 전언어적 생각과 부분적으로 후언어적인 생각은, 종종 말의 참여만으로는 완전히 일어나지 않지만, 그럼에도 다음 장에서 제시될 바와 같이 말을 토대로 일어난다고 우리는 생각한다. 포테브냐는 이런 낱말 없는 생각을 체스판을 보지 않고 하는 체스 게임과 비교한다. 그는 말한다. "이처럼 우리는 낱말이 지시하는 명백한 대상이나 생각 내용 자체에 직접 제한되면서, 낱말 없이 생각할 수 있다. 그리고 그러한 생각은 인간 삶의 다양한 측면에서 갖는 큰 중요성과 관련성 때문에 훨씬 더 흔히 나타난다(예를 들어 과학에서 낱말은 부분적으로 공식으로 대체된다)."

10-37-8] "그러나 낱말 없이 인간답게 생각하는 능력은 낱말을 통

해서만 획득되며, 말하는 시기나 정상인 교사와 학습하는 시기를 거치지 않은 농아는 거의 동물로 남는다는 사실을 잊어서는 안 된다." 우리는 이 추론이 거의 옳다고 생각한다. 낱말 없이 인간답게 생각하는 능력은 낱말을 통해서만 획득된다.

10-37-9] 다음 장에서 우리는 이 기능들을 새로운 토대 위에 재구성함으로써 말로 하는 생각이 시각-도식적이고 구체적인 생각에 미치는 영향에 대해 자세히 살펴볼 것이다. 따라서 우리는 이 저자가 다음과 같이 지적한 것은 옳다고 생각한다. 이행적 연령기의 말과 생각의 통합은 어린이에게서 보다 훨씬 밀접하게 이루어지며, 이는 점점 말이 숙달함에 따라, 새로운 개념이 풍부해짐에 따라, 그리고 무엇보다 추상적 생각이 형성되고 그가 지녔던 직관적 경향이 사라짐에 따라 드러난다.

10-37-10] "아마도 초기 유년기를 제외하고는 인간 삶의 어떤 단계에서도, 생각 발달이 말 발달과 함께 동시에 나아가고, 생각의 언어적 공식화와 함께 새롭고 더 예리한 구별이 가능해지며, 괴테의 표현에 따르면 언어가 그 자체로 창조적인 것이 되는 것을 이행적 연령기에서보다 더 명백히 볼 수는 없을 것이다."

10-37-11] 이행적 연령기에 메타포, 즉 비유적 의미에서 사용된 낱말의 출현을 연구하면서 저자는 구체적 생각과 추상적 생각의 이 고유한 결합은 오래전부터 청소년의 새로운 성취로 간주되어 왔다고 완전히 올바르게 지적한다. 청소년의 언어적 세포는 훨씬 더 복잡한 구조를 나타낸다. 동위종속과 종속의 연결은 전면으로 부각된다. 더욱 복잡한 이 언어적 구조는 한편으로는 형성 중이나 아직 완전히 분명하지 않은 생각의 표현이며 다른 한편으로는 지성의 추후 발달을 위한 수단이다.

10-37-12] 그러나 어린이와 청소년의 메타포 혹은 비유적인 낱말 의미를 질적으로 구분하는 것은 무엇일까? 이미 어린이 언어에서 아이데티즘을 향한 어린이의 경향성에 의해 특별히 강화되는 심상적 비교

가 발견된다. 그러나 이런 비교에는 그 자체에 아직 추상성이 전혀 없다. 진정한 의미에서 메타포는 아직 어린이에게 존재하지 않는다. 메타포는 어린이에게는 사실 인상들의 짝 짓기이다. 청소년은 그렇지 않다. 여기서 은유는 추상성과 구체성의 고유한 관계에 의해 특징지어지며, 이는 고도로 발달된 말하기에 토대해야 가능하다.

10-37-13] 우리는 추상적 생각과 구체적 생각을 일반적으로 대비하는 것이 얼마나 잘못인지를, 그리고 사실 이 두 생각 형태는 대립하는 것이 아니라 서로 상호 연결되어 있다는 것을 본다. 저자는 말한다. "추상적인 것은 어떤 구체적 사례나 구체적 상황이 그것을 반영할 때 더 쉽게 동화된다. 이처럼 구체적, 심상적 비교는 추상적 생각의 발달, 그리고 이와 나란한 직관상적 고찰의 소멸에도 불구하고 성장하여 청소년의 언어에서 정점에 이르며 그 후 하락하기 시작하여 성인의 말에 가까워진다는, 모순적으로 보이는 결론에 우리는 다다른다."

10-37-14] "어린이의 메타포는 어떤 객관적이고 자연스러운 인상을 준다. 청소년의 메타포는 주관적 변환의 산물이다. 청소년의 메타포에서 대상은 유기체적으로가 아니라 지성을 통해 짝 지어지며, 메타포는 생각을 종합적으로 떠올리는 것이 아니라 반성의 통합이라는 토대 위에서 생겨난다. 따라서 추상적 생각과 구체적 생각의 엮임은 이행적 연령기의 고유한 특징이다. 심지어 서정시를 읽어도 청소년은 반성으로부터 벗어날 수 없다. 그의 운명은 사상가로 행동해야 할 곳에서 시인이 되고, 시인으로 행동해야 할 곳에서 철학자가 되는 것이다."

> 그라우코프는 어린이의 메타포가 유기체적이라고 말한다. 로버트 번스의 시를 예로 들어보자.
>
> 오 내 사랑 붉디붉은 장미 같아라
> 6월에 갓 피어난

오 내 사랑 곡조에 맞춰

감미롭게 울리는 가락 같아라

어린이는 요소들을 서로 합치면서 종합한다. 어린이에게 1+1+1은 3인 것이다. 만약 어린이가 쓴다면 이 시는 '예쁜 소녀가 장미를 들고 음악에 맞춰 춤을 춘다'가 될 것이다. 어린이의 시는 객관적이다. 대상이 모든 의미를 전달한다는 점에서 어린이의 시는 객관적이다. '처럼'이나 '같은'이라는 낱말은 객관적 사실이 될 수 있는 직유를 생산한다. 청소년은 추상적 반성을 통해 요소를 통합한다. 청소년에게 1+1+1은 1인 것이다. 붉은 소녀와 장미, 음악은 모두 구체적 대상들이지만 사랑이라는 추상적 생각으로 통합된다. 그라우코프에 따르면, 사상가처럼 미래를 개념화하도록 요구하면 청소년은 서정시인처럼 구체적 대상들을 떠올리고, 자신의 현재에 대해 구체적이고 서정적인 시를 쓰라고 하면 삶, 죽음, 허무에 대한 추상적 생각을 들고 나온다.

10-37-15] 청소년의 말과 생각에서 메타포를 설명하면서, 저자는 일련의 극도로 독특한 메타포의 확립에 도달한다. 이는 메타포의 최초 의미가 마치 뒤집힌 듯이 나타난다는 것이다. 먼 추상적 개념은 단순하고 구체적이고 가까운 것을 설명해야 한다. 이러한 메타포에서는 추상이 구체의 도움으로 설명되는 것이 아니라, 종종 구체가 추상의 도움으로 설명된다.

10-37-16] 다음 장에서 우리는 이행적 연령기를 특징짓는 추상적 생각과 구체적 생각의 이러한 독특한 엮임을 상세히 고찰해야 할 것이다. 지금 우리는 단 하나의 사실을 확립하는 데 관심이 있다. 우리가 보여 주고 싶은 것은 청소년의 생각 속에는 추상적, 구체적 계기들이 학령기 어린이들의 생각과는 다른 비율과 다른 질적 관계로 주어져 있다는 것이다.

10-37-17] 이행적 연령기 이론에서 생각 발달의 진정한 의미가 일

반적으로 저평가되었다고 올바르게 지적한 크로는 지적 발달 요인을 밝히는 데 결정적인 사실, 즉 학교 졸업과 함께 외적 요인의 영향하에 생각 발달의 분화 과정이 거대하게 시작된다는 사실을 확립한다.

크로에 대해서는 **9-6-2** 참조.

10-37-18] 생각 발달에 미치는 환경의 영향이 청소년기처럼 뚜렷하게 표현되는 곳은 어디에도 없다. 이제 도시와 마을, 소년과 소녀, 다양한 사회적, 계층적 배경의 어린이들의 지적인 차이가 점점 더 강력해진다. 이 연령기의 생각 발달 과정은 사회적 요인의 직접적인 영향을 받는다는 것이 명확하다. 여기서 우리는 청소년 생각 발달의 주요 성취가 생각의 문화적 발달 형태로 일어난다는 사실에 대한 직접적인 확증을 본다.

10-37-19] 지성의 생물적 발달이 아니라, 역사적으로 형성된 종합적 형태의 생각의 숙달이 이 연령기의 주요 내용이다. 바로 이 때문에 크로가 인용한 일련의 논문이 다양한 사회 계층에서 지적 성숙 과정이 매우 다른 모습을 나타냄을 드러내는 것이다. 지적 발달을 형성하는 외부 요인은 이행적 연령기에 결정적 중요성을 갖는다. 이는 이행적 연령기의 지성이 생각의 생물학적 진화가 아니라 사회화의 산물인 행동 방식을 획득한다는 것을 의미한다. 후에 보게 되듯이 크로는 주관적 심상과 시각적 심상이 15~16세 무렵에 사라지기 시작한다는 것을 확립한다.

10-37-20] "이것의 주된 이유는 청소년의 언어 발달, 청소년의 말의 사회화, 추상적 생각의 발달이다. 말의 시각-도식적 토대는 자취를 감춘다. 낱말의 기저에 놓여 있던 표상은 상대적으로 중요하지 않게 된다. 어린이의 경우 시각-도식적 체험이 언어적 표현의 내용을 결정하고

종종 형태까지 결정한다. 성인의 경우 말은 훨씬 더 말 자체의 고유한 토대에 의존한다. 낱말-개념에서 언어는 문법, 구문, 일반적 형성 법칙 안에서 그 재료를 얻는다. 언어는 점차 시각-도식적 표상으로부터 분리되면서 점점 더 상당히 자율적이 된다. 이러한 말의 자율화 과정은 이행적 연령기에 지배적으로 일어난다."

10-37-21] 우리는 후속 내용과 관련하여, 직관상에 대한 온갖 연구의 저자인 옌쉬가 원시적 생각으로부터 발달된 생각으로 이행하는 인류의 역사적 발달에서 말이 시각적 심상으로부터의 해방 수단으로서 결정적 역할을 수행했음을 바르게 지적했다는 것을 언급할 필요가 있다고 생각한다.

10-37-22] 이와 관련하여 크로가 지적한 사실, 즉 직관상적 심상이 농아 어린이에게는 관찰되지만 들을 수 있는 또래들에게는 거의 사라진다는 사실은 주목할 만하다. 이는 직관상적 심상의 쇠퇴가 언어 발달의 영향하에 일어난다는 것을 입증하는 논박할 수 없는 증거이다.

10-37-23] 이행적 연령기 생각의 또 다른 면모가 이와 관련된다. 이는 청소년의 주의가 자기 내면의 삶으로 옮겨 가며 구체적인 것으로부터 추상적인 것으로 이행하는 것이다. 청소년의 생각에 추상화를 점진적으로 도입하는 것은 이행적 연령기 지성 발달의 중심 요소이다. 그러나 크로가 올바르게 지적한 것처럼 대상의 복합체로부터 개별 속성을 분리하는 것은 이미 초기 연령기 어린이도 할 수 있다. 추상화를 일반적으로 주의를 집중시키는 것으로 이해한다면, 우리는 이미 동물도 할 수 있는 추출적 추상에 대해 논의해야 한다. 이런 종류의 추상화가 이행적 연령기의 습득이라고 말하는 것은 적절치 않다.

10-37-24] 이러한 추출적 추상화는 일반화적 추상화와 구별되어야 한다. 일반화적 추상화는 어린이가 여러 가지 구체적 대상을 하나의 일반적인 개념에 종속시킬 때 나타난다. 그러나 어린이는 그러한 유형의

개념조차도 매우 일찍 형성하고 사용한다. 이것이 청소년의 생각을 지배하는 새로운 것이 아니라는 것은 명백하다.

10-37-25] 이러한 일반화적 추상은 어린이로 하여금 시각적 지각이 접근할 수 없는 내용을 생각하게 한다. 청소년이 최초로 추상의 세계를 정복한다는 사람들의 주장을, 위에서 지적한 추상의 형태는 오직이 연령기에서만 접근 가능해진다는 의미로 이해할 필요는 없다고 크로는 말한다.

10-37-26] 다른 사실, 즉 대개 청소년이 그러한 추상적 개념들 간의 유의미한 상호관계에 접근하게 된다는 사실을 훨씬 더 강조할 필요가 있다. 개개의 추상적 특성 자체보다 이 특성들 간의 연결, 관계, 상호 의존이 이 연령기에 접근 가능해진다. 청소년은 개념들 간의 관계를 확립한다. 정의를 통해 청소년은 새로운 개념을 발견한다.

10-37-27] 다만 우리가 볼 때 크로의 오류는 시각적 형태를 부여받은 속담과 추상적 표현이 구체적 생각으로부터 추상적 생각으로의 이행적 단계라는 그의 의견이다.

10-37-28] 그는 말한다. "일반적으로 연구자들의 눈에 띄지는 않았지만, 이 형태는 많은 사람들에게 있어 추상적 생각 발달의 마지막 단계이다."

10-37-29] 이미 우리가 말했듯이, 그리고 더 자세하게 설명하고자 하듯이, 추상적인 것과 구체적인 것의 엮임은 아직 어린이가 닿을 수 없는 것이다. 이 엮임은 결코 구체적 생각으로부터 추상적 생각으로의 이행적 형태가 아니라, 포테브냐의 표현처럼 낱말 없이 생각하는 능력이 결국 낱말에 의해 규정되는 것과 같이, 이미 추상적 생각에 기초하여 발생하는 구체적 생각의 고유한 변화 형태이다. 논리적 추론에도 동일한 사실이 적용된다.

비고츠키는 의사개념은 개념이 아니라고 강조한다. 의사개념은 여전히 일종의 구체적이고 복합체적인 생각이다. 그러나 의사개념은 잠재적 개념에 토대하여 일어나며, 잠재적 개념들은 추상적이다. 개념 없이 의사개념적으로 생각하는 능력은 궁극적으로 두 가지 의미의 개념, 즉 타인의 개념과, 어린이 자신의 전개념에 의해 가능해진다.

10-37-30] 도이힐러가 드러냈듯, 비록 이러한 연역이 4세 어린이에게서 이미 발견된다 할지라도, 이러한 어린이의 판단은 여전히 전제와 그 내용의 시각-도식적 통합이나 도식적 통합에 전적으로 토대한다. 그러나 획득된 결과의 논리적 필연성은 논리적 생각의 전체 과정과 마찬가지로 어린이의 이해가 여전히 닿을 수 없는 것이다. 보통의 어린이에게 이러한 조작은 오직 성적 성숙기에만 가능해진다. 논리적 문법적 생각에 대한 이성적 이해는 오직 이 시기에만 나타나는 것이다. 어린이의 경우 문법의 숙달은 여전히 주로 언어에 대한 느낌이나 말하는 습관, 비유의 형성에 달려 있다. 크로가 이러한 청소년 생각의 성취를 수학 영역에서의 성취와 연결한 것은 그럴 만한 이유가 있다.

*G. A. 도이힐러(Gustaf Adolf Deuchler, 1883~1955)는 라이프치히 대학에서 W. 분트를 사사했으며, W. 스턴이 유태인이라는 이유로 함부르크 심리학 연구소에서 해고된 후 그의 자리를 차지했다. 1923년 함부르크 대학교 교수가 되었다. 그는 통계적 방법을 이용하여 연구를 수행했으며 오늘날 윌콕슨-만-위트니 테스트라고 불리는 통계적 접근법을 독자적으로 발전시켰다. 1933년부터 나치에 합류했으며 친위대(SS)의 전신 격인 준군사조직 돌격대(SA)에 가입했다. 돌격대가 동성애 건으로 히틀러에 의해 숙청된 후 그는 나치의 유태인 대학살이 시작된 우크라이나로 파견되었다.

Deuchler, G.(1920). Über schlusversuche insbesondere an kindern und jugendlichen. Zeitschrift für Pädagogische Psychologie.

10-37-31] 그는 말한다. "수학 법칙과 명제의 증명 과정을 진정으로 이해하고 독립적으로 해결하는 것은 이행적 연령기에만 가능해진다는 것이 드러났다. 형식적 생각의 이러한 특성은 청소년의 생각 내용에서의 진정한 변화와 연결되어 있다. 타인에 대한 이해와 심리적 범주의 숙달에 의해 준비된 자기인식의 과업은, 청소년으로 하여금 그의 주의를 점점 더 자신의 내적 삶을 향하도록 이끈다."

10-37-32] 이러한 내적 세계와 외적 세계의 분리는 발달이 청소년의 앞에 내미는 욕구나 과업과 관련하여 그에게 필수적이 된다. 크로는 다음과 같이 말한다. "인생의 계획을 세우는 과업은 무엇보다 본질적인 것과 비본질적인 것의 구분을 요구한다." 이는 논리적 평가 없이 이루어질 수 없음이 드러난다. 이 때문에 고등한 지적 활동 형태의 발달은 이행적 연령기에 더욱 중요함이 분명하다. 확실하고 일관성 있는 추상적 사고가 더욱 확고히 두드러진다.

10-37-33] 물론 그것이 갑자기 나타나지는 않는다. 그 전에도 어린이는 자료, 즉 상대적으로 복잡한 대상, 의미, 행동들 간의 관계를 시각적으로 지각할 수 있었다. 또한 어린이는 다양한 유형의 추상화를 이해하고 적용할 수도 있었다. 이행적 연령기는 추상적 개념과 일반적인 내용을 의미 있게 관계 짓는 능력만을 가지고 있다. 이와 함께 진정한 논리적 능력이 발달된다. 크로는 다시 말한다. "어린이의 환경은 이 생각의 발달에 결정적인 영향을 미침이 드러난다. 농민의 환경에서, 우리는 종종 초등학생의 지적 수준을 넘지 못하는 어른을 본다. 그들의 사고는 평생 동안 시각적 영역 내에서 움직이며, 특정한 논리적 사고와 그 추

상적 형태로 이행하지 않는다."

10-37-34] 학교를 마치면서 청소년은 더 고등한 생각 형태를 포함하지 않는 환경 영역에 들어서므로, 그 자신이 좋은 소질을 가졌더라도 고등한 발달 단계에 닿지 못하는 것이 당연하다. 개념 형성이 "지성의 문화적 발달의 산물이며 궁극적으로 환경에 의존한다는 것을 이보다 단호하게 확인할 수는 없다.("-K)

10-37-35] 실제 삶의 다양한 영역에서 지적 활동을 적용하는 완전히 다른 방법들이 발견된다. 이 방법들은 한편으로 주어진 삶의 영역의 지배적 구조에 의해 규정되고, 다른 한편으로 개개인의 특성에 의해 규정된다.

10-37-36] 우리가 보기에 크로의 모든 결론 중 가장 중요한 것은 이행적 연령기 전체에서 지적 발달의 중심적 가치에 관한 그의 최종 결론이다. 지성은 청소년에게 결정적 역할을 수행한다. 이런저런 직업을 선택할 때조차 전형적인 지적 본성을 지닌 과정이 광범위하게 적용된다. 라우와 함께 크로는 지성이 의지에 미치는 극히 강력한 영향이 바로 청소년에게서 포착된다고 주장한다. 신중하고 의식적인 결정은, 사람들이 증가된 정서성에 대한 과대평가의 영향을 받아 일반적으로 생각하는 것보다, 전체 발달에서 훨씬 더 큰 역할을 수행한다.

> E. 라우에 관해서는 **9-8-7** 참조.

10-37-37] 우리는 지적 발달의 이 중심적 의미와 선도적 역할을 이어지는 장에서 자세히 설명해 보고자 한다.

10-37-38] 발생적 절단법과 그 비교 연구 방법을 이용하면서 우리는 첫 학령기에 없지만 이행적 연령기에 나타나는 것이 무엇인지뿐 아니라 이행적 연령기 전체의 중심적 기능 즉 개념 형성을 발달하게 하는

일련의 전체 기제가 무엇인지 확립할 수 있었다.

10-37-39] 이 과정에서 우리는 내관, 자기행동의 의식적 파악과 숙달, 청소년의 집단 생활을 통해 인격의 내적 영역에서 나타나는 행동 형태의 전이, 새로운 행동 방식의 점진적인 내적 성장, 일련의 외적 기제의 내적 전이와 내적 말의 사회화, 그리고 끝으로 전체 지적 발달상 중심적 요인으로서 노동이 얼마나 결정적인 역할을 수행하는지 보았다.

10-37-40] 나아가 우리는 새로운 기능, 즉 개념 형성의 획득이 청소년 전체 생각에 대해 가지는 의미를 확립할 수 있었다. 생각이 그 대상을 정적이고 개별적 형태로 취하는 경우, 개념은 사실상 그 내용을 빈곤하게 만든다는 것을 우리는 보았다. 대상의 연결과 매개, 그리고 대상과 다른 실제와의 연결과 역동성이 드러난다고 가정하면, 개념을 숙달하는 청소년의 생각은 개념에서 대상의 본질을 숙달하고, 그 대상과 다른 대상과의 연결과 관계를 드러내기 시작하며, 처음으로 자신의 경험의 다양한 요소들을 연결하고 연관시키기 시작하고, 그리하여 비로소 전체로서 일관되고 의미 있는 세상의 모습이 드러난다고 결론지어야 한다.

10-37-41] 간단한 예를 통해 우리는 개념적 생각의 이러한 특성을 설명할 수 있을 것이다. 말하자면 수 개념은 개념이 청소년의 생각에 도입하는 변화의 예가 될 수 있다.

38

10-38-1] 우리는 구체적 생각 또는 시각-도식적 생각에 비해 개념적 생각이 현실에 대한 인식에 새롭게 가져오는 것을 생생한 예와 함께 보여 주고 싶다.

10-38-2] 이를 위해서는 문화화된 인간에게서 일반적으로 만들어

진 수 개념과 원시 부족에게서 지배적이었던 양에 대한 직접적 지각에 근거한 수 심상을 비교하면 된다. 마찬가지로, 초기 연령기 어린이의 양에 대한 지각은 수의 심상, 즉 주어진 대상 집단의 형태와 크기에 대한 구체적 지각에 토대를 둔다. 개념적 사고로 이행할 때, 어린이는 수에 대한 순전히 구체적인 생각으로부터 해방된다. 수 개념은 수에 대한 심상을 대신하여 나타난다. 수 개념을 수 심상과 비교해 보면 개념에 포함된 내용이 심상에 포함된 구체적 내용의 풍부함에 비해 더욱 빈곤하다는 형식 논리의 입장이, 얼핏 보기에는 정당화되는 것처럼 나타날 수 있다.

10-38-3] 사실, 그렇지 않다. 개념은 구체적인 지각에 특징적인 일련의 계기들을 그 내용에서 전부 배제할 뿐 아니라, 직접적 지각이나 생각 떠올리기로 일반적으로 닿을 수 없는 전체 일련의 계기 즉 생각에 의해 도입되고, 주어진 경험의 재처리를 통해 드러나며, 직접적 지각의 요소들과 통합적 전체로 종합되는 전체 일련의 계기를 구체적 지각에서 처음으로 드러낸다.

'three'와 'see' 그리고 'more'와 'four'의 각운을 느껴 보자. 이 운율은 그림의 심상과 어울리는 소리의 심상이다. 그러나 이 소리의 심상은 사자와 개만큼이나, 혹은 더 나아가 네 개의 사과나 네 개의 오렌지만큼이나, 수 개념과 관련이 없다. 그러나 소비에트 수학 체계(수세기보다 측정에 초점을 맞추는 다비도프 체계)와 달리, 수 개념을 가르칠 때 우리가 어린이의 주의를 집중시키기 위해 사용하는 것은 사과나 오렌지와 같은 구체물이다. 비고츠키는 이것이 학습에 단기적으로는 이롭지만 발달에 대한 장기적 관점에서 볼 때 해롭다는 것을 지적한다. 말하자면 수 심상(예컨대 네 개의 사과나 네 개의 오렌지), 그리고 그와 동등한 수 개념(예컨대 2의 제곱 2^2이나 y=2x=4)의 차이를 살펴보자. 언뜻 보기에 수 개념에는 사과의 심상이 없기 때문에 더 빈곤해졌다고 생각할 수 있다. 실제로 어린이는 그렇게 생각하기도 한다. 그러나 비고츠키는 수 개념이 사실 사과를 단순히 배제하는 것은 아니라고 말한다. 수 개념은 일련의 특성을 포함한다. a) 시각으로 접근할 수 없다. b) 생각 떠올리기(예컨대 자신이 생각하는 사과 떠올리기)로 접근할 수 없다. 예를 들어 제곱근 같은 특성은 생각에 의해서만 도입된다. 나눌 수 있는 4의 특성은 경험 자료(사탕 4개를 동생과 나눠 먹기)를 처리함으로써 드러나며, 이러한 특성은 네 개의 사과에 대한 직접적 지각으로부터 제거되는 것이 아니라 더해지는 것이다.

10-38-4] 모든 수 개념, 예를 들어 7이라는 개념은 복잡한 수 체계에 포함되어 있으며 이 체계 안에서 특정 위치를 차지한다. 이러한 개념이 발견되고 처리되면 이와 함께, 이 개념과 이를 포함하는 그 밖의 전체 개념 체계 사이에 존재하는 모든 복잡한 연결 및 관계가 주어진다. 개념은 현실을 반영할 뿐만 아니라, 체계화하기도 한다. 개념은 주어진 구체적 지각을 복잡한 연결과 관계의 체계에 포함시키고, 단순한 응시로는 닿을 수 없는 이러한 연결과 관계를 드러낸다. 따라서 수치가 가지는 많은 특징들은 오직 우리가 개념적으로 생각하기 시작할 때에만 분명히 손에 잡히기 시작한다.

10-38-5] (수치가 가지는 많은 특징들은-K) 일반적으로 하나의 숫자조차 일련의 전체적인 질적 특성을 갖는다는 것을 가리킨다. 9는 3의 제곱이고 3으로 나누어떨어진다. 9는 특정 위치를 차지하며, 다른 그 어떤 숫자와의 특정한 연결 속에 위치할 수 있다. 이러한 수의 모든 성

질, 즉 나누어떨어짐, 다른 수와의 관계, 더 간단한 수로부터의 구성, 이 모두는 수 개념 속에서만 드러난다.

10-38-6] 베르너와 같은 연구자들은 원시적 생각의 특성을 분석하고 설명하면서 그 특성을 가장 분명히 드러내는 예로 수 개념을 매우 자주 언급했다. 수 심상 분석을 통해 원시 생각의 특성을 깊이 연구하던 베르트하이머 역시 그러했다. 우리가 보기에 이와 같은 장치는 개념적 생각의 상반된 질적 특이성을 드러내고, 생각 자체를 새로운 위치로 고양함으로써, 개념이 어떻게 대상과 매개된 지식이라는 요소에 의해 무한히 풍부해지는지 보여 주기에 상당히 만족스러운 수단이다.

*M. 베르트하이머(Max Wertheimer, 1880~1943)는 C. 스툼프의 제자였고, K. 레빈, K. 코프카, W. 쾰러의 스승이었다. 그는 지각과 마찬가지로 인간의 생각 또한 배경과 전경의 구조를 가진 장에 토대한다고 가정하는 게슈탈트, 즉 '구조' 심리학파의 창시자이다. 그는 이 구조가 획기적인 방법인 자기관찰을 통해 드러날 수 있다고 생각했으며, 생각은 응시의 대상이 아니라고 생각했던 분트와 달리, 심리적 과정을 타당한 응시의 대상으로 간주했다. 베르트하이머는 평생을 저서인 『생산적 생각』을 집필하는 데 바쳤으며, 책의 완성을 불과 몇 주 앞두고 심장마비로 숨졌다.

*H. 베르너(Heinz Werner, 1890~1964)는 W. 스턴의 제자였다. 그는 미학적 형태의 심리학에 대한 논문으로 비엔나 대학교에서 박사학위를 받았으며 비고츠키와 예술 심리학에 대한 관심을 공유했다. 함부르크 대학교에서 스턴의 조교로 일하다 그가 사망하자 미국

으로 이민하여 버나드 카플란과 협업했다. 그들이 최후로 출간한 연구는 어린이의 상징 형성에 대한 것으로, 비고츠키와는 달리 베르너는 역사문화적인 것이 아닌 유기체적인 언어의 토대를 수립하고자 노력했다.

10-38-7] 우리는 개념적 생각이 우리의 현실 인식에서 어떠한 체계적, 정돈적 기능을 수행하는지를 명확하게 보여 주는 것으로 우리 사례의 분석을 제한할 것이다. 학령기 어린이에게 낱말이 대상의 성姓을 의미한다면, 청소년에게 낱말은 대상의 개념, 즉 대상의 본질, 대상의 구성 법칙 및 그 대상이 나머지 모든 대상들과 맺는 연결, 이미 인식되고 정돈된 현실의 체계 안에서 대상이 차지하는 위치를 의미한다.

39

10-39-1] 경험과 인식의 체계적인 발달로의 이러한 이행은 어린이의 시각적 사고의 특성을 규정하기 위해 그림 묘사법을 사용하는 많은 연구자들에 의해 언급되었다. 피아제는 학령기 어린이의 사고 특성을 '병치'라는 용어를 통해 나타낸다. 이는 어린이 생각에서 종합과 통합의 연약함을 나타낸다. 어린이가 개념에 포함된 모든 특징을 동시에 결합하지 않고 개념의 전체 내용에 대한 등가물로 이런저런 특징을 번갈아 생각하는 것과 똑같이, 그는 자기 생각을 정돈하거나 체계적 측면으로 가져가지 않고 이들을 결합하지 않은 채 엮으면서 마치 하나씩 나란히 놓아두듯 한다.

페드로 로셀로와 장 피아제가 국제교육국International Bureau of Education 회의에서 찍은 이 사진은 촬영일이 정확히 밝혀지지 않았으나 60년대일 것으로 추정된다. 그러나 이는 사진에

대한 요약이자 추상화일 뿐이다. 만약 어린이가 이 사진을 본다면, 한 사람은 담배를 피우고 있고 다른 사람은 낡은 만년필로 무언가를 쓰고 있으며 물병과 서류가방이 놓인 책상 등이 있다고 말할 것이다. 개별 특징들을 서로 연결하지 않고 나열하는 것이다. 정장을 입은 사람들이 회의에서 하는 일이 무엇인지를 아는 청소년들만이 인물들을 연결하고 이들이 중요한 회의에 참가한 중요한 인물들임을 추론할 수 있다. 이것이 카탈로니아 교육자인 P. 로셀로와 J. 피아제가 아주 초기에 (1922) 공동 저술한 『Notes sur les types de description d'images chez l'enfant(어린이의 그림 설명 유형에 대한 기록)』의 내용이다. 파리에서 비네-시몬 검사를 연구하던 피아제는 여기서 처음으로 어린이들이 비네-시몬 검사에서 오답을 하는 이유를 진단하는 '임상적 방법'에 대해 언급한다. 당시 피아제는 정신분석 치료 중이었으며 설문 배열 방식을 자신의 치료자였던 슈필라인이 사용한 질문에 따라 조직하였다. 로셀로는 후에 IBE의 부회장이 된다. 피아제는 1927~1969년 사이에 회장을 역임했다.

10-39-2] 피아제가 말한 것처럼, 어린이의 사고는 생각 논리가 아닌 행동 논리에 의해 지배된다. 생각들이 하나의 주요한 생각에 위계적으로 종속되어 구성되는 방식이 아니라, 한쪽 팔의 움직임이 호출되어 다른 쪽 팔의 움직임과 연결되는 것처럼 한 생각이 다른 생각과 연결된다. 최근에 피아제와 로셀로는 그림 묘사법을 어린이와 청소년의 생각 발달 연구에 적용했다. 이 연구들은 어린이가 특성들을 따로따로 나열하는 단계로부터 해석 단계, 즉 시각-도식적 자료와 자신이 그림에 도입하는 생각 요소를 결합하는 단계로 전환하는 것은 오직 이행적 연령기가 시작되는 때라는 것을 보여 준다.

10-39-3] 논리적 생각 형태는 그림을 묘사하는 기본 수단이다. 이러한 논리적 생각 형태들은 마치 지각의 재료를 정돈하는 것과 같다.

청소년은 지각하면서 생각하기 시작한다. 그의 지각은 구체적 생각으로 변형되고 지성화된다. 번스는 6세에서 15세의 어린이 2,000명을 대상으로, 정의를 내리는 방법을 이용하여 개념을 연구했다. 그 연구 결과는 아래 표에 제시된다. 표에 따르면 이 시기에 목적 지향적이고 기능적인 정의의 양은 개념에 대한 논리적 정의에 자리를 내어 주며 2.5배 이상 감소한다는 것을 쉽게 볼 수 있다.

나이	6	7	8	9	10	11	12	13	14	15
	79%	63%	67%	64%	57%	44%	34%	38%	38%	31%

〈표 4〉 번스의 목적 지향적 정의와 기능적 정의의 비율

> 정의 내리기 방법은 어린이에게 속성이나 예시를 주고 개념을 묻는 것 또는 개념을 주고 예시나 속성을 묻는 것을 포괄한다. 그러나 여기서는 어린이에게 단지 개념에 대한 정의를 요구하는 것처럼 보인다.
>
> 실험자: "돈이란 무엇일까?"
> 6세 어린이: "돈은 내가 갖고 싶은 걸 살 수 있는 거예요."(목적 지향적 정의)
> 10세 어린이: "돈은 물건을 사고파는 거예요."(기능적 정의)
> 성인: "돈은 가치를 교환하는 수단이다. 외상이나 물물교환과는 다른 것이다."(논리적 정의)

10-39-4] 포겔은 청소년이 생각에서 발견하는 관계가 이행적 연령기에 가까워짐에 따라 증가하며, 특히 원인과 결과에 관련된 판단은 학령기로부터 이행적 연령기로 넘어가면서 11배 증가한다는 사실을 확립했다. 이 자료는 피아제가 첫 학령기의 특징으로 확립한 전인과적 생각과 관련하여 특히 흥미로워진다.

> 포겔에 대해서는 **10-24-6** 참조.

10-39-5] 전인과적 사고의 토대는 어린이 지성의 자기중심적 특성으로, 기계적 인과성과 심리적 인과성의 혼합의 결과이다. 피아제에 따르면 이런 전인과성은 현상에 대한 목적 지향적 동기와 진정한 의미에서의 인과적 생각 간의 이행적 단계이다. 어린이는 종종 현상의 원인과 의도를 혼동하며, 피아제가 말했듯이 모든 일은 자연이 매 순간 의미와 의도를 찾고자 하는 어린이 생각의 산물 혹은 더 정확히는 복제품인 것처럼 일어난다.

> 다음은 피아제의 『어린이의 판단과 추론』 영어판 254쪽의 일부이다.
>
> "그렇다면, 전인과성은 다음과 같은 의미라고 할 수 있다, 즉 물리적 인과성과 심리적 혹은 논리적 동기가 미분화된 것이다. 어린이다운 물활론과 인공주의를 그 열매로 맺는 이런 전인과성의 뿌리는 무엇인가? 다시 한 번 우리는 자기중심성과 결과적으로 그것이 일깨우는 지적 사실주의가 그 대답이 될 것이라고 믿는다."

10-39-6] 롤로프의 연구에 따르면 개념을 정의하는 기능은 이행적 연령기가 시작되는 10~12세 사이의 어린이에게서 강하게 증가한다. 이것은 청소년의 논리적 생각 발달과 관련하여 발견된다. 우리는 이미 어린이의 추론 능력이 비교적 늦게 나타난다는(약 14세) 모이만의 의견을 인용한 바 있다. 모이만의 의견에 반박하는 쉬쓸러는 이 과정의 강화를 11~12세 및 16~17세와 관련짓는다. 오르미안은 형식적 생각의 시작을 11세와 관련짓는다.

> H. P. 롤로프는 독일의 교육자였으며, 비고츠키가 본문에서 언급한 책은 다음과 같다.
>
> Roloff, H. P.(1922). Vergleichend-psychologische Untersuchungen über Kindlichen Definitionsleistungen(아동의 정의에 대한 비교 심리학적 연구). Leipzig.

10-39-7] 이 연구들을 어떻게 관련짓든, 하나의 결론은 명확한 것 같다. 즉 외적 측면에서는 어느 정도 모순되는 이 모든 자료들에 따르면, 어린이의 개념적 생각과 논리적 생각은 상대적으로 나중에 발달하며, 이행적 연령기가 시작될 때에만 이 발달의 주요 단계를 밟아 나아가기 시작한다.

10-39-8] 최근 몽샹과 모리츠는 그림 묘사를 이용하여 어린이와 청소년의 생각을 다시 연구했다. 그들의 연구는 전체적인 모든 발달 과정을 연도별로 나누어 모두 7단계로 제시한다. 초기 연령기에도 이미 접근할 수 있는 초보적 그림 묘사에 제한된 대개의 실험과 달리, 새로운 연구는 시각적 생각의 마지막 단계로 정밀한 종합의 단계를 확립한다. 그 단계는 문화화된 성인의 반만 접근할 수 있으며, 평균이 아니라 높은 재능을 시사한다.

10-39-9] 이 자료에 따르면 성 성숙기는 부분적 종합이 이 연령기의 전형적 형태라는 사실로 특징지어진다. 즉 그림의 일반적 의미를 이해하는 것으로, 이는 보통 발달의 여섯째 단계에 해당한다. 또한 이 자료는 어린이의 발달과 여러 단계로의 진행이 사회문화적 조건에 의해 어느 정도 규정되는지 보여 준다. 공립학교 학생들과 사립학교의 학생들을 비교하여 우리가 얻은 유의미한 차이는 사립학교의 78%의 학생들이 11세에 6단계에 도달한 반면, 공립학교 학생들이 비슷한 비율로 이 단계에 도달하는 것은 13~14세라는 것이다.

10-39-10] 정의의 방법을 사용하여 개념 발달을 밝히고자 시도한 엥그의 연구는 또한 발달이 12세부터 큰 진전을 이룬다는 것을 보여 주었다. 14세는 10세보다 정답 수가 거의 4배 증가한다.

엥그에 관해서는 **10-4-10** 참조.

10-39-11] 최근에, 뮐러는 두 가지 검사로 청소년들의 논리적인 능력을 연구했다. 두 검사에서 모두 청소년들은 개념 사이의 관계를 확립하고, 주어진 개념과 특정한 관계에 있는 새로운 개념을 찾아야 했다. 이 과업에 대한 연령별 해결책의 분포는 소년은 13세, 소녀는 12세부터 논리적 생각이 지배적인 형태가 됨을 보여 주었다.

잘 설명하는 것처럼 보이는 비자발적 주의, 색채 인식, 무의미 음절에 대한 기억 등과 관련된 많은 연구를 수행했다. 그는 각 분야에서의 기계론적 원칙이, 전혀 관련이 없는 요소에 의해서도 쉽게 방해받는다는 것을 감지하였다. 예를 들어, 만약 피험자가 무의미 음절의 목록을 암기한 후에 그림을 감상하거나 음악을 듣는다면 음절을 잊기 쉽다. 이를 기계론적 이론을 통해 설명하기는 어렵지만, 기억이 감각과 의미를 지향한다고 가정한다면 쉽게 설명 가능하다.

40

10-40-1] 생각 발달이 그토록 오랫동안 우리 연구의 대상이 된 것은 우리가 이행적 연령기 생각과 말 발달을 다른 비슷비슷한 일련의 부분적 과정들 중 한 발달 과정의 일부로 간주할 수 없기 때문이라는 것을 결론으로 지적하고자 한다.

10-40-2] 이 연령기의 생각은 다른 여러 기능들 중 하나가 아니다. 이 기능의 발달은 다른 나머지 모든 기능과 과정들에 대해 중심적, 핵심적 결정적 의미를 갖는다. 개념 형성 기능의 습득은 청소년의 심리에서 발생하는 모든 변화들의 주요한 중심적 고리이다. 우리는 청소년의 전체 인격과 모든 심리적 기능에 대해 지적 발달이 갖는 선도적 역할을 이보다 더 간명하고 명확하게 표현할 수는 없다. 이 연쇄에서 다른 모든 고리들, 다른 모든 부분적 기능들은 청소년 생각이 성취한 결정적인 성공의 영향으로 지성화되고 변형되고 재구조화된다.

10-40-3] 다음 장에서 우리는 발생적, 기능적, 구조적으로 원시적이고, 더 일찍 나타나며, 단순하고, 개념으로부터 독립적인 저차적 또는

기초적 기능이 개념적 생각의 영향하에 어떻게 재구조화되는지, 이 저차적 기능들이 개념에 토대한 생각에 의해 만들어진 새로운 복잡한 종합 속에 어떻게 고유한 부분으로서, 하위 기관으로서 포함되는지, 그리고 마지막으로 생각의 영향하에 인격과 세계관의 토대가 어떻게 놓이게 되는지를 보이고자 한다.

● 참고 문헌

1. Л. С. 비고츠키. Генетические корни мышления и речи(생각과 말의 발생적 기원). Журн. 《Естествознание и марксизм》. 1929, No 1.

2. Л. С. 사하로프. Об образовании понятий(개념 형성에 대해). Журн. 《Психология》. Т. III, вып. 3, 1930.

3. Л. С. 비고츠키. Педология школьного возраста(학령기 아동학). глава V. Изд. БЗО при педфаке 2 МГУ, 1928.

4. Л. 듀이. Психология и педагогика мышления(생각의 심리학과 교육학). Изд-во 《Мир》. Москва.

5. А. Р. 루리야. Пути развития детского мышления(어린이 생각의 발달 경로). Журн. 《Естествознание и марксизм》. 1919, No. 2.

6. 피아제, том 1. Речь и мышление ребенка(어린이의 말과 생각); том. II. Суждение и умозаключение ребенка(어린이의 판단과 추론). Перевод с франц. Гиз., 1930. (Печатается.)

● 청소년기의 생각 발달과 개념 형성

1931년에 진행된 연구에서 비고츠키는 13세의 위기와 성적, 생물적, 사회-문화적 성숙이 이루어지는 이행적 연령기라는 안정적 시기의 차이를 아직 발전시키지는 못하고 있었다(『연령과 위기』 참고). 위기와 안정적 시기의 구별은 약 1년 뒤 1932년에 나타난다. 그러나 흥미에 관한 장 7절에서 볼 수 있듯이, 비고츠키는 결정적이며 이행적인 부정적 국면과 안정적이며 영구적인 긍정적 국면을 이미 명확하게 구별하고 있으며, 양 국면에서의 새로운 형성에 관한 그의 방점이 이미 드러나 있다.

비고츠키는 청소년기가 유년기에 대한 질적 발전이라는 것을 보여 주기 위해서, 3세의 위기(『의식과 숙달』 3장)가 13세의 위기(『분열과 사랑』 0장)와 형태 면에서 다르다는 것을 보여 주는 것이나, 이어지는 안정적 시기의 중학교 내용이 전학령기의 내용과 다르다는 것을 보여 주는 것만으로 충분치 않다고 여겼다. 비고츠키는 생각의 형식(구조)과 내용(기능)이 모두 새로우며, 발생적으로 내적으로 연결되어 있고, 발달에 긍정적이면서 지속적인 중대한 공헌을 한다는 것을 증명하려 하였다.

개념적 생각의 새로운 형식과 개념적 생각의 새로운 기능의 발달, 그것이 이 장의 내용이다. 이 장이 9장보다 거의 4배나 긴 것은 놀랍지 않다. 사실 이 장은 비고츠키가 쓴 가장 긴 논문이다. 그러나 비고츠키는 이 길고 복잡한 내용을 놀랍도록 간단한 형태로 짜 맞춘다. 그것은 에빙하우스에 의해 확립된 IMRaD(도입-방법-결과-논의, Introduction-Method-Results-and-Discussion) 형식으로 오늘날에도 여전히 사용되고 있다. 한편으로 이는 이 장이 오렌지처럼 쉽게 분간할 수 있는 4개의 부분으로 나뉜다는 것을 의미한다. 다른 한편으로, 특히 비고츠키가 마지막 논의에 완전히 새로운 발생적 절단법을 도입했기 때문에, 각 부분의 길이는 매우 차이가 난다.

I. 비고츠키의 도입은 보통 그러하듯 비판적이며, 심지어 논쟁적이다. 비고츠키가 목표로 삼은 대상은 청소년의 생각에 새로운 형식은 없으며 오직 새로운 내용만이 나타난다는, 오늘날 주류적인 관점이다. 이 관점에 따르면 감각적 지각, 기억, 지성, 심지어 말조차도 구조에서는 기본적으로 고정적이다(1). 위기에 나타나는 새로운 것은 단지 기능들로서 특히 성적 성숙, 반항, 정서적 민감성이 두드러진다. 오늘날에도 여전히 남아 있는 이러한 관점은 생각의 형태와 내용을 마치 액체와 컵의 관계처럼 상정한다고 비고츠키는 지적한다(2). 컵은 우유를 채우든 맥주를 채우든 아무 영향을 받지 않는다. 질적인 변화를 겪지 않는 것은 오직 저차적인 기초 기능들, 예컨대 의미화되지 않은 지각, 비언어적 기억, 실천 지성, 말소리 등이며, 이러한 저차적 기능을 바탕으로 완전히 새로운 기능들이 세워진다고 비고츠키는 주장한다(3). 복잡한 새로운 기능에 상응하는 새

로운 구조는 논리적 생각을 통해 분류된 추상적 개념으로, 이들은 기원상 생물적이 아니라 문화-역사적이다(4). 대수나 미적분은 단순히 산술에서 사용하는 것과 동일한 수를 이용한 새로운 종류의 문제가 아님이 명백하다. 이는 어린이에게 지각이나 기억을 통해 주어지지 않는 완전히 새로운 수 개념이다. 주류 이론에서 청소년의 중심적 내용으로 생각되었던 정서적 변화조차도 기존의 관계라는 그릇에 성적 내용이라는 내용물을 부어 넣는 식으로 환원될 수 없다. 최소한 여기에는 새로운 자아개념과 주변 사람들에 대한 새로운 개념화가 수반된다. 이런 식으로 비고츠키는 내용과 형식의 이원론을 초월한다. 새로운 구조는 새로운 기능으로 설명될 수 있으며 새로운 기능은 다시, 그것의 문화역사적 발달을 통해서만 설명된다. 이는 이러한 새로운 구조와 기능을 연구하는 방법이 그 자체로 문화역사적이며 발달적이 되어야 함을 의미한다. 문화역사적이 되기 위해서는 낱말의 사용이 필수적이다. 발달적이 되기 위해서 연구 방법은 어린이, 청소년, 어른을 전혀 상이한 용어로 비교해야 한다. 그러나 비교단위 자체가 서로 다르다면 이들을 어떻게 서로 비교할 수 있을까? 이는 마치 어린이, 청소년, 어른을 측정하기 위해 그들 자신의 팔, 다리 길이를 단위로 사용하는 것과 유사하다.

II. 비고츠키의 방법에 관한 절 또한 비판적이다. 낱말을 정의하는 방법이 비판받은 이유는 바로 그 방법이 기존의 낱말들을 사용함에 따라, 이 낱말의 의미가 처음으로 구성되는 기초적 과정을 나타낼 수 없기 때문이다. 객관적 대상들의 특징을 개념으로 일반화시키는 방법(예를 들어, C. 뷜러의 그리기와 만들기에 대한 연구; 보존 개념에 대한 피아제의 후기 실험)은 과정의 첫 부분을 드러내지만, 과정을 정점으로 이끄는 낱말을 포함하지 않기 때문에 비판받았다(5). 비고츠키는 아흐의 방법을 설명한다. 아흐의 방법은 인공적 개념을 명명하기 위해 무의미 단어를 사용하는 것으로, 리마트에 의해 아동과 청소년에게 적용되었다(예를 들어, '가츤'은 '크고 무거운'을 뜻하고, '팔'은 '작고 가벼운'을 뜻한다)(6). 하지만 아흐와 리마트는 물체의 이름을 실험의 초반에 도입한 후, 인공적 개념의 특성을 직접 가르친다. 이는 정의 방법에 가깝다. 사하로프와 비고츠키는 이를 뒤집어, 대상의 객관적인 특성으로 시작하여 어린이에게 어떤 대상이 어떤 개념의 예시로 쓰일 수 있는지 묻는다. 이와 같은 방식으로, 비고츠키와 사하로프는 기능적 이중 자극법을 만들어 낸다. 이 방법에서는 아흐와 리마트의 실험의 유일한 목적이었던 분류는 단지 하나의 자극이 되고, 개념적 의미를 지닌 낱말은 목표를 달성하게 하는 두 번째 자극이 된다(7). 비고츠키는 자신들이 얻은 결과를 가지고 뷜러를 날카롭고, 신랄하게 비판함으로써 방법에 관한 절을 마무리한다. 지각, 주의, 판단의 기본 기능들은 청소년기에 새로운 것이 아니지만, 또한 의사개념 이상의 무엇을 만들어 내기에는 충분하지 않다. 진정한 개념을 위해서, 청소년은 이 모든 기본 기능들과 새로운 유형의 낱말 의미를 결합해야 한다(8).

III. 이제 비고츠키는 그 결과를 자세히 설명한다. 블록 문제 해결의 1단계는 어린이의 주관적 목표와 블록의 객관적인 특징을 구분하지 않는 혼합적 '더미'를 포함했다. 혼합적 형태 단계의 첫 국면이 무작위적인 시행착오임은 분명하다. 둘째 국면은 어린이 자신의 주관적 지각에 따라, 가까운 블록들을 명명된 더미로 모으는 것이다. 셋째 국면은 이중 분류를 포함한다. 먼저 블록은 더미로 분류되고, 그다음에 이 더미에서 선택된 것으로 상위 더미가 형성된다. 그러나 여기에도 실험적 낱말이 주관적인 선택의 더미 그 이상을 의미하도록 하는 객관적인 잣대는 전혀 없다(9). 블록 문제 해결의 2단계는 블록들의 객관적 특질(색깔, 모양, 크기)에 대한 일반화를 토대로 하는 구체적 복합체의 생성을 포함한다. 그러나 이 복합체는 지름이나 높이와 같은 추상적 개념에 토대하지 않는다. 이 2단계는 다섯 개의 국면으로 나뉜다. 2단계의 첫째 국면은 연합복합체이다. 이는 하나의 견본을 선택하고, 이를 중심으로 다른 블록들을 다양하게 연합적으로 연결하는 것이다(10). 2단계의 둘째 국면은 수집복합체이다. 수집복합체는 옷 입기, 밥 먹기, 수표 수집, 동전 수집, 인형 수집, 장난감 수집과 같이 실제적인 조작에 포함되는 서로 다른 대상들의 집합에 토대한다. 연합복합체가 유사성에 따른 것이라면, 수집복합체는 차이에 의한 것이다(11). 2단계의 셋째 국면은 사슬복합체이다. 이는 대상을 구분하는 것이 아니라 대상들의 연결 계기를 구분하는 것에 토대한다. 이는 핵심적인 견본이 없다는 점에서 연합복합체와 다르고, 실제적인 조작으로 묶이지 않는다는 점에서 수집복합체와 다르다(12). 2단계의 네번째 국면은 확산복합체이다. 확산복합체는 하늘의 별처럼 많은 후손을 지니리라는 성경 이야기의 계보처럼 무한히 확장적인 연합에 토대한다. 이는 단일한 발달 노선이 없다는 점에서 사슬복합체와 다르다(13). 2단계의 최고봉인 다섯째 국면은 의사개념이다. 의사개념은 외적으로는 말에 의해 정의되지만 내적으로는 확산적이고 여전히 구체적인 생각에 의해 정의된다(14). 비고츠키는 '대타적 개념이되 대자적 개념은 아닌' 이런 기만적 특성을 강조한다. 이것은 한편으로는 이행적 형태이지만, 다른 한편으로는 비체계적인 어른의 생각에도 여전히 존재하는 것이다(15). 그러나 이제 비고츠키는 실험 자료의 인위적 특성을 지적하면서 '기능적 검증', 즉 현장에서 나온 자료의 필요성을 인정한다. 그는 또한 후자의 뒤섞이고 경험적인 특성을 지적하며, 그들의 상보성을 주장한다(16). 비고츠키는 어린이 언어 연구(17), 인류언어학(18), 역사언어학(19), 장애학(20)에서 복합체적 생각의 기능적 검증을 찾아낸다. 또한 비고츠키는 잠재적 개념의 3단계가 되어야만 구체적인 생각과의 연결이 끊어진다고 주장한다(21). 그러나 청소년기 이전에 많이 존재했던 잠재적 개념의 추상화는 아직도 사회문화적 환경에서 발견되는 계층화되고 체계화된 개념적 낱말 의미와는 동일하지 않다(22). 비고츠키는 의사개념에서 진개념으로의 이행이 하나가 끝나고 다른 하나가 시작되는 기계적인 것이 아님을 지적하면서 잠재적 개념에 대한 논의를 시작한다. 그 이행은 마치 하나의 구조판이 다른 판 밑으로 들어가는 것과 유사하다. 그래서 13세의 위기나 의사개념의 이행적 신형성과 같은 '지진'이 일어나는 것이다(23). 비고츠키는 심지어 서로 다른 발달 단계는 서로 다른 일상 활동에 상응한다는 블론스키의 생각에 동의하기까지 한다. 예를 들어 수면을 통한 식물적 성장, 영양섭취를 통한 동물적 발달, 일과 공부와 놀이를 통한 사회문화적 발달이다. 그러나 비고츠키는 개념이 한편으로 연합적 묶기, 다른 한편으로 판단을 통해 형성된다는 뷜러의 의견에는 동의하지 않는다(24). 비고츠키에 따르면 진개념은 두 개의 뿌리를 지니지만 이것이 뷜러의 주장처럼 연합과 판단은 아니다. 두 뿌리는 복합체적 생각(구체적인 일반화)과 잠재적 개념이다. 그러나 이를 위해서 청소년은 새로운 생각 양식 즉 자발적으로 조절할 수 있는 논리적 추상을 필요로 한다. 이를 연구하기 위해서는 새로운 연구 방법, 즉 발생적 절단법이 필요하다(25). 마지막 절에서 비고츠키는 다른 연구자들의 연구를 비교하는 메타 연구에 이 방법을 적용한다.

IV. 이 긴 마지막 논의에서 비고츠키는 진개념 형성의 구조와 양식, 그리고 이것이 일으키는 생각 내용의 변화의 윤곽을 그리고 발생적 절단법을 이용하여 어린이와 청소년의 생각 형태에 대한 연구들을 비교하며 결론을 맺는다. 비고츠키의 비교는, 다시 한 번, 매우 비판적이다. 그는 어린이가 모방을 통해 자신의 '계급 심리'를 익힌다는 블론스키의 주장에 동의한다. 예컨대 어린이가 사람은 바뀌지만 역할은 그대로인 노동자 계급의 태도를 익히기 위해서는, 혹은 똑같은 사람이 다양한 역할을 수행하는 중산층 계급의 성향을 익히기 위해서는 직접적 경험이 요구된다. 비고츠키는 어린이보다 광범위한 청소년의 경험으로 그로스의 통시적 연구 결과를 설명한다. 그로스에 따르면 어린이는 회귀적 질문에서 전진적 질문으로, 규정 질문에서 결정 질문으로 나아간다(26). 그러나 비고츠키에게 이는 '말의 도움을 통해 자연에 대한 인격의 관계를 포괄하는 일련의 체계의 형성', 즉 어휘는 물론 새로운 문법 형태의 광범위한 경험이다(27).

비고츠키는 정의의 방법('사랑이란 무엇일까?')을 통해 얻은 자료를 이용하여 이 결과를 확증하지만, 이 자료는 청소년이 추상적 개념을 규정할 수는 있되 종종 매우 구체적인 방식으로 규정함을 보여 준다. (사랑은 한 사람이 결혼을 하고 싶을 때, 남자가 여자 앞에서 무릎 꿇고 결혼해 달라고 청혼하는 것이에요)(28). 비고츠키는 이 관점을 거부한 뷜러에 동의하지만, 안정된 지각은 판단이 개념 형성을 위한 필요충분조건임을 보여 주는 뷜러의 견해는 거부한다. 비고츠키는 전체 판단의 체계만이 개념 형성을 가능하게 한다고 말한다(29). 비고츠키가 이러한 관점들을 거부하는 이유는 이 관점들이 아주 어린 아이들의 개념 형성을 가능하다고 생각하기 때문이며, 실제로 뷜러는 어떤 대상이 크고 멀리 있는지 아니면 작고 가까이 있는지를 판단하는 능력은 본성상 개념적이라고 주장한다. 그리하여 이제 비고츠키는 논리적 생각이 14세 무렵이 되어야만 나타난다는 주장을 한 모이만에 동의한다. 우스나드제(31)와 피아제(32~33), 그리고 레온티예프(34~35)의 발생적 단면 연구는 모이만이 본질적으로 옳았음을 보여 준다. 우스나드제는 청소년들의 정의조차도 단일 특성에 대한 기술에 더 가깝다는 것을 발견했으며, 레온티예프가 재연했던 피아제의 연구는 이행적 연령기가 속담에 대한 비유적 해석에서 얻어지는 언어적, 추상적 생각보다 문자 그대로의 해석에서 나타나는 시각-도식적 논리로 특징지어진다는 것을 보여 준다(36). 그라우코프의 발생적 단면 연구는 청소년의 비유가 종종 어른의 비유와 반대된다는 것을 보여 준다. 구체적 이미지가 추상적 개념의 구성 재료가 되는 대신, '사랑', '죽음'과 같은 추상적 개념이 구체적 이미지에 의미를 부여하는 것이다(37). 비고츠키는 구체적 심상과 추상적 생각의 이러한 이상한 '비네가레트'를 수를 예시로 설명한다. 수는 유아에게는 대개 직접 지각에 토대하며, 학령기 어린이에게는 수 심상에 토대하지만, 청소년에게는 다른 수와의 관계에 토대한다(38). 비고츠키는 이 모든 연구의 결과들이 그다지 일치하지 않지만, 그럼에도 불구하고 모두가 3세 어린이도 개념 형성을 위한 필요충분조건을 가지고 있다고 가정한 뷜러가 틀렸음을 보여 준다고 말한다(39). 결론적으로 비고츠키는 개념 형성이 청소년의 중심적 신형성이지만, 이는 또한 더 고등한 심리적 기능으로의 훨씬 더 일반적인 이행을 보여 주는 한 사례일 뿐이라고 말한다. 이 더 고등한 심리기능으로의 이행은 바로 다음 장의 주제이다.

교육의 본질을 고민하고 진정한 교육적 혁신을 위해 비고츠키를 연구하는 모임, 비고츠키 원전을 번역하고 현장 연구를 통한 논문을 지속적으로 발표해 오고 있다. 진지하고 성실한 학문적 접근을 통해 비고츠키 사상을 이해하고자 하는 이라면 누구나 함께할 수 있다. 『흥미와 개념』의 번역에 참여한 회원은 다음과 같다.

데이비드 켈로그David Kellogg 맥쿼리대학교 언어학 박사. 상명대학교 영어교육과 교수. 비고츠키 한국어 선집 공동 번역 작업에 참여하였습니다. *Applied Linguistics, Modern Language Journal, Language Teaching Research, Mind Culture & Activity* 등의 해외 유수 학술지에 지속적으로 논문을 게재해 오고 있으며 동시에 다수의 국제 학술지 리뷰어로 활동하고 있습니다. 비고츠키 연구의 권위자로 인정받고 있습니다.

김용호 서울교육대학교와 교육대학원을 졸업하고 한국교원대학교에서 교육학 박사학위를 받았습니다. 서울북한산초등학교에서 근무하고 있습니다. 켈로그 교수님과 함께 외국어 학습과 어린이 발달 일반의 관계를 공부해 왔습니다.

이두표 서울에 있는 개봉중학교 과학 교사로 서울대학교 물리교육과와 대학원 과학교육과를 졸업하였습니다. 2010년 여름 비고츠키를 처음 만난 후 그 매력에 푹 빠져 꾸준히 비고츠키를 공부하고 있습니다.

이미영 서울교육대학교를 졸업하고 서울한천초등학교 교사로 근무하고 있습니다. 서울교육대학교 대학원 영어교육과에서 켈로그 교수님을 통해 비고츠키를 처음 접하고 공부하고 있습니다.

최영미 춘천교육대학교를 졸업하고 현재 위례고운초등학교에서 근무하고 있습니다. D. 켈로그 교수님을 만난 것이 제 일생의 커다란 사건이 되어, 든든한 동지 선생님들과 『도구와 기호』를 함께 번역한 것을 시작으로 지금도 가르치는 일의 의미를 계속 공부하고 있습니다.

한희정 청주교육대학교와 한국교원대학교를 졸업하고, 현재 서울정릉초등학교에 근무하며 경희대학교에서 교육과정 박사과정을 밟고 있습니다. 어린이의 성장과 발달을 돕는 교육과정-수업-평가라는 고민에 대한 답을 비고츠키를 통해 찾아가고 있습니다.

남기택 공주교육대학교와 한국교원대학교 교육대학원을 졸업하고, 현재 천안 소망초등학교에서 근무하고 있습니다. 인디스쿨에서 교육 도서 번역모임 공지를 보고 비코츠키 저서 번역에 참여하게 되었습니다. 비고츠키를 공부하면서 아이들의 세계에 한 발 더 다가갈 수 있기를 기대합니다.

하승현 경인교대 국어교육과를 졸업하여, 경기도 광숭초등학교에서 근무 중입니다. 평소 번역 활동과, 아동학, 발달심리학에 관심을 가지고 있던 차 뜻깊은 모임을 알게 되어 함께하고 있습니다.

*비고츠키 연구회와 함께 번역, 연구 작업에 동참하고 싶으신 분들은 iron_lung@hanmail.net으로 문의해 주시기 바랍니다.

삶의 행복을 꿈꾸는 교육은 어디에서 오는가?

● **교육혁명을 앞당기는 배움책 이야기** 혁신교육의 철학과 잉걸진 미래를 만나다!

● 비고츠키 선집 시리즈 발달과 협력의 교육학 어떻게 읽을 것인가?

생각과 말
레프 세묘노비치 비고츠키 지음
배희철·김용호·D. 켈로그 옮김 | 690쪽 | 값 33,000원

도구와 기호
비고츠키·루리야 지음 | 비고츠키 연구회 옮김
336쪽 | 값 16,000원

어린이 자기행동숙달의 역사와 발달 Ⅰ
L.S. 비고츠키 지음 | 비고츠키 연구회 옮김
564쪽 | 값 28,000원

어린이 자기행동숙달의 역사와 발달 Ⅱ
L.S. 비고츠키 지음 | 비고츠키 연구회 옮김
552쪽 | 값 28,000원

어린이의 상상과 창조
L.S. 비고츠키 지음 | 비고츠키 연구회 옮김
280쪽 | 값 15,000원

비고츠키와 인지 발달의 비밀
A.R. 루리야 지음 | 배희철 옮김 | 280쪽 | 값 15,000원

수업과 수업 사이
비고츠키 연구회 지음 | 196쪽 | 값 12,000원

비고츠키의 발달교육이란 무엇인가?
비고츠키교육학실천연구모임 지음 | 412쪽 | 값 21,000원

비고츠키 철학으로 본 핀란드 교육과정
배희철 지음 | 456쪽 | 값 23,000원

성장과 분화
L.S. 비고츠키 지음 | 비고츠키 연구회 옮김
308쪽 | 값 15,000원

연령과 위기
L.S. 비고츠키 지음 | 비고츠키 연구회 옮김
336쪽 | 값 17,000원

의식과 숙달
L.S 비고츠키 | 비고츠키 연구회 옮김
348쪽 | 값 17,000원

분열과 사랑
L.S. 비고츠키 지음 | 비고츠키 연구회 옮김
260쪽 | 값 16,000원

성애와 갈등
L.S. 비고츠키 지음 | 비고츠키 연구회 옮김
268쪽 | 값 17,000원

흥미와 개념
L.S. 비고츠키 지음 | 비고츠키 연구회 옮김
408쪽 | 값 21,000원

관계의 교육학, 비고츠키
진보교육연구소 비고츠키교육학실천연구모임 지음
300쪽 | 값 15,000원

비고츠키 생각과 말 쉽게 읽기
진보교육연구소 비고츠키교육학실천연구모임 지음
316쪽 | 값 15,000원

교사와 부모를 위한 비고츠키 교육학
카르포프 지음 | 실천교사번역팀 옮김
308쪽 | 값 15,000원

혁신교육 존 듀이에게 묻다
서용선 지음 | 292쪽 | 값 14,000원

다시 읽는 조선 교육사
이만규 지음 | 750쪽 | 값 33,000원

대한민국 교육혁명
교육혁명공동행동 연구위원회 지음
224쪽 | 값 12,000원

독일 교육, 왜 강한가?
박성희 지음 | 324쪽 | 값 15,000원

핀란드 교육의 기적
한넬레 니에미 외 엮음 | 장수명 외 옮김
456쪽 | 값 23,000원

한국 교육의 현실과 전망
심성보 지음 | 724쪽 | 값 35,000원

4·16, 질문이 있는 교실 마주이야기 통합수업으로 혁신교육과정을 재구성하다!

통하는 공부
김태호·김형우·이경석·심우근·허진만 지음
324쪽 | 값 15,000원

내일 수업 어떻게 하지?
아이함께 지음 | 300쪽 | 값 15,000원
2015 세종도서 교양부문

인간 회복의 교육
성래운 지음 | 260쪽 | 값 13,000원

교과서 너머 교육과정 마주하기
이윤미 외 지음 | 368쪽 | 값 17,000원

수업 고수들
수업·교육과정·평가를 말하다
박현숙 외 지음 | 368쪽 | 값 17,000원

도덕 수업, 책으로 묻고 윤리로 답하다
울산도덕교사모임 지음 | 320쪽 | 값 15,000원

체육 교사, 수업을 말하다
전용진 지음 | 304쪽 | 값 15,000원

교실을 위한 프레이리
아이러 쇼어 엮음 | 사람대사람 옮김
412쪽 | 값 18,000원

마을교육공동체란 무엇인가?
서용선 외 지음 | 360쪽 | 값 17,000원

교사, 학교를 바꾸다
정진화 지음 | 372쪽 | 값 17,000원

함께 배움
학생 주도 배움 중심 수업 이렇게 한다
니시카와 준 지음 | 백경석 옮김 | 280쪽 | 값 15,000원

공교육은 왜?
홍섭근 지음 | 352쪽 | 값 16,000원

자기혁신과 공동의 성장을 위한
교사들의 필리버스터
윤양수·원종희·장군·조경삼 지음 | 280쪽 | 값 14,000원

함께 배움 이렇게 시작한다
니시카와 준 지음 | 백경석 옮김 | 196쪽 | 값 12,000원

함께 배움 교사의 말하기
니시카와 준 지음 | 백경석 옮김 | 188쪽 | 값 12,000원

교육과정 통합, 어떻게 할 것인가?
성열관 외 지음 | 192쪽 | 값 13,000원

미래교육의 열쇠, 창의적 문화교육
심광현·노명우·강정석 지음 | 368쪽 | 값 16,000원

주제통합수업,
아이들을 수업의 주인공으로!
이윤미 외 지음 | 392쪽 | 값 17,000원

수업과 교육의 지평을 확장하는 **수업 비평**
윤양수 지음 | 316쪽 | 값 15,000원
2014 문화체육관광부 우수교양도서

교사, 선생이 되다
김태은 지음 | 260쪽 | 값 13,000원

교사의 전문성, 어떻게 만들어지나
국제교원노조연맹 보고서 | 김석규 옮김
392쪽 | 값 17,000원

수업의 정치
윤양수·원종희·장군 지음 | 280쪽 | 값 14,000원

학교협동조합,
현장체험학습과 마을교육공동체를 잇다
주수원 외 지음 | 296쪽 | 값 15,000원

거꾸로 교실,
잠자는 아이들을 깨우는 수업의 비밀
이민경 지음 | 280쪽 | 값 14,000원

교사는 무엇으로 사는가
정은균 지음 | 292쪽 | 값 15,000원

마음의 힘을 기르는 감성수업
조선미 외 지음 | 300쪽 | 값 15,000원

작은 학교 아이들
지경준 엮음 | 376쪽 | 값 17,000원

아이들의 배움은 어떻게 깊어지는가
이시이 준지 지음 | 방지현·이창희 옮김
200쪽 | 값 11,000원

대한민국 입시혁명
참교육연구소 입시연구팀 지음 | 220쪽 | 값 12,000원

교사를 세우는 교육과정
박승열 지음 | 312쪽 | 값 15,000원

전국 17명 교육감들과 나눈 **교육 대담**
최창의 대담·기록 | 272쪽 | 값 15,000원

들뢰즈와 가타리를 통해 유아교육 읽기
리세롯 마리엣 올슨 지음 | 이연선 외 옮김
328쪽 | 값 17,000원

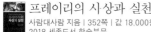
학교 혁신의 길, 아이들에게 묻다
남궁상운 외 지음 | 272쪽 | 값 15,000원

프레이리의 사상과 실천
사람대사람 지음 | 352쪽 | 값 18,000원
2018 세종도서 학술부문

혁신학교, 한국 교육의 미래를 열다
송순재 외 지음 | 608쪽 | 값 30,000원

페다고지를 위하여
프레네의 『페다고지 불변요소』 읽기
박찬영 지음 | 296쪽 | 값 15,000원

노자와 탈현대 문명
홍승표 지음 | 284쪽 | 값 15,000원

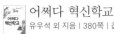
선생님, 민주시민교육이 뭐예요?
염경미 지음 | 244쪽 | 값 15,000원

어쩌다 혁신학교
유우석 외 지음 | 380쪽 | 값 17,000원

미래, 교육을 묻다
정광필 지음 | 232쪽 | 값 15,000원

대학, 협동조합으로 교육하라
박주희 외 지음 | 252쪽 | 값 15,000원

입시, 어떻게 바꿀 것인가?
노기원 지음 | 306쪽 | 값 15,000원

촛불시대, 혁신교육을 말하다
이용관 지음 | 240쪽 | 값 15,000원

라운드 스터디
이시이 데루마사 외 엮음 | 224쪽 | 값 15,000원

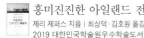
미래교육을 디자인하는 학교교육과정
박승열 외 지음 | 348쪽 | 값 18,000원

흥미진진한 아일랜드 전환학년 이야기
제리 제퍼스 지음 | 최상덕·김호원 옮김 | 508쪽 | 값 27,000원
2019 대한민국학술원우수학술도서

폭력 교실에 맞서는 용기
따돌림사회연구모임 학급운영팀 지음
272쪽 | 값 15,000원

그래도 혁신학교
박은혜 외 지음 | 248쪽 | 값 15,000원

학교는 어떤 공동체인가?
성열관 외 지음 | 228쪽 | 값 15,000원

학교 민주주의의 불한당들
정은균 지음 | 276쪽 | 값 14,000원

교육과정, 수업, 평가의 일체화
리사 카터 지음 | 박승열 외 옮김 | 196쪽 | 값 13,000원

학교를 개선하는 교장
지속가능한 학교 혁신을 위한 실천 전략
마이클 풀란 지음 | 서동연·정효준 옮김 | 216쪽 | 값 13,000원

공자던, 논어는 이것이다
유문상 지음 | 392쪽 | 값 18,000원

교사와 부모를 위한
발달교육이란 무엇인가?
현광일 지음 | 380쪽 | 값 18,000원

교사, 이오덕에게 길을 묻다
이무완 지음 | 328쪽 | 값 15,000원

낙오자 없는 스웨덴 교육
레이프 스트란드베리 지음 | 변광수 옮김
208쪽 | 값 13,000원

끝나지 않은 마지막 수업
장석웅 지음 | 328쪽 | 값 20,000원

경기꿈의학교
진흥섭 외 지음 | 360쪽 | 값 17,000원

학교를 말한다
이성우 지음 | 292쪽 | 값 15,000원

행복도시 세종,
혁신교육으로 디자인하다
곽순일 외 지음 | 392쪽 | 값 18,000원

나는 거꾸로 교실 거꾸로 교사
류광모·임정훈 지음 | 212쪽 | 값 13,000원

교실 속으로 간 이해중심 교육과정
온정덕 외 지음 | 224쪽 | 값 13,000원

교실, 평화를 말하다
따돌림사회연구모임 초등우정팀 지음
268쪽 | 값 15,000원

학교자율운영 2.0
김용 지음 | 240쪽 | 값 15,000원

학교자치를 부탁해
유우석 외 지음 | 252쪽 | 값 15,000원

국제이해교육 페다고지
강순원 외 지음 | 256쪽 | 값 15,000원

교사 전쟁
다나 골드스타인 지음 | 유성상 외 옮김
468쪽 | 값 23,000원

시민, 학교에 가다
최형규 지음 | 260쪽 | 값 15,000원

학교를 살리는 회복적 생활교육
김민자·이순영·정선영 지음 | 256쪽 | 값 15,000원

교사를 위한 교육학 강의
이형빈 지음 | 336쪽 | 값 17,000원

새로운학교 학생을 날게 하다
새로운학교네트워크 총서 02 | 408쪽 | 값 20,000원

세월호가 묻고 교육이 답하다
경기도교육연구원 지음 | 214쪽 | 값 13,000원

미래교육, 어떻게 만들어갈 것인가?
송기상·김성천 지음 | 300쪽 | 값 16,000원
2019 세종도서 교양부문

교육에 대한 오해
우문영 지음 | 224쪽 | 값 15,000원

혁신교육지구 현장을 가다
이용운 외 4인 지음 | 344쪽 | 값 18,000원

배움의 독립선언, 평생학습
정민승 지음 | 240쪽 | 값 15,000원

선생님, 페미니즘이 뭐예요?
염경미 지음 | 280쪽 | 값 15,000원

평화의 교육과정 섬김의 리더십
이준원·이형빈 지음 | 292쪽 | 값 16,000원

수포자의 시대
김성수·이형빈 지음 | 252쪽 | 값 15,000원

혁신학교와 실천적 교육과정
신은희 지음 | 236쪽 | 값 15,000원

삶의 시간을 잇는 문화예술교육
고영직 지음 | 292쪽 | 값 16,000원

혐오, 교실에 들어오다
이혜정 외 지음 | 232쪽 | 값 15,000원

**혁신교육지구와 마을교육공동체는
어떻게 만들어지는가?**
김태정 지음 | 376쪽 | 값 18,000원

**선생님, 특성화고 자기소개서
어떻게 써요?**
이지영 지음 | 322쪽 | 값 17,000원

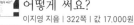
학생과 교사, 수업을 묻다
전용진 지음 | 344쪽 | 값 18,000원

혁신학교의 꽃, 교육과정 다시 그리기
안재일 지음 | 344쪽 | 값 18,000원

● **살림터 참교육 문예 시리즈** 영혼이 있는 삶을 가르치는 온 선생님을 만나다!

꽃보다 귀한 우리 아이는
조재도 지음 | 244쪽 | 값 12,000원

성깔 있는 나무들
최은숙 지음 | 244쪽 | 값 12,000원

아이들에게 세상을 배웠네
명혜정 지음 | 240쪽 | 값 12,000원

밥상에서 세상으로
김흥숙 지음 | 280쪽 | 값 13,000원

우물쭈물하다 끝난 교사 이야기
유기창 지음 | 380쪽 | 값 17,000원

선생님이 먼저 때렸는데요
강병철 지음 | 248쪽 | 값 12,000원

서울 여자, 시골 선생님 되다
조경선 지음 | 252쪽 | 값 12,000원

행복한 창의 교육
최창의 지음 | 328쪽 | 값 15,000원

북유럽 교육 기행
정애경 외 14인 지음 | 288쪽 | 값 14,000원

시험 시간에 웃은 건 처음이에요
조규선 지음 | 252쪽 | 값 15,000원

● 교과서 밖에서 만나는 역사 교실 상식이 통하는 살아 있는 역사를 만나다

 전봉준과 동학농민혁명
조광환 지음 | 336쪽 | 값 15,000원

 남도의 기억을 걷다
노성태 지음 | 344쪽 | 값 14,000원

 응답하라 한국사 1·2
김은석 지음 | 356쪽·368쪽 | 각권 값 15,000원

 즐거운 국사수업 32강
김남선 지음 | 280쪽 | 값 11,000원

 즐거운 세계사 수업
김은석 지음 | 328쪽 | 값 13,000원

 강화도의 기억을 걷다
최보길 지음 | 276쪽 | 값 14,000원

 광주의 기억을 걷다
노성태 지음 | 348쪽 | 값 15,000원

 선생님도 궁금해하는
한국사의 비밀 20가지
김은석 지음 | 312쪽 | 값 15,000원

 걸림돌
키르스텐 세룹-빌펠트 지음 | 문봉애 옮김
248쪽 | 값 13,000원

 역사수업을 부탁해
열 사람의 한 걸음 지음 | 388쪽 | 값 18,000원

 진실과 거짓, 인물 한국사
하성환 지음 | 400쪽 | 값 18,000원

 우리 역사에서 사라진
근현대 인물 한국사
하성환 지음 | 296쪽 | 값 18,000원

 꼬물꼬물 거꾸로 역사수업
역모자들 지음 | 436쪽 | 값 23,000원

 즐거운 동아시아사 수업
김은석 지음 | 240쪽 | 값 15,000원

 교과서 밖에서 배우는 역사 공부
정은교 지음 | 292쪽 | 값 14,000원

 팔만대장경도 모르면 빨래판이다
전병철 지음 | 360쪽 | 값 16,000원

  빨래판도 잘 보면 팔만대장경이다
전병철 지음 | 360쪽 | 값 16,000원

 영화는 역사다
강성률 지음 | 288쪽 | 값 13,000원

 친일 영화의 해부학
강성률 지음 | 264쪽 | 값 15,000원

 한국 고대사의 비밀
김은석 지음 | 304쪽 | 값 13,000원

 조선족 근현대 교육사
정미량 지음 | 320쪽 | 값 15,000원

 다시 읽는 조선근대 교육의 사상과 운동
윤건차 지음 | 이명실·심성보 옮김 | 516쪽 | 값 25,000원

 음악과 함께 떠나는 세계의 혁명 이야기
조광환 지음 | 292쪽 | 값 15,000원

 논쟁으로 보는 일본 근대 교육의 역사
이명실 지음 | 324쪽 | 값 17,000원

 다시, 독립의 기억을 걷다
노성태 지음 | 320쪽 | 값 16,000원

 한국사 리뷰
김은석 지음 | 244쪽 | 값 15,000원

 경남의 기억을 걷다
류형진 외 지음 | 564쪽 | 값 28,000원

 어제와 오늘이 만나는 교실
학생과 교사의 역사수업 에세이
정진경 외 지음 | 328쪽 | 값 17,000원

● 더불어 사는 정의로운 세상을 여는 인문사회과학 사람의 존엄과 평등의 가치를 배운다

밥상혁명
강양구·강이현 지음 | 298쪽 | 값 13,800원

도덕 교과서 무엇이 문제인가?
김대용 지음 | 272쪽 | 값 14,000원

자율주의와 진보교육
조엘 스프링 지음 | 심성보 옮김 | 320쪽 | 값 15,000원

민주화 이후의 공동체 교육
심성보 지음 | 392쪽 | 값 15,000원
2009 문화체육관광부 우수학술도서

갈등을 넘어 협력 사회로
이창언·오수길·유문종·신윤관 지음
280쪽 | 값 15,000원

동양사상과 마음교육
정재걸 외 지음 | 356쪽 | 값 16,000원
2015 세종도서 학술부문

교과서 밖에서 배우는 철학 공부
정은교 지음 | 280쪽 | 값 14,000원

교과서 밖에서 배우는 사회 공부
정은교 지음 | 304쪽 | 값 15,000원

교과서 밖에서 배우는 윤리 공부
정은교 지음 | 292쪽 | 값 15,000원

한글 혁명
김슬옹 지음 | 388쪽 | 값 18,000원

우리 안의 미래교육
정재걸 지음 | 484쪽 | 값 25,000원

왜 그는 한국으로 돌아왔는가?
황선준 지음 | 364쪽 | 값 17,000원
2019 세종도서 교양부문

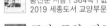
공간, 문화, 정치의 생태학
현광일 지음 | 232쪽 | 값 15,000원

인공지능 시대의 사회학적 상상력
홍승표 지음 | 260쪽 | 값 15,000원

동양사상과 인간 그리고 사회
이현지 지음 | 418쪽 | 값 21,000원

좌우지간 인권이다
안경환 지음 | 288쪽 | 값 13,000원

민주시민교육
심성보 지음 | 544쪽 | 값 25,000원

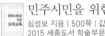
민주시민을 위한 도덕교육
심성보 지음 | 500쪽 | 값 25,000원
2015 세종도서 학술부문

교과서 밖에서 배우는 인문학 공부
정은교 지음 | 280쪽 | 값 13,000원

오래된 미래교육
정재걸 지음 | 392쪽 | 값 18,000원

대한민국 의료혁명
전국보건의료산업노동조합 엮음 | 548쪽 | 값 25,000원

교과서 밖에서 배우는 고전 공부
정은교 지음 | 288쪽 | 값 14,000원

전체 안의 전체 사고 속의 사고
김우창의 인문학을 읽다
현광일 지음 | 320쪽 | 값 15,000원

카스트로, 종교를 말하다
피델 카스트로·프레이 베토 대담 | 조세종 옮김
420쪽 | 값 21,000원

일제강점기 한국철학
이태우 지음 | 448쪽 | 값 25,000원

한국 교육 제4의 길을 찾다
이길상 지음 | 400쪽 | 값 21,000원
2019 세종도서 학술부문

마을교육공동체 생태적 의미와 실천
김용련 지음 | 256쪽 | 값 15,000원

교육과정에서 왜 지식이 중요한가
심성보 지음 | 440쪽 | 값 23,000원

● 평화샘 프로젝트 매뉴얼 시리즈 학교폭력에 대한 근본적인 예방과 대책을 찾는다

 학교폭력 어떻게 만들어지는가
문재현 외 지음 | 300쪽 | 값 14,000원

 아이들을 살리는 동네
문재현 · 신동명 · 김수동 지음 | 204쪽 | 값 10,000원

 학교폭력, 멈춰!
문재현 외 지음 | 348쪽 | 값 15,000원

 평화! 행복한 학교의 시작
문재현 외 지음 | 252쪽 | 값 12,000원

 왕따, 이렇게 해결할 수 있다
문재현 외 지음 | 236쪽 | 값 12,000원

 마을에 배움의 길이 있다
문재현 지음 | 208쪽 | 값 10,000원

 젊은 부모를 위한 백만 년의 육아 슬기
문재현 지음 | 248쪽 | 값 13,000원

 별자리, 인류의 이야기 주머니
문재현 · 문한뫼 지음 | 444쪽 | 값 20,000원

 우리는 마을에 산다
유양우 · 신동명 · 김수동 · 문재현 지음
312쪽 | 값 15,000원

 동생아, 우리 뭐 하고 놀까?
문재현 외 지음 | 280쪽 | 값 15,000원

 누가, 학교폭력 해결을 가로막는가?
문재현 외 지음 | 312쪽 | 값 15,000원

● 남북이 하나 되는 두물머리 평화교육 분단 극복을 위한 치열한 배움과 실천을 만나다

 10년 후 통일
정동영 · 지승호 지음 | 328쪽 | 값 15,000원

 선생님, 통일이 뭐예요?
정경호 지음 | 252쪽 | 값 13,000원

 분단시대의 통일교육
성래운 지음 | 428쪽 | 값 18,000원

 김창환 교수의 DMZ 지리 이야기
김창환 지음 | 264쪽 | 값 15,000원

 한반도 평화교육 어떻게 할 것인가
이기범 외 지음 | 252쪽 | 값 15,000원

● 창의적인 협력 수업을 지향하는 삶이 있는 국어 교실 우리말 글을 배우며 세상을 배운다

 중학교 국어 수업 어떻게 할 것인가?
김미경 지음 | 340쪽 | 값 15,000원

 토론의 숲에서 나를 만나다
명혜정 엮음 | 312쪽 | 값 15,000원

 토닥토닥 토론해요
명혜정 · 이명선 · 조선미 엮음 | 288쪽 | 값 15,000원

 인문학의 숲을 거니는 토론 수업
순천국어교사모임 엮음 | 308쪽 | 값 15,000원

 어린이와 시
오인태 지음 | 192쪽 | 값 12,000원

 수업, 슬로리딩과 함께
박경숙 외 지음 | 268쪽 | 값 15,000원

 언어던
정은균 지음 | 268쪽 | 값 15,000원
2019 세종도서 교양부문

 민촌 이기영 평전
이성렬 지음 | 508쪽 | 값 20,000원

 감각의 갱신, 화장하는 인민
남북문학예술연구회 | 380쪽 | 값 19,000원

참된 삶과 교육에 관한
생각 줍기